日本怪異妖怪事典 近畿

朝里樹 監修

御田鍬
木下昌美 著

笠間書院

はじめに

本書は、全国の怪異・妖怪を地方別に紹介する『日本怪異妖怪事典』シリーズの近畿編です。第一弾『日本怪異妖怪事典　北海道』、第二弾『日本怪異妖怪事典　関東』、第三弾『日本怪異妖怪事典　東北』に続く第四弾です。

まずシリーズ全般に係る監修者として、本シリーズの概要について説明させていただければと思います。

『日本怪異妖怪事典』シリーズは題名のとおり日本の怪異・妖怪を収集する事典であり、地方ごとに一冊として計八巻のシリーズを想定しています。収録されている項目は各地に残る伝承や伝説、昔話や民話などから、人々の間で語られた世間話、現代の都市伝説、学校の怪談などに登場するもの、さらには物語や絵画の題材などの創作物、インターネット上で生まれたものまで、時代やジャンルを問わず多岐にわたります。

そして本書では、その中でも近畿地方に纏《まつ》わる怪異・妖怪が集められています。

近畿地方は長い歴史を持つ地域です。特に古代において日本の中心として栄えた平安京は、現代も知られるさまざまな妖怪の物語の舞台にもなりました。

一条天皇の時代に現れたという鬼、酒呑童子《しゅてんどうじ》は普段は大江山に住み、夜な夜な平安京に現れては悪事を働いていたといいます。

近衛天皇の時代に現れた玉藻前は、二尾または九尾の狐であり、絶世の美女の姿になって近衛天皇の父、鳥羽上皇の寵愛を受けたと語られています。

また、平安京以外にも和歌山県の道成寺に残る伝説に登場する、生きながら炎を吐く蛇と化した清姫の伝説は有名でしょう。

大阪府には安倍晴明の母親として知られる白狐、葛の葉の伝説が残っていますし、奈良県の元興寺に現れた鬼はいつしか寺と同じ名前を持つようになりました。

兵庫県の姫路城には今も刑部《おさかべ》姫という妖怪が祀《まつ》られていますし、滋賀県に現れたという大百足《おおむかで》は平安時代の大英雄、藤原秀郷《ふじわらのひでさと》の物語を今に伝えています。

さらに本書ではこのようによく知られた怪異・妖怪だけでなく、他の妖怪事典では見たことがないような珍しい妖怪も掲載されています。

執筆者は妖怪全般に係る研究や資料の収集を行い、自身の同人サークル「うしみつのかね」の同人誌等で発表している御田鍬さん、奈良県の妖怪を中心に収集・研究を行い、『奈良妖怪新聞』などで発表されている木下昌美さんのお二方です。

近畿地方にお住まいの方も、そうでない方も、ぜひページをめくって本文をご覧ください。古《いにしえ》の時代から現代まで、脈々と生き続けてきた不思議で愉快なものたちがあなたを待っていることでしょう。

朝里樹

はじめに

怪異妖怪の定義についての考え方はいろいろあるかと思いますが、本巻では仮に、

一、伝承（世間話・昔話・伝説・俗信等）、記録（地誌・随筆・縁起等）、およびその形式を踏襲した創作を含む古い物語（説話・軍記・御伽草子《おとぎぞうし》・怪談・芸能等）上に現れる、当時の人々の目線もしくは近代的目線のいずれかから判断した場合に説明や解釈が行いづらいもの・こと。

二、現代において右と並列で語られることの多い異形の図像（化物絵・魔除け等）、およびそれに付記される後天的なものを含めた解釈。

と定め、近畿地方に特に関連が深いものについて記述しました。

ところで、近畿地方には奈良や京都といった伝統ある都市があり、さぞ怪異妖怪伝承も豊かなのだろう、とお思いの方もいるかと思います。しかし、実際には日本全体あるいは世界を見ても、地域による怪異妖怪伝承の質・量的な差はさほどありません（それは近畿地方以外の巻を見ていただいても感じられることかと思います）。あえて言えば、一見特定の地域に怪異妖怪伝承が多いように感じられるのは、その地方で積極的にそれらの記録・発信を行う人物が存在したかどうかが大きな要因となります。近畿地方の場合ですとそれに加え、多くの歴史記録、人口の多さからくる記録者の数、そして歴史に注目する人々の多さなどがその役割を果たしたといえるでしょうか。

いずれにせよ先人たちの記録してきた近畿地方の怪異妖怪の全てを本巻程度で記述できるはずもなく、制作の過程で時間とスペースの都合上、ある程度の剪定《せんてい》を行って（物語の主役・信仰の対象・個人体験といった内容の優先度を下げるなど）泣く泣く採用数を三分の一以下に抑え、解説文も本来の文章からはかなり要約・省略して記載しています。その代わりと言っては何ですが、原文を確認できるよう各項目には逐一参考文献を掲示し、特に有用な資料・貴重な資料・近年の研究成果・今後研究の展開が期待できる内容は積極的に採用する形としてみました。

もちろんただパラパラと読んで楽しんでいただくのみでも構いませんが、気に入った項目があれば参考文献にも目を通してみたり、もしくは怪異妖怪を調べるにはこんな資料を確認すればよいのか、といった視点から読んでこの本に載っていないものを探してみたりなどしてみると、より深くより広い怪異妖怪世界を体感いただけるかもしれません。

御田鍬

目次

日本怪異妖怪事典 近畿

COLUMN

索引

凡例

一、本書では「はじめに」で記載した通り怪異妖怪を定義し、それぞれ近畿地方七府県に関連の深いものを選択した上で各府県を章立てし記載した。

一、広範囲に伝承・記録されているものに関しては、各府県において特筆すべき点を中心に該当府県内の事例を掲載した。ただし、各府県の事例に明確な差異がないもの、情報が不足し判断のつかないもの、舞台が複数府県にまたがるもの、その他各府県の事例を俯瞰《ふかん》して記述する必要があるものについては「近畿広域」の章に記載した。

一、絵画・芸能など伝承に関連しない部分を主として創作されたものについては、「その他」の章に記載した。ただし、地方の伝承と相互に影響がある場合や、名家の由来譚《ゆらいたん》などで地方の指定に強い意図が認められる場合、また説話・軍記・縁起物語・怪談集・奇談集などにおいて、創作である旨が明記されておらず伝承記録のような形で構成されている場合に関しては各府県の項に記載した。

一、項目名は基本的に参考文献中にある語彙《ごい》もしくはその組み合わせ、あるいは「○○の怪」として立項し、それらも難しい場合は「筆者命名」と明記した。ただし、伝承あるいは作品中にその名称があることを明記した場合を除き、参考文献中で掲題・命名されているなどの理由により実際に伝承される語彙とは異なる項目名も存在する。

一、怪異・妖怪・幽霊・怨霊《おんりょう》・祟《たた》り等、話者および原著者の認識に依存する単語の使用方法については、可能な限りそれぞれの項目中での参考文献における使用方法を継承した。

一、本文中に登場する別の独立した項目名については、太字で示した。なおそれらにおいて府県名・近畿広域・その他の指定がない場合、同一章内に含まれることを意味する。

一、参考文献は『文献名』、参考雑誌記事・論文名は著者名「記事名」(『文献名』巻・号)で掲示し、翻刻《ほんこく》を利用した場合かつその収録書籍名が原著名と大きく異なる場合は(『書籍名』収録)として掲示した。

三重県

【あ】

アオボウズ［あおぼうず］

三重県熊野市金山町に伝わる。春、麦が青々とする頃に出て人を騙《だま》すとされ、アオムギドキの遅い夕方に一人で歩いてはいけないという。

『奥熊野のはなし　須崎満子媼の語る三〇〇話』にある。

赤石の鼻の鬼［あかいしのはなのおに］

三重県南勢町（現・南伊勢町）相賀浦《おうかうら》の赤石の鼻の由来として伝わる。昔、熊野の岩屋に住んでいた鬼が沖から弓矢の名人に目を射られ、相賀まで逃げてきた。その際、目から滴る血でこの辺りの岩が赤く染まったという。この鬼はその後、阿漕《あこぎ》（津市）まで逃げていったという。

『南勢町・南島町山漁村習俗調査報告書』、『改訂増補　南勢町誌　下巻』にある。

赤猫［あかねこ］

三重県熊野市井戸町の大馬に伝わる。昔、ある家にオイソという女の子がいた。その子に便所で用を足させた後、家の赤猫に尻を舐《な》めさせ、「この子が大きくなったら嫁にやる」と言った。その後オイソが大きくなると、家に侍が訪ねてきた。オイソと侍は結婚したが、子供が産まれた時、手足が人間で顔が赤猫だったという。

『熊野市史　下巻』にある。

悪路神の火［あくろじんのひ］

『諸州採薬記抄録』（『近世歴史資料集成　第2期　第6巻　採薬志1』収録）にある。伊勢国（三重県）に現れる火で、雨の夜に多く、提灯のように行き来するという。この火に行き逢うと流行病《はやりやまい》になるため、これに出会った場合はすぐに地面に伏せると、その上を火が通過するので難を避けられるという。

これを参照したと思われる悪路神の火の記述は『本朝奇跡談』（『近世紀行集成』収録）、『閑窓瑣談』（『日本随筆大成　第1期　第14巻』収録）にもあるが、後者では『諸州採薬記抄録』で直前に書かれた田丸領間弓村（玉城町田丸）の唐子谷の周辺に出るようにも読める文章となっており、後の本に大きく影響を与えている。

阿漕平次［あこぎへいじ］

能の『阿漕』に登場し後に伝承としても伝わるようになった幽霊。

日向（宮崎県）の男が伊勢神宮（三重県伊勢市）に参る際、阿漕の浦（津市）で漁をする老人に地名の由来を聞いた。それによると昔、阿漕という漁師が漁を禁じられていた伊勢神宮の御贄《みにえ》の海域で密漁を行って捕らえられ、沖に沈められたのでその名がついたという。ここで阿漕での密漁については『古今和歌六帖』などにあると説明が入る。その後老人は阿漕の姿となり、地獄の責め苦を受けている様子を見せ、「助けてくだされ」と言って波間に消える（『謡曲集』、『謡曲大観』）。この時点では平次という名前は登場していない。

『阿漕の草子』では阿漕の浦で漁をしたのは伊勢少掾《しょうじょう》の平次盛となっており、処刑後に亡霊の祟りで国内に疫病が流行したので三安友盛が阿漕明神として祀《まつ》ったとしている。なお阿漕明神の成立については『勢陽雑記』にもあるが、こちらでは阿漕は漁師の名前となっている。またこれらの影響を受け古浄瑠璃『阿漕の平次』、浄瑠璃『田村麿鈴鹿合戦』などが作られた。

『田村麿鈴鹿合戦』や近年一般に広まっている俗伝では、平次という漁師が母の病気をいやすため阿漕浦でヤガラという魚を捕ろうとしたのだとされる。また、「あこぎ」という言葉はここから生まれたともいう。

『諸国里人談』（『日本随筆大成　第2期第24巻』収録）によると、沈められた七月一六日には毎年夜に岩田橋で耳を澄ませると、海上で網を引く声がするという。また、盆には子どもたちが大路に切り火をする際、大人が止めるのも聞かず「あののこののなんまみだ、阿漕菩提《ぼだい》なんまみだ」と囃《はや》すとしている。

『大語園』、『日本伝説大系　第9巻』、『日本伝奇伝説大事典』などに詳しい。

浅五郎［あさごろう］

三重県多度町（現・桑名市《くわなし》）に伝わる。

昔、美鹿《びろく》にあるき（村にお触れを知らせる役）をしている浅五郎という男がいた。湯ざらい（用水路の掃除）が行われる際は庄屋が昼食を用意することになっていたが、ある日、それが白米ではなくお粥《かゆ》だったため、浅五郎は怒ってお粥を庄屋にぶっかけた（浅五郎が年貢を払わなかったのが原因、あるいは飢饉《ききん》の際にお粥しか出さなかったのが不満だったなどの話もある）。勢いで横山まで逃げてしまった浅五郎は、後からやってきた三人の連れから庄屋に詫《わ》びるよう説得されるも、なかなか詫びようとしないため三人に松で燻《いぶ》られ嬲《なぶ》り殺しにされた。浅五郎は死ぬ際に「お前たちの家を黒土にしてもうたる（血を絶やしてやる）」と言い、それからしばらくして雨の降る夜には「おーい、おーい」という声が聞こえたという。

その後、村人が建てたという浅五郎の墓が現存しており、「天保四年（一八三三）、村中」と書かれている。

『多度町史　民俗』や『中京民俗』29号にある。

鮎の目玉［あゆのめだま］

三重県松阪市に伝わる。昔、重兵衛という人が暇さえあれば鮎を釣って村中の人に自慢していた。ある日重兵衛がいつものように朝早くから川へ行き、川堤を何気なく歩いていると、向こう岸に大きく光るものが見えた。また、川面に突き出た岩の影や、右手のほう、左手のほうにも何かが光っていた。四方の光は次第に大きくなり、赤、青、黄、紫、緑と辺り一面に光が立ち込めた。

重兵衛は「おーい、この光を消してくれ」と言ったが川には誰もおらず、「今まで鮎を取っていたのは悪かった」と言うと光は静まった。これは鮎の目玉が七色の光を発して重兵衛をこらしめたのだという。

『日本の民話13　京都篇　伊勢・志摩篇』にある。

池の魔［いけのま］

三重県四郷村（現・伊勢市）に伝わる。耕地整理が行われていなかった頃はボーズが池など沢山の池や沼があったが、夕方一人でこれらの池のそばを通ると、必ず池の魔に憑《つ》かれ、気が滅入ってしまい知らず知らずのうちに落ちてしまうという。また、こういった時は小便をすると再び元気が出るという。

ある夕方、古市の番頭が志摩からの帰り道に、掛け売りの代金を取ってきた財布と下駄を置いて池に沈んでしまった。番頭は朝、志摩にいた際は新妻の所へ帰ることを嬉しそうに話しており、どう考えても身投げする理由はなかったという。

喜田貞吉編『憑物』にある。

イゲボ［いげぼ］

三重県度会郡に伝わる怪火。柳田國男『妖怪談義』の「妖怪名彙《めいい》」にも掲載されているが、もとは三重県度会郡教育会編『地方方言集』に「いげぼ　鬼火」とだけあるもの。

石くよさん［いしくよさん］

三重県南勢町（現・南伊勢町）始神《はじかみ》の中心にあるもので、小さな丘に一つ一つ字が書かれた石が積んである。昔からこの前を通ると腰が抜ける病気になるといわれていたが、僧に祈禱《きとう》をしてもらってからはよくなったとされ、里に「やまいめのおおかみ（病目の狼）」が入ってこないのはこの石のおかげだという。

『改訂増補　南勢町誌　下巻』にある。

磯ナデ［いそなで］

三重県熊野市、紀北町などに伝わる怪魚。『民俗採訪』昭和34年度号によると熊野市荒坂では、磯ナデは尾の長い鮫《さめ》で、磯端を尾で打つといい、海辺で死んだりすると「磯ナデになでられたんだろう」と言われる。

『紀北の民話』7号によると、海山町（現・紀北町）には次のような話がある。昔、小山浦のある母親が子どもを連れて浜でツマデ（流木）を拾っていると、波の中から大きな尻尾が現れ、渚《なぎさ》で遊んでいた子どもをさらって海中に引き込んだ。不意の出来事にただ驚いていると、怪物は二〇〇メートルほど沖の海面に姿を現し、子どもを高々と差し上げて見せた。これがイソナデだといい、この家では代々ツマデ拾いをしないという。

三重県の事例ではないが、竹原春泉『絵本百物語』にも「磯撫」という項目がある。それによると、肥前松浦の沖（長崎県）で北風が荒く吹くときに出る鮫《さめ》のような大きいもので、鉄のような針が逆さまに生えた尾で船の中の人を海に撫でこんで食う、『本草異考』の巨口鰐《きょこうがく》というのもこれである、などとしている。

『熊野古老ばなし』（『日本民俗誌集成　第14巻』収録）には他にもいくつかの怪魚の伝承が掲載されている。それによると熊野市遊木町《ゆきちょう》では、夜に船についてくる一〇メートル余りにもなる大きな鮫「おいさま」や、カジキの一種で長いくちばしで船を突き破ったり人を狙って船に飛び込んできたりする怪魚「カツオ食い」など、漁師の恐れる怪魚が昔はたくさんいたという。

一目連［いちもくれん］

三重県桑名市《くわなし》の多度《たど》大社別宮の一目連神社に祀《まつ》られているもので、暴風雨の際に大きな音とともに現れ、これを制するという。片目の龍とも言われ、『勢陽五鈴遺響』などでは天目一箇神《あまのまひとつのかみ》と同一視される。

『多度町史　民俗』によると、海で時化《しけ》にあった時に祈ると、ドーンと大きな音がして白馬に乗った一目連が現れ、助けてくれるという。また日清・日露戦争の際、大きな音を残し、白馬に乗って戦場に行くことがあったとされる。多度大社にある白い木馬の右足が欠けているのはこの時に負傷したものだという。

『中京民俗』29号には次のような話がある。江戸時代、滝川一益に仕える家老の中江清十郎が、山裾《やますそ》の大きな楠《くすのき》を長島城の城門にしようと切り倒した。すると門の完成の祝いの際に暴風雨が起こり、洪水で中江の家は全員死んだという（火の玉が飛んできて中江の家を燃やした、熱湯の雨が降ったなどともされる）。

『本朝故事因縁集』、『甲子夜話《かっしやわ》』、『斉諧俗《さいかいぞく》談《だん》』、『猿著聞集《さるちょもんじゅう》』、『笈埃随筆《きゅうあいずいひつ》』、『東海道名所図会《ずえ》』など、江戸時代の書物にもよく名前が挙がる（『妖怪世界遺産』参照）。例として『甲子夜話』では、一目連という山から雲が出るときには必ず暴風雨が起こるとある。またある年は熱田（愛知県名古屋市）の民家数百軒を潰《つぶ》し、六、七尺（約一・八〜二・一メートル）地中に埋まっており数千人でも動かせない熱田神宮の鳥居をはるか遠くへ飛ばしたとし、尾張（愛知県）や伊勢（三重県）では何であっても早く倒れることを一目連と呼び、一目散という言葉もここから来たとしている。

谷川健一は『青銅の神の足跡』のなかで、「一目連」は「ひとつめのむらじ」と読んでいたのではないかと推測し、『日本書紀』の「雄略記」で物部目連《もののべのめむらじ》が伊勢の豪族朝日郎《あさけのいらつこ》を斬って猪名部《いなべ》を賜ったという記述を根拠として挙げている。

馬ノ火［うまのひ］

三重県熊野市有馬町に伝わる。芝園のはずれの一本松のあたりに昔、牛置き場という牛や馬を捨てる墓場があった。そのため、そこからよく馬ノ火というものが飛んで、ふわりふわりと有馬のほうを飛び回って消えたという。

またこれは、山崎にいた「馬」と「オツキ」という親子の泥棒が捕らえられ生き埋めにされた、あるいは淵《ふち》に投げ込まれたため、その人魂が迷っているのだともされる。安楽寺の和尚《おしょう》が水施餓鬼《みずせがき》供養を行って封じ込めてからは出なくなったという。

『熊野市史』、『熊野古老ばなし』（『日本民俗誌集成　第14巻』収録）にある。

海犬［うみいぬ］

三重県長島町（現・紀北町）に伝わる。沖の深い海底にいる全身真っ青な子犬で、人が苦手なので姿を見た人はほとんどいないが、子どもが一人だけで海辺で遊んでいる時に現れ海底に引き込むという。

『紀北の民話』7号によると、海犬は海で死んだ人の魂であり、魚や鳥も海犬を見ると逃げ出すため、友達を欲しがっているという。子どもを見ると喜んでじゃれつき沖へ引き込むが、引き込むと子どもの姿が見えなくなるので「るるう、るるう、るるるるるう」と悲しみの声をだし、その声が沖からかすかに聞こえるのだという。

『みえ東紀州の民話』では、海犬は水死した子どもの魂が凝り固まってできた精霊であり、夕方に遊ぶ子どもを見ると懐かしさのあまりじゃれついて、次第に深みに誘い込むのだという。またこの話を信じない子どもに話す際は、信憑性《しんぴょうせい》を出すため、暗くなったら海岸で貝殻を耳に当てるとルル、ルルと海犬の声が聞こえるのだと語ったという。

佐藤春夫『山妖海異』（『佐藤春夫全集　第8巻』収録）によると同じく長島町で、音松という人が子どもの頃、江の浦で沖から来て波の上を飛ぶように速く這《は》う犬のようなものを見て、海犬だと恐ろしがったという話がある。親はそのような存在を知らなかったが、腕白《わんぱく》な子どもがあまりにおびえるので町内で評判になったという。こちらでは海犬の色などの特徴は書かれておらず、またこの時点では人々に全く知られていなかったようである。

海童［うみわらわ］

山東京伝『於杉於玉二身之仇討《おすぎおたまふたみのあだうち》』（『山東京伝全集　第6巻』収録）にある。

於金、お杉、お玉（本作の登場人物）が紀の国の新宮（和歌山県新宮市）から船に乗って伊勢の九鬼《くき》（三重県尾鷲市）に向かう際、ある浦に船を寄せて夜を明かしていると船幽霊の声が聞こえ人影が見えた。しばらくして声も聞こえなくなった頃、三人がまどろんでいると、大きな石を投げたような音がし、大きく真っ黒なものが船の中に飛び込んだ。剛気な於金が目を覚ましてこれを押さえ灯をつけさせると、その大きさは子牛のようで、頭に鳶《とび》色の毛が生え腰まで垂れ、顔は猫のよう、両目は稲妻のようで剣のようにきつく、両手に水かきがあり爪は刀のよう、両足は魚のようで歩くことはできず、背中には五色の鱗《うろこ》があり、腰の周りにいろいろな貝や海藻がついて岩のようになっており、腹は黄色で蝦蟇《がま》の腹のようだった。

船頭に尋ねると「これは海童といい、この海にすむ獣である。常に渡る船を守り、鰐鮫《わにざめ》を食い殺すのでこの海には鰐鮫は棲《す》まない。人を傷つけることは全くなく、渡海の者の助けになるので、我々はこれを海の神として尊敬しています」と語った。於金は「この者は何を好むのか」と聞くと船頭は「酒を好む」と言ったので、酒を飲ませると一斗《と》ほど飲んだ。

於金は海童に「私の兄も強きをくじき弱きを助ける男伊達《だて》で、そなたの所業と変わることがないが、非業の死を遂げた。どうぞその敵に巡り合うようお守り下されよ」と言って海中に放すと、海童は嬉しそうに振り返って海の底深くに沈んだ。

挿絵には海童は梶通し（カジキ）という船の底を貫く悪魚を好んで食うと書かれている。

『於杉於玉二身之仇討』は作られた物語だが、船幽霊や海童を含めさまざまな奇談を交えて作ったものだとしている。また、後にこの海童の挿絵は水木しげるの妖怪画「海女房」や『ゲゲゲの鬼太郎』の「半魚人」の図版として使用され広まった（『妖怪世界遺産』など）。

艶書の執心の鬼［えんしょのしゅうしんのおに］

『諸国百物語』（『百物語怪談集成』等収録）にある。

伊賀のくふ八（三重県伊賀市喰代のことか）の六〇の寺に一休が修行に来た際、宿を借りようとするも寺々に人がおらず、ある寺に美しい稚児《ちご》が一人だけいた。稚児は夜な夜な変化《へんげ》の物が出て人を食うのだと言ったが、一休は構わず泊まった。

すると、夜中に稚児の寝る間の縁の下から手毬《てまり》ほどの火の玉がいくつも出て稚児の懐《ふところ》に入り、二丈（約六メートル）ばかりの鬼になって「今宵この寺に泊まる客僧はどこか、取って食ってやろう」と探し回った。一休は読経していたため見つからず、夜が明けると鬼は稚児の間に帰って消えた。

縁の下を見ると、そこにはべっとりと血の付いた手紙が多くあった。これは稚児を慕って送られた恋文を返事もせず捨てていたので、その手紙の主の執心が積もって鬼になったのだった。これを残らず焼いて経を唱えると、その後は何もなかったという。

扇屋の幽霊［おうぎやのゆうれい］

講談本『伊勢松坂扇屋怪談』にある。

享保年間（一七一六〜一七三六）、松坂（三重県）に扇屋という大きな扇子屋《せんすや》があった。ここに奥州（東北地方）から来て参宮を済ませた亀井辰二郎という若い武士が立ち寄り、おつるという看板娘に「私は貴方にほやの」と言って扇を渡された。すると同行の勘太郎という性悪な男は辰二郎に「ほやのとは乞食の意味、乞食にただでやるとくれたのだ」と言い、辰二郎はおつるを斬り殺した。

辰二郎は一度は帰郷するが、父と僧に諭され扇屋で罪を告白し、その覚悟を認められ養子に迎えられた。その後、おつるの亡霊が夜ごとやってくるようになり、夫婦となった。

やがて子どもが生まれるので墓に銭《ぜに》を供えてほしいと言われ、言われた通りにしていると、飴屋《あめや》に若い女が飴を買いに来て扇屋の墓地に消えるという噂が立った。調べてみると棺《ひつぎ》の中では産まれたばかりの赤ん坊が飴をしゃぶっており、後にその子は白子観音寺（鈴鹿市）の僧に拾われ名僧となった。

この話は『松阪市史　第10巻』、『日本の伝説32　伊勢・志摩の伝説』にも記述があり、実在の寺や店を舞台とした伝説として広まっているようである。

黄金の火［おうごんのひ］

三重県南牟婁《むろ》郡に伝わる。夜になると黄金色の火がふわりふわりと立ち上がり、大きくなったり小さくなったりしながら動き回るという。

昔、この辺りに金持ちの爺《じい》さんがいて、無駄遣いすることなく大判小判をどこかに埋めて死んだ。それを聞いた隣の悪い爺さんは、探そうと辺りを鍬《くわ》で掘り始めたが何も出なかった。すると夜になると黄金の火が出たのでまたその辺りを掘ったが、何も出なかった。

怒った悪い爺さんは金持ちの爺さんの家の臼《うす》や槌《つち》などをかたっぱしから掘り返した穴に放り込むが、黄金の火が出た後に掘り返すと消えていた。

今度はその隣の良い爺さんが黄金の火の辺りを掘ると、宝物や大判小判が出た。これを神に供えると、村の宝にせよとのことだったので社《やしろ》に収められ、村は栄えたという。

『日本の民話13　京都篇　伊勢・志摩篇』にある。

大きな牛［おおきなうし］

三重県熊野市有馬町に伝わる。産田川《うぶたがわ》沿いの道に一二時頃、牛の化け物が出たという。実際に見た人の話によると、活動写真を見た帰りに若者五、六人でここを通ると、大きな牛が道をふさいで通ることができず、そばに行く勇気もなく逃げ帰ったという。

『熊野古老ばなし』（『日本民俗誌集成　第14巻』収録）にある。

岡の小僧の怨霊［おかのこぞうのおんりょう］

三重県志摩町（現・志摩市）和具《わぐ》に伝わる。現在の和具学校前バス停の西南にある岡区にあった寺に、和尚《おしょう》と三人の小僧が住んでいた。最年少の一一、二歳の小僧は可愛らしくよく気が付く賢い子だったので、和尚に気に入られ他の小僧からは妬《ねた》まれていた。しかしその小僧は和尚の目を盗んで悪事を重ねていたので、和尚は見せしめにと本堂の前の椎《しい》の木に縛り付け、小僧は蚊に刺されて死んだ。

それ以来、この地に怨霊が祟り、怪火が毎夜出て他の小僧を苦しめたので、和尚は自分の不行届を恥じ塔婆《とうば》を立て供養した。現在この地には五輪塔が残っている。

鈴木敏雄『志摩の民俗　上巻』にある。

オゲコ谷の山姥［おげこたにのやまんば］

三重県尾鷲市《おわせし》三木里に伝わる。亥谷山《いがたにやま》にあるオゲコ谷という洞穴に住むという山姥で、いつからか、三木里の徳八という男の家に毎日来て糸を紡《つむ》ぐようになったが、いくら紡いでも紡錘《つむ》は大きくならなかった。そして山姥はすりきり一杯の飯だけを食べ、「行こぞ緒巻な婢《かか》、また来ようぞ、すりきりよ」と唱えて帰っていった。ある日徳八は、山姥がいつも欠伸《あくび》をするのが憎らしかったので、欠伸をした隙《すき》に石を口の中に入れた（山姥は夕顔の種が好物だと話したので、夕顔の種を山盛り与える隙に、焼き石を芋《いも》だと言って食べさせたともされる）。すると老婆は逃げ、その後洞穴に山犬が死んでいた。

その年、この家で栽培した夕顔に大きな実がなり（山姥の死体が夕顔の種になったともいう）、それがやがて老人の顔のようになり、切ると真っ赤な血が出た。驚いて八十川《やそがわ》の下流へ捨てると向かいのほうへ泳いでいったが、徳八の家は絶えてしまったという。それ以来、この辺りでは夕顔を植えないようになったという。

『熊野灘沿岸漁撈《ぎょろう》習俗調査報告書』（『日本民俗調査報告書集成　東海の民俗　三重県編』収録）、『日本の民話13　京都篇　伊勢・志摩篇』にある。『日本の伝説32　伊勢・志摩の伝説』では、人を食うことはなく、妖術で夜遊びする子どもをおびきよせて四、五日返さなかったり、意地の悪い木こりを道に迷わせたりしていたが、実際は村人と仲良くしたいと考えていたとしている。

おさだ狐［おさだぎつね］

三重県南勢町（現・南伊勢町）神津佐《こんさ》に伝わる。昔、おさだ狐という狐がいて、体の弱い人によく取り憑《つ》いた。これに取り憑かれた人は、わめいたり歌いだしたり奇妙な仕草をしたりするという。また、これに取り憑かれた人が死ぬと、狐がそのはらわたを食べるとされ恐れられた。

ある時、徳重という僧がやってきて、「南無阿弥陀仏」と書かれた石碑を建て、墓参りのたびにお参りさせ、各組ごとに、毎月旧暦の一五日の晩に南無阿弥陀仏の掛図をかけ、線香一本が燃える間念仏を唱えさせるようにすると、狐はいなくなったという。この石碑は現在も残っている。

『改訂増補　南勢町誌　下巻』にある。

押淵の鬼［おしぶちのおに］

三重県南伊勢町押淵の鬼ヶ城という所の洞窟には鬼が住んでいたとされ、『南紀徳川史』、『伊勢名勝志』、『勢国見聞集』などにも記されている。鬼は人を食べて暮らしていたが、酒を飲んでいる隙《すき》に村人が火をつけてこれを焼き殺したという。

『南紀徳川史』では平家の落人《おちうど》としているほか、『勢国見聞集』では木虫という鬼の名前が出ている。また俗伝では鬼が死んだのは松材を売りに松阪に行った時のことで、鬼が焼かれる寸前に「金の鶏と打ち出の小槌《こづち》が惜しい」と言って死んだので、大晦日の晩になると槌の音と鶏の鳴き声がするようになったともいわれる。

『改訂増補　南勢町誌　下巻』、『日本伝説大系　第9巻』に詳しい。

オチヤの怨霊［おちやのおんりょう］

三重県熊野市二木島町から甫母町《ほぼちょう》への道路工事の際、工事を行った人員一七人が病気になった。原因がわからなかったため巫《み》女《こ》が占うと、オチヤの怨霊《おんりょう》の祟りとのことだった。

八〇年前、伊勢からやってきたオチヤという娘が女中をしていたが、土地の男と恋仲になり、この工事現場で殺されたということで、碑を建ててねんごろに弔《とむら》うと祟りがなくなったという。

『熊野灘沿岸漁撈《ぎょろう》習俗調査報告書』（『日本民俗調査報告書集成　東海の民俗　三重県編』収録）や『民俗採訪』昭和34年度号にある。後者では名前は「オツヤ」とされている。

おっぱしょ

三重県上野市（現・伊賀市）徳居町にある地名で、ゴミ捨て場になっていたが、ここに幽霊が出るという話は上野の人ならば一度は耳にしたことがあるほど有名だという。

昔、藤堂家に仕えていた、名張小波田新田開発に尽力した加納家の家来がいたが、会計をごまかした罪で加納一族と家臣全員が死刑となった。その時、乳母と赤ん坊が逃げたが榎《えのき》の木の下で追いつかれ斬り殺された。その後、「おっぱしょう（おんぶしよう）」、「だっこしょう」という乳母の声と、家臣や乳母の幽霊が現れるようになり、ここを「おっぱしょ」と呼んだ。この榎の木は中学校の校舎の柱に使われ今はないという。

『上野市史　民俗編　下巻』にある。

おねじゃ狸 ［おねじゃたぬき］

三重県多度町《たどちょう》（現・桑名市）に伝わる。多度にリハッチャブ（利八藪）という所があり、この中の道を通ると竹の先から狸がぶらさがってきて脅かしたという。この狸は「だれや」と聞くと「おれじゃ」と言えず「おねじゃ」と言うので「おねじゃ狸」と呼ばれた。現在この藪は和菓子屋の駐車場になっている。

『多度町史　民俗』にある。

オホホ ［おほほ］

三重県松阪市法田町に伝わる。団子屋の薄暗い小道には、昔オホホという化け物が出ると言われ、日が暮れると人々は走って通った。これは女の化け物で、人の顔を見てオホホと笑うという。

『松阪市史　第10巻』にある。

おんば滝の老婆 ［おんばたきのろうば］

三重県多気町佐奈に伝わる。昔、毎朝寺の賽銭箱《さいせんばこ》に小判が投げ込まれるということがあった。寺の和尚《おしょう》が見張っていたところ、小判を口にくわえた白装束の老婆がおり、これの後をつけていくと老婆は飛ぶように山を駆けて谷の滝の中に消えた。それ以来、老婆を見かけることはなかったという。

また同じ頃、長谷に乳母咳《うばぜき》（百日咳）が流行したが、この滝の水を飲むと咳が止まるということでおんば滝と呼ばれるようになった。さらに乳の出がよくなるという噂もたち、昭和の初め頃までは人が通っていたが、現在は水が涸《か》れ場所も判然としないという。

『多気町史　通史』にある。

オンボ石 ［おんぼいし］

神島（三重県鳥羽市）の七不思議の一つとして伝わる。世古の小久保という家の者（善太郎屋の婆とも）がある日海へ行くと「オンボ（負うてくれ）、オンボ」と言う石があるので、負うて家に帰り、米俵を敷いて桟俵《さんだわら》をかぶせた。この家はその俵のためだけに毎年玄米を買っているという。

また、次のような異説もある。船大工の婆のお春という人が海へ行き、干潮だったので昼島の岩の鼻の辺りまで行くと、一人の僧がどうしても負うてくれと言った。負うて家に帰ると、暗がりの場所に置いてくれ、チヨオデ（押し入れ）に置いてくれ、桟俵の上に置いてくれと言ったのでその通りにした。僧をときどき見ると、そのうちに石になった。お春はこれを人になかなか見せず、それ以来金持ちになって家も立派になったが、時化《しけ》で持っていかれてしまった。そこでお春がお神籤《みくじ》を振ると、「お寺へあげてくれ」と出たので石を桂光院に納めたという。

岩田準一『鳥羽志摩の民俗』、『神島の民俗誌』にある。

【か】

河童の夫婦［かっぱのふうふ］

三重県紀宝町に伝わる。昔、相野谷川に河童の夫婦がおり、畑の瓜《うり》や茄子《なす》や西瓜《すいか》を盗むので、村人は作物を芋《いも》に切り替えた。食料に困った河童は村で一番たくましい酒屋の栗毛の馬を川へ引き込もうとするも、村人に見つかり、西照寺の本堂の前にある黒松と赤松にそれぞれ縛り上げられ、火あぶりにされることになった。

河童が涙を流して詫《わ》びるので住職が村人を諭し助けてやると、河童は「うまく騙《だま》してやった。寺の松が枯れたらこの村を泥の海にしてやるからそう思え」と言って川に入った。なお現在、この二本の松はすでに枯れているようである。

『日本の伝説32　伊勢・志摩の伝説』にある。

金霊［かねだま］

三重県志摩市大王町波切では、大晦日の夜に金霊が家の中に入ってくるといわれ、勝手の竈《かまど》のむこうの連子《れんじ》の障子を開けておく。この伝承は関東を中心として全国的にあるが、波切ではまた次のような話が伝わっている。

新七屋という家に金霊が入ってきたとき、「一六一八〇〇両」と唱えるべき所を、新七は嬉しさのあまり慌てて「一も六も新七屋の亭」と言ってしまい、「八代貧乏せい」と外から声がした、という夢を見た。その後新七屋は運が衰えていった、と新七屋が年貢未進の言い訳に使っていたという。

岩田準一『鳥羽志摩の民俗』にある。

髪切 ［かみきり］

『諸国里人談』（『日本随筆大成　第2期第24巻』収録）にある。

元禄（一六八八～一七〇四）の初め頃、国内各地で夜中に通行人の髪が切られるということがあった。男女問わず、元結《もとゆい》の際から切られ結ったままの形で地面に落ち、切られた人はいつ切られたかわからなかったという。

髪切についての記述は『嬉遊笑覧』、『半日閑話』などいくつもの随筆や記録にみられるが（村上健司『妖怪事典』参照）、『諸国里人談』では特にこれを「伊勢（三重県）の松坂に多し」としている。

髪長池 ［かみながいけ］

三重県四日市市山之一色町の大沢の谷の奥にある小さな池。昔、中村にいた女が山で柴《しば》を刈《か》っていた際に喉が渇き、ここで水を飲んだ。すると女の髪がどんどんと伸び、枝毛となって体の倍ほどになった。

家へ帰って鋏《はさみ》で切ろうとするとあまりに痛く、その髪をフゴ（縄の付いた籠）に入れて坂部の遍照院に行き願をかけると、痛みは治まり髪の毛を切ることができた。その髪の毛は今でも遍照院にあるという。

また、萱生町《かようちょう》の萱生城にある井戸についても同様の伝説がある。ある女の人がこの井戸を覗くと、たちまち髪の毛が伸びて背の高さほどになり、東坂部で祈禱《きとう》してもらい髪を切った。以来、女性はこの井戸に近づかないようにと伝えられている。昔、滝川一益《かずます》の兵糧攻めで城主・春日部大膳俊家が逃げ落ち、城内の女がこの井戸に身を投げたのだという。

どちらも『四日市市史　第5巻』にある。

川天狗 ［かわてんぐ］

三重県大安町（現・いなべ市）梅戸に伝わる。員弁川《いなべがわ》付近に住んでいるもので、夕方ここを人が通ると火の海になり通行できなくなる。その時は、草履《ぞうり》を頭の上に載せ「狐や狸《たぬき》なら怖くはないが天狗様なら恐れいりまーした」と言って合掌して謝ると火が消えるという。明治の初め頃まではたびたびあったとされる。

『大安町史　第1巻』や小川重太郎「北勢の伝説　其一」（『伊勢民俗』1巻1号）にある。

木のおばけ ［きのおばけ］

三重県津市一身田町寺町厚源寺に嫁《とつ》いできた九州内海藩の姫の孫の女性が語ったもの。話者の祖母によると、九州には「木のおばけ」が多くいたが、一身田町にも多くおり厚源寺の周りでも二〇匹ほどいたという。これは子どもくらいの大きさで醜い顔をしており、木の上に住み葉っぱや芽を食べていたという。子どもが産まれると御産見舞いに来るとされ、話者の姉二人の出産の時は大勢見に来たが、話者が産まれた時は戦時中だったため二匹だけで、若い夫婦だったという。また、このお化けは見える人と見えない人がおり、お土産（お話）がたくさんある客が来るとやって来ることから「プレゼントのおばけ」とも言うとしている。

話者は「キのつくお化け」あるいは「キジムナー」（沖縄に伝わる木の精）と呼び、本山の唐門の軒下に彫られているのはキジムナーであるとしており、話者の下の姉は「人蟬」と呼んでいる。

松谷みよ子『異界からのサイン』にある。

伽羅の坊主［きゃらのぼうず］

神島（三重県鳥羽市）の桂光院の下の堂にある坊主の像。伽羅《きゃら》木《ぼく》で作られており麻の黒衣とわらじが着せられており、これが毎夜桂光院に遊びに来るため、翌朝になると寺の縁側は濡れているのだという。

岩田準一『鳥羽志摩の民俗』にある。

金の鶏［きんのにわとり］

全国に伝わる。金の鶏（金の茶釜などとする場合もある）が特定の木の根元や塚などに埋まっており、元日の朝に鳴くといわれ、村が困窮した際には掘り出すよう伝えられていることが多い。

三重県内の金の鶏の言い伝えについては鈴木敏雄『三重の金鶏伝説地』でまとめられており、それによると三重県内には少なくとも一六五か所の金鶏伝説があるという。

グジンさん［ぐじんさん］

志摩（三重県）では一般的に、人魂と火の玉を完全に別のものとしている。そのなかで志摩市布施田では、火の玉を天狗《てんぐ》の一種と考え、グジンさん（狗賓《ぐひん》さんの訛《なま》りか）と呼んでいる。これは針が一本落ちていてもわかるほどの明るさで、まず白い火がパッと広がり、続いて赤、しばらくして青となり、その後にまた白い火となってパッと広がるという。

『鳥羽・志摩漁撈《ぎょろう》習俗調査報告書』（『日本民俗調査報告書集成　東海の民俗　三重県編』収録）にある。

桑名屋徳蔵の幽霊［くわなやとくぞうのゆうれい］

三重県四日市市富田の漁師に伝わる。桑名市の川尻で夜中に現れて「杓《しゃく》を貸せ」と言うので、底を抜いて渡すと消えるという。

『伊勢湾漁撈《ぎょろう》習俗調査報告書』（『日本民俗調査報告書集成　東海の民俗　三重県編』収録）にある。

桑名屋徳蔵は歌舞伎狂言『桑名屋徳蔵入船物語』などで有名な船頭で、『雨窓閑話』（『日本随筆大成　第1期　第7巻』収録）に次のような話がある。徳蔵は海上で一丈（約三メートル）ほどの大入道に「我の姿は恐ろしいか」と聞かれたが、「世を渡ること以外に怖いことはない」と答えると、大入道は消えたという。また、北海で嵐によって難破しかかり、髻《もとどり》を切って帆柱を捨てるよう配下から決断を迫られたが、「帆柱は武士の腰のものと同じ、我は戦場で討《う》ち死にする覚悟だ」と慌てずにいると、しばらくして風がおさまり助かったという。また、『雲錦随筆』（『日本随筆大成 第1期 第3巻』収録）では、桑名屋徳蔵は菱《ひ》垣《がき》という大坂から江戸への運搬船の船頭であり、「世に名高き桑名屋徳蔵松右衛門」とされている。

源治の狸石「げんじのたぬきいし」

　三重県大安町（現・いなべ市）に伝わる。昔、源治という人の屋敷にあった石で、数人がかりでないと動かせないが一人でも軽々と運べることもあるという。

『日本の民話13 京都篇 伊勢・志摩篇』には次のような話がある。ある日、源治が石にもたれていると、石が「源治さん、私をこの庭にいつまでも置いてください」と言った。気味が悪くなった源治は隣村の石屋の岩八のところに行き、引き取ってもらうよう頼んだ。源治がこの岩は一人や二人では持てないと言うので、岩八が試しに動かしてみると岩は少し動いた。岩八が一人で大丈夫だと言うと、今度は動かなくなったので、二、三人の石屋を連れてきて持って行った。すると石が「源治のところへ帰る」と言ったので岩八は驚いてもとに戻した。古狸が化けていたのだという。

　また『大安町史 第1巻』によると、村内の決壊した箇所を埋めるためこの石を運び込んだものの、「源治へ帰る」と言い出し、運び返す時は綿のように軽かったという。

建長坊の狸「けんちょうぼうのたぬき」

　三重県四日市市垂坂町に伝わる。昔、観音寺の宿坊のひとつである建長坊に、狸が子どもに化けて食べ物をもらいに現れるようになった。住職が焼けた石を渡すと、狸は「あたたい建長坊、もうこまい観音寺」と言って二度と来なくなった。今でも垂坂町には熱いものを持つと「あたたい建長坊」という人がいるという。

『四日市市史 第5巻』や『読みがたり 三重のむかし話』にある。

五ヶ所浦の牛鬼「ごかしょうらのうしおに」

『勢摩軍記』（『伊勢愛洲《あいす》氏の研究』収録）にある。

　昔、現在の三重県南伊勢町にある切間の谷の岩の洞穴に牛鬼という怪物が住んでいた。これは首から上は牛で、人の言葉を話し、一日に千里（約三九二七キロ）を駆け回る強い鬼で、毎月牛を一匹ずつ食べていたという。

　ある時、五ヶ所城の城主の愛洲《あいす》重明《しげあき》が弓の稽古をしていると、脇の岩壁の上に牛鬼が現れそれを見ていた。重明が牛鬼に弓を放つと、胸に命中し、牛鬼は叫び声をあげて転げ落ちた。牛鬼からはむせ返るほど黒い煙が広まり、重明の奥方がその毒気で病気となり薬も効かなかった。

奥方は養生のため親元に返されるも、重明に離縁を言い渡され、親元の北畠家は激怒、奥方は自害した。さらに、牛鬼は死に際に五ヶ所城の鎮守かつ天守の主であることを明かし、「我を助けていればこの城は長く繁栄していたのに残念だ」と言ったとされ、その言葉通りに城には不幸が続き、愛洲の血も途絶えた。

『改訂増補　南勢町誌　下巻』によると、牛鬼が転げ落ちた道はウシコロビあるいはウシマロビと呼ばれ、また洞穴の南東にある戸棚状の岩は牛鬼の道具部屋と呼ばれ、牛鬼が武器を隠していたとされる。さらに銚子《ちょうし》谷には牛鬼の使った金銀でできた長柄《ながえ》の銚子や杯《さかずき》が埋められており、夜中に海上を通る船から光が見えたという。

五ヶ所城跡には現在、慰霊のための牛鬼の像がある。

小女郎狐
〔こじょろうぎつね〕

三重県伊賀市上野徳居町の広禅寺にいたという狐。

『諸国里人談』（『日本随筆大成　第2期第24巻』収録）によると大和（奈良県）の「源五郎狐」（**源九郎狐**（奈良県）のことか）と同じく延宝年間（一六七三～一六八一）にいたとされ、源五郎狐の妻だと誰ともなく言われていたという。一二、三ほどの少女の姿で、庫裏《くり》で手伝いをしたり、野菜を求めて門前に来たりしており、町の人にも狐であることを知られていた。昼間に豆腐などを買って帰るのを見て、子どもたちが「こじょろ、こじょろ」と囃《はや》すと振り向いて微笑み、相手はしなかった。そうして四、五年ほど暮らしていたが、その後の行方は知れないという。

『上野市史　民俗編　下巻』には次のような話がある。小女郎狐はかすりの着物に赤い腰巻、赤いたすきで御講《おこう》の煮炊きを手伝い、人のいない間に油揚げの炊いたものを盗んで食べていた。それを住職が見つけきつく叱《しか》ると、小女郎狐は泣いて狐の姿に戻って長田の山に帰り、その途中で猟師に撃たれて死んだという。住職は小女郎狐の亡《なき》骸《がら》を祀《まつ》り、その祠《ほこら》が広禅寺に現存している。

五体火
〔ごったいび〕

三重県阿山郡（現・伊賀市）に伝わる。暴風雨中に起こる怪光だという。

『阿山郡方言訛語集』に「ごつたいび」とあり、後に柳田國男『妖怪談義』収録の「妖怪名彙《めいい》」でも「ゴッタイビ」と記載されている。『47都道府県・妖怪伝承百科』では、菅江真澄『筆のまにまに』に「伊勢阿濃（津市）の五体火」とあることや（これ自体は『和訓栞《わくんのしおり》』からの引用）、『太平記』にある平将門の首が五体を求めて飛ぶとの表現から、「首を求めて飛ぶ（藤原）千方の亡魂かもしれない」としている。

コボシ［こぼし］

三重県志摩市では河童《かっぱ》のようなものを「コボシ」（越賀《こしか》）、「シリコボシ」（布施田・和具《わぐ》）、「カワコボシ」（片田）、「カンコボシ」（船越）などと言う。

岩田準一『志摩の海女《あま》』によると、天王祭の日に海に入るとシリコボシに生き胆《ぎも》を抜かれ、その死体の肛門《こうもん》は必ず開いているという。また、もしその日が口明け（海藻をとる定められた日）の場合、海女はシリコボシよけとして山椒《さんしょう》の枝を糸で胸にかけて行ったという。

岩田準一『鳥羽志摩の民俗』、『志摩町史』、鈴木敏雄『志摩の民俗　上巻』などでは、越賀村（現・志摩市）には普門寺境内と西浜の海岸に合わせて二つのコボシ岩というものがあり、それは捕らえられたコボシが運んできて「この石が腐るまでは越賀村の者を害さない」と誓ったものだという。また、川渡りをする際には「越賀越賀」と言って入ればコボシに引き込まれないという。

『渡鹿野《わたかの》郷土誌』によると、渡鹿野島では的矢湾に「的矢小法師」というものが住んでおり、タコ、クラゲ、河童、人間の子どものようにさまざまに姿を変えるという。

また、能川満子「五ケ所湾周辺の伝説」（『中京文化』2号）によると、南伊勢町相賀浦では「カンコロボシ」を避けるには桂雲寺の縁日で買ったお札を竹の皮で包んで首にかけ、水から上がるときに「コンコノメースリ、イタチノメースリ、アシタモアサッテモ、オヨガシテクダサレテ、アガッテソーロ」と言うと効果があるという。

【さ】

笹馬［ささうま］

三重県尾鷲《おわせ》市に伝わる。源義経は伊勢（三重県）へ落ち延びる際、大台ヶ原山（大台町）に登り大杉谷へ降りて行った。谷を共に降りるわけにはいかず愛馬とはやむなく別れたが、その際に義経はいつまでも大台で生き延びるよう言い聞かせた。その愛馬は今でも背に熊笹を生やし生きているのだとされ、「義経の笹馬」と人々に呼ばれている。その後、明治二三年（一八九〇）に大台教会の堂を建立する際には原始林の中で馬糞《ばふん》が発見され、笹馬のものに違いないとされた。

また川原木屋（尾鷲市）には平家の残党が住んでおり、八幡峠《とうげ》から尾根伝いに木組峠（紀北町）へ出て大台ヶ原に隠れ仕むところを探しに行った際、雷峠付近で猛烈な雨になり稲妻が走った瞬間、異様な世馬の雄たけびを聞いた。残党以外で雄たけびを聞いた人々は何ともなかったが、恐れて下山した残党たちはその夜発狂しみな死んだという。

尾鷲市郷土館友の会が発行した『郷土むかしばなし』にある。源義経の馬が足を失い山に出る怪物になった（一つだたらになったとも。**一つだたら**（和歌山県）、**一本足**（奈良県）も参照）という話は和歌山県・奈良県・三重県に跨《またが》って伝わっている。

サンキジン［さんきじん］

三重県伊勢市の大山祇《おおやまつみ》神社が社宮司社と呼ばれ、山の上にあった頃、境内にサンキジンという祠《ほこら》があった。明治の初め頃までは大山祇神社の社殿の右側に碁石《ごいし》を積んだような跡があり、宮守であろうと触ると瘧《おこり》をふるうと恐れられていた。

サンキジンは三鬼神のことだともいわれ、生贄《いけにえ》を要求する神だった。ある人が生贄の娘に付き添ってみると、その正体は大狒々《ひひ》（あるいは大蛇、三つの顔を持った鬼などともいう）だったので斬り殺した。それ以来、生贄の習慣はなくなったが、毎年正月三日には藁《わら》で三〇センチほどの人形を作り、女性の髪の毛を添えて社宮司社に供え、海に流すようになったという。

岩田準一『鳥羽志摩の民俗』、『日本の伝説32　伊勢・志摩の伝説』にある。

三郷の堺石［さんごうのさかいいし］

三重県梅戸井町（現・いなべ市）にあった三つの石で、願いを叶えるという。舟臥《ふなぶせ》という所の土生《はぶ》のお宮に二つ、北のほうに一つあり、梅戸井の三郷の堺にあるので三郷の堺石と呼ばれていた。

ある時、竹さんという人が、お宮の近くの梅さんという真面目な人に、土生の宮の石を一つ自分の家にある石とすりかえ、自分たちの願い事だけを叶えてもらうよう計画を持ち掛けた。ある晩に竹さんは梅さんを連れて一番軽そうな石を掘り起こそうとしたが、いくら掘っても掘れず、最後に二人は体が石のように固くなって死んだという。

『日本の民話13　京都篇　伊勢・志摩篇』にある。

山椒ビラシ［さんしょびらし］

志摩（三重県）の海女《あま》に伝わる魔物。「サンショクラゲ」とも言う。海女が海に入ると、針のようなもので刺されることがあり、やがてそこが痛み出し、だんだんと全身に回り、呼吸の圧迫を覚え、気の弱い者は気を失う。

山椒《さんしょう》の汁を体に塗ったり、山椒の枝をかんざし代わりにさすことで避けられるともされるが、現在は磯シャツや医師の注射のおかげで被害は減ったという。

その正体はモジラという腔腸《こうちょう》動物やカギノテクラゲなどとも言われているが定説はなく、五銭銅貨ほどの透明なもので見つけづらいため、魔物、海女の最も恐れるものなどと言われている。

岩田準一『志摩の海女』にある。

さんまい坂の牛鬼［さんまいざかのうしおに］

三重県上野市（現・伊賀市）に伝わる。大和街道を長田村平尾から三軒家に抜けるさんまい坂には、鼻はしし鼻、耳はとがり、口が耳まで裂け、頬骨が出て目がぎょろりとした牛鬼が出て、その周りには三つ四つの火の玉がいつも飛んでいた。

牛鬼は峠《とうげ》を越える人を脅かして悪さをしており、この辺りは人々が近づかなくなって寂れてしまった。それを聞いた寺の僧は、この正体を天正伊賀の乱の際に比自山《ひじやま》で死んだ者たちだと見抜いた。僧はお経で霊を慰めつつ、その間に村人が鬼を穴におびき寄せ、おとなしくなった隙《すき》に突き落とし、その上に岩を載せた。坊さんはその岩の上に地蔵を作り、「この地蔵が腐るまで牛鬼出るな」と封じこめたという。

『上野市史　民俗編　下巻』にある。

三右衛門婆［さんよむばば］

三重県越賀村（現・志摩市）周辺に伝わる。越賀村の三右衛門婆は人の子どもを見ると「喰ったりたいくらい可愛い」というのが口癖で、最終的には自分の家に生まれた孫を食べてしまった。この婆が死んで葬式を出す際、墓に入れようとすると雨風で入れることができず、棺桶《かんおけ》を捨てておくといつのまにか死体は行方不明になった。また、その後、三右衛門爺が大阪で「三右衛門騒動」という自分の婆をもとにした芝居をやっていたので見物したともいう。越賀村では今でも子どもを脅かす時に「二十三日のサンヨムババ」と言う。

岩田準一『鳥羽志摩の民俗』にある。

シキ幽霊［しきゆうれい］

三重県紀伊長島町（現・紀北町《きほくちょう》）長島に伝わる。船幽霊のことで、海に出るもののなかで一番恐ろしいものだという。

『紀伊長島町史　下巻』には実際に出会った人から聞いたという話がある。一〇〇年ほど前、ある人が夕方遅くに父親と二人で高浜へ船を上げていると、沖のほうからヨイ、ヨイと声を揃《そろ》えてイナダ船が入ってきた。その声があまりに哀れで力がなかったのでよく見てみると、乗っていた七、八人の漁師は櫓《ろ》も漕《こ》がず、コベリ（船端）に腰を下ろしてぼんやりとし、髪を振り乱し、真っ青でひきつった顔をして、つぶやくようにヨイ、ヨイとお経のように唱えていた。やがてその船は二人の前を通り過ぎ、江の浦の弁天島の辺りで風雨に掻き消されるように消えた。翌日、南島のイナダ船が転覆し七人が帰らなかったことが判明したという。

また、このシキ船を見た者がその事を人に話すと、雨風の夜に沖から帰るのがちょっとでも遅れると、必ず船から迎えに来るとされる。そのため見ても話す人はいないが、誰もが一度は会っているという。

旧盆二四日に無縁法界《むえんほうかい》という施餓鬼《せがき》をするのはシキ幽霊を慰めるためだという。

『みえ東紀州の民話』によると、シキ幽霊を見ていると船がぶつかってきてどちらの船も沈むので、そのような時はめっぱ（木の弁当箱）の中の残りで握り飯を作り、海へ投げ込んで「青峰大明神」と唱えるのだという。

爺婆かぼちゃ［じじばばかぼちゃ］

三重県桑名郡に伝わる。昔、きれいな娘が一人で暮らしており、お爺さんとお婆さんが欲しいと願っていた。ある日、南瓜《かぼちゃ》畑に裏の崖から鬼が落ちてきて、腹を打って泣いていた。村人は誰も近づかなかったが、娘は赤い帯を裂いて巻いてやり、家でご馳走し、一晩泊めた。すると鬼は小さな小槌《こづち》をくれ、南瓜を叩けというので一番大きな南瓜を叩いたところ、中からきれいなお爺さんとお婆さんが出てきて幸せに暮らしたという。

桑高生徒採集「桑名郡昔話集」（『伊勢民俗』1巻2号）、『日本の民話13　京都篇　伊勢・志摩篇』にある。

地蔵仏の幽霊［じぞうぼとけのゆうれい］

三重県鳥羽市答志町《とうしちょう》和具《わぐ》の洞仙庵の旧堂内にある地蔵は、魚形のついた小環をもっている。不要なので外してはという話が村人の間でたびたび出るが、これを外すとたちまちどこからともなく幽霊が出るといわれているため、誰も触らないという。

ある夜、若手の青年連の集まりで、その環を外した者には皆が金銭を出し合って酒や肴《さかな》を与えて饗《きょう》するということになったが、誰もやる者はいなかったという。

鈴木敏雄『志摩の民俗　下巻』にある。

七本鮫［しちほんざめ］

旧暦六月二四日、二五日はゴサイ（五斎・御祭）と言い、七本の鮫が磯部の伊雑宮《いざわのみや》（三重県志摩市）の前の川まで上ってくるという。このため、この日は海女《あま》は仕事を休んで伊雑宮に参詣し、漁に出る者や泳ぐ子どももいない。

現在は七本のうちの一本が捕られてしまったため六本しかいないとされる。一説には、坂手村（現・鳥羽市）の上村三蔵という者が、子どもを鮫に食われたことから、復讐《ふくしゅう》のため待ち構えようやく一本を捕らえたという。しかし腹の中には何もなく、当時の名主が光岳寺で謝罪の祈禱《きとう》をしたが、その家はとうとう没落したという。

岩田準一『志摩の海女』に詳しい。

社護さんの石［しゃごさんのいし］

三重県東員町大木にあった石。かつて八幡神社、新宮神社、若宮神社の三社があった場所に存在していた大きな御影石《みかげいし》で、昔、金の鳥がとまって鳴いたので神さんの石と呼ばれ祀《まつ》られたが、三社が大木神社に合祀され取り壊された際に石と山つつじだけが残った。

ある春、近江（滋賀県）へ向かう旅の男がこの石のそばで一休みしようと、石に腰を掛け、わらじを石の上に置き、つつじの枝を二、三本折ってわらじの土をはらった。しばらく休んでまた旅立とうとすると、足がしびれたように痛く、員弁川《いなべがわ》を渡ったくらいにはもう完全に進めなくなった。

すると川原のほうの石から「川の向こうの石まで戻れ、そうせなおらんぞ」と声がした。男は戻って石についたわらじの土をはらい、山つつじの枝を立て頭を下げると治った。その後、男は坊主になって鈴鹿山のふもとの村に祠《ほこら》を建てて祀ったという。

これがしゃごさんの石と呼ばれているもので、足をのせると足の病気が出て歩けなくなると言われている。

『東員町史　下巻』にある。

しょうげん坊［しょうげんぼう］

三重県美里村（現・津市）に伝わる。

昔、南長野から新海にかけての「こばたいゆ」という所にあった堰《せき》は台風のたびに壊れていた。ある年寄りが「横縞《よこじま》の服を着た人を人柱に立てたら壊れない」と言い、たまたま通りがかった旅の「しょうげん」という僧を堰の下に埋めた（自ら人柱になったとする話もある）。しょうげんは埋められる際に「今日の六月一四日には必ず、三粒でも私の涙を降らせる」と言い、堰は壊れなくなったが、今でも六月一四日には雨が降るという。

『美里村史』にある。

ショウゼン坊［しょうぜんぼう］

三重県津市香良洲《からす》に伝わる。伊倉津の近くで死んだ坊主が化けて出るという。これを実際に見た人の話では、夜ふとみると船の艫《とも》のほうにどっこいしょと腰かけたという。

『伊勢湾漁撈《ぎょろう》習俗調査報告書』（『日本民俗調査報告書集成　東海の民俗　三重県編』収録）にある。

白坊主［しろぼうず］

三重県大安町（現・いなべ市）に伝わる。石榑南《いしぐれみなみ》の常満寺の西の道を、ある男が夜中に通った時、椿《つばき》が生えている所から白い衣を着た坊主が現れた。男が勇気を出して近づいたところ、白坊主はどんどん大きくなり人間の二倍ほどの高さになった。男が恐怖で震えていると白坊主はさらに椿の木よりも大きくなり、男は逃げ出した。その後、常満寺の藪《やぶ》には白坊主が出るという噂が広まったという。

『大安町史　第1巻』にある。

塩間の稲荷［しわいのいなり］

『新著聞集』（『日本随筆大成　第2期　第5巻』収録）にある。

二見浦《ふたみがうら》（三重県伊勢市）の近くの塩間（汐合）という所の男が、塩や海藻を京へ売りに行く際、京の稲荷の前でしばらく休んでいた。すると老いた狐が出て、大鳥居を往復して飛び越えていた。男が面白く思い見とれていると、狐は「汝《なんじ》も越えよ」と言い、男が「とても自分にはできない」と言うと、狐は「であれば我が教えよう」と提案した。狐は男の羽織を脱がせ、縄を長くつけて鳥居の上にかけ、往復して引いた。すると男は飛び越えているような気持ちになり、ぼんやりとしていた。

その後、国へ帰り家の戸を叩くと、妻子は戸を閉じて「なんと恐ろしい古狐だ、中に入らせるな」と言った。亭主だ、親だと言うが喚《わめ》いて入れてくれず、男は京での出来事を思い出してさめざめと泣き、「私は生きながら畜生道に落ちたのだ」と仕方なく立ち去った。男は海辺に住み、藻草や魚だけを食べて生きていたが、その後人に「私は子どもも多くいるが定まった住処もなくさ迷っているので、相応の住まいを用意してくれ」と頼んだ。里の人たちは馴染みの者のことなので哀れに思い、小さな祠《ほこら》を建て祀《まつ》ったという。

甚太夫の家の祟り［じんだいのいえのたたり］

三重県片田村（現・津市）周辺に伝わる。昔、大野の甚太夫《じんだい》という家の者に落ち武者がかくまわれていた。それを追う者が船越の岩谷《ゆわんたに》の家に潜んでおり、甚太夫に金を渡し武者をおびき出すように言い、ついにその武士を討《う》った。

騙《だま》されたと知った武士は「おのれジンダイ、七代祟るぞ」と言い、それ以来、代々惣領が夭折《ようせつ》する、刀を洗った水が澄まなくなる、屋敷跡に建てた家の味噌は必ず腐る、虫に武士の魂が入り田畑を荒らすなどの祟りがあった。

片田村には甚太夫の後裔《こうえい》と名乗る人物が実在するという。

岩田準一『鳥羽志摩の民俗』にある。

水源池の主［すいげんいけのぬし］

三重県南勢町（現・南伊勢町）内瀬に伝わる。水源池の主は鰻《うなぎ》であり、雨の降る夜に童女の姿となって池の表面によく現れたという。

ある時、池の近くに住む源太という男が、美しい娘となった池の主に「明日、鶴路山の大きな毒蜘蛛《どくぐも》が襲ってくるので力を貸してほしい。戦いになったら頃合いを見て『源太ここにあり』と叫んでほしい」と夢で言われた。

翌日、源太は池のほとりで待っていたが、黒雲と水柱が入り乱れる光景に恐れをなし逃げ帰ってしまった。その翌朝、岸辺の茂みの中に一斗樽《いっとだる》ほどの食いちぎられた鰻の首が転がっていた。以降、源太の家には不幸が続いて滅び、今は家の跡と井戸のみが残っているという。

『改訂増補　南勢町誌　下巻』、『読みがたり　三重のむかし話』にある。

菅道臣の幽霊［すがみちおみのゆうれい］

『茅栗草子《しばくりぞうし》』にある。

平安の頃、大和（奈良県）の国司の菅道臣が名張郡（三重県）主の娘と恋仲になり、阿山郡島ヶ原村（伊賀市）の近くの伊賀田という所に落ち延び、隠れて暮らしていた。やがて子どもができたが、世間の噂になり名張郡主が追っ手を差し向けた。道臣は強弓《ごうきゅう》を手に逃げたが、木津川に追い詰められ身を投げた。これを知った娘も後に同じ場所に身を投げた。

以来、島ヶ原の正月堂には二人の霊が参詣すると噂になった。また日暮れ時には弓ヶ淵《ふち》に弓を持った武士が寂しそうにたたずんでいるのを見たという人があり、この淵は弓ヶ淵（京都府南山城村）と呼ばれるようになったという。

『伊賀の伝説―茅栗草子の世界』に詳しい。

鈴鹿御前［すずかごぜん］

『鈴鹿の草子』（『室町時代物語大成　第7』収録）、奥浄瑠璃『田村三代記』などに登場する、鈴鹿山（三重県亀山市）に現れたとされる鬼女。「鈴鹿姫」、「立《たて》烏帽《えぼ》子《し》」とも。

坂上田村麻呂が勅命で退治しに立烏帽子の御殿へ行ったが、立烏帽子は様々な神通力で田村麻呂と戦い、また「三明《さんみょう》の剣《つるぎ》」という特別な剣を持っていると語る。そして二人は結ばれ、協力して近江国（滋賀県）の「明石の高丸」や奥州（東北地方）の「大嶽丸《おおだけまる》」といった鬼を退治する。その後、立烏帽子は二五で死ぬ運命だったと語り死ぬが、田村麻呂が閻魔王《えんまおう》の前で暴れたため、閻魔王は最近死んだ同じ年の娘を生き返らせ田村麻呂はその娘を妻とした。

『立烏帽子』での話は少し異なる。田村麻呂は池の中にある立烏帽子の御殿を攻めることができず、矢文で交流すると立烏帽子は夫である「阿黒王《あくろおう》」を退治するならば夫婦になると持ちかけこれを退治する。

これらの作品が作られる前から鈴鹿山は盗賊が出現するとして知られており、『古今著聞集』では女盗賊、『宝物集』、『保元物語』では立烏帽子の記述が見られ、特に『保元物語』では山田庄司行季が立烏帽子を捕らえたとしている。また、『太平記』では田村麻呂が鈴鹿御前と剣合わせをしたとされ、『耕雲紀行』では田村麻呂に敗れた鈴鹿姫が立烏帽子を山に投げると石になり、麓《ふもと》に社《やしろ》が建てられたとある。

時代が下った『勢陽雑記』になると『立烏帽子』などとよく似た話が掲載され、立烏帽子を鈴鹿御前として祀《まつ》ったとしている。

また『勢陽雑記』では同時に鈴鹿御前は天照大神の妹だとする説も紹介している。

さらに奈良絵本『すずか』では立烏帽子は鈴鹿の権現とも呼ばれる東海道の守護神となっており、『西国三十三所図会《ずえ》』では立烏帽子をつけた天女が田村麻呂に鬼の住処を教えたとしている。これについて柳田國男は『神を助けた話』（『定本柳田國男集 第12巻』収録）で、鈴鹿の関の神の縁起を混同したのではないかとしている。

阿部幹男『東北の田村語り』、『日本伝説大系　第9巻』、『日本伝奇伝説大事典』、金子恵里子「鈴鹿御前・立烏帽子を巡る伝承世界」（『伝承』2号）などに詳しい。

ズボシサン［ずぼしさん］

三重県松阪市柚原町《ゆのはらちょう》に伝わる。富蔵という医者の家の二階にあるもので、木の枠の中に吊り下げてある骸骨だという。子どもが悪さをすると富蔵は二階に連れていき、「嘘言うてもあかんぞ、ズボシサンは何でもよう知っとるぞな」と脅すと、子どもたちは震えあがって白状したという。『松阪市史　第10巻』にあり、富蔵の子どもの友達が実体験として語っている。

清九郎の船［せいくろうのふね］

三重県鈴鹿市下箕田《しもみだ》に伝わる。夏の闇夜に青い光を出して燃えているのをある人が見て、大声で近所の人を呼びに行った、すると人々は「また出たか」と言ったという。

『伊勢湾漁撈《ぎょろう》習俗調査報告書』（『日本民俗調査報告書集成　東海の民俗　三重県編』収録）にある。

銭掛松［ぜにかけまつ］

三重県津市一身田にある松。伊勢神宮（伊勢市）へ参宮しようと西国からやってきた男がこの辺りに来て茶店の主人にここから先の道のりを聞くと、主人が「丘を越えるのに一〇日、越えて一〇日」と偽ったので、男は参宮をあきらめ、松に賽銭《さいせん》を掛けて帰った。そして主人がその賽銭を取ろうとすると、銭に通している紐《ひも》が白蛇に変わった。それ以来、茶店は廃《すた》れ、主人は土地にいられなくなり狂死した。その後、旅人が再び参宮に来ると、銭がそのまま松にかかっていたので無事に参宮することができた。それ以来、ここを通る人はこの松に銭を掛けていくようになったという。

『日本の伝説32　伊勢・志摩の伝説』にあり、古くは『勢陽雑記』（『日本伝説大系　第9巻』収録）、『諸国里人談』（『日本随筆大成　第2期　第24巻』収録）などにも記されている。

センコの力石［せんこのちからいし］

三重県飯南町（現・松阪市）に伝わる。昔、紀州（和歌山県・三重県）の殿様の行列が駕籠《かご》に乗って逢橋を通った時のこと、センコという男が、自分の馬の四本の足を両手で持ち上げ、欄干《らんかん》の外へ支え持ったまま腰をかがめて、行列を通した。殿様がなぜそんなに力があるか聞くと、センコは

「力石に、生涯嫁を貰《もら》わない代わりに誰にも負けない倍の力を授けてくだされと願掛けしているうちに、力比べは誰にも負けないようになりました」と答えたという。

『中京民俗』26号にある。

袖引［そでひき］

三重県南勢町（現・南伊勢町）内瀬にある古墳。ここに入って出ようとすると、何者かに袖を引っ張られ出られなくなり神隠しにあうので、袖引と呼ばれるようになったという。また、洞穴に大きな蛇《へび》がおり、ここを通る人が恐ろしくなって「帰ろうや」と言うと神隠しにあうので、無言で袖を引くようにしていたのが袖引という名前の由来だともいう。

その他に名前の由来として、迷いそうになるのでお互いに袖を引きあうため、あるいはここの八幡神社から一二月八日に赤土を藁苞《わらづと》に入れて採ってくるが、無言で行わなければならないため用がある時は袖を引くので袖引の宮と呼んだ、などの説明がされることもある。

『改訂増補　南勢町誌　下巻』にある。

曾根の牛鬼［そねのうしおに］

三重県尾鷲《おわせ》市曽根に伝わる牛鬼に次のような話がある。

室町時代の末期、牛鬼が毎夜現れ人間の尿《にょう》を飲みに来たので、村人は恐れ早くから戸を閉めていた。ある時、戸締りを忘れた家に牛鬼が入ったが、どうしたはずみか熱い灰の中に落ち、奇怪な叫び声をあげて逃げた。家人が恐々起きてみると、灰に一本足の足跡が残っていた。村は大騒動になり、地蔵灯籠を建てて祀ったという。

『熊野灘沿岸漁撈《ぎょろう》習俗調査報告書』（『日本民俗調査報告書集成　東海の民俗　三重県編』収録）にある。

【た】

高法師さん［たかぼっさん］

三重県紀伊長島町（現・紀北町）に伝わる。大島や佐波留《さばる》の沖の海底に眠っている大男で、普段は寝ているが嵐が吹くと沖を歩き回り、波切（志摩市）から潮岬《しおのみさき》（和歌山県串本町）まで七またぎで届くほどだという。高法師さんは水遊びが好きで、嵐で難儀している船を見つけると艫《とも》を掴むとされる。すると、その船は同じところを回るだけになり、やがて嵐で沈むという。また、つかまえた船に「柄杓《ひしゃく》を貸せ」と嵐のような声で言い、柄杓を渡すと船に水を入れ沈めるが、底が抜けた柄杓を渡すと自分の力がなくなったと思い、柄杓を返して帰っていくという。

『紀北の民話』7号にある。

　また『みえ東紀州の民話』によると、東南の風が吹き波が立ちだすと、これが海上に頭を突き出し、両手で海面をかき回して暴れ、激しい風雨になるという。この東南の風は魔風《まぜ》と呼ばれ、漁師はこの風が吹くと天候が良くても急いで逃げたという。

タコ坊主［たこぼうず］

三重県松阪市大河内町に伝わる。脇谷という山の下の石仏がたくさんある所を夕方通ると出るという。

『松阪市史　第10巻』にある。

タツジマとビキジマ［たつじまとびきじま］

三重県熊野市に伝わる。昔、赤倉にタツジマという大きな竜がおり、年老いたウバメガシを家来にしていた。また、尾川川にビキジマという大きなヒキガエルがおり、川中の生き物を従えていた。ある時、山の中でタツジマとウバメガシが大声で何かを相談してうるさかったため、ビキジマと言い争いになった。そこへ大丹倉《おおにぐら》という岸壁の近くに住む近藤兵衛という天狗鍛冶《てんぐかじ》が、「喧嘩をしていて外から悪者が来ると互いに困る」と諭し、村は平和になって病気もはやらず長く栄えた。

　大丹倉の東の竜のような岩がタツ島、西のヒキガエルのような岩がビキ島であるという。

『みえ東紀州の民話』にある。

ダンダラボシ［だんだらぼし］

三重県各地で巨人のことを指す言葉。これの足跡とされる場所が多く残っている。

　三重県志摩市大王町波切では一つ目の巨人として伝わる。これが毎日海から上がってきて獲物を荒らすので、大きなわらじを作り、こんな大きなわらじを履く者がいるのだと見せかけて追い返したという話がある。

　現在でも波切では、藁《わら》二〇〇束で作った二メートルほどのわらじに竹の釘四〇本あまりと魚と米を供え、祭文を唱えて海に流す神事がある。現在は波切神社で行われているが、もともとは合祀前の葦夜《いや》社の神事だそうである。

『日本の伝説32　伊勢・志摩の伝説』に詳しい。また、水木しげるの本では「波切大王」という名前で紹介されることがあるが（『妖怪世界遺産』など）、これは地名（大王崎）である。

千方火［ちかたのひ］

『諸国里人談』（『日本随筆大成　第2期第24巻』収録）にある。

　伊勢国一志郡家城《いえき》（三重県津市）の川俣川の上で、提灯ほどの火が川の流れに沿って水より速く下るもので、これを千方火と呼ぶとしている。ここはかつて藤原千方が住んでいた所だという。

血引きの磯［ちひきのいそ］

三重県志摩町（現・志摩市）御座《ござ》にある磯。矢を射たところ「のりの浦」にささり磯自体が痛いと言って泣いては血を流した、あるいは鬼が鹿に乗って逃げるのを射たためにその名前が付いたとされる。

和歌森太郎編『志摩の民俗』にある。

チンチン谷［ちんちんだに］

三重県鳥羽市桃取町の北の二又谷のこと。昔ここに廻国六十六部の老夫婦がいたが、妻が病気を長く患って死に、夫も今にも死にそうであった。ある日村人が訪ねてきた時、夫は五両の金を渡し死後の回向《えこう》を頼んだ。それから夫は小さな鉦鼓《しょうこ》を昼夜問わず死ぬまで叩き続け、この地はチンチン谷と呼ばれるようになった。

桃源寺の住職は二人を厚く弔《とむら》ったが、その残金を使って出奔《しゅっぽん》し行方不明となった人を探し求めて毎夜二人の怨霊が出る、あるいは残金を横領した男の家の前を毎夜怨霊が訪ねて男は狂死したなどともされる。また、今でも雨の夕方に鉦の音がするともいう。

鈴木敏雄『志摩の民俗　下巻』にある。

チンドンの森［ちんどんのもり］

三重県四日市市東坂部町にあった森で、このそばを通るとチンドン、チンドンという音が聞こえるという。

『四日市市史』にある。

天狗になった子［てんぐになったこ］

三重県東員町に伝わる。中上の遍崇寺の住職の大住という人には五人の男の子がいたが、そのうちの一人がある日、鞍馬山《くらまやま》（京都府京都市）に行って天狗の修行をしたいと言い出した。皆が止めたがその子は聞かず、いつの間にか村からいなくなった。

それから長い年月が経ち、その子から「立派な天狗になったので、一度故郷の中上に帰りたい。癸亥《みずのとい》の中秋の夜、遍崇寺の本堂の戸を全部閉め切って、縁側にうどんを作って並べておいてくれ」と便りがあった。村人は怖くなって隠れていたが、翌朝見ると縁側に置いたうどんは消えていた。

それから毎年、寺では中秋に村中でうどんを作り本堂の縁側に並べ天狗を待っていた。その際、戸の隙間《すきま》から覗くとたくさんの天狗が踊っていたという。また、天狗は長深の景清松で一休みし、中上の多奈閇《たなべ》神社の松を越え、まっすぐ大屋根に降りてくるが、その時に村で悪いことをしたり親不孝なことをした者は、捕らえられ志知の山か員弁川《いなべがわ》に投げ捨てられるので、村は平和になったという。

ある晩、天狗はお礼のしるしにと、鞍馬山の大きな石を持ってきて寺の庭に置いて行った。その石は最近まであったが今はないという。

『東員町史　下巻』にある。

天神の火［てんじんのひ］

『譚海《たんかい》』（『日本庶民生活史料集成　第8巻』収録）にある。伊勢（三重県）の雲出川の上の天神山（未詳）に出る火を、里の人は天神の火と呼んでいるとし、次のように書き記している。

夏秋頃、日が暮れると山の茂みにこの火が見え、里の人が戯れに呼ぶと前に飛び出てきた。その際は里から山までは二里（約七・八キロ）あまりあるにも関わらず、呼ぶ声に従って矢よりも速く飛んできた。

大きさは傘《かさ》ほどで、地上わずか一、二尺（約三〇～六〇センチ）の所を動き、火の中に呻《うめ》き声のようなものが聞こえ、歩くとそれに付いてきた。害はなく、色は火のようだが熱くもないので、人々は見慣れており、子どもなどは火の中に入って被って遊んだりもする。ただ臭気があり、しばらく馴染まなかった。

家に帰ろうとすると火が付いてきて、夜中じゅう外で呻き声を出していたが、里の人が外に出て草の葉を一つ摘んで額に頂くと、たちまち飛び去って消えた。地上にあるものを何でも頂いてみると、火はすぐに避けて飛び去るのだという。

鳥羽の鬼女［とばのきじょ］

鳥羽城（三重県鳥羽市）の築城伝説として伝わる。九鬼嘉隆《くきよしたか》が夢のお告げで鳥羽に城を構えようとしてやって来た時、山の上に小さな茅葺《かやぶ》きの寺があり、寺の中には千手観音があった。堂守がいないのをいぶかしんで見回してみると、琵琶《びわ》のような声をした鬼女がいた。汝《なんじ》はいかなるものかと鬼女に聞くと、鬼女は両目を怒らせ飛びかかってきたので、これと戦い首を落としそのまま谷に投げ落とした。以来この地は琵琶の首と呼ばれるようになり、その後、観音像は堀の上というところに建立した観音堂に移され、現在も残っている。

鈴木敏雄『志摩の民俗　下巻』にある。

ともかづき

志摩（三重県）の海女《あま》に伝わる。海中に潜っていると、他に誰もいないはずなのに自分と同じような姿の海女を見ることがある。海上に上がっても見知らぬ船はないが、海中に潜るとやはりいる。これは海女の亡霊で、魔よけの糸が縫い付けられていない、鉢巻が長い、あるいは足がないことで見分けがつくとされる。

アワビを渡そうとすることがあるが、素直に受け取ろうとすると命を取られるので、後ろ手に受け取る必要がある。また、笑いかけられると死ぬ、台傘《だいがさ》のようなものをふわっと被せてくるといった話もある。

これに誰かが会った場合は村中の海女は一斉に二日でも三日でも仕事を休み、またこれに出会った海女は生涯海に潜らないともいう。

岩田準一『志摩の海女』に詳しい。

ドンドロ石［どんどろいし］

三重県阿児町《あごちょう》（現・志摩市）立神の大日山の南の道の北にある石。六一歳になった老人はこの石の上に捨てられ、それを狒々《ひひ》猿《ざる》あるいは宇気比《うきひ》神社の獅子頭が食べるのだという。

また、この石には次のような話もある。毎年娘を一人この石に生贄《いけにえ》として捧げていたが、話を聞いた武士がこれを斬り殺すと狒々猿だった。武士がそれを立石浦に投げ込むと、死体は一膳浦に流れ着き、村人はそれを神として祀《まつ》ったという。

鈴木敏雄『志摩の民俗　上巻』にある。

【な】

長太のわたり［なごのわたり］

三重県鈴鹿市に伝わる。昔、長太の浜に、背が高く目のぱっちりとした美しい女がやってきた。漁師たちが「こんなに美しい人は竜宮様に違いない」と、自分の家に泊まってくれるよう口々に頼んだため、女は北長太の村と南長太の村に交互に泊まることになった。すると、女が北と南を行き来するたび、その通った道筋がピカピカと輝いた。

これを聞いた漁師の一人が「そんなことあるもんか」と言うと、それを聞いた女は海の上を渡って遠くへ行った。その後、長太の浜には神輿《みこし》に乗って槍《やり》、高張提灯、馬を従えて海の上を渡っていく竜宮様の行列が見られるようになった。一説には、これは東海道の大名行列が蜃気楼《しんきろう》になって映るためだともいう。

『日本の民話13　京都篇　伊勢・志摩篇』にある。

長原の浮岩［なごらのうきいわ］

三重県阿児町《あごちょう》（現・志摩市）鵜方《うがた》の横山の南から迫子《はざこ》に通じる海岸にあった三つの石で、一つは高さ三尺（約九〇センチ）、他二つは小さく、干潮の時だけ頭が出る。これは「浮き岩」と呼ばれ、海の神であり、船がこれに触れると病気にかかったり死んだりすることがあるという。

明治四五年（一九一二）一月一八日、越賀の村人十数人が青峰山への参拝のため船で通っていた時にこの岩に触れてしまい、その後まもなく天候が良かったにもかかわらず船が傾き七、八人が海に投げ出された。

　また昭和五年（一九三〇）の秋、山際木次郎という人が妻とこの岩のことで口論したところ、妻の夢に岩が現れ、その岩にはしめ縄が張られていた。妻はこれを岩を陸に揚げよとのお告げだと言ったが、木次郎は聞かなかった。

　その半年後の三月一五日、波が高く船を出せなかった木次郎がふと岩を見ると、満潮なのに岩が半分浮いていた。妻は、この天気で船を出せないことや岩が浮くことは、木次郎も陸に揚げるのに協力せよとのお告げであると解釈した。三月九日の干潮の日、夫婦は付近の数人に頼んで引き上げようとし隣人がつるはしを入れても動かなかったが、木次郎が石の下に手をかけると今度はつるはしで簡単に動いた。さらに翌々日、残りの岩を同様に揚げ、自宅前に祀《まつ》って神酒《みき》神饌《しんせん》を供え宴をした。現在は自宅に安置するのは恐れ多いとのことで、横山の展望地に安置されている。

　鈴木敏雄『志摩の民俗　上巻』にある。

生首谷［なまくびたに］

　三重県海山町《みやまちょう》（現・紀北町）の矢口から高瀬へ越える道にある谷。昔、ある旅人がここで転がっている生首を見て、驚いて逃げると、生首がどこまでも追いかけてきたという。

　『ふるさとの民話と資料　海山地方』にある。

名免蛇羅［なめだら］

　三重県一志町（現・津市）に伝わる。寛喜二年（一二三〇）三月上旬、桃の花の見物に茶屋が西中広という所で酒宴を開いていた時、彼方の岩穴から名免蛇羅という大蛇が現れた。大蛇は一〇丈（約三〇メートル）ほどの大きさで、白角を振り立て、眼は日月のよう、舌は真っ赤、牙は長銀をくわえたようで、今にも人を呑み込もうという様子だった。

　上出城主の平家盛の長男家朝は部下を率いてこれを退治し、その後、蛇の心は頭に宿るといって茶屋の裏で大釜を立てて煮殺した。その跡が現在の名免蛇羅の下釜が淵《ふち》だという。

　『一志町史　下巻』にあり、出典を『波瀬一覧記』としている。

濁り水［にごりみず］

　三重県多度町（現・桑名市）に伝わる。信長の伊勢攻めの時、力尾の山すその辺りまで激しい戦いがあった。そのため、その後この辺りの湧き水は濁ってしまい、武者の叫び声やすすり泣く声が聞こえることもあるという。また、ここから取れる形の良い自然石は墓石であり、夜には無念そうな声が聞こえることがあるという。

　『多度町史』にある。

日中亡魂 ［にっちゅうぼうこん］

神島（三重県鳥羽市）に伝わる。島の裏手の小溝という崖《がけ》になっている所には、村から萱《かや》を刈りに行った者がよく落ちて死ぬことがあり、その亡魂が死んだ時の姿で現れるという。

ある夕方に村の女が萱刈りに行った時、前に死んだ女が出てきて「子どもに会わしてくれ」と言った。会わせてやろうと女を先にして歩いていると、元八幡社の出口でフウッと消えた。

そんなことがたびたびあるので、日中亡魂といって恐れ、供養のために石地蔵を立てたという。

岩田準一『鳥羽志摩の民俗』にある。

二頭六足鹿 ［にとうろくそくじか］

三重県志摩市志摩町御座に伝わる。御崎の山には、頭が二つ、足が六本ある鹿が住んでいるという。

和歌森太郎編『志摩の民俗』にある。

入道鮫 ［にゅうどうわに］

『奇異雑談集』（『江戸怪談集　上』収録）にある。

明応年間（一四九二〜一五〇一）、猿楽の太鼓の善珍という男と笛《ふえ》の彦四郎という男が、伊勢の大湊《おおみなと》（三重県伊勢市）から渥《あつ》美《み》半島（愛知県）に渡る船に乗る際、善珍の中間《ちゅうげん》（召使）の妻が駿河（静岡県）の生まれだったのでついでに乗せようとしたが、一人女房（女が一人だけの組み合わせ）で乗せることはできない決まりであると断られた。中間が怒り無理を言って乗せてもらうと、三里（約一一・八キロ）ほど行ったところで黒雲が現れ嵐になった。船頭は竜神の欲しがる刀や太鼓、笛などを海に入れさせ、僧が経を唱えるも収まらず、そうしているうちに黒い入道が現れた。その頭は人の頭の五、六個分の大きさで、目は天目茶碗の口のように光り、くちばしは馬のようで、口は二尺（約六〇センチ）ほどだった。一人女房が原因だと女が自ら飛び込むと、黒い入道が女をくわえて掲げ、やがて風は収まった。船頭はこれを入道鮫であると語った。人々は原因となった中間を自害させようとするが、大切な道具を失ったのだからと善珍や僧が説得した。しかし実は彦四郎は鞘《さや》だけで笛を捨ててはおらず、善珍は腹を立て恨み嘆いた。

三重県辺りの海で鮫の怪に出会った際にものを投げるという話は『梅翁随筆』（『日本随筆大成　第2期　第11巻』収録）にもある。熊野浦で船が全く動かなったのは鰐《わに》に見入られたからだといい、一人一品ずつ海に投げ込むと鰐がそれを呑んで水に入り、その後は問題なく船が着くという。

糠塚川 ［ぬかつかがわ］

三重県上野市（現・伊賀市）にある川。天正伊賀の乱の頃、市部の娘がこの川で米を研いでいた。娘が味方の敗戦を聞いて立ち上がったところ矢に胸を貫かれ、倒れた拍子に米が川に落ちた。それ以降、毎年夏になると、糠塚川の水が白くなることがある。これは市部の娘が研ぎかけの米を研ぐからだという。またその後、通りがかりの一人の僧が娘の亡霊に手を貸して米を研ぎあげ、川が白くなることはなくなったという。

『上野市史』にある。

ネギドンの森のボコ［ねぎどんのもりのぼこ］

三重県四日市市東坂部町にあった森の塚。これを壊すと禰宜《ねぎ》が祟るといわれ、ちょっとでも手を付けるとその晩に衣冠束帯の禰宜が現れて、何遍もお辞儀をして消えていくという。

『四日市市史　第5巻』にある。

寝屋の化物［ねやのばけもの］

『万世百物語』（『続百物語怪談集成』収録）にある。

伊勢（三重県）の神部高岡《かんべたおか》（未詳）の法蔵院という寺で、毎夜何かが寝屋の近くに来て、「法蔵院が頭は、すててぎてぎよ、すててぎてぎよ」と歌を歌って拍子をとり面白く踊った。戸を開けると何もおらず、そうして何夜か過ぎた。

ある夜、寺の者は一計を案じ、何者かが歌いだした時に「法蔵院が頭はがすててぎてぎなら、おのれが頭もすててぎてぎよ、すててぎ、すててぎ、すててぎ」と盛んに競り合うと、音がしなくなり、ばたりと何かが倒れる音がした。出て見てみると、それは大きな狸《たぬき》であった。狸は喋《しゃべ》ることはできなかったが、頭と尾を使って忙しく口真似しているうちに、うっかり頭を打ち割ってしまったのだった。

この話のように、狸などと同じ言葉を繰り返し言い合い、言い負けた狸が死んだという昔話は全国的に伝わっている。

ねんねが淵［ねんねがふち］

三重県美里村（現・津市）にあった淵。桂畑から南長野への松尾林道で、赤ん坊を背負って畑仕事をしていた女が足を踏み外し淵に落ちて死んだ。それ以来、その近くを通ると赤ん坊の泣き声が聞こえたり、幽霊が出たりすると噂され、「ねんねが淵」と呼ばれた。現在は林道の拡張工事のために土砂に埋まっているという。

『美里村史』にある。

【は】

羽がいの神［はがいのかみ］

昔、三重県鳥羽市加茂に赤渕勘太夫という鉄砲の名人がいた。勘太夫は雨が降っても濡れない術や、人や獣の行動を操る術、変化《へんげ》の術などさまざまな術を持っていた。

ある時勘太夫は村の山伏峠《やまぶしとうげ》で白い鶴に化けた天狗《てんぐ》を撃ち、その片羽根を落とした。その羽根は片羽根神社として祀《まつ》られ、祭神は「はがいのかみ」あるいは「片羽がいの神」とされている。

その後、勘太夫は猟をやめるよう天狗に乞われ、その代わりにと一つの巻物を渡されれた。それはどんな病気も治る霊薬の製法だった（卜占《ぼくせん》の方法が書かれていたとする話もある）。その巻物は現在も村の者の誰かが持っているという。

また別の伝承として、次のような話もある。古い戦争の際、この神社から真昼間に轟音《ごうおん》が聞こえたことがあった。これは片羽がいの神が戦争から帰った音だと村人は大騒ぎしたという。

鈴木敏雄『志摩の民俗　下巻』にある。

バケツ［ばけつ］

三重県熊野市金山町に伝わる。ある人が夜中、寺の入り口にある、夏になると水が流れる所に行くと、大きい人が現れたのが遠くからでも見えた。そこを通ると、大きい人がパッと出てきて尻を見せうつむいて近づいてきたが、その状態でもその人よりも背が高かった。振り向けず、前に走るわけにもいかないので、後ずさりしながら歩いて逃げたという。

『奥熊野のはなし　須崎満子媼の語る三〇〇話』にあり、「バケツに出会った人の話」と題が付けられている。

化物屋敷［ばけものやしき］

『諸国百物語』（『百物語怪談集成』等収録）にある。

慶長年間（一五九六～一六一五）、伊賀（三重県）のある侍の屋敷には、夕方になると玄関の前を練絹をかぶった美しい女が歩くことがあり、また首がない胴だけで歩いたりすることもあった。さらに昼には女と大きな坊主が台所の屋根の煙を出す穴から覗いたり、やせ衰えた女が経帷子《きょうかたびら》を着て髪をとかし四、五人で踊ったりするなど、さまざまな不思議なことがあり誰も住まなくなった。現在は何も起きないが、昔の話を聞いてここに住む人はいないという。

また『閑度雑談』（『続日本随筆大成6』収録）には、津（三重県）の堀某という武士の家の話がある。ここでは衣服が勝手に簞笥《たんす》から出て家の中を回り歩き、器も全て動くといった怪が起きていた。武勇な堀を妖怪も恐れたのか、堀が家にいる間は昼夜とも何もなかったが、堀が外に出ると必ず起こっていた。そうして一か月余りが経ち、はじめは驚き恐れ気を失っていた妻も次第に慣れ、女の子でも恐れることなく、茶碗や煙草盆が自然と歩き回るのを見て逆に面白く趣深いと思うようになったため、怪はやんだという。

波瀬の鬼〔はぜのおに〕

三重県一志町（現・津市）波瀬の地名由来譚《たん》として伝わる。波瀬が海の底にあった頃、人間が少なく地獄に行く人も少なかったため鬼は現世で魚を取って食べていた。仏陀《ブッダ》は魚を哀れに思い、人間の姿となって現れ、海の小島の一番高い所にある鬼の居室を占領し漁の邪魔をした。ここは「室ノ口」という地名になった。

鬼は大岩に立って仏陀を矢で射ようとしたが、その際に左足が岩に刺さった。この岩はかつて下ノ世古に実在していた。驚いて右足を浮かんでいた亀にかけるとこれも沈んだ上に背中に踏み入れた。これは後に「どん亀岩」となった。

その後やっと小島に腰を掛けて矢を射たが、仏陀の法力により足元の土を飛ばしただけでそれて向こうの低地に落ち、そこは「矢下《やおろし》」と呼ばれるようになった。また、矢が当たった所は後に「矢頭山」と呼ばれた。その後、仏陀は鬼を組み敷いて矢を折り一帯を野原にし、そこが「矢野村」となったという。

『一志町史』にある。

ハンゲ〔はんげ〕

半夏生《はんげしょう》の日に現れるという怪物。半夏生の日に田畑に入ってはいけないとする俗信は全国各地にあり、それを怪物が出るためだとする地方も多い。一例として、鈴木敏雄『志摩の民俗　上巻』によると「豆坊主と芋坊主」（三重県志摩市越賀《こしが》）、『阿児町史』によると「はげんぼうず」（志摩市和具《わぐ》）、「はげんそぼうず」（阿児町《あごちょう》（現・志摩市））、『ふるさとの民話と資料　海山《みやま》地方』によると「半夏生坊」（海山町（現・紀北町））が半夏生の日に出るとされている。

この中で、志摩市大王町波切では「ハンゲ」という言葉自体がその怪物の名前として伝わっていると和歌森太郎編『志摩の民俗』にある。

引亡霊〔ひきもうれん〕

三重県志摩市越賀《こしが》に伝わる。ナイバ（潮流の関係で海藻《うみわら》や木片の集まる箇所）で風が凪《な》いだ陰湿な夜などに光が燃え揺らぐのを見ることがあり、これを引亡霊と呼んで気味悪がっている。

岩田準一『志摩の漁夫の昔がたり』にあるが、同書には「引亡者《ひきみょーじゃ》」と呼ばれるものも掲載されている。深夜、荷船が海上に出ていると、ある場所だけ真っ白に海が光って見えることがある。そういった時は板拍子といって踏み板を鳴らすと、魚群であれば光は散るが、引亡者であれば静止しているという。そして引亡者は船に付きまとって船の進む先に回り込んで進行をためらわせ、ついには海底に引き込もうとするという。

『民俗採訪』昭和34年度号によると熊野市荒坂にも引亡霊の話が伝わっている。それによると、天気の悪い闇夜に海が真っ白になり、大きな船や岩になって船の行く手を邪魔するという。

彦吉の墓石 ［ひこきちのはかいし］

三重県大王町（現・志摩市）畔名《あぜな》に伝わる。昔、この村に彦吉という、生まれも知られていないその日暮らしの若者がいたが、ある日雇われて漁に出て海中に転落し死に、無縁墓地に葬られた。それ以来、石塔に触れたり近くの木を刈ったり折ったりすると祟りがあり、村人は盆と正月の墓掃除以外で近づかなくなった。

ある年ここに村人が集まることがあり、一人の若者が「木は墓のものであり、墓のものは村のものである。我も村人の一人であるのに祟りを受ける道理はない」と試しに小枝を切った。すると十数年風邪にもかかっていない若者が、一時間過ぎた頃から何の病気ともなく苦しみだした。見舞いに来た一人が墓の祟りだから誰か墓へ行って謝罪せよと言うと、若者は親戚をつかわして供物を供えて謝り、程なくして全快した。

鈴木敏雄『志摩の民俗　上巻』にある。

ひじり橋 ［ひじりばし］

三重県松阪市本町と中町の間にある小橋。昔、葬列がここを通った際に雷が鳴り、電光がきらめいて死者が立ち上がった。その後葬列はここを通らなくなったが、現在は霊柩車《れいきゅうしゃ》なので構わず通るという。

『松阪市史　第10巻』にある。

美人しか襲わないお化け ［びじんしかおそわないおばけ］

三重県大安町（現・いなべ市）に伝わる。片樋《かたひ》と高柳の境に員弁川《いなべがわ》とどぶ田川の交わる岩ヶ淵《ふち》という所があった。ときどき川が荒れて船頭に恐れられる所でもあったが、ここの主の大蛇は作物や家畜、人間を襲っていた。通りがかった易者にこのことを相談すると、この辺りで一番の美人を生《いけ》贄《にえ》にせよとのことだった。

そこで通りがかった乞食の娘を説得し、御馳走を食べさせきれいな着物を着せ、「私は美人じゃない」と泣き叫ぶ娘を淵に連れて行った。娘は大波にさらわれ、それ以来家畜や人が襲われることも、川が荒れることもなくなったが、一方で岩ヶ淵には美人しか襲わないお化けが現れるようになったという。

『大安町史　第1巻』にある。

人声呼ばり［ひとこえよばり］

神島（三重県鳥羽市）に伝わる。日中でも山の中や畑で人の泣き声がすることがあり、これを人声呼ばりと呼んで恐れている。

岩田準一『鳥羽志摩の民俗』にある。

狒々女王［ひひじょおう］

神島（三重県鳥羽市）に伝わる。ある船が大時化《おおしけ》のため難破し、船員の一人がかろうじて無人島に漂着した。その島の洞窟にはたくさんの狒々が住んでおり、一匹の雌が女王となっていた。船員は女王と仲睦《なかむつ》まじくなり、女王は船員を洞窟に住まわせて世話を焼いた。やがて女王は船員の子を産むほどになったが、船員は故郷を思う気持ちが絶えず、その心を計りかねてか、女王は留守の間必ず手下を監視につけていた。

長い年月の後、船員は沖を通る船を見つけ救いを求めた。女王は幸い留守であり、船員は監視の者を殺して伝馬船《てんません》に乗って島を離れた。女王は悲しげな声をふり絞って船を呼び止めたが止まる様子がないので、形相を変えて洞窟に引き返し、子どもを連れて再び岸辺に行き高く掲げると、怒声を発し子供の両足をつかんで股裂《またさ》きに引き裂いたという。

岩田準一『鳥羽志摩の民俗』にある。

百日坂［ひゃくにちざか］

三重県松阪市垣鼻町《かいばなちょう》の海会寺の近くにある坂。かつて巡礼がこの坂道で転んで死んだことから百日坂と呼ばれ、この坂で転ぶと一〇〇日以内に死ぬという。

『松阪市史　第10巻』にある。

二つ池の竜神［ふたついけのりゅうじん］

三重県伊勢市の松尾観音寺の裏の二つ池には竜神が住んでおり、本尊を守護しているとされる。応永一〇年（一四〇三）に寺が火災になった際は、その体で本尊を包んで火を寄せ付けなかったという。

また、堂内の外陣《げじん》の天井には天井板が外してある所があるが、これは竜神の通路で、いくら閉めても開くとされる。昭和の初め頃、本尊の開帳の支度の際に天井が開いているのはみっともないと閉めた人がいた。その人は帰宅後に急に高熱を出し、遺言をするほどの騒ぎになったが、次の日には熱は嘘のように下がった。天井の板はもと通りに開いていたという。

『日本の伝説32　伊勢・志摩の伝説』に詳しい。

札の辻の藪［ふだのつじのやぶ］

三重県磯部町（現・志摩市）恵利原には、伊雑宮《いざわのみや》の西北にある札の辻と呼ばれる坂道がある。そこの竹藪は、竹を一本でも切ると祟られ、その日のうちに重病になり数日で死ぬこともあるという。ある時、おしげさんという老婆がここを通り、疲れたので細い竹を一本杖《つえ》にしようとして触れるとすぐに倒れてしまった。通りがかった村人が説明し、正座させて謝罪させたところすぐに治り、老婆は別の杖を受け取って出発した。

終戦後、ここを開墾しようと道具を揃《そろ》えていた人がいたが、病名のわからない病気になり、夢に老婆が出てきて神を恐れない不届き者と厳しく叱責《しっせき》されたので断念したという。

鈴木敏雄『志摩の民俗　下巻』にある。

文七の幽霊［ぶんしちのゆうれい］

三重県大王町（現・志摩市）畔名《あぜな》に伝わる。昔、石川五右衛門を理想としている義《ぎ》賊《ぞく》の文七という者がいた。文七は畔名の生まれで、畔名やその近くの村からは盗まなかった。

ある年、波切の高橋という富豪の家の蔵に入り、窮民に与える小判を盗み取った。やがて蔵の土台の文庫石を取り外す手口から、平時は石工である文七が捕らえられた。実際には家人によって盗まれていたものもあったが、文七はその罪も背負い死罪となり、五右衛門の辞世の歌を詠んで刑に服した。

その後、波切の番所に文七の幽霊が現れるようになったが、八日目からは畔名の不動堂に現れるようになり、怖いもの見たさの村人が殺到した。仏通和尚《おしょう》という僧がこれを聞き、村人とともに三日の読経をして供養すると異変はなくなった。それ以来、この不動堂の本尊を波切不動と呼ぶようになったという。

鈴木敏雄『志摩の民俗　上巻』にある。

蛇池の大蛇［へびいけのだいじゃ］

三重県上野市（現・伊賀市）の上野城下の蛇池は、城ができる前から大蛇が出たという伝説がいくつかのバリエーションで伝わっている。そのうちの一つに以下のようなものがある。

丸ノ内に大きな手のある蛇が住んでおり、一年に一度町にやってきて若い娘をさらい、食べて若さを保っていた。それを聞いた明神尊という旅人が、生贄《いけにえ》の娘の赤い着物を着て娘になりすまし、用意しておいた樽酒《たるざけ》を飲ませた隙《すき》に大蛇の手を切り落とした。その夜、娘の家に左手の不自由なおとなしそうな娘が一晩泊めてくれとやってきた。明神尊がその首を切ると、その娘は大蛇だった。

穴を掘って大蛇の死体を入れると、その穴に水がたまり、大蛇池と呼ばれるようになったという。

『上野市史』にある。

蛇の渡り［へびのわたり］

志摩（三重県）では、一年に一度大蛇が島へ渡るのでその道をせき止めたりすると祟りがあるとする伝承が各地にある。

『鳥羽・志摩漁撈《ぎょろう》習俗調査報告書』（『日本民俗調査報告書集成　東海の民俗　三重県

編』収録）によると紀北町長島では、スワ池という池から和具《わぐ》大島（志摩市）に大蛇が渡り、その時に鱗《うろこ》が陽光に映えてキラキラと光るが、これを見ると必ず死ぬといわれ、実際に犠牲者が何人もいるという。

また、鈴木敏雄『志摩の民俗　上巻』によると志摩町（現・志摩市）越賀では、天神山の西にある「城が島」は「蛇が島」のことであり、この島の雌の大蛇がゴサイ（五斎）の日に和具大島に渡るが、それに出会うと食い殺されるという。

蛇船 ［へびふね］

『茅栗草子《しばくりぞうし》』にある。

天和年間（一六八一～一六八四）の秋、名張郡矢川（三重県名張市）の矢川明神で、長さ三尺（約九〇センチ）ほどの蛇が数珠繋《じゅずつな》ぎになって数千数万と這《は》い出してきた。蛇は長さ四丈（約一二メートル）、幅五丈（約一五メートル）、高さ二尺（約六〇センチ）の塊となり、船のようになった。これを聞いた上野城の石田清兵衛は早馬で江戸城に注進したが、蛇はやがて跡形もなく消えたという。

『伊賀の伝説―茅栗草子の世界』に詳しい。

砲台守の助三郎 ［ほうだいもりのすけさぶろう］

三重県磯部町（現・志摩市）坂崎に伝わる。幕末に造られた坂崎の砲台地の陣屋で見張りをしていた最後の番人の助三郎という男は、あまり賢くなく村人から「助」と呼ばれ蔑《さげす》まれていた。助三郎は常に「俺は今こんなつまらん暮らしをしているが、来世には鴻池さんの息子に生まれ変わってくる」と豪語しており、死ぬ時に間違いがないように両足の裏に「助」の字を書かせていた。

助三郎が死んで一年後、鴻池家で男子が産まれたので助三郎の親戚が内密にそれとなく問い合わせてみると、両足の裏に「助」の字が薄く現れたとのことだった。

鈴木敏雄『志摩の民俗　下巻』にある。

ほうねん亀 ［ほうねんがめ］

角が生えた女性の顔の付いた亀で、その絵とともに「天保一〇年（一八三九）七月一四日夜市中ニ鬻之　紀州（三重県・和歌山県）熊野浦にて生どり　ほうねん亀　悪病よけの守　からだのまわり壱丈八尺（約五・四メートル）、かほは四尺五寸（約一・四メートル）」と書かれたものが残されている。

直接の関連は不明だが、江戸後期には肥後（熊本県）や越後（新潟県）を舞台として、顔は人で体は魚、亀、貝などの姿をした者が現れたとする絵や瓦版《かわらばん》が多く残っている。そしてその多くは豊作と疫病の予言をし、病気を回避するには自身の姿を写した絵を見るよう伝えたとされる。

湯本豪一『日本幻獣図説』に詳しい。

ボーシン［ぼーしん］

志摩（三重県）の漁師に伝わる。船幽霊のことで、雨の夜などに五、六里（約一九・六〜二三・五キロ）離れた沖で漁をしているとときどき出会うという。船縁に後ろ向きに並んで腰かけているとされ、早緒（船の櫓《ろ》につける綱）の隙間《すきま》から覗くと姿が見えない。また、タデ棒（船底を焦がすときに火箸《ひばし》として使う棒）で撫《な》でると消えるという。

岩田準一『志摩の漁夫の昔がたり』にある。『海村生活の研究』などによると、船縁に後ろ向きに腰かけるのは「ユーレイジリ」とされ戒められるという。

志摩周辺では基本的に船幽霊を「モーレン」と呼び、『熊野古老ばなし』（『日本民俗誌集成　第14巻』収録）には「ボーレン」とあるので、「ボーシン」は誤植の可能性がある。

仏坂の怪［ほとけざかのかい］

三重県大王町（現・志摩市）波切に伝わる。船越へ向かう方面の、かつて渓昌寺があった辺りの下り坂に、かつて僧風を装った落ち武者が三人やってきて、寺の僧に後を任せて切腹した。それ以来、雨の夜などに悲しいうめき声が聞こえるという。

また、太平洋戦争の際にはこの場所に兵舎があったが、ここの畑に兵士がスコップを入れてかき乱すと、翌朝になってそれを指揮していた下士官が病気でもないのに死んだ。また数日して、数人の下士官が兵士を指揮してスコップを入れると、その夜のうちに死んだ。そこで、奈切神社に依頼してお祓《はら》いをし、その地には手を触れぬようにしたという。

鈴木敏雄『志摩の民俗　上巻』にある。

【ま】

松右衛門鯰［まつえもんなまず］

三重県梅戸井村（現・いなべ市）に伝わる。久米村（現・桑名市）志知の平郡《へぐり》神社の宮池に住んでいた鯰で、漁師がこれをとって籠に入れて帰ろうとしたところ、池から「松右衛門やーい」と声が聞こえたかと思うと籠の中から「おーいおーい」と声がした。漁師は驚いて池に放して逃げ帰ったが、病気になって死んだという。

小川重太郎「北勢の伝説　其一」（『伊勢民俗』1巻1号）にある。

麦わら坊主［むぎわらぼうず］

三重県鳥羽市国崎町に伝わる。麦秋の頃に山のほうに出かけると麦わら坊主に出会うことがあるという。これは山男の一種で、顔にはひげが生え放題で、身には着物とは思えないほどぼろぼろになったものを着ているが、人間に危害を加えることはないという。

鈴木敏雄『志摩の民俗　下巻』にあり、昭和二七年（一九五二）に八二歳だった老人が親からよく聞かされた話としているが、実際に見た人はいないとしている。

夫婦石［めおといし］

三重県南島町（現・南伊勢町）の伊勢地のオオガイトのトンダニ山林中にある二つの岩。中間には夫婦神社という祠《ほこら》が祀《まつ》られ「メオトサン」と呼ばれている。四月二四日に祭が行われているほか、参詣すると歯痛に利益があるという。

この石には、一段ずつ大きくなる、二つの岩が差しつ差されつして酒盛りをしていた、茅《かや》を取りに行った人に「鎌放ったれ、鎌放ったれ」と石が声を出した、といった数々の伝承がある。

『南勢町・南島町山漁村習俗調査報告書』にある。

亡者船［もうじゃぶね］

志摩（三重県）の漁師に伝わる。船に乗っている際に前方から向かってくるとされるもので、現代でも帆船や汽船になって前方から驀進《ばくしん》してくるという。この時、舵《かじ》の方向を変えると暗礁《あんしょう》に乗り上げてしまうため、こちらも前進しなければならないという。

亡者船かどうかは長年の経験と胆力によって見分けられるが、その他に墓に埋めた六文銭の穴から覗いた場合も燈火の光り方が異なっており、また眼の下を押さえて見ても燈火の後光がないのでわかるという。

岩田準一『志摩の漁夫の昔がたり』にある。

萌黄の蚊帳［もえぎのかや］

三重県志摩市安乗《あのり》に伝わる。昔、安乗村の海女《あま》が海に潜《もぐ》ったまま出てこなくなったが、一週間後、手に小さな桐箱を持って海の中から現れた。海女が言うには、箱は龍宮から貰《もら》ったもので、決して開けてはならず、もし開けてしまうと七代は目の見えない子が産まれると言われたとのことだった。庄屋が聞かずに箱を開けると、八畳間いっぱいの萌黄《もえぎ》の蚊帳《かや》が出てきて箱に収めることはできなくなってしまい、そのまま伊雑宮《いざわのみや》に納められた。それ以降、その海女の家系は代々必ず目を患っているという。

岩田準一『志摩の海女』、『日本の民話13　京都篇　伊勢・志摩篇』にある。

もんぺの幽霊［もんぺのゆうれい］

一九五五年七月二八日、三重県の津市立橋北中学校が中河原海岸で行っていた水泳の授業中、晴天にもかかわらず溺《おぼ》れる生徒が続出し、女子生徒三六人が溺死《できし》した。その後、生存者が「防空頭巾《ずきん》にもんぺの幽霊が何十人も現れ足を引っ張った」と語ったとされた。一〇年前のこの日は空襲があり、その際に津市警察署の地下に逃げ込んだものの蒸し焼きになって死んでしまった人々をこの砂浜に埋めたため、その幽霊であるとして噂になった。しかし、実際にはこの話を語ったとされる生存者はそのような話をしておらず、砂浜に埋めたなどの事実関係も不明瞭であり、週刊誌による誇張であったことが後に判明している。

本事故に関する報道や噂が広まった原因などは後藤宏行『死の海―「中河原海岸水難事故」の真相と漂泊の亡霊たち』に詳しくまとまっている。

【や】

薬師堂の石［やくしどうのいし］

三重県北勢町（現・いなべ市）鼓《つづみ》の薬師堂のそばにある、欅《けやき》に抱えられている石。

昔、この石を庄屋が庭石にしようと持って帰ったところ、夜中に「帰りたい」と声を上げた。そこでもとの場所に戻したところ、欅が石を幹に抱き込んで持ち上げたという。

『日本の伝説32　伊勢・志摩の伝説』にある。

山に行かんもんの日［やまにいかんもんのひ］

神島（三重県鳥羽市）では、旧正月一一日、二月初午《はつうま》、五・六月一六・一七・一八日（氏神のゴサエ）、七月一八日（ウラサマ）、八月三〇日（神送り）、九月一八日（ゴサエ）、二五日（天神様）、一〇月一・二〇日（夷子講《えびすこう》）、三〇日、一一月四日（一の宮）、七日（山の神）、一二月八日（事納め）、一三日（正月始め）、二〇日（はての二〇日）には山に行ってはいけないとされ、行った者が怪異にあった話が多くある。

この日に山へ行って「イキアイ神」にあって死んだ者や、畑仕事をしていて誰もいないのにカチカチカチと同じような鍬《くわ》の音を聞いた者、笙《しょう》や篳篥《ひちりき》の音が聞こえた者などがいる。そういった時は、草履《ぞうり》を押しいただいてお断りを言わないと災いがあるという。

また、七月一〇日の施餓鬼《せがき》後にも山に入

らないものだといわれているが、その時に小溝という所の地蔵の近くの畑で怪異にあった話がある。地蔵の近くの畑で小豆を摘んでいると、上のほうで二人ほどの話し声がボシャボシャと聞こえた。やがて声は大勢に増え、「誰や」と叱《しか》ると黙ったが、またしばらくすると声がした。上のほうに行っても誰もおらず、畑に戻るとまた声がするので、気味が悪くなり逃げ帰ったという。

また、この日に男の子がはぐれ探し回っていると、東山の道端に股裂《またさ》きにして捨てられていたという話もある。

岩田準一『鳥羽志摩の民俗』にある。

ヤンザイ畑［やんざいばたけ］

三重県阿児町《あごちょう》（現・志摩市）志島にある畑地。この近くを雨の夜などに通ると、「ヤンザイ、ヤンザイ」と悲しそうに呼ぶ声が聞こえるという。後年、そこを開墾する際に人骨が数体出土したので、僧を呼んで読経してもらうと声は聞こえなくなった

という。

鈴木敏雄『志摩の民俗　上巻』にある。

幽霊石［ゆうれいいし］

三重県四日市市西坂部町御館の、幽霊墓地と呼ばれる江田田古墳の上にある石。昔、美しい娘が殺され埋められたという。

ある時、この石を持ち帰った人がおり、家で寝ていると明け方に女の人が枕元に現れほうきで辺りをはいた。目を覚ますと消え、うとうとするとまた現れるので、気味が悪くなりもとの場所に戻したという。

『四日市市史　第5巻』にある。

雪んば［ゆきんば］

三重県藤原町（現・いなべ市）坂本に伝わる。雪が降ると子どもを抱いていくとされ、特にデロ（いたずらっ子）は何人でも連れていくという。雪が降ると夜遅く「デロの家雪んば」と子供を脅した。

『中京民俗』22号にある。

与次郎坂［よじろうざか］

三重県布施田村（現・志摩市）の畑野から向井へ下りてくる坂。昔、葬式がこの坂を通った時に大雷雨があり、棺《ひつぎ》の中の死体が雷に掴まれていった。それ以来、葬式でこの坂を通るのを忌《い》むようになったという。

岩田準一『鳥羽志摩の民俗』にある。

四日市の大入道［よっかいちのおおにゅうどう］

三重県四日市市の諏訪《すわ》神社の大祭には、首が伸び縮みし赤い舌を出す高さ五メートルほどの大入道の山車《だし》が登場し、また四日市市内ではこの大入道の玩具《がんぐ》が売られている。

村上健司『日本妖怪散歩』によると、この大入道には次のような昔話が付け加えられている。昔、中納屋町の醤油屋《しょうゆや》富文の土蔵に古狸《ふるだぬき》が住み着き、作物を荒らし大入道

に化け人々を驚かした。そこで人々は大入道の人形を作り、狸がそれよりも大きくなるとさらに首を伸ばし、降参させたという。

また、『読みがたり　三重のむかし話』には別の由来が載っている。昔、反物の商売をしている久六の店に身の丈《たけ》六尺（約一・八メートル）の男が現れ、自分を雇ってくれるよう頼みこんだ。大男を雇って店はどんどん繁盛していったが、数年たった後の夏、久六が大男の部屋の前を通りがかると、大男の首が伸びて行燈《あんどん》をなめている影が障子に映っていた。久六は気を失い、気が付くと大男は着ていた縞《しま》の着物をたたんでどこかへ消えていた。大入道の山車はこの大男の無事を祈って作られたのだという。

【ら】

竜宮井戸 ［りゅうぐういど］

三重県志摩町（現・志摩市）片田の麦崎の南方の海中にある所で、ここだけ特に深く、碧《あお》く澄みきっている。これを海女《あま》は竜宮井戸と呼び、この辺りでは潜《かづ》き作業をしない。昔、九人の若い海女がここで行方不明となり、九つの桶《おけ》だけが漂っていたため、村人は竜宮に連れていかれたのだろうと言い合った。それ以来、行方不明となった旧六月一三日を「海女人日待《あまどひまち》」と言い、海女は仕事を休み小さな桶を九個作り、白米三升《しょう》三勺《しゃく》で作った餅《もち》を入れ、麦崎の「竜宮ばっち」に供えるという。

鈴木敏雄『志摩の民俗　上巻』にある。

竜図屏風 ［りゅうずびょうぶ］

三重県松阪市中町の養泉寺にある、狩野元信が描いたとされる六曲一双の竜図屏風。箱詰めのまま津の海岸に流れ着き、時の城主に献上された。この屏風を虫干しなどで出すと、空が曇《くも》ったり雨が降ったりしたとされ、屏風を逆さにすると雨乞《あまご》いになったという。

『日本の伝説32　伊勢・志摩の伝説』にある。

【わ】

分部火［わけべのひ］

『諸国里人談』（『日本随筆大成　第2期第24巻』収録）にある。

伊勢国安濃津（三重県津市）の塔《とう》世《せ》の川上の分部山から、小さい提灯《ちょうちん》ほどの火が五〇、一〇〇と一面に出て縦横に飛び回り、その後五、六尺（約一・五〜一・八メートル）ほどの一塊になって塔世川を水よりも早く下る。

そして塔世の浦には、火の中に老婆の顔がある「鬼の塩屋の火」というものがある。この火は川上から来た火と行き会い、入れ違い飛び返りなどして戦う様子で、少ししてまた一つになり、その後分かれて一つは沖へ、一つは川上へ帰るという。

滋賀県

【あ】

青茶婆々［あおちゃばば］

滋賀県甲西町《こうせいちょう》（現・湖南市）に伝わる。

昔、おおけのダテ川の藪《やぶ》の中の処刑場で、伊賀（三重県）の忍びの青茶婆々という女が、傘《かさ》の天心に密書を隠していたとして拷《ごう》問《もん》にかけられ打ち首になった。しかしその首は血飛沫《ちしぶき》をあげて三回宙を舞い、目を見開いて藪の中に落ちた。その後も首は腐らず、竹の根にかじりつき離れず、髪の毛が伸びて藪全体を覆ったという。かつてはこの藪の中央の椿《つばき》の木に老婆の白髪のような蘚苔類《せんたいるい》が生えており、これを火にくべると爪や髪の毛を燃やしたようなにおいがしたという。

『甲西の民話』にある。

赤入道［あかにゅうどう］

『ばけもの絵巻』（『妖怪百物語絵巻』収録）に描かれている。

武佐宿《むさしゅく》（滋賀県近江八幡市）の寺の藪《やぶ》からは赤入道という化け物が出るという噂があり、夜には人通りがなかった。ある時、これを信じない天邪鬼《あまのじゃく》な男が寺で留守番をし、炬燵《こたつ》にあたっていると、空中から「お前は赤入道をいないと思っているが、いるかいないか今見せてやろう」と声がし、炬燵のなかから赤入道が現れた。

安義の橋の鬼［あきのはしのおに］

『今昔物語集』にある。

昔、近江守《おうみのかみ》の館にいる男たちの間で、「倉橋部の安義橋（滋賀県近江八幡市倉橋部町の安吉橋）に鬼が出ると噂され、今は通る人がいない」という話が出た。それを聞いたある男が、「この館の一番の鹿毛《かげ》の馬に乗れるならば、渡ってやろう」と言うと、近江守や周りの男に囃《はや》され実際に行くことになった。

橋の半ばに来ると、薄色の衣、濃い単《ひと》衣《え》、紅の長い袴《はかま》をつけた女が口を覆っており、いじらしい視線を向けてきた。男は馬に乗せようかと考えるも、これを鬼だと思い通り過ぎようとした。女が「なぜ薄情にも行ってしまわれる、こんなところに置き去りにされたのです、人里まで連れて行ってください」と言い終わる前に、馬を走らせると、女は地面を震わすような声で「何と薄情な」と言った。男が観音に祈りつつ逃げるところを、鬼は馬に手をかけようとしたが、あらかじめ馬に油を塗っていたため、捕らえることができなかった。男が振り返って見ると、顔は朱色で円座のように広く、目はひとつ、身の丈《たけ》九尺（約二・七メートル）、指は三本、爪は五寸（約一五センチ）ほどで刀のようだった。また色は緑青、目は琥珀《こはく》のよう、髪は蓬《よもぎ》のように乱れていた。男が人里に入ると鬼は「いつか必ず会うであろう」と言って掻き消えた。

男は無事に馬を手に入れたが、その後家に怪事があり陰陽師に占ってもらうと、かたく物忌《ものい》みをするよう言われた。するとその日、陸奥守《むつのかみ》である弟がやってきた。男は一度は中に入れるのを断ったが、母親の死について知らせるとのことだったので、最終的に中に入れた。男の妻は弟が母の死を語り二人で泣いているのを簾《すだれ》の内から聞いていたが、なぜかそのうちに二人は取っ組み合いになった。男は「枕元の刀を渡せ、死んでしまう」と言うが、妻は何事かとためらった。やがて弟は兄を押し倒して首を食いちぎり、鬼の顔になって妻のほうを向き「うれし」と言って消えた。

その後、祈禱《きとう》などをして現在は鬼はいなくなったという。

『近江八幡ふるさとの昔ばなし』によると、現代でも安吉橋にはこの話のように夜な夜な女が現れ、雨の日に通勤者の車に乗せてくれと頼むが、乗せて下車する頃には女の姿はなく、水で濡れた跡だけが残っているという。

悪［あく］

滋賀県八日市市《ようかいちし》（現・東近江市）に伝わる。

昔、八日市市に近い村に茄子《なす》、牛蒡《ごぼう》というあだ名の人がいた。二人は働き者であったが、田んぼには米が実らず、代官にも叱《しか》られていた。

ある日、村への帰り道で二人は白髪の老人に出会い、悩みのことを言い当てられた。そして老人は二人のあだ名についてなぜそのようなあだ名になったのかと聞き、二人は色が黒いからだと答えた。すると老人は笑って二人の襟《えり》をつかんで山中に連れていき、池に放り込んだ。池は煮えたぎっており、老人は「茄子や牛蒡を口にする際は茹《ゆ》でて灰汁《あく》を出す。人の田の水を盗んだり畔《あぜ》を削ったりしていよう、十分に悪《あく》を出すまでそこにいろ」と言った。その後、二人の田にも米が実るようになったという。

『近江むかし話』にある。

芦摩津地・芦摩千也［あしまつち・あしまちや］

滋賀県東近江市の御沢神社の池と竜王町の雪野寺（龍王寺）の鐘に関する伝説。

平重盛の娘である三和姫が悪心を持った家来に都を追われ雪野寺の麓《ふもと》の女坂に来て、小野時兼と出会い夫婦となった。しかし時兼は「芦摩津地」という大蛇に魅入られていた化身であり、三和姫も「芦摩千也」という大蛇に魅入られてしまい二人で池に引き込まれた。三和姫が少しでも人の世に尽くしたいと八大竜王に祈願すると、八大竜王は「芦摩津地はこの沢に長く住んでいるもので、我が身代わりに鎮座させておいたものだ。百済《くだら》の使節が持ってきた龍の甕《かめ》という鐘の中に鋳込《いこ》まれた生き血は芦摩津地のものだ」と語り、平田のお沢池の二つを住処として与えた。そのひとつが白《しろ》水池《みずいけ》であり、三和姫の化粧が水に溶けて白くなったという。また、竜の鐘は雨乞《あまご》いの鐘とも呼ばれ、下に女性が行くと吸い込んでしまうともされる。

　以上は『湖国夜話』にあるが、『続　近江むかし話』、『日本の伝説19　近江の伝説』には竜王寺の鐘についてまた別の話がある。小野時兼が川守で一人の娘と出会い夫婦となるが、三年後に娘は自身が人間でないことを告げ、玉手箱を残して消えた。時兼が娘のいるというお沢池に通うと、九九日目に大蛇が現れた。時兼が帰って玉手箱を開くと梵鐘《ぼんしょう》が出たので、これを竜王寺に寄進したという。

姉川と妹川［あねがわといもうとがわ］

滋賀県虎姫町、びわ町（いずれも現・長浜市）に伝わる。

　昔、伊吹山で雨が半年降り続き、中腹の池が今にも決壊しそうになった。近くに住む姉妹は人々を救おうと、池のそばで「この水を琵琶湖《びわこ》に流してください」と祈って池に飛び込んだ。すると二人は竜となり、池の堰《せき》を切り大きな音とともに下っていき、竜の通った跡は川となった。これが姉川と妹川だという。また川の形の由来として、妹の竜は姉とは違い北へ向かったが、すぐに姉が恋しくなり追いかけ、落合のあたりで合流したともされる。

『近江むかし話』、『近江の昔ものがたり』、『中京民俗』19号、『虎姫のむかし話　第2集』、『びわ町昔ばなし』にある。

油盗人［あぶらぬすびと］

『古今百物語評判』（『続百物語怪談集成』等収録）に坂本（滋賀県大津市）の日吉山《ひえさん》王権現《のうごんげん》の僧から聞いた話としてある。

　比叡山《ひえいざん》全盛の頃、根本中堂の油料《あぶらりょう》として一万石《ごく》ばかりの知行（権益）があり、東近江のある人がこの油料を司って富み栄えていた。時代が変わり知行が衰えると東近江の人は嘆き悲しみ、このことを思い続けて死んだ。その後、夜毎にこの人の家から光物が出て中堂に行き、火のほうへ向かうようになり、油を盗むわけではないが油盗人と呼ばれた。血気盛んな若者たちが話を聞いて弓矢や鉄砲を持って仕留めようと待っていると、黒雲の中から光物が現れ、あっという間に若者たちの上に来て弓矢も手につかなかった。若者たちの中にいた気丈の者は、火の中に怒る坊主の首が炎を吹いているのがありありと見えたという。これは一〇〇年ほど前のことだが、その後もときどき出て、坂本の者に限らず湖周辺の者は目撃しているという。

油日神社の鳩［あぶらひじんじゃのはと］

滋賀県甲賀町（現・甲賀市）に伝わる。

　永禄年間（一五五八～一五七〇）、油日神社の楼門が完成したが、天下が乱れているため盛大な祝いをすることができず、氏子《うじこ》が心ばかりの祝いをしようとした。するとその朝、楼門の蟇股《かえるまた》の鳩《はと》の彫刻が何かをくわえて飛んで行き、その後、森の西の豆畑で餌《えさ》をあさっていた。鳩はもとの蟇股におさめられたが、その後も毎夜同じ畑の豆が食い荒らされ、その地は追垣外と呼ばれた。誰かが鳩の片羽を取ってからは荒らされなくなったという。

『甲賀のむかし話と行事』にある。

油坊［あぶらぼう］

油を盗んだ者の霊とされる火で、滋賀県内の数か所に伝わるほか江戸時代のいくつかの本にも記されている。**油盗人**の項目も参照。

『本朝故事因縁集』（『京都大学蔵大惣本《だいそうぼん》稀《き》書集成《しょしゅうせい》 第8巻』収録）、『諸国里人談』（『日本随筆大成 第2期 第24巻』収録）によると、大津の八町に玉のような火が縦横に飛ぶもので、雨の時には必ずあるという。志賀の油売りが毎夜大津辻《つじ》の地蔵の油を盗んでいたが、死後に魂魄《こんぱく》が炎となり今も迷っているのだという。

『本朝故事因縁集』ではこれを「油盗《あぶらぬすびと》」としている。また『諸国里人談』では、比《ひ》叡山《えいざん》の西の麓《ふもと》に夏の夜飛ぶ火も油坊と呼び、同じ伝説が伝わっているとしている。『近江輿地志略《おうみよちしりゃく》』ではこの話を引いたうえで、膳所崎《ぜぜさき》で実際に見たとしており、雨の夜、茶碗《ちゃわん》ほどの大きさの火が一〇間《けん》（約一八メートル）ほど先の水際から三、四間（約五・五〜七・三メートル）上を飛ぶように早く動いたという。また同所で漁師から聞いた話として、雨の日にはままあるもので、時には船の尾や櫓先《ろさき》に止まりまた飛ぶとされ、あるいは火の中に僧の顔があって笑うようであるという話を紹介している。

『湖国夜話』、『近江むかし話』、『日本の伝説19 近江の伝説』、渡辺守順「金剛輪寺の油坊」（『民俗文化』18号）には次のような話がある。昔、金剛輪寺（愛荘町）で毎朝本堂の観音に灯の油をさしに行く僧が、油を盗んで売り、財を蓄えていた。しかしその後僧は原因不明の病気になり、そのまま死んだ。それ以来、僧の幽霊が夜中に山門に現れると言われ、幽霊は油下げを持って本堂へ石段を登り、「油返そう、油返そう、わずかなことに、わずかなことに」とつぶやいているという。これが油坊と呼ばれ、金剛輪寺の七不思議のひとつだともされる。

小牧実繁「近江野洲郡の伝承」（『郷土研究』5巻5号）によると、小津村（現・守山市）では欲賀の外れに出るとされ、多くは晩春もしくは夏、突然火が燃え上がると同時に多くの僧の姿が見えるという。これは延暦寺（大津市）の僧が寺の油を盗んで私腹を肥やした罪で迷える亡霊となったのだという。

蟻が滝の大蛇［ありがたきのだいじゃ］

比叡山《ひえいざん》の蟻が滝（滋賀県大津市）に関する伝説に登場する。昔、日吉《ひえ》神社の西の山中にある滝に最澄がやってきた際、大蛇が現れた。最澄がその正体が大蛇でないことを言い当てると、大蛇の姿は消え、そこには米俵のような山蟻がいた。最澄は蟻に、人を脅かさずここの主になって水が絶えないよう守れと諭し、蟻は滝壺《たきつぼ》の中に潜っていった。それ以来、この滝は蟻が滝と呼ばれているという。

『伝説の比叡山』にある。

合わせ鏡［あわせかがみ］

滋賀県虎姫町（現・長浜市）に伝わる。

昔、三川村の金持ちの一人娘が、大晦日に合わせ鏡をすると一三枚目に将来の婿《むこ》が現れると聞いて実際に行った。すると鏡の中に、みすぼらしい男が「いかけやーい」と言って通り過ぎた（鋳掛屋と思われる）。しかし娘が男を婿にしたかは誰も知らないという。

『虎姫のむかし話』にある。

一文字狸［いちもんじだぬき］

比叡山延暦寺《ひえいざんえんりゃくじ》（滋賀県大津市）に伝わる比叡山七不思議のひとつ。昔、西塔に住んでいた修行僧が、自分の偏屈な心を直すため狸《たぬき》の像を彫り始めた。一〇日ほどして、僧が法華堂の常行堂をつなぐ渡り廊下にいると、真っ白な眉毛《まゆげ》が一文字になった大狸が現れ「自分一人のためでなく、仏道修行のために一〇〇〇体を彫る悲願を建てるなら協力してやろう」と言った。それを聞いた僧は千日回峰行《せんにちかいほうぎょう》をはじめ、一日の行が終わると一体の狸を彫り、行が満願した際には一〇〇〇体の狸の像ができた。

『近江むかし話』、『日本の伝説19　近江の伝説』にある。

いのういのう橋［いのういのうばし］

滋賀県長浜市に伝わる。榎木《えのき》の東北は田毎川に橋が架かっておらず不便だったため、ある時に村一番の力持ちが、浄願寺の庭にある石橋を担いで持ってきた。しかし夜になると橋から「いのう、いのう」と泣く声が聞こえるため、橋はもとの寺に返され「いのういのう橋」と呼ばれた。

『長浜の伝承』にある。

伊吹の明神［いぶきのみょうじん］

『月堂見聞集』（『続日本随筆大成　別巻3』収録）にある。

享保八年（一七二三）九月二五日夜、伊吹山（滋賀県米原市《まいばらし》）の麓《ふもと》が大雨になり震動し、野から大入道のようなものが出た。その左右には松明《たいまつ》のような火が多くあり、一列になって伊吹山に登った。村人は「地震ではない、外に出るな」と口々に言い、震動はしばらくして静まった。村の老人の話では、「五、六〇年に一度あることで、伊吹の明神が湖から現れて登山なさる」とのことだった。その跡を見ると湖から山頂まで一里半（約五・九キロ）あまり、幅およそ三間（約五・五メートル）あまりの田畑草木が一筋に焼けて焦土となっていた。

伊吹弥三郎 ［いぶきやさぶろう］

伊吹山（滋賀県米原市《まいばらし》）に住むとされる怪人。

古くは『三国伝記』にあるが、ここでは盗賊の名前となっている。源《みなもとの》　頼綱《よりつな》は住処を移す弥三郎を捕らえられず長年が経っていたが、摩利支天《まりしてん》の隠形の術を習得し高時川の中でこれを倒す。しかし弥三郎の怨《おん》霊《りょう》は毒蛇となり川に落ちたので、田は枯れ水は飲めず九年間飢饉《ききん》となった。そのため弥三郎を井明神とし井口の守護神として祀《まつ》ったという。また、年に一度真夏の頃、空が曇《くも》り雷が鳴り霰《あられ》が降り、人々は弥三郎が伊吹禅定《ぜんじょう》に行くのだと恐れるという。

御伽草子《おとぎぞうし》の『伊吹童子』では、伊吹弥三郎は伊吹山中で獣や村人の牛馬を食い、恐れられた人物とされている。大野木殿という裕福な家の娘のもとに毎夜通う者があり、母親が娘に苧環《おだまき》をその者の衣につけさせ跡を追うと、その正体は弥三郎であった。弥三郎は生まれる子どもが尋常ならざる能力を持っていることを予言する。弥三郎はその後もてなさせた大酒がもとで死ぬが、三三か月を経て子どもが生まれ、伊吹童子と呼ばれた。伊吹童子は伊吹山の谷底に捨てられ、後に大江山に向かう（**酒呑童《しゅてんどう》子《じ》**（京都府）を参照）。

これらの話は佐竹昭広『酒呑童子異聞』、『日本伝奇伝説大事典』に詳しい。特に『酒呑童子異聞』では弥三郎について、近江国《おうみのくに》柏原荘の地頭であり数々の無法を行い佐々木定綱に討《う》たれた柏原弥三郎との関連を指摘している。

よく知られる昔話では、弥三郎は長者の娘を嫁にしたいと暴れて石を投げたとされ、実際にその石とされるものが残っているところも多い（『日本伝説大系　第8巻』など）。

また、弥三郎に妻をとらせ、弱点を探らせたところ脇の下だとわかり、石を担いでいる隙《すき》に矢でそこを射て退治したという話もある（『読みがたり　滋賀のむかし話』など）。

弥三郎は巨人だともされ、弥三郎の足跡、弥三郎の小便が染みこんで薬となる泉など、弥三郎にまつわる伝説の地が多くある。また、ある時弥三郎は琵琶湖《びわこ》の水を飲み干してしまったが、泳げなくなった魚たちを見て申し訳なく思い泣き、その涙が姉川、妹川となりまた琵琶湖に水が戻ったという話もある（『伊吹弥三郎』など）。

岩が落ちると人が死ぬ ［いわがおちるとひとがしぬ］

滋賀県多賀町に伝わる。川相《かわない》の上のほうの男渕という深い渕に山から岩が落ちると、川相の人が死ぬという。渕の上のほうへ落ちると上のほうの人が、下のほうに落ちると下のほうの人が死ぬとされ、岩が水に落ちる音が聞こえると上の人は「また川相の人が死ぬ」と心配しているという。『多賀町の民話集』にある。

動く大津絵［うごくおおつえ］

滋賀県大津市に伝わる。昔、大谷に与平という大津絵師がいた。与平はひたむきな性格で、常に自分の絵に工夫を重ねており、ある日女房が止めるのも聞かず江戸へ絵の修行に旅立った。その後、一、二回ほどで便りも絶え、女房は与平の描いた藤《ふじ》娘《むすめ》の絵を眺めて安否を気遣《きづか》っていた。ある夜、藤娘の絵は女房の目の前で藤の枝を持ち直し見事な構えをとった。その直後、与平の病死の知らせが届いたという。

『近江むかし話』にある。

大滝の竜神［おおたきのりゅうじん］

滋賀県東近江市萱尾町《かやおちょう》に伝わる。七月一日の大滝神社の祭りの前後は竜神が愛知川の大滝まで上がってくるため、川が必ず濁《にご》るという。この時期に川で洗い物をしたり遊んだりすると川にはまって死ぬといい、発電所の所の川の瀬が昆布を流したように見えるのは竜神が上がった跡だという。

この竜神は、もとは石榑《いしぐれ》（三重県いなべ市）の寺に住んでいた娘で、生まれつき下の病気を持っていた（顔の半面に黒いあざがあったともいう）。娘は親類から京都の医者に連れていかれる途中にこの滝で身を投げたという。

また、竜神が上がってくる際には美しい女性の姿になるため姫と呼ばれていた。姫は水の減らない池がある喜多という家に泊まるが、開けずの部屋で休んでもらっていたのをうっかり開けてしまい、八畳間一杯に大蛇がいたのを見てしまって以来、もう立ち寄らなくなったという。

『愛知川ダム水没地域民俗資料緊急調査報告』（『日本民俗調査報告書集成　近畿の民俗　滋賀県編』収録）、『能登川のむかし話』、『続　近江むかし話』にある。

大百足［おおむかで］

俵藤太《たわらとうた》（藤原秀郷《ふじわらのひでさと》）に関する伝説として『太平記』にあり、『俵藤太物語』や『俵藤太絵巻』などで広まる。

承平年間（九三一～九三八）、俵藤太が瀬田の唐橋（滋賀県大津市）を渡る際、角の生えた二〇丈（約六〇メートル）ほどの大蛇が橋の上に横たわっていたが、藤太は平然とその上を踏んで通り越した。そのまま進むと怪しい小男（『俵藤太草子』では女性）が現れ、「私はこの橋の下に二〇〇〇年ほど住んでいた者だが、貴方のような剛の者は初めてだ。私は長年ある敵と戦っている、その敵を討《う》ってくだされ」と語った。藤太は了承し、小男とともに水中の竜宮城に入りもてなしを受けた。するとそこに比良山（『俵藤太草子』では三上山（野洲市））から、二、三〇〇〇本の松明《たいまつ》を持った大百足が襲ってきた。百足は藤太の矢を跳ね返したが、一計を案じた藤太が唾《つば》を矢につけて射ると、百足は倒れた。そうして藤太は竜神から太刀、いくら取ってもなくならない巻絹、鎧《よろい》、俵、赤銅《しゃくどう》の鐘を授かった（『俵藤太物語』では鍋、『近江輿地志略《おうみよちしりゃく》』では砂金袋、如意童子《にょいどうじ》など、後の本では追加される物もあり一〇種の宝ともされる）。この鐘は三井寺に祀《まつ》られた。『日本伝説大系　第8巻』、『日本伝奇伝説大事典』に詳しい。

小島初蔵「火まつりの伝説」（『民俗文化』１０３号）によると、俵藤太は百足を三つに斬り、その際に頭が浮気（守山市）、胴が勝部（守山市）、尾が瀬田（大津市）にあったとされる。そのためそれぞれの町では毎年、百足の頭、胴、尾の形をした松明を焼く行事を行っているという。

お紺坊猫 ［おこんぼうねこ］

滋賀県浅井町（現・長浜市）に伝わる。

昔、四の窪《くぼ》の樋掛けの丘に寺があり、徳の高い和尚《おしょう》がいたが、そこに遠い国から来たお紺という女が住み着いた。お紺はよく働くので評判となったが、まったく眠ることがなく、また尼《あま》でありながら魚を食べていると噂になった。和尚に魚を食べないよう諭されるも、お紺は魚が好物でどうしても辛抱できないと言い、それを聞いた和尚がお紺の癖《くせ》を治すためにお経を唱えると、お紺は大きな黒猫の正体を現して死んだ。村人は猫塚を作って葬ったという。

『浅井むかし話』にある。

お嬢が池 ［おじょうがいけ］

滋賀県大津市磯田の浜の近くにある池。

『近江むかし話』には次のような話がある。昔、お光という優しい娘がおり「お嬢」と呼ばれ皆から愛されていた。庄屋の一人息子はお嬢のもとに夜遊び（村の若者が女の家に通う風習）で通い続けていたが、息子は隣村の豪農の娘と縁談がまとまり、お嬢を誘い出してこの池に突き落とした。それ以来、お嬢の霊が若い男を誘うという。

ある時、一人の郵便夫が池にいる釣り人を見ていると、釣り人は次第に池の中の人と話しているかのように何か楽しく話し始め、しばらくすると、あれよあれよという間に池の中に入っていったという。

また、『湖国夜話』には別の話がある。享保二年（一七一七）の冬、磯田村は一昨日に唐崎神社の祭の太鼓渡御《とぎょ》で隣の須越村に惨敗していたため、内通者がいるのではないかと話し合っていた。甚左《じんさ》という男は自分の内通を隠すため、おしよという女中に罪を着せ、おしよは池に身を投げた。後に甚左は、その池に足を引き込まれるのを柳の木を抱えて耐えているような姿で死んでいるのが見つかった。以降、ここを「おしよの池」あるいはお嬢の池と呼ぶのだという。

おせんぜんまい

滋賀県山内村（現・甲賀市）に伝わる。

昔、笹路山で一人の老婆が狼《おおかみ》に食い殺されたので、その恨みでここには「おせんぜんまい」というゼンマイに似ているが食用にならない珍しい草が生えるという。

『湖国夜話』にある。

お千夜［おちや］

滋賀県安土町（現・近江八幡市《おうみはちまんし》）に伝わる。昔、観音寺城内の意見対立や湖北での浅井長政の興《おこ》りなどで、城主の佐々木承禎《じょうてい》は心を悩ませており、絶世の美女である侍女のお千夜のもとで酒を飲んで憂《う》さを晴らしていた。それに嫉妬した奥方や他の侍女は、お千夜を縛って山中の石室に運ばせ、数十匹の蛇を投げ入れた。怒り狂ったお千夜は力が湧いて縄を切り石室を体当たりで崩し、山を下って野井戸に身を投げた。

その後、この世に一人の美人も作るまいというお千夜の怨念がブト（ブユ）に乗り移り、大きく頭の禿《は》げたブトが飛んで辺りの人を悩ませたという。また、お千夜が閉じ込められた谷はお千夜小谷《ちやこたに》と呼ばれ、春雨が降る頃には毎年亡霊の火の玉を見る人がいるという。

『近江むかし話』にある。『五個荘《ごかしょう》昔ばなし』では娘の名前はお茶子となっており、伊庭《いば》城（現・東近江市）主の娘だったとも、五個荘村（同）川並の娘だったともされ、川並のお茶子御前の邸の北二〇メートルほどの所には、お茶子地蔵が建てられている。

御虎ばば［おとらばば］

滋賀県柳ヶ瀬村（現・長浜市）に伝わる。御虎という老婆に狼《おおかみ》がとりつき旅人を悩ませていたが、旅人に傷つけられ正体が露見し退治されたとされる。また現在でも、御虎ばばの姿を見ると大火事があるという。

「民族短信民俗断片」（『民族と歴史』8巻3号）にある。

お鍋さん［おなべさん］

滋賀県大津市藤尾に伝わる。江戸時代、徳兵衛という人の家にお鍋さんという女中がいて、麻織などもしていた。その頃、藤尾では日照りが続いており、お鍋さんは「私が祈ればすぐにでも雨が降る」と言っていたが、取り合う者はいなかった。ある日、お鍋さんが家から姿を消したかと思うと急に雨が降り出した。お鍋さんの行方を探るため女中部屋から一本の麻糸を手繰ってみると、如意ヶ岳《にょいがたけ》の山中の池でお鍋さんが死んでいた。村人はお鍋さんが命に代えて雨乞《あまご》いをしてくれたのだと感謝し、祠《ほこら》を建てて雨社大神として祀《まつ》った。また、お鍋さんは竜神の化身だとも言われ、明治時代にはこの池で雨ごいが行われていたという。

『伝説の大津』、『湖国夜話』、『新修大津市史 第8巻』にある。

お花さん［おはなさん］

滋賀県長浜市の大通寺に住んでいるとされる狐。

昔、寺を長浜城跡から町中に移すか否かの話し合いをする際、それに反対する人たちが賛成派との話し合いのため東本願寺に向かっていた。途中、野洲《やす》の茶店で休憩していると、女中のお花さんにお酌《しゃく》されいい気になり、そこに泊まることになった。すると野洲川の大水で渡ることができなくなり、着いた頃には寺の移転が決まっており、仕方なく戻ると茶店も野洲川の大水もなかったという。

また、「お花さん」と呼ばれる由来として次のような話もある。山門の前にある呉服屋に、大通寺の通帳を持って紅木綿を一反買いに来た人がいて、「お花さん」と名乗った。しかし代金を受け取りに行くとそのような人はいなかったという。

お花さんの話は他にもさまざま伝わっており、お花さんの子をいじめた子どもたちが広間の柱に縛り付けられた話や、地震や火事の際に暴れて寺の人に知らせた話などが残っている。

『ふるさと長浜』、『守山往来』、『続　近江むかし話』にある。

おみわの壺［おみわのつぼ］

滋賀県日野町に伝わる。昔、杣村《そまむら》におみわという美しい娘がいた。おみわは殿様に気に入られ仕方なく城に行き、数年後に壺を持って里帰りした。その壺は願いを封じ込める壺だった。美しく生まれたために悲しい暮らしをすることになったおみわは、この村の娘があまり美しくもあまり醜くも生まれないようにとの願いを封じ込めて土の中へ埋め、城へ帰っていった。それ以来、この村では美しい娘も醜い娘も生まれなくなったという。

『近江日野の歴史　第6巻』や『東櫻谷志』にある。

【か】

ガオー［がおー］

滋賀県東《ひがし》近江《おうみ》市《し》に伝わる、子どもを脅すときに使う言葉。

『湖東町史　下巻』によると旧湖東町では、子どもを脅かしたりする際に、両手を顔の両側にあげ、指をいからせ曲げて「ガオー」と言う。昔の人が「ガオーとニオー（仁王）」と言ったり（昔話の「仁王と賀王」のことか）、池庄の三昧の六地蔵の真ん中の石を「ガオーさんの石」と呼んだりしたそうだが、現在では使われない言葉だという。

『能登川《のとがわ》のむかし話』によると旧能登川町では、織田信長が京都へ行くために通行する許可を、佐々木家家臣のうち種村氏のみが主張したため、種村が主君の命を受けた蒲生氏郷《がもううじさと》に攻められそうになり「蒲生が来るぞ」と恐れたのが始まりだという。

餓鬼［がき］

滋賀県長浜市の加多山興善寺には、餓鬼が噛んだ歯型が残っているとされる鉦《かね》が伝わる。江戸時代の初め頃のある年の末、この寺の僧が托鉢《たくはつ》に行った帰りに東の墓地を通ると、餓鬼が現れ食べ物をねだった。僧は鉦に水を汲んだが、食べ物が欲しかった餓鬼はそれを飲み尽くした後に本性を現して鉦に噛みついた。僧が読経すると餓鬼は消えたという。

『続　近江むかし話』にある。

風穴［かざあな］

滋賀県永源寺町（現・東近江市《ひがしおうみし》）に伝わる。昔、杜葉尾《ゆずりお》に播磨国《はりまのくに》（兵庫県）から来たおきくさんという女がいた。ある時、おきくさんは男三人を連れ、彦根に用事で出かけ、お土産として瀬戸物を買って八風《はっぷう》峠《とうげ》を通った。しかし石に躓《つまず》いて転び瀬戸物は砕けたので、おきくさんはこれを崖《がけ》の穴の中に捨てた。すると雲が広がり薄気味悪い風が吹き始め、村は暴風雨で被害を受けた。男の口から村にこのことが伝わり、おきくさんは村を追い出されたという。

その後も、瀬戸物をこの穴に投げ込むと大風になるといわれ、米の買い占めなどに悪用されたので、明治までは稲の刈り入れ前には見張りを置いていたという。

『近江むかし話』にある。『伊勢国八風峠霊異誌』によると、かつては代官所からこの穴に物を入れることを禁ずる高札が建てられており、弘化二年（一八四五）には実際に行った者がいて江戸勘定奉行に吟味されたようである。

また、『近江町むかし話』では、近江町（現・米原市《まいばらし》）にある霊仙山の北に同様の穴があるとされる。風穴という洞穴に汚れたものを入れたり汚れたことをしたりすると大風が吹くといわれ、暦の二百十日に米の仲介人が穴に汚れたものを入れ、そのために二百十日には大風が吹くのだという。

蟹ヶ坂の化け蟹［かにがさかのばけがに］

東海道土山宿（滋賀県甲賀市）付近の蟹ヶ坂にまつわる伝説。昔、鈴鹿山麓に一丈（約三メートル）にも及ぶ巨大な化け蟹が住みつき、人を泡で動けなくして食べていた。これを知った源信（恵心僧都《えしんそうず》）が法力で蟹を退治し（説教し蟹が改心したともいう）、蟹は甲羅《こうら》が粉々になって死んだ。以降、この坂を蟹ヶ坂とよび、蟹塚はこの蟹を埋めた所であるとされている。また、蟹の血は飴《あめ》になり、源信はそれを厄除《やくよ》けとして土地の人に授けたとされ、「かにが坂飴」は東海道の名物となった。この飴は現在でも田村神社の祭などで売られている。『湖国夜話』、『近江むかし話』、『日本の伝説19 近江の伝説』、『つちやまのむかしばなし 第1集』、村上健司『日本妖怪散歩』などに詳しい。また、『牛馬問』(『日本随筆大成 第3期 第10巻』収録)では蟹とは盗賊《とうぞく》のことではないかとしている。

神が淵［かみがふち］

滋賀県守山市川田町に伝わる。川田の神《み》輿《こし》が岩根の川田神社にわたった際、この淵ではまってしまったため、それ以来川田の人がここを通るとチンチンと鳴るという。『守山往来』にある。

狐の毛玉［きつねのけだま］

粕渕宏昭「「狐の毛玉」について」(『民俗文化』363号)によると、滋賀県近《おう》江《み》町《ちょう》(現・米原市《まいばらし》)には、狐の毛玉というものが伝わっている。直径三、四センチほどの白い毛の玉で、老いた狐の尻尾の先端が何らかの理由で離れたものだというが、これを拾うとその家は稲荷を祀《まつ》って年に一度は祈禱師《きとうし》を呼ばねばならず、粗末に扱うと火難を被るともいう。粕渕氏は決して拾って帰らないように親に言われたが、実際に祀っている家は村に三軒あったとしている。『反古《ほご》のうらがき』によると、こういった狐の玉は文化年間(一八〇四～一八一八)に流行したという。

同じ信仰かは不明だが、『水口の伝承』によると水口町《みなくちちょう》(現・甲賀市)杣中《そまなか》に次のような話がある。黄瀬文吉という庄屋の子孫の家には、白狐の体の一部とも思われる正体不明の毛毬《けまり》が祀《まつ》られている。昔、文吉が夕方に山上から帰宅する途中、杣中の山の神の付近で青色とも黄色ともつかない丸い小さな球が、浮き沈みしつつ付いてきた。何度も払ったが払いきれず、前掛けをはずして一生懸命に打ち払うようにして取った。持ち帰って箱に入れ枕元に置いておくと全く寝られなくなったので、新しい入れ物に入れ、神棚に供えて拝むとその夜からは眠れるようになったという。

『栗東《りっとう》の民話』によると栗東町(現・栗東市)では同様の物が牛の玉と呼ばれ、ある家に祀られているという。

鬼怒伽羅［きぬから］

『淡海温故録』にある。衣川《きぬがわ》(滋賀県大津市)という地名は、昔ここに鬼怒伽羅という鬼が住んで人をとって食っていたからだという。

ただし、『新修大津市史 第7巻』ではこれは異説とし、伝教大師最澄が高日山での修行の際に三衣《さんえ》(袈裟《けさ》)を天神川上流で洗ったので、下流が衣川と名付けられたという『中村平三郎家文書』の説を主として紹介している。

金玉かぶせ ［きんたまかぶせ］

滋賀県甲西町《こうせいちょう》（現・湖南市）に伝わる。上町から勅使野《ちょうしの》に帰る途中の川の堤防の、太い柳の木が何本も生えている柴垣《しばがき》には、三つ目小僧が出たり狸《たぬき》の金玉かぶせがあったという。金玉かぶせは動物の化かしの中でも最も恐ろしかったもので、夜道を歩いていてこれにあうと、突然暗闇になるとされる。それでも手探りで歩いていると、勅使野の水車の音が聞こえたかと思った所でまた聞こえなくなり、しばらくするとまた遠く後のほうで聞こえる。気を落ち着かせて道端に腰を下ろし、般若心経《はんにゃしんぎょう》を何遍も唱えていると夜が明けてくるが、持っていたものはすべて盗られているという。

『甲西の民話』にある。

倉がなく ［くらがなく］

滋賀県栗東町《りっとうちょう》（現・栗東市）に伝わる。お金が多く貯まると倉が泣くという。昔、川辺《かわずら》の金兵衛という金持ちの質屋では、夜になると倉から「ヒュー、ヒュー」と泣き声がした。噂を聞いて多くの人々がやってきて、岡の辺りまで行列ができるほどだったという。

『栗東の民話』にある。

ぐりぐり面 ［ぐりぐりめん］

滋賀県朽木《くつき》村（現・高島市）の宮の前の氏王家に保存されているもので、ぐりぐり面あるいはぐり面と呼ばれている。ぐりとは堆朱《ついしゅ》（漆《うるし》を重ね塗りする手法）のことだが、川の渦巻く水の中をぐりぐり回って流れてきた箱の中から出たのでそう呼ぶのだともいう。

この面を出すと大洪水になるといわれ、見た人はいない。昔、話を聞いた殿様が氏王家に命じてこれを出させ、良い出来に喜び顔にかけて一曲舞うと、一週間絶え間なく大雨が降り続き、朽木の村が大洪水となったので、箱に納め氏王家の奥深くにしまい込んで絶対に出さないようになったという。

『朽木の昔話と伝説』にある。

栗太の栗の木 ［くりたのくりのき］

近江国（滋賀県）栗太郡には大きな一本の栗の木が生えており、枝葉が天を覆っていた。秋風が西から吹くと実が伊勢まで飛んで落ち、七栗《ななくり》（三重県津市）という地名となった。またこの木は天竺《てんじく》から来た栴檀《せんだん》の種から生えたため、栗は「西木」と書くという。

この木の影が若狭《わかさ》（福井県）まで届き作物が実らなくなる原因となったため、若狭国の訴えでこの木を切ることになった。しかし毎日斧《おの》で切っても夜にはもとに戻っていた。この木が樹木の王であるため、夜に草木がやってきて木の切り屑《くず》をつけていたのだった。その後ここに蔓草《つるくさ》が来ることに

『三国伝記』にある。

なったが、木は「草木とも思われぬ者が来るとはけしからん」と追い返した。蔓草は腹を立て、人々の夢枕に立ち「この木を切り倒すならば木屑を燃やしなさい、そうでなければ草木が切れ目をもとに戻してしまう」と語った。そうして梢《こずえ》が倒れた所は木浜（守山市）と呼ばれ、「あなどる蔓に倒される」という言葉はここから言われるようになったという。

『今昔物語集』にも栗太の大木の話があるが、こちらは柞《ははそ》の木となっており、特に問題なく掃守宿禰《かにもりのすくね》に倒されている。

『栗東の民話』にも栗東町《りっとうちょう》（現・栗東市）に伝わる同様の話があるが、こちらでは夜に何百という蔦《つた》の精が小さい舌で傷口をなめていたとされ、掃守宿禰が蔦を刈り払うことで木を切ることができたとしている。また、この木の灰を焼いたのが灰塚山だという。

黒橋の火の玉［くろばしのひのたま］

滋賀県近江八幡市《おうみはちまんし》に伝わる。昔、金田の九ノ里村にいた九ノ里三郎左衛門という殿様が織田信長に抵抗して切腹させられたため、その恨みから黒橋には一族の亡霊が夜な夜な火の玉となって彷徨《さまよ》い、湖のほうに流れていったという。

『近江八幡ふるさとの昔ばなし』にある。

ゲホウさん［げほうさん］

滋賀県高島町（現・高島市）に伝わる。河方ズシという所に、ゲホウさんという頭がとても長く黒い衣を着た僧が出たという。

『高島の昔ばなし』にある。

源五郎鮒［げんごろうぶな］

滋賀県の琵琶湖《びわこ》に住む源五郎鮒がなぜこの名前になったかの由来譚《たん》は、佐々木家の家臣の名をとったとする有名な説以外にもいくつもある。

湖東には次のような話がある。昔、源五郎という漁師が茄子《なす》の苗を買って育てると天に届く大きさになり、それを登って雷の家に行った。雨を降らせる水瓶《みずがめ》を使わせてもらって面白くなった源五郎は、水瓶を投げ落とし、そのまま源五郎も足を滑らせて落ちた。それが現在の琵琶湖であり、源五郎は鮒になったという。

湖西には次のような話がある。昔、堅田《かただ》（大津市）にいた源五郎という漁師が、傷ついた鮒を助けた。数日後、けがをした女がその辺りに倒れており、治療をしてそのまま嫁にした。しかし、女は毎日湖の水を飲みに行くので、鮒ではないかと噂になった。源五郎は女から絶対に湯浴みをしているところを見てはいけないといわれていたが、ある日湯浴みを覗いてしまった。すると鮒が泳いでおり、正体を見られた女は湖の中に姿を消した（決して漁に行こうとしなかったのを無理に船に乗せると水の中に潜った、という話もある）。その後、源五郎は湖に女を探しに出て鮒を見つけ、そのまま水に飛び込んで源五郎鮒になったという。

『日本の伝説19　近江の伝説』、『近江昔ものがたり』などに詳しい。

考的稲荷［こうてきいなり］

滋賀県愛知川町《えちがわちょう》（現・愛荘町）木津に伝わる。昔、東円堂に住んでいた考的という医者が寝ていると、枕元に屋敷の片隅に住むという狐が現れた。狐は同じ屋敷に住むよしみでと、黄檗《おうばく》を練り合わせた傷の妙薬の製法を教え、これはあくまで人助けであり間違っても金儲《かねもう》けをしてはならないと告げ消えた。考的は屋敷の片隅に祠《ほこら》を作って稲荷として祀《まつ》り、考的稲荷と呼ばれた。ある時、殿様の寵愛している鶴の足が折れたので、考的が薬を使うとたちどころに治り、褒美として満島の姓をもらって有名になり財を成した。しかし金儲けをしたことで、狐の言った通り医者は一代で終わったという。

『愛知川町の伝承・史話』にある。

小右衛門火［こえもんび］

『御伽《おとぎ》厚化粧』（『徳川文芸類聚4』収録）にある。

昔、近江国（滋賀県）沼田（未詳）に小右衛門という庄屋がいたが、贅沢《ぜいたく》かつ派手好きで、農民から多く徴収して私腹を肥やし嫌われていた。ある年、村中で示しあわせ、全員で小右衛門の悪事を残らず地頭に報告した。味方のいない小右衛門は家財や土地を取り上げられ、親子とも奈良井の墓に晒《さら》し首になった。

その一念が残ったか、毎夜この墓から火の玉が二つ出て、沼田の宮の鳥居にとまり近所を回り、明け方には墓に帰った。また、この火に出会った者は必ず病気となった。村人が恐れ僧を呼んで弔《とむら》うと毎夜出ることはなくなったが、雨の降る暗い夜には出るとされた。

その頃京都から歌舞伎の旅芝居がやってきて、二〇日間沼田の河原で芝居をしていた。村の若者が集まり旅芝居の子どもを二、三人呼んで酒を飲んで遊んでいると、一人が「今夜は雨がしとしと降りとても暗い、きっと小右衛門火が出るだろう、戸を開けてみよう」と言い、南を見ると小右衛門火が見えた。またある人が「芝居で幽霊が出る時は必ず笛《ふえ》を吹く、吹いてみてどうなるか見たいものだ、もし正体を現すようなら一興」と言い、皆が賛成した。子どもと一緒に来ていた髭善兵衛という笛の名人が吹くと、七、八町（約七六三〜八七二メートル）の遥《はる》か先にいた火がやって来た。五、六間（約九〜一一メートル）ほど先まで来た火を見ると、青い炎の中に青ざめ痩《や》せた男が苦しげに立っていた。一同は身の毛立ち戸を閉め、髭善兵衛が「静かにしていると火は音を慕って去らないだろう、三味線を弾いて騒ごう」と言い、無理に茶碗《ちゃわん》酒《ざけ》を飲んで騒ぐと、しばらくして戸を開けると火は遠くに行っていた。

この火は現在は出ないという。

米石［こめいし］

滋賀県日野町に伝わる。蔵王《ざおう》村と平子村を流れる川にある石で、米の値段が高い時は高く、値段が低い時は河原の砂の中に潜《もぐ》り込んで姿が見えなくなるという。現在は河原が蔵王ダムの底にあり石も行方不明だが、「米石」と彫られた石が蔵王ダム事務所近くに置かれている。

『近江日野の歴史　第6巻』にある。

米の出る柳［こめのでるやなぎ］

滋賀県近江八幡市《おうみはちまんし》に伝わる。昔、加茂の小西の家に、その家の老婆が節穴をつつくと一日分の米が出たという柳があった。老婆は毎日米を出して生活していたが、ある時欲が出て小さい穴をあけると、それ以来米は出てこなくなったという。この柳は台風で倒れたが、新しい枝があちこちから伸び、現在も祟りを恐れて大事に扱われている。

『近江八幡ふるさとの昔ばなし』にある。

コロッコロ［ころっころ］

滋賀県日野町に伝わる。頭が大きく胴が短い蛇で、これに睨《にら》まれると動けなくなり、口から吐き出される毒で死ぬという。涼橋神社の橋をくぐり中野城本丸跡に行くと出るとされる。

『近江日野の歴史　第6巻』にある。

五郎八狸［ごろはちだぬき］

滋賀県草津市山寺町に伝わる。昔、山寺町に五郎八という大男がいた。ある時、隣村の親類の結婚式に行った帰りの夜、すどという所の大きな椿《つばき》の所を酔っぱらって通ると、一七、八歳の美しい服を着た美女に招かれた。見ると立派な御殿に御馳走が並んでおり、勧められるまま風呂に入って飲み食いし酔いつぶれた。気が付くと体の周りに温かいものがうごめき、どっきんこ、どっきんこと米つきのような音が聞こえ、見ると手土産の食べ物が頭や肩に降りかかっていた。五郎八は狸の腹の中にいたのだった。以来、その狸は夜になると満腹になった大きな腹で腹鼓《はらつづみ》を打つので、五郎八狸と呼ばれるようになった。

『草津のふるさと文化』にある。

【さ】

サスケ火［さすけび］

滋賀県守山市に伝わる。昔、立田と今浜は仲が悪く喧嘩をする騒ぎになったが、佐助という男がお互いに相手の悪口を吹き込んでいたことが原因だったと判明し、佐助は白根道の高橋で二つの村の人に竹槍《たけやり》で殺された。また、佐助の一人息子の三太郎も、将来敵討《かたきう》ちをされないようにと喜緑縄手で殺された。以来、それらの所で火の玉が出て、サスケ火と呼ばれた。

今浜町では佐助の命日が九月二日だとして「佐助殺すは刃物はいらぬ、おしやいのちの三太郎」という歌が伝わっており、水《みず》俣町《ほちょう》では夜遊びで悪さをすると「サスケ火が出たぞ」と脅されたという。

『守山往来』にある。

佐目の怪物［さめのかいぶつ］

滋賀県佐目村（現・東近江市《ひがしおうみし》）に伝わる。昔、金の谷という谷で、頭は牛、足は馬、尾の先に剣があり、全身の毛が釘のような怪物が現れて、田畑を荒らしたり、岩を崩して大木を掘り倒したりして暴れまわった。そこに左目だけの片目で鰐口《わにぐち》の童子が現れ、怪物を追い払った。童子は金の谷の御鐘明神であり、昔村で孕《はら》んだ牛を殺した恨みによってその牛が村を絶やそうとしているので、それと戦っているのだと言った。やがて夜中に怪物が現れたところに、童子が現れ愛知川原《えちがわら》の石を取って火を吹きかけて投げると火の雨となり、怪物は次第に弱って高山の原で死んだ。それ以来、金の谷を左目の人の子と書いて佐目子谷とよび、村を佐目村、高山の原を牛がひたひ、山の尾通りを馬《ば》の牛の尾と呼ぶようになった。

河合啓蔵「佐目のはじまり」（『民俗文化』13号）、『フォクロア』33、34、35号にある。

地黄煎火［じおうせんび］

『絵本小夜時雨《さよしぐれ》』（『百鬼繚乱《ひゃっきりょうらん》』収録）にある。

江州水口《ごうしゅうみなくち》の泉縄手（滋賀県甲賀市）に膝頭松という大木があった。昔、この辺りで地黄煎（薬もしくはそれを練りこんだ飴《あめ》）を売って少しの金を蓄えていた者が、盗賊《とうぞく》に殺され金を奪われた。その執心がとどまり、雨の夜にはこの松の所から陰火が飛び、これを俗に地黄煎火と呼んでいるという。

しおんや井戸［しおんやいど］

滋賀県愛東町（現・東近江市《ひがしおうみし》）に伝わる。

昔、永源寺の南嶺和尚《おしょう》が妹村の慈光庵に隠退した。和尚を師と仰ぐ彦根城主の井伊《いい》直興《なおおき》は、狭い庵《いおり》に僧が数十人入れずにいるのを見て、当時松林ばかりだった妹村の上の段に堂を建てることを決め、仁左衛門といういつも井戸掘りを自慢している高慢な男に井戸を掘らせることになった。

しかし仁左衛門がいくら掘っても水は出ず、五〇尺（約一五メートル）を超えると、掘ると井戸の底から「しおんや知れ、しおんや知れ」と声がした。和尚に言うと、「お前は一人で井戸掘り名人になった気で高慢である。四恩とは天地の恩、国の恩、父母の恩、衆生《しゅじょう》の恩であり、それを忘れて高ぶる者を塩屋という」と諭された。和尚は殿に「井戸が深いので下界で塩売りをしている塩や塩やという声が聞こえる」とごまかすと別の所を掘るように命じられ、心を入れ替えた仁左衛門は水を掘り当てた。これが松雲寺の井戸であり、はじめの水の出ない井戸は後世の人を諭すために残したという。

『中京民俗』32号、『続　近江むかし話』にある。

関連は不明だが『こうらの民話』によると、甲良町尼子《こうらちょうあまご》村の井戸の池は毎日水を飲むといつまでも若々しくきれいになると言われるが、日照りが続いて池が枯れた時に池掘りをしていると、底から「シオーン、シオーン」と声が聞こえ、人々は「アメリカから声が聞こえる」と言ったという。

賤［しず］

滋賀県長浜市に伝わる。昔、唐川の里に由留伎《ゆるぎ》という若者が、余呉《よご》に賤《しず》という娘がおり、賤は由留伎に思いを寄せていたまま病死した。賤が病死した夜、激しい雷雨で余呉は余呉湖になり、また唐川には湧出山《ゆるぎさん》ができた。これによって川がせき止められてできた伊香湖《いかこ》には、賤の化身である一匹の大蛇が住み着き、湧出山のふもとにいつも姿を現した。その後、この話を聞いた弘法大師が伊香湖の水を南に流して後の伊香《いか》具《ぐ》村となる陸地を作り、湖の北の山に霊を鎮めた。この山を賤《しず》ケ岳《たけ》と呼ぶようになったという。

『近江むかし話』、『日本の伝説19　近江の伝説』、『高月町のむかし話』にある。

姉妹の火の玉［しまいのひのたま］

滋賀県山東町（現・米原市《まいばらし》）に伝わる。

昔、志賀の谷に美しい姉妹がおり、同時に一人の男を愛してしまった。ある日、姉妹は草刈りに出かけた時に言い争いになり、鎌でお互いを殺した。それ以来、ここには青白い火の玉が二つ競《せ》り合いながら現れ、激しくぶつかり合い、若い女の悲鳴とともに砕けるという。

『続　近江むかし話』にある。

ジャーサン［じゃーさん］

滋賀県米原町《まいばらちょう》（現・米原市）梅ヶ原に伝わる。

四七〇年ほど前、塚原彦与エ門という人が寺の建築材料を調達するため何人かを使って木挽《こび》きをしていた。その最中、ちょっと休んでまどろんでいると、頭の上に白い蛇がとぐろを巻いて首をもたげた。その姿が美しいので着ていた襦袢《じゅばん》に竹墨で写し、それを家の軒下に干していると、その絵が動いた。襦袢は村の顔役で神主だった西山某に預けられ、お祓《はら》いをして桐の長持に納められた。

この蛇はジャーサンと呼ばれており、以降、旱魃《かんばつ》の際は塚原家の者の立会いのもと、これを出して拝む。明治から大正に実際に三回ほど使われたが、現在は年二回の祭の際に長持を少し開けてお祓いするのみだという。

ジャーサンに関しては他にもいくつか伝説が残っている。明治初期には激しい音を出して暴れたので五寸釘を片目に打ちつけたという。明治一四、五年（一八八一、一八八二）には、西山家の隣が火事になったが、煙の中で竜が天に昇るように光線が走ったという。また西山家の嫁がジャーサンの長持の上に片付けた瀬戸物の茶碗《ちゃわん》を置いておいたところ、すさまじい音がしてすべて割れたという。

『米原町史　通史編』にある。

しゃんこま

滋賀県草津市川原町に伝わる。

昔、ある里の中ほどの森の天を突くような大きな楠《くすのき》に住んでいたもので、子どもを捕らえて食ったという。見た人はほとんどいないが、見た人の話では、大きくて皿のような目が鏡のように光り、体に真っ黒な毛が一杯生えていて、むささびのように素早く空を飛んだという。

はじめは犬や猫を食っていたが、赤ん坊を食って味を知った後は子どもに襲いかかるようになったとされ、親は「鐘がやんだらしゃんこまが出るぞ」と遊んでいる子どもに言っていた。子どもたちがそれを聞いて逃げていたので子どもがさらわれたという話がなくなった頃、ため助という子どもが「しゃんこまはもう他所《よそ》へ行ったのだ」と帰ろうとせずにいた。すると、子どもが取れず飢《う》えていたしゃんこまに襲われ、翌日には楠の根元に着物が引き裂かれたまま散らかっていた。

「鐘がなったら家へと戻ろ、こわいしゃんこまに食われんうちに」という歌が夕方前に流れると、里に子どもの姿が見えなくなるという。

『草津のふるさと文化』にある。

十二人の子どもの霊［じゅうににんのこどものれい］

滋賀県甲南町（現・甲賀市）に伝わる。

昔、石根村には大きな竹藪《たけやぶ》があった。この村では子どもが悪いことをしたりすると、この藪の所へ連れていき「出ていけ」と脅し、時にはそのまま捨てることもあった。この藪では強盗が出たり、夜に幽霊が出たり、悪い病気が流行ったりしたので、常永寺の和尚《おしょう》に話すと、和尚は「この村で悪いことをして追い出され行き倒れた子どもの霊が合わせて十二人彷徨《さまよ》っている」と告げた。そこで村人は供養のため、藪のそばに十二小仏を作り、勧請《かんじょう》（境界に張った縄）には、表に十二小仏の名前を書き、裏に「家字中安全祈修」と書いた折型の札を下げた。それ以来、悪いことをする子どもは少なくなり、悪い病気も流行らなくなったという。

『続　近江むかし話』にある。

棕櫚の木の怪［しゅろのきのかい］

滋賀県長浜市に伝わる。昔、名越村の観成院に仲のいい僧と小坊主がいたが、ある日裏の棕櫚の木が枯れたので薪《たきぎ》にすると、二人は急に仲が悪くなった。

ある日、小坊主が棕櫚の薪《まき》で風呂を沸かしていると、僧に「早めに夕食にしてくれ」と言われ、腹を立てた小坊主は寺を飛び出した。すると僧はその夜何者かに殺された。

寺を出た小坊主が彦根で宿をとると、夜着や膳《ぜん》や寝床が二人分用意された。女中に聞くと「あなたと坊さんと二人ではありませんか」と言われ、小坊主が驚いて寺に帰ろうとすると、加田今《かだいま》の入り口で後ろから何者かに薪で殴られ殺された。

それ以来、棕櫚の木を焚《た》いてはいけないとされている。

『続　近江むかし話』にある。

巡礼の火の玉［じゅんれいのひのたま］

滋賀県能登川町（現・東近江市《ひがしおうみし》）出在家に伝わる。宝暦五年（一七五五）に琵琶湖《びわこ》で比良八荒《ひらはっこう》の突風にあって遭難した六九人の巡礼を葬った、「巡礼ざんまい」という塚がある。そこを船で通ると、急に気持ちが悪くなり、髪の毛が伸びてにたにた笑う火の玉が目の前に現れるとされる。この火の玉を捕まえるには、棹《さお》の先を三寸（約九センチ）くらい長く切っておいて、竿を振ってその中へ入れ蓋《ふた》をするのだという。

『能登川のむかし話』、『近江の昔ものがたり』にある。

常元虫［じょうげんむし］

近江国別保《べっぽ》村（滋賀県大津市）に出る虫として『三養雑記』（『日本随筆大成　第2期　第6巻』収録）、『煙霞綺談《えんかきだん》』（『日本随筆大成　第1期　第4巻』収録）、『近江輿地《おうみよち》志略《しりゃく》』にある。表記はそれぞれ「常元虫」、「浄元虫」、「浄玄虫」。

『三養雑記』と『煙霞綺談』には次のような話がある。別保村に蒲生《がもう》家の浪人である南蛇井《なだい》源太左衛門という者がいて、数百人の徒で諸州で強盗を働いていた（『煙霞綺談』では泊まりに来た旅人をことごとく殺し財物を盗んでいたとされ、関ヶ原の戦いの落ち武者もこの家に多く来ていたが、皆殺したとある）。源太左衛門は別保に戻っても悪事を続けていたが、人の勧めで出家し常元（『煙霞綺談』では浄元）と名乗った。しかし慶長五年（一六〇〇）に諸国の姦賊《かんぞく》が捕らえられることになり、常元は家の前の柿の木に縛られ斬られた。常元は死ぬ際にさまざまな悪言を吐いてさらに人の憎しみを受け、晒《さら》し首になった。死体を預けられた藤吉という庄屋がその体を柿の木の下に埋めると、そこから人の形をした虫が多く現れ、常元虫と呼ばれた。これは人の顔のようなものがあり、手を後に縛られたような形で、その後蝶《ちょう》になった。後に江戸の人々にも広まったという。

『三養雑記』ではさらに、西念寺の北西四町（約四三六メートル）ほどの所に常元屋敷と呼ばれる家の跡があり、ここに住むと必ず災いがあるという。

『近江輿地志略《おうみよちしりゃく》』では大将軍という田のそばの茶園に多く出るとされ、異なる話がある。昔、別保村に浄玄という僧がおり、民家に入って箱を盗んだ。浄玄は村人によって箱を抱いたまま縛られ地中に埋められたが、その怨恨が虫となった。この虫は僧が縛られたような形で、髪の毛のようなもので首と思われる所を茶の木に縛り付け、前に箱のようなものを抱いているようだという。

庄五郎のお婆の幽霊
［しょうごろうのおばばのゆうれい］

滋賀県虎姫町（現・長浜市）に伝わる。

昔、三川村にいた庄五郎という大工が仕事帰りに高田川の土橋を通ると、「庄五郎どん、庄五郎どん」と呼ぶ者がいた。それは数年前死んだ母の幽霊で、親戚が死に絶えて誰も回向せず成仏できないため東の寺で読経してもらってくれ、そして寒いので箪《たん》笥《す》の三段目の青い襦袢《じゅばん》を持ってきてくれと頼んだ。さらに頼んだ証拠にと庄五郎の耳の中に消し炭を入れると言い、庄五郎が家に帰ると両耳に炭が詰まっており箪笥には襦袢があった。しかし庄五郎は恐しく思い襦袢を届けず、冬の寒い夜には今も橋でお婆の幽霊が「庄五郎どーん、庄五郎どーん」と襦袢を待っているので、この橋を幽霊橋と呼ぶようになったという。

『虎姫のむかし話』にある。

ショウド婆々
［しょうどばば］

滋賀県伊吹町（現・米原《まいばら》市《し》）甲賀に伝わる。夜、甲賀橋の近くのショウド池の付近に出て、通る人をたぶらかすといわれ恐れられている。

水長双葉「姉川上流の伝説2」（『民俗文化』178号）にある。

人力車に化けたカワウソ
［じんりきしゃにばけたかわうそ］

滋賀県東《ひがし》近江《おうみ》市《し》垣見町に伝わる。垣見の竹藪《たけやぶ》の間の川は昔からカワウソがおり、道を通る人に水をかけたり川に引きずり込んだりするとされた。ある夜本庄の人がここを通ると、突然人力車を引いた車夫が飛び出した。カワウソが化かしに来たに違いないと思い、カワウソが嫌う煙草の煙を吹きかけると、車夫は驚きドボーンと音を立て川に飛び込んだ。安心していると再び同じ姿で車夫が現れ、再度煙をかけるとまた川に飛び込んだ。これを繰り返しているうちに気持ちが悪くなり、近くの国領の家に逃げ込もうとしたが、手足が重くなって動けず、やっとのことで家にたどり着いて助けられた。その人は一か月寝込み、しばらくの間垣見の人は夜の独り歩きをしなくなったという。

『能登川のむかし話』にある。

砂ほりばばあ［すなほりばばあ］

竹藪《たけやぶ》で人に砂をかけるものとして、近畿地方を中心に伝わる。

『栗東《りっとう》の民話』によると滋賀県栗東町（現・栗東市）では、目川の治田小学校の所にある「てんころやぶ」という竹藪に住んでいるという。てんころという動物が藪の中を走り回ってガサガサと音を立てるので、酔っ払いなどは驚いて逃げ出すのだという。

『草津のふるさと文化』によると草津市追分村では、狸《たぬき》や狢《むじな》の多く住む竹藪に住んでいる老婆であり姿を見た者はいないが、村人が気づかれないようにそーっと通っても必ず気づいて細かい砂をサラサラと振りかけるのだという。

『石部の伝承』によると石部町（現・湖南市）出水町金谷では「すなかけばばあ」と呼ばれ、竹藪の近くの道を夕方通ると老婆が砂をかけるという。

清六蛇［せいろくへび］

滋賀県能登川町（現・東近江市《ひがしおうみし》）に伝わる。昔、種村に清六という真面目な農民が、妻と子に先立たれ一人で住んでいた。清六が病死して数か月後、清六の屋敷の周りで一匹の白い蛇が悲しそうに家を見るのを見かけるようになった。現在は家の跡に清六を祀《まつ》る社が建てられ、蛇も現れていないという。

『能登川のむかし話』にある。

瀬田の唐橋の竜神［せたのからはしのりゅうじん］

滋賀県大津市に伝わる。一月七日には「おこぼさん」という行事を行うが、その際に瀬田の唐橋の竜神が両社川を上ってお供えを取りに来るという。お供えには人身《ひとみ》御供《ごくう》の代わりとしてオダイモクという餅《もち》や人形を供える。

この日は竜の通り道を開けるため、船もお旅（サイノカミ）の所に仮泊する。また、この夜にはオヨージ（便所）に行くとカイナデ（**カイナデ**（京都府）参照）が出て尻《しり》を撫でるともされる。七歳の男の子がいる家の屋根に白羽の矢が立ったともいう。

ジロスケという人は便所の窓から竜神を見て目が潰《つぶ》れたとされ、その話では竜神の姿は蛇《じゃ》の目傘《めがさ》をさした立派な男だったという。

『続　近江むかし話』にある。

勢田の橋の女［せたのはしのおんな］

『今昔物語集』にある。

昔、美濃国の生津庄《なまづしょう》（岐阜県瑞穂市）に紀遠助《きのとおすけ》という者がいた。東三条殿（京都府京都市）の長宿直《ながとのい》から美濃へ帰る途中、瀬田の唐橋（滋賀県大津市）の上で怪しい女に話しかけられ、「この箱を方県郡の唐の郷《さと》（岐阜県岐阜市）の段の橋に持っていっていただければ、橋の西に女房がいるでしょうから、その女房に渡してください。橋のもとに行くだけで絶対に女房が出てきます。ただ、絶対にこの箱を開けて中を見ないでください」と依頼された。遠助の従者は女の姿が見えず、ただ遠助が馬から降りて立っていただけだと思い怪しんだ。

その後、遠助は家に着いて橋のことを忘れたと気づき、後で渡そうと箱を物置に置いておいた。それを偶然見た遠助の妻は、「京で買った物を他の女にあげようとしているのだろう」と嫉妬し、こっそりと取って開けてみると、たくさんの人の目玉や少し毛のついたまま切られた多くの男性器が入っていた。

遠助が女の言った橋に持っていって出てきた女房に箱を渡すと、女房は「この箱は開けて見られてしまった」と言った。遠助は「全くそんなことはありません」と答えたが、女房は「何てことをしなさったのだ」と顔色を悪くし箱を受け取った。その後、帰った遠助は気分が悪くなり、臥《ふ》せるなりすぐに死んでしまった。

南條武『妖怪ミステリー』ではこれを「目玉しゃぶり」という名前で紹介し、九八六年頃の出来事としている他、箱の中を見た者の死体からは目玉が消えてしまうと付け加えている。

【た】

ダダボシ［だだぼし］

滋賀県内に伝わる巨人。

日野町には次のような話がある。昔、ダダボシという大男が、毎夜琵琶湖《びわこ》を掘って富士山を積み上げていた。ある夜、ダダボシが長い里芋《さといも》の芋茎を天秤棒《てんびんぼう》にしてモッコで土を担っていると、日野町中山で天秤棒が折れたので、村人をたたき起こし代わりになる長い芋茎を探させた。そして見つからないと聞くと、ダダボシは「今度来るまでに探しておけ」と言い残して去っていった。

これが中山の芋くらべ祭の始まりであり、天秤棒が折れた時のモッコの一方の土が西桜谷の丸山、もう一方が甲賀市水口《みなくち》の城山になったという。また、町内にはダダボシの足跡とされる場所が何か所か残っている。

この話は『近江日野の歴史　第6巻』に詳しい。また、『近江の昔ものがたり』では加えて、富士山の頭がちょん切れた形なのは作業が不完全で終わってしまったからだとしている。

これとは別に『山東昔ばなし』によると山東町（現・米原《まいばら》市《し》）では、隕石《いんせき》が落ちた後の窪地《くぼち》を「だだ星」と呼んでいるという。また『甲賀のむかし話と行事』によると甲賀町（現・甲賀市）では、五反田余野の南東にダダボシの足跡とされる池のひとつがあり、「只星」という地名になっている。

田上じじい［たなかみじじい］

滋賀県大津市瀬田一里山に伝わる。子どもが田上へ続く山の奥に入って夕方まで遊んでいると、田上じじいにさらわれて家に帰れなくなるとされる。実際に見た人はいないという。

兼康保明「田上じじい」（『民俗文化』511号）にある。

たばこ天狗［たばこてんぐ］

滋賀県土山町（現・甲賀市）黒滝に伝わる。昼間、山の炭小屋で仕事をしていると、太鼓のにぎやかな音が毎日のように聞こえてくる。しかし音がするほうへ煙草の吸い殻を投げると音がやむという。煙草が好きな天狗《てんぐ》の仕業だとされ、明治三〇年（一八九七）には宇野友右衛門という煙草商がこの話にちなみ、天狗という名前の煙草を売り出した。

大渓元千代「近江のたばこ　天狗」（『民俗文化』178号）にある。

忠兵衛天狗［ちゅうべえてんぐ］

滋賀県近江八幡《おうみはちまん》市《し》に伝わる。昔、牧村の忠兵衛という者が来世での幸福を求め、湖の対岸の長命寺の観音に毎夜たらいで通い百夜参りをした。九九日目の夜には湖の上を歩くことができるようになり喜んでいた忠兵衛だったが、一〇〇日目には両手の脇から羽が生え、鼻が高く顔が赤い天狗になっていた。忠兵衛は村人に合わせる顔がないと考え姿を隠したが、村人が竹をとっていた湖の浮き山を里に近づけて取りやすくするなど、神通力で村人を助けることもあったという。

『近江八幡ふるさとの昔ばなし』、『近江の昔ものがたり』、『新版日本の民話74　近江の民話』にある。

忠兵衛の記録は『閑田耕筆』（『日本随筆大成　第1期　第18巻』収録）にもある。一

○○年あまり前、牧村の忠兵衛という家の出である長命寺の普門坊という僧が、松ヶ崎の巌上で百日荒行をして生きながら天狗になったとされ、松ヶ崎の上本堂の裏の山にその社《やしろ》があるという。

チョンチョンつき［ちょんちょんつき］

滋賀県能登川町（現・東近江市《ひがしおうみし》）に伝わる。昔は夜回りをする際、ある所を太鼓をポンポンと叩いて通ると必ず、チョンチョン、チョンチョンと大きくも小さくもない音がして家までついてきたという。家に入ると屋根棟でしばらく音がするとされ、これを「チョンチョンが付きまとう」という。川獺《かわうそ》の仕業とも考えられている。『能登川のむかし話』にある。

月の祟り［つきのたたり］

滋賀県余呉《よご》村（現・長浜町）の人が語った話としてある。アポロ11号が月へ行った数日後、月が真っ赤になり、余呉村だけ天候不順が続いて稲が不作になった。これは月を汚したからだという。『余呉村の民俗』にある。

釣瓶下ろし［つるべおろし］

「釣瓶落とし」とも呼ばれ、木から降りてくるものとして近畿地方を中心に伝わる。『愛知川町《えちがわちょう》の伝承・史話』、『伊吹町の民話』、『山東昔ばなし』、『愛東町昔ばなし』、『湖東町のむかし話』では釣瓶が落ちてくる、また釣瓶が人をすくい上げるものとしてあるが、滋賀県内では釣瓶下ろしの姿形が他にもさまざまに言い伝えられている。『湖国夜話』によると海津村（現・高島市）では、福善寺の街道の松の木の下を深夜に女子どもが通ると木の上から怪物が手を差し伸べて驚かすといい、子どもが泣いたりすると「釣瓶下ろしが来るぞ」と言う。『甲西の民話』によると甲西町（現・湖南市）では、釣瓶落としは井戸へ釣瓶を落としたチャーポンという音をさせるもので、薬師堂の下の繁みを夜に通ると必ず音が聞こえると言われ恐れられたという。『伊吹町の民話』と『高月町のむかし話続』によると、伊吹町（現・米原市《まいばらし》）や高月町（現・長浜市）では、釣瓶が下がってきて、水をかけてくるという話がある。伊吹町では、良いことをする人には良い水を、悪いことをする人には悪い水をかけるという。

『高月町のむかし話』によると高月町では、「半カケババ」が釣瓶を下ろして子どもをすくい生き血を吸うという。

天狗の米つき［てんぐのこめつき］

滋賀県甲南町（現・甲賀市）に伝わる。かつて深川の坊出に大きな松の木があり、風の吹く夜は天狗がこの木にやってきてトントン、トントンと米をつく音をさせるといい、子どもたちに恐れられた。また、機嫌の悪い時は家の屋根まで来て屋根を砕くような音をさせるが、翌朝見ると変わった所がないとされ、このようなことが年に何回もあったという。

『信楽《しがらき》むかし話』にある。県内の他の地域でも、天狗が太鼓を鳴らす、あるいは笛を吹く、音を立てるという話は多くある。

天女［てんにょ］

余呉湖《よごこ》（滋賀県長浜市）に関する伝説。『帝王編年記』に書かれているが、これは『近江国風土記』の転載であると考えられており、日本における羽衣伝説の中でも最も古いものとされる。

昔、余呉の伊香《いか》の小江（余呉湖）に天女が白い鳥となって降り、水浴びをすることがよくあった。伊香刀美《いかとみ》という人がこれを見て、白い犬を使い、最も若い天女の天の羽衣を盗んで隠した。天女七人は天に帰ったが、羽衣を盗まれた天女は帰ることができず地上の人間となり、天女が水浴びをしていた所は神の浦と呼ばれた。

天女と伊香刀美は夫婦となり、意美志《おみし》留《る》、那志登美《なしとみ》、伊是理咩《いぜりひめ》、奈是理比売《なぜりひめ》という男二人、女二人の子どもが生まれた。この子どもたちが伊香を開拓した伊香連《いかごのむらじ》の先祖である。また、天女はのちに天の羽衣を捜し取り、天に帰ったという。

この話は後の時代にさまざまに発展し、例として『雑話集』ではいつも泣いている母親を見て子どもが羽衣を盗み出したとされ、天女は七月七日に下ってきて子どもに会う約束を交わしている。『近江輿地志《おうみよちし》略《りゃく》』では、後に子どもが菅山寺の僧に育てられ、菅原道真になったとされる。また、『切畑太夫之縁起』など羽衣を盗んだ男が切畑太夫とされることも多い。

『天女伝説のふる里』、『余呉の民話』、『日本伝説大系　第8巻』に詳しい。

通しみみず［とおしみみず］

滋賀県甲賀町（現・甲賀市）に伝わる。

昔、岩室に忠治という働き者の農夫がおり、里から離れた「見古《みこ》の尾」という所に田んぼを持っていた。ある日照りが続いた年の年末、忠治が仕事を終えて野小屋に行くと、薄汚れた僧が忠治の弁当を食べていた。僧は三日前から食べていないのだと言って謝ったが、忠治はかっとなって鋤《すき》で殴り、僧は恨み言を言って死んだ。それ以来、ここには七〇センチある通しみみずが出るようになったという。

『甲賀のむかし話と行事』、『近江竜王町の昔話』にある。

とのの婆［とののばば］

滋賀県高月町（現・長浜市）西阿閉《あつじ》に伝わる。五、六月の雨が降りそうで生ぬるい風が吹く夜、五の坪の塔の堂（月が瀬だともいう）という所から青田の上を南から西阿閉まで高張提灯《たかはりちょうちん》が一直線に飛び、鎮埋田《ちんまいだ》という塚（古屋敷や山口だともいう）まで来て急に消える。この提灯を前から見ると普通の提灯だが、後ろから見ると、鬼婆が白髪を振り乱し、目を見開いて牙をむき出しにしており、それに睨《にら》まれるとひどい熱病になって死ぬこともあるという。また、東阿閉に続く畑の南の北川に架かっている石橋は、とのの婆の通り道なので、何度直しても人が通るとコトコトと音がするという。子供を脅す際に「とのの婆が来るぞ」ともいう。

『高月町のむかし話』にある。

虎石［とらいし］

長浜城（滋賀県長浜市）にあった石。秀吉に気に入られ、虎に似ていることから虎石と呼ばれた。長浜城が廃城となった後に大通寺へ移したところ、夜になると「いのう、いのう」と泣いたのでもとの場所に戻されたという。その後、明治三〇年（一八九七）頃に長浜城内である豊国神社の境内に移されている。

『日本の伝説19　近江の伝説』、『ふるさと長浜』、『続　近江むかし話』にある。

虎御前［とらごぜん］

滋賀県虎姫町（現・長浜市）中野に伝わる。

昔、桃酢谷の井筒という泉のほとりに住む虎御前という姫が、旅に出た帰り、田川の馬橋の世々開《せせらぎ》長者の家に泊めてもらった。虎御前はそのまま長者と夫婦となり子供を産んだが、その子供は白い蛇であり、それを恥じた虎御前は女性《みせ》が淵《ふち》に身を投げた。その際、「せせらぎさま、せせらぎさま」という声が遠くまで聞こえたという。それ以来、虎御前のいた山は虎御前山と呼ばれ、後に町村制が実施された時にこの村を虎姫村としたという。また生まれたのは一五匹の蛇であり、やがて人の姿に成長し、虎姫地区の一五の村を開拓したともいう。

『近江むかし話』、『虎姫のむかし話』、『中京民俗』19号、馬場杉右衛門「虎御前山の伝説」（『民俗文化』476号）にある。

『虎姫のむかし話　第2集』にある話では大きく異なり、虎御前は子どものできない老夫婦に桃酢谷で拾われたが、老夫婦に正体が蛇であることを見られ山に帰ったとしている。

『湖北町昔ばなし』によると、湖北町（現・長浜市）ではさらに異なる話が伝わっている。この山には数千年前から住んでいる女狐がおり、虎の斑毛に似て美しい毛並みで、異変が起こる前に里に出てきて吉凶を村人に知らせるため「虎御前」と親しまれていた。しかし織田と浅井の合戦の際、陣地構築や鉄砲の音のため他の動物は他の山へ逃げたが、虎御前だけは逃げず最期まで村人に吉凶を告げており、最終的に佐久間玄蕃《さくまげんば》に殺された。それ以来この山を虎御前山と呼ぶという。

ドラノバイ［どらのばい］

滋賀県栗東町《りっとうちょう》（栗東市）に伝わる。金勝の観音寺の裏の飯道寺という、修験道の聖地の切り立った深い谷で鬱蒼《うっそう》と木が茂っている山奥から、季節的に人間に脅威を与える得体のしれないものがやって来るのをドラノバイと呼んでいる。

はっきりしないが、大きな蛇が出るので竜や大蛇のようなものか、あるいは何年かに一度起こる山津波のようなものか、あるいは人々を驚かす修験者の銅鑼《どら》とほら貝の音を合わせてドラノバイと呼んだのかといった推測が『栗東の民話』に書かれている。

【な】

なすび婆［なすびばばあ］

比叡山延暦寺《ひえいざんえんりゃくじ》（滋賀県大津市）に伝わる比叡山七不思議のひとつ。なすびのような色の顔をした老婆が、変事があると東塔の大講堂の前にある鐘を鳴らして知らせるという。元亀二年（一五七一）、織田信長の焼《や》き討《う》ちの際にも鐘を鳴らして変事を知らせたとされる。これは宮中に仕える上臈《じょうろう》であったが、ふとしたことから人を殺してしまい、魔界で責め苦を受けながらも、仏から哀れに思われ、心は比叡山に住むことを許されているのだともいう。

『近江むかし話』、『日本の伝説19　近江の伝説』にある。

二十年を経て帰りし者［にじゅうねんをへてかえりしもの］

『耳袋』にある。

寛延宝暦の頃（一七四八〜一七六四）、近江八幡《おうみはちまん》（滋賀県）の松前屋市兵衛という金持ちが妻を迎え、しばらくして行方不明になった。家中の者が金を惜しまず探したが行方は知れなかった。妻も一族から迎えた者であったため新しい夫を迎え跡継ぎとし、行方不明となった日を命日とした。

行方不明となった日、市兵衛は夜に便所に行き外で下女を待たせていたが、いつまでも出てこず、妻が声をかけても返事がなく、戸を開けるとどこかへ消えていたのであった。

二〇年後、便所で人を呼ぶ声がするので見てみると、市兵衛が行方不明となった当時の服を着て座っていた。人々が驚き事の次第を述べたが、はっきりと応えず、空腹とのことなので食事を勧めると、しばらくして衣服は埃《ほこり》のように消え失せ裸になった。衣服を与え、薬などを飲ませたが、以前の出来事を覚えている様子はなく、その後は病気や痛い所の祈禱《きとう》をしているという。

この話は、近江八幡の者が実際に見たという話を『耳袋』の筆者が聞いたもので、話者は市兵衛も妻も後夫もおかしな付き合いだろうと笑ったとしている。

入道坊主［にゅうどうぼうず］

見上げれば見上げるほど大きくなるものとして全国に伝わる。

『湖北町昔ばなし』によると、滋賀県湖北町（現・長浜市）では次のような話がある。昔、延勝寺から海老江《えびえ》安養寺に向かう道にある辻《つじ》で、天保銭と呼ばれる男が夜に小さな坊主に出会った。天保銭は化け物だと思い「おい坊主、もっといこうなれ」と手をたたいて繰り返し叫ぶと、坊主は大入道になったが、最終的には悲鳴をあげて倒れた。見るとそこには小狸《こだぬき》が倒れており、それ以来この辻をニュードボンと呼ぶようになった。

人魚［にんぎょ］

『日本書紀』には推古《すいこ》天皇二七年（六一九）四月、近江国《おうみのくに》（滋賀県）の人が「蒲生《かもう》河《がわ》に物有り。その形人の如し」言ったとある。蒲生河は日野川の下流とされる。『人魚の動物民俗誌』などによると、これは一般的な人魚像とは異なるものの、日本最古の人魚の記録だとされることもあるという。そのためか、滋賀県内には人魚に関する伝説や人魚のミイラが多くある。

『東櫻谷志』によると、日野町小野の天満宮の由来が書かれた資料に次のような話がある。醍醐《だいご》天皇がある時原因不明の病気になり、博士に尋ねると蒲生川に住む異形の魚の仕業だと答えた。家臣たちはその魚がいるという小姓《こしょう》ヶ淵《ふち》という所から川上に向かって探し、小野から五、六町（約五四五〜六五四メートル）ほど川上の淵に追い詰めた。怪物に「天恩を知らずなぜ仇《あだ》をなすのか」と宣命《せんみょう》を読み聞かせると、怪物は岩に身をたたきつけて死んだ。見ると頭は二歳の子どものようで、体は魚、鱗《うろこ》や尾や鰭《ひれ》は薄金色で二尺（約六〇センチ）ほどの鯉のようだった。このような怪しいものを帝都に持っていくのは恐れ多いということで、怪物は小野に葬られ人魚塚とされた。

『近江むかし話』には、日野町の俗伝としてこれと同様の話があるが、細部に違いがある。こちらでは、怪物の姿を見た者は高熱を出し「にんぎょ」と恐怖におののきながら叫び続けたものの、当時人魚という言葉は広まっていなかったという。また、人魚は上半身は美人、下半身は金色の鱗をつけた魚で、村の人妻が淵に身を投げた後に鯉に助けられ生まれた子どもだともされている。『日本妖怪ミイラ大全』、『日本妖怪散歩』によると、願成寺（東近江市）の人魚のミイラは佐久良川の小姓ヶ淵の三兄妹人魚の一人だとされ、尼僧《にそう》に仕えていたが村人に捕らえられたという。この願成寺には他に、『日本書紀』での人魚の報告を聞いた聖徳太子がこれを成仏させたという話もある。

同じく『日本妖怪ミイラ大全』によると、観音正寺（近江八幡市）は、聖徳太子が諸国をめぐった際に琵琶湖《びわこ》から人魚が現れ「私は堅田《かただ》（大津市）の漁師ですが仏法を信じず殺生を重ねたために人魚となってしまいました、お助けください」と言ったので、その供養のため千手観音を彫り建てた寺という。寺には人魚のミイラが一九九三年まではあったが、火災で焼け、絵葉書としてのみ姿が残っている。

布おろし［ぬのおろし］

滋賀県高月町（現・長浜市）洞戸《ほらど》に伝わる。昔、村の地蔵の境内に大きな榎《えのき》があり、ときどき真夜中に大木のてっぺんからポロンポロンと小さな太鼓をたたく音が聞こえた。ある腕白《わんぱく》な子どもがその正体を見極めようと木の下に行くと、真っ黒い布が下りてきて子どもを包んでさらった。これは天狗《てんぐ》の仕業だと言われ、それ以来子どもが悪いことをしたり、親の言うことを聞かない場合には、天狗さんが連れて行ってしまわれると言うようになったという。

『高月町のむかし話』にある。さらう道具が布となっているが、話としては**釣瓶下ろし**に近い。

信長公の夢［のぶながこうのゆめ］

『牛馬問』（『日本随筆大成 第3期 第10巻』収録）にある。

織田信長が安土（滋賀県近江八幡市）で正月二日の夜に見た初夢で、土の鼠《ねずみ》が来て木の馬の腹を食い破り、その馬はすぐに死んだ。この年、信長は明智光秀に殺された。信長は甲午《きのえうま》、光秀は戊子《つちのえね》の生まれであり、誠に悪夢であると噂された。

【は】

ばか火［ばかび］

滋賀県五個荘町（現・東近江市《ひがしおうみし》）に伝わる。石塚と川並の村境のお土居という堤に出るという火。

毎年六月から九月にかけて、小雨の降る夜に多く、提灯《ちょうちん》の火のように光はささず、血のような赤さでどんよりと燃えていたという。近寄っても声をかけなければそのままだが、咳払《せきばら》いをしたり「オーイ」と呼んだりするとたちまち消え、はるか向こうに三つ四つ揺れ動いて乱舞するという。観音寺山合戦で戦死した武士の亡魂だとされる。

『五個荘昔ばなし』にある。

白馬［はくば］

滋賀県虎姫町（現・長浜市）に伝わる。

昔、田川の上流にある橋には大水が出ると白い馬が現れるとされ、害はなさなかったが人々は恐れて川を渡ろうとしなかった。しかし大水が引くと白馬はいなくなり、さらに白馬が現れるようになってからは橋が流されることがなくなったので、村人からは大切にされていた。ある時、見知らぬ老人が橋の上で馬と何やら話した後、その馬は現れなくなったが、その後もこの川を馬川、橋を馬川橋（現在は馬橋とよばれる）と呼んだ。

『虎姫のむかし話』、『中京民俗』19号にある。

化の火［ばけのひ］

『諸国周遊奇談』（伊藤龍平「翻刻『諸国周遊奇談』（下）」（『國學院大學近世文学会会報』15号）収録）にある。

少し昔、近江国堅田村（滋賀県大津市）に化の火という火があり、曇《くも》った夜には年中現れた。まず琵琶湖《びわこ》の岸から小さな火が出て、だんだんと山のほうに行き広がり、三尺（約九〇センチ）ほどになる。また大きさも差があり、小さい時は一尺（約三〇センチ）ほどになり、火の勢いも強くない。ただし、月夜には出ず、小雨か曇りの夜にのみ現れ、地面の上四、五尺（約一・二～一・五メートル）ほどを飛ぶ。また、人の顔が現れ、二人が裸で取っ組み合い相撲《すもう》を取るような形となる。これは腹から上は見えるが下半身は見えないという。

ある男がこの火を見てみようと田の畔《あぜ》に隠れて待っていたところ、夜中に火が例の如く現れ近づいてきた。男は田舎相撲の関取だったので「やあ」と声をかけ飛びかかると、ものすごい力で五、六間（約九～一一メートル）むこうの田の中に投げられた。しかし稲ができた頃だったので下は柔らかく、怪我はしなかったという。

その後もたびたび力試しをする人が現れるが同様で、これを聞いた人はさらに恐れて近づかなかったという。

また、僧が浮見堂で化の火を見て詠んだという「ばけの火と聞てあふみにくればとりあやしかたのたがうき身とも」という歌が書かれている。

ハサミ岩［はさみいわ］

滋賀県米原町《まいばらちょう》（現・米原市）木津の松尾寺の七不思議のひとつ。西坂のほうへ行く狭い道にあり、松尾寺で悪いことをするとここで両方からの岩に挟まれて動けなくなるという。『米原町むかし話』、『続　近江むかし話』にある。

『こうらの民話』によると、甲良町の西明寺にもはさみ岩と呼ばれる岩がある。これを踏むと裁縫ができなくなるとされ、女性は避けて通るが、手の不器用な人は自然と吸い込まれ踏んでしまい、その後に気づくという。

一つ目小僧［ひとつめこぞう］

比叡山延暦寺《ひえいざんえんりゃくじ》（滋賀県大津市）に伝わる比叡山七不思議のひとつで、『万世百物語』（『続百物語怪談集成』収録）にも記述がある。良源の弟子の慈忍という和尚《おしょう》が、修行をおろそかにする僧を戒《いまし》めるため、死後に一つ目一本足の姿になってケーンケーンと鉦《かね》をたたきながらさまよい、酒や女を買いに行こうとする僧のもとに現れるのだという。東塔の総持坊には、この一つ目小僧が朱杖《しゅづえ》と数珠《じゅず》を持ち雲に乗った姿を描いた板額がかかっている。

『近江むかし話』、『日本の伝説19　近江の伝説』にある。

ヒノクチババ［ひのくちばば］

滋賀県守山市今浜町に伝わる。お宮の近くの樋《ひ》の口は両側が笹《ささ》で一杯の恐ろしい所で、悪さをすると「ヒノクチババに食わせたるぞ」と叱《しか》られたという。

『守山往来』にある。

比夜叉姫［ひやしゃひめ］

滋賀県山東町（現・米原市《まいばらし》）の三島池に関する伝説。七〇〇年前、佐々木信綱の嫡《ちゃく》子《し》である大原判官重綱は、毎年四月と八月に三島神社で祭典を行っていた。ある年、池の水が涸《か》れて浄水がなく祭典が中止になりそうになったので、重綱は巫女《みこ》に占わせ、女を一人生き埋めにすることになった。しかし名乗り出る女はなく、それを聞いた重綱の育ての親である乳母が織機を持って自ら池に入った。

乳母は比夜叉姫と呼ばれ、池の西の宮山にはその霊が祀《まつ》られており、池の傍の松は機織松《はたおりまつ》と呼ばれている。また、雨の降る夜更けには必ず池の底から機織りの音が聞こえるという。

『湖国夜話』、『ふるさと長浜』、『山東昔ばなし』にある。

ひらかざる間［ひらかざるま］

『閑窓自語』（『日本随筆大成 第2期 第8巻』収録）にある。

延暦寺《えんりゃくじ》（滋賀県大津市）の坊のひとつである竹林院には「児かや」と言う開かざる間がある。宝暦七年（一七五七）の法華会《ほっけえ》の時、権右中弁《ごんのうちゅうべん》敬明がこの坊に泊まり家人にこの部屋を開けさせてみた。中は暗く何もなかったが、家人は寒気を感じてたちまち病気となり、家に帰るとそのまま死んだ。それから敬明も病気になり、次の三月頃に死んだ。それ以来、行事の弁官はこの坊に泊まらないという。

比良の八荒［ひらのはっこう］

昔、大津（滋賀県）の石場の播磨屋《はりまや》という旅籠《はたご》に来ていた僧（八荒という力士などともいう）に、播磨屋の女中の娘が惚《ほ》れ言い寄った。僧は苦し紛れに「修行している比良の竜神堂に灯をつけておくので、湖を渡って百夜訪ねて来るように」と言った。娘は毎夜たらいに乗って手で漕《こ》いでやって来たが、一〇〇日目に僧が灯を消したため、湖に沈んだ。

　娘のたらいの木片に村人が硫黄《いおう》をつけ、灯を絶やさぬようにと配ったのが守山市今浜の硫黄屋祭《いおやまつり》の始まりであり、娘が沈んだ旧二月二四日は「比良の八荒」と言って娘の恨みで湖が荒れるという。また、娘は「おいさ」という名前で、琵琶湖《びわこ》のイサダという魚はその死体の蛆《うじ》が魚になったものだともいう。

『日本伝説大系　第8巻』にまとまっている。

『新修大津市史　第8巻』によると、高島市の比良明神（白髭神社《しらひげじんじゃ》）で比叡山《ひえいざん》の僧が法華八講を行う「比良八講」はこの娘の供養のためだという。

　また、『三州奇談』（『江戸怪異綺想文芸大系　第5巻　近世民間異聞怪談集成』収録）にも実際に女の死体を見た人の話として同様の話が載っており、死体はその脇の下に鱗《うろこ》のようなものが三枚ずつあったという。

伏魔被せ［ふくまかぶせ］

　滋賀県信楽町《しがらきちょう》（現・甲賀市）多羅尾《たらお》に伝わる。夜、川のそばを歩いていると何かが被さって辺りが急に暗くなり、川に落ちることがある。これをフクマカブセに被せられたという。

『中京民俗』14号、『信楽むかし話』にあり、どちらも出現するという所が三か所紹介されている。『信楽むかし話』では、終戦直後に村長のお供をして視察に行った帰りに、蜘蛛《くも》の巣のようなものが被さって急に目の前が暗くなり川に落ちそうになったという話が載っており、伏魔被せの仕業とされている。この時は村長も同じように目の前が暗くなっていたという。

　また、『民俗採訪』昭和37年度号にも記述がある。川べりや橋のたもとにいるもので、白い布のようなものを被せるという。昔はフクマカブセに被せられたり狸《たぬき》に化かされた人は、長持の中に入れたり牢《ろう》を作って入れたりして治したという。

福良の森［ふくらのもり］

　滋賀県浅井町（現・長浜市）にある森。かつては一キロ半四方の広さがあり、薄気味悪く人々から恐れられ、さまざまな怪談が伝わっている。

『浅井むかし話』には次のような話がある。昔、この森から出た浪人が茶店に行った。茶店の老婆は浪人を見るなり震えだし、茶と草餅《くさもち》を二つ出し浪人が去ると店を閉じた。浪人がさらに一里（約三・九キロ）ほど歩いて茶店に行くと、また茶が二つ出てきて、浪人の後ろに浪人の妻がいると言われた。浪人が朝日の森に入ると、浪人にも妻の姿が見え、斬ろうとするもすーっと逃げた。実は浪人は福良の森で妻を殺しており、そのまま刀を振り回しながら森の奥へ入っていって出てこなくなったという。

『ふるさと長浜』には次のような話がある。この近くに住んでいた腕の良い医者が自転車で森の中を通っていたところ、男が血まみれになって倒れていた。医者は手持ちの包帯をすべて使って手当をし、家まで送ろうとしたが断られたのでそのまま家に帰った。翌朝、重症の男をあっさり返してしまったことを含め不自然さに気づいた医者が再度行ってみると、松の木に包帯が巻いてあった。森に住んでいた狐に騙《だま》されたのだという。

藤原鎌足の娘［ふじわらのかまたりのむすめ］

滋賀県日野町東桜谷の竜王山には竜神に関する伝説がいくつもあり、古くは天喜元年（一〇五三）から雨乞《あまご》いを行った記録が残っている。

この竜神は美しい娘に化けたという伝説がいくつかあるが、そのひとつとして、この竜神がかつて藤原鎌足の娘だったとする伝承が原に伝わっている。それによると、壬申《じんしん》の乱で敗れてこの地に身を隠した藤原鎌足の娘は、安楽寺（現在の西明寺）に櫛《くし》や笄《こうがい》を預け、お姫谷へ入って蛇身となり、エリが谷を登って竜王山の主となったという。お姫谷には衣掛の松があり、エリが谷は襟《えり》が落ちていた所だとされている。

『東櫻谷志』にある。

蛇が池［へびがいけ］

比叡山延暦寺《ひえいざんえんりゃくじ》（滋賀県大津市）に伝わる比叡山七不思議のひとつ。昔、西塔の赤池という池に大蛇が住んで人を襲っていた。また、それによって赤池の近くを人が通らなくなると、大蛇は八瀬大原の里や横川の先の山まで行って暴れていた。ある時、一人の僧がやって来て大蛇に神通力を見せてくれと言った。蛇は大きな竜になったりしたが、「掌に入るほど小さいものには化けられまい」と言われると小さな蛇になり、そのまま僧に壺《つぼ》に封じ込められた。壺は赤池の祠《ほこら》にあり、以降、赤池は蛇が池と呼ばれた。僧は最澄であったとも良源であったともいう。

『近江むかし話』、『日本の伝説19　近江の伝説』にある。

蛇になった山伏［へびになったやまぶし］

滋賀県日野町に伝わる。昔、村井新町の本右衛門という富家に山伏が訪ねてきた。山伏が昼寝をしている時に、法螺貝《ほらがい》を子どもが欲しがったので盗んで隠すと、山伏は怒り狂って死んだ。その後、山伏の霊が蛇となって祟り、本右衛門の家は滅んだ。人々は山伏の供養のために蛇塚を建てたという。

『近江日野の歴史　第6巻』にある。

亡霊子［ぼうこ］

滋賀県安土町（現・近江八幡市《おうみはちまんし》）に伝わ

る。

猪《しし》が鼻《はな》の辺りの湖上に出るという火で、これを恐れて夜に船で通る人はいなくなり、漁に出る船は集団で通るようになったという。本能寺の変の後、安土城の婦女子が湖辺に追い払われ身を投げて死んだ亡霊だといい、普段はそれほどでもないが命日に数えきれないほど出るという。

船や衣服に付いて払い落とすと火の粉が散ったようになり、足の踏み場もなくなるが、火の粉を拾って竹筒に入れて掌で覆うとすべて消えるとされる。そのため、今でも船に使う竹竿《たけざお》は節から二寸（約六センチ）ほど残して使うという。また、安土の川尻で行われる塔婆流しの施餓鬼《せがき》は亡霊子の霊を慰めるものだという。

『近江むかし話』にある。

【ま】

まえだれおんば

滋賀県甲賀町（現・甲賀市）に伝わる。

滝の山田のなこばという所の田で働いていると、白髪の老婆が大声で笑いながら長い前垂れを出してくるようになった。その後、僧に拝んでもらいその田を称名寺に上げると出なくなったという。

『甲賀のむかし話と行事』にある。

まちゃれ池 ［まちゃれいけ］

滋賀県マキノ町（現・高島市）の小中から坂上への道にかつてあった、直径二メートル程度だが深い池。昔、小中から坂上へ嫁に行った娘がいた。その父親が仕事が終わって娘の所に泊めてもらおうと夕方にこの道を通り、足を滑らせて池に落ちた。「助けてくれ」と叫んだが辺りに人がおらずそのまま沈み、それ以来この池のそばを通ると「まちゃれ、まちゃれ」と声が聞こえるためまちゃれ池と呼ばれるようになったという。昭和四八年（一九七三）に埋め立てられ現在は残っていない。

『浅井昔ばなし』にある。

三井寺の鐘 ［みいでらのかね］

滋賀県大津市の三井寺《みいでら》にある三井の晩鐘と呼ばれる鐘には次のような伝説がある。

昔、ある若者が子どもにいじめられている蛇を助けると、数日後に家へ女が訪れ宿を乞《こ》うた。やがて二人に子どもができたが、女が決して産屋《うぶや》を覗いてはいけないと言うのを守らず若者が覗くと、大蛇が赤ん坊を巻いていた。正体を見られた蛇は、赤ん坊が泣いたら舐《な》めさせるようにとひとつの玉を残して姿を消した。子どもは玉をなめてすくすくと育ったが、やがてその玉は領主に取り上げられた。子どもが泣くので浜辺で女を呼ぶと、あの玉は自分の左目だったと語った。そしてもうひとつの玉を差し出し、両目を失ったので、昼夜を知るために三井寺に晩鐘を寄進して下さいと語った。その鐘が三井の晩鐘であるという。

また、三井寺の観音堂脇の童子の鐘と呼ばれる鐘にも次のような伝説がある。この鐘を作る際に僧たちが喜捨を乞うて回ったが、屋花川村のある裕福な家の嫁が「子どもなら余っているが寺へあげるものなど何もない」と言った。その後、鐘ができると胴に三人の子どもの姿が浮かび上がり、先の家では子どもが相次いで死んだという。

さらに、三井寺の霊鐘堂にある弁慶の引《ひき》摺鐘《ずりがね》とよばれる鐘にも次のような伝説がある。この鐘は俵藤太《たわらとうた》が百足《むかで》退治の際に琵琶《びわ》湖《こ》の竜神からもらった十種宝器のひとつだが（**大百足**参照）、比叡山《ひえいざん》との争いの際に弁慶が奪っていった。しかし撞《つ》いてみると「イノー（去のう）」と響いたので怒って谷に捨て、その際にひびが入ったという。またこの鐘については、凶事があれば全体から汗を流して撞いても鳴らないが、吉事があれば自然に鳴る、建武の乱の際に逆賊《ぎゃくぞく》が地中に埋めると鳴り足利将軍の勝利の前兆を知らせた、赤龍が出現し鐘のまわりを回ると割れ目が次第に戻っていった、女人《にょにん》禁制の奥院に女中が来て「この鐘で鏡の形が頂かしてほしい」と言って撫でまわすと鏡の形がとれた、など数々の伝説がある。

『大語園』、『日本伝説大系　第8巻』、『伝説の大津』、『日本の伝説19　近江の伝説』、『近江の昔ものがたり』などにある。

水垢離麗人 ［みずごりれいじん］

比叡山延暦寺《ひえいざんえんりゃくじ》（滋賀県大津市）に伝わる比叡山七不思議のひとつ。昔、東塔の五智院の僧が、位牌《いはい》が音を立てているのに気づき目を覚まし、水音がする谷に降りてみると、美女が水垢離をしていた。美女は魂を比叡山に預けて修行をすれば極楽往生できると教えられ位牌を五智院に預けたのだと告げ、覗き見をした僧をたしなめて消えた。現在は五智院は廃寺になっている。

『近江むかし話』、『日本の伝説19　近江の伝説』にある。

密僧坊 ［みっそうぼう］

滋賀県秦荘町《はたしょうちょう》（現・愛荘町）の金剛輪寺の七不思議のひとつ。

昔、金剛輪寺に密僧坊という味噌《みそ》が好きな僧がおり、味噌を食べさせると力を発揮して人助けをするので人々に頼られていた。そのうちに密僧坊は傲慢《ごうまん》になり、味噌だけでなく金品を要求したり乱暴したりするようになって、村中から避けられるようになった。ある時、密僧坊は年寄りの夫婦が初孫の祝いについた餅《もち》を奪って平らげた後、水を飲むため川へ行って足を滑らせ、滝壺《たきつぼ》に落ちて死んだ。

以来、村人が山へ入ると滝壺から大蛇が現れ人を食うようになり、密僧坊が恨みを晴らしているのだと恐れられた。しかし金剛輪寺の住職の光蓮法師が観音経をあげてからは、大蛇は出なくなった他、観音経をあげると雨乞《あまご》いになったという。

『湖国夜話』、『近江むかし話』、『日本の伝説19　近江の伝説』、『秦荘むかしばなし』にある。

蓑火［みのび］

滋賀県彦根市や長浜市に伝わる。『滋賀県管内犬上郡誌』によると、大藪《おおやぶ》村（現・彦根市）で雨の夜に漁をしていると陰火が蓑に付着し、払うと星のようになるため「星鬼」ともいう。「星鬼」については、『近江輿地志略《おうみよちしりゃく》』にも怪火として名前が挙がっている。

『湖のくらし—塩津浜逸話集』によると、西浅井町（現・長浜市）ではミノムシと呼ばれている。実際に見た人の話では、手で払うと一面に金粉をまいたように散らばったといい、これは水死した人の亡霊であり、棹《さお》の先を節より一寸（約三センチ）多く残して切っておき、それで光のひとつを伏せると全部消えるという。

また粕渕宏昭「蓑火の怪」（『民俗文化』352号）によると同じく西浅井町で、散らばった光のひとつでも茶碗《ちゃわん》で伏せると、他の光すべてが消えるという。

目建解と川獺［めたてかいとかわうそ］

滋賀県長浜市に伝わる。昔、平方の神社に怪物が現れるため、この辺りでは人身御《ひとみご》供《くう》の娘を差し出していた。ある夜、旅人がここを通りかかると、琵琶湖《びわこ》から上がってきた怪物が「平方のメッキに喋《しゃべ》るな」とつぶやいていた。翌日旅人が村人に聞いてみると、浅井の野瀬の長者の飼っている目建解（目検枷とも書かれる）という犬であるということが判明し、その犬を借りて人身御供を供える夜に待ち伏せた。怪物は犬に噛み殺され、その正体は大きな川獺だったという。『日本の伝説19　近江の伝説』、村上健司『日本妖怪散歩』などにある。

現在、目建解の墓という丸石が残っており、『読みがたり　滋賀のむかし話』や『ふるさと長浜』では、これに触ると歯痛が治るとされ、後者ではさらに腰をかけると腹が痛くなるともされている。

『東櫻谷志』によると、日野町東桜谷の日《ひ》吉《え》神社に犬神石として祀《まつ》られる犬神にも同様の話がある。こちらは怪物退治の話の他、農作物を荒らす猿と戦った番犬に感謝して建てられたものだともされている。

また『三国伝記』では目検枷についての話はないものの、犬上神社の伝説に登場する小白丸の親の名前が目検枷だとしている。小白丸は吠えたために狩人（倭建命《やまとたけるのみこと》だともいう）に首を切られるが、その首が蛇に噛みついて狩人を救い、多賀町の大滝神社の中に犬上神社として祀られたとされる（『日本伝説体系』など）。

池上洵一『今昔・三国伝記の世界』では、猿神《さるがみ》退治に登場する一般的な犬の名前が「メッケ」、「メッケンゲ、スッケンゲ」などとされることから、目建解は「メケンゲ」の当て字だとしている。

靄船 ［もやぶね］

比叡山延暦寺《ひえいざんえんりゃくじ》（滋賀県大津市）に伝わる比叡山七不思議のひとつ。東塔の延暦寺会館の裏手に、坂本から登ってくる急勾配《こうばい》の坂がある。そこには、もやの形をした船が現れるという。

ある山法師が、女人禁制であるはずの比叡山に、死に装束を着た女が多く乗った船が称名念仏を懸命に唱えながら山を登っていくのを見て追いかけた。亡者《もうじゃ》と目が合ったとたん気を失い、翌日助け出されたものの「亡者の船があがってくる」と繰り返してそのまま死んだという。

『近江むかし話』、『日本の伝説19　近江の伝説』にある。

【や】

猶存寺の夜泣石 ［ゆうぞんじのよなきいし］

滋賀県高月町（現・長浜市）に伝わる。

明治一四年（一八八一）、猶存寺が唐川から布施村に移転してきた後、夜中に庭の石が「イノウ、イノウ」とすすり泣いていると話題になった。門徒は石が唐川に戻りたがっているのだと話し合ったが、住職は「これはこの頃不信心者が増えて御仏の教えがないがしろにされているので、仏教興隆時代の寺に戻りたいと言っているのだ。皆で心を合わせ仏の道を大切にしていこう」と言った。皆は心を改め、石は泣かなくなったという。

『近江むかし話』、『高月町のむかし話』にある。

幽霊壺 ［ゆうれいつぼ］

滋賀県守山市赤の井の北の辻《つじ》の旧家に伝わる、高さ一尺五寸（約四五センチ）、口径三寸（約九センチ）、直径七寸（約二一センチ）ほどの壺。徳有壺ともいう。

昔、この家の徳有という船頭が夕方に家に戻る際、美人が現れて坂本（大津市）に渡してくれといった。徳有は断ったが、女は執念深くついには凄《すご》い目で睨《にら》みながら頼んできたので、女を坂本に送った。女はさらにある家の戸口に貼られたお札をはがすように言い、徳有がお札をはがすと女は家に入って、両目は光り裂けた口で気味悪く笑いながら、生首を下げて出てきた。その際に女にもらった壺が幽霊壺で、人が周りで話していると唸《うな》るように響くという。

『守山市史　下巻』にある。『守山往来』、

『読みがたり　滋賀のむかし話』では、壺を置いていると、そのそばには必要なだけの銭《ぜに》がいつでも置いてあったが、決して蓋《ふた》を開けてはならないと言われていたのを開けてしまい、ただの壺に戻ったとされている。『守山市史　下巻』ではさらに守山市速野村での似た話が掲載されている。船頭は太良右衛門、乗ってきたのは女ではなく大入道で、もらった桐箱を開けなければ終生難儀することなしと言われていたが開けてしまい、中から白蛇が出てきたという。大入道が出た場所はその名前からか乗連坊と呼んで恐れられており、また太良右衛門の子孫は大津市に実在しているという。

ユウレイババ〔ゆうれいばば〕

滋賀県守山市立入町に伝わる。昔、妙連という尼《あま》が死んだが葬る人がおらず、尼は幽霊になって出た。そのため、九月八日にはユウレイババの所に札を立てて般若心《はんにゃしん》経《ぎょう》を転読するのだという。

『続守山往来』にある。

幽霊ランプ〔ゆうれいらんぷ〕

滋賀県山東町（現・米原市《まいばらし》）に伝わる。昔、そでという母親に先立たれ、長平と彦次という孝心深い兄弟が泣き明かして暮らしていた。ある夕方、ランプに火をつけると油煙が立ち、ほやの中に母の姿が映っていた。朝になってもこの姿は消えず、本郷の法証寺に納められたという。

『山東昔ばなし』にある。

雪女郎〔ゆきじょろう〕

雪女のこと。

『余呉《よご》の民話』によると滋賀県余呉町（現・長浜市）では、泣いている子どもを白い着物の下にふわっと包んで連れていくとされ、翌朝皆が探すとその子は雪の下に埋まって冷たくなっていたという。

馬場杉右衛門「北近江丹生谷の伝承３」（『民俗文化』５２９号）によると、長浜市奥川並には関ケ原の戦いで敗走した島左《さ》近《こん》が住んでいたという伝説があるが、そこで雪女郎と出会ったという話がある。白い薄絹を身にまとった一丈（約三メートル）あまりの大きな雪女郎が油壷《あぶらつぼ》を持って現れたが、島左近が「おのれ化け物、とっとと失せろ」とどなりつけたため雪女郎は驚き、道端でお産で苦しんでいた人を踏みつぶして逃げた。その殺された女を祀《まつ》る墓が川の上手にあり、毎年お盆に村人が参ったという。また、それ以来、雪女郎は油を見ると奪いにやって来るとされ、冬には油を持ち歩かなくなったという。

『いろりばた（伊吹町むかし話）』によると伊吹町（現・米原市《まいばらし》）では次のような話がある。おんめ・こんめの山が乱伐《らんばつ》で木がなくなった年、御典医のなれのはてのけん屋敷という屋敷で、白衣の女が釣瓶《つるべ》で水をくみ上げては捨てているのを見た男がいた。雪女郎だと思って見ていると、女の姿は突然の吹雪にかき消えたので、男は不吉な予感がしてそれを村人に知らせ皆で丘に避難した。すると明け方近く雪崩《なだれ》が起こり、姉川を埋めさらにそれを越えた低い所の家々を押しつぶした。その後、村人は伐採をやめ山に木を植えるようになったという。

よいしょ鳥 ［よいしょどり］

滋賀県甲良町《こうらちょう》に伝わる。「よいしょう鳥」とも。横関のごわんという所にしかいない鳥で、「よいしょ、よいしょ」と気味悪い声で鳴くので、子どもたちは「よいしょが取りに来るで、早う家へ帰ろう」と早々に帰ったという。

『こうらの民話』にある。

よないぼ

滋賀県八日市市（現・東近江市）に伝わる。子どもがいたずらしたり、興奮して寝ないとよないぼが現れるという。これが現れると、子どもは寝小便をしてしまったという。

「八日市は妖怪地」のスタッフが行った調査で判明した妖怪で、「よない」は寝小便、「ぼ」は坊であろうと萬屋・佐野とよふさ・山口敏太郎『妖怪おもしろレトロ大百科』にある。

嫁取り橋 ［よめとりばし］

滋賀県八日市市（現・東近江市）の日吉の溜《ため》と呼ばれる池に架かっていた橋。

昔、甲賀から信濃（長野県）へ嫁《とつ》いでいく娘がこの橋に差しかかった時、橋の上にたたずんでいた少女が「恐れ入りますが今この池の中で祝い事をしております、通るのをご遠慮いただけませんか」と丁寧に挨《あい》拶《さつ》した。日があるうちに次の宿場に行きたかった父親は聞き入れず、まとわりつくように懇願する少女を刀で斬った。すると少女の姿が消え、錦の帯だけが残っていた。花嫁の駕籠《かご》が軽くなったというので垂れを上げてみると、花嫁は消えており、竜神が現れて「花嫁はもらった」と言った。以来、嫁入りの際にこの橋を通ることを避けるようになったという。

『続　近江むかし話』、『日本の伝説19　近江の伝説』、『新版日本の民話74　近江の民話』、『近江の昔ものがたり』にある。さらに『湖国夜話』では、娘の荷物を埋めた畑が竹藪《たけやぶ》となって娘藪と呼ばれたが、深尾という男が開こうとしたところ気分が悪くなって死んだという。

嫁取り橋の伝説は他の地にもあり、『湖東町のむかし話』、『湖東町史　下巻』には湖東町（現・東近江市《ひがしおうみし》）内だけで三か所の嫁取り橋の伝説が記されている。

【ら】

頼豪鼠 [らいごうねずみ]

『愚管抄』、『平家物語』、『太平記』、『源平盛衰記』などにある。頼豪は藤原有家の子である実相房頼豪阿闍梨《あじゃり》のこと。鳥山石燕《せきえん》『画図百鬼夜行』では「鉄鼠《てっそ》」とされる。

白河天皇は、后の中宮賢子に子が生まれるよう頼豪に祈禱《きとう》を依頼し、子が生まれれば恩賞を望むままに与えると約束した。頼豪の祈禱により敦文《あつふみ》親王が生まれ、頼豪は恩賞として三井寺《みいでら》（滋賀県大津市）の戒壇《かいだん》建立を申し出たが、天皇は延暦寺《えんりゃくじ》の怒りを恐れ、これを却下した。

頼豪は怒り持仏堂で呪詛《じゅそ》を始め、天皇の依頼で説得に来た大江匡房《おおえのまさふさ》に対して「綸言《りんげん》汗の如し（天皇の言葉は汗のように一度出たら戻らない）、皇子とともに魔道に行く」と言い死んだ。その後、敦文親王の枕元に錫杖《しゃくじょう》を持った僧が現れるようになり、親王は承暦元年（一〇七七）に四歳で死んだ。また頼豪の怨念は大きな鼠となり（死ぬ前に吐いた息が八四〇〇〇匹の鼠になったともされる）、延暦寺の仏像経論を食い荒らしたので、東坂本に「鼠の秀倉《ほくら》」を建てて祀《まつ》ったという。

曲亭馬琴『頼豪阿闍梨怪鼠伝《かいそでん》』では、頼豪は鼠の妖術を授ける役として登場するなど、物語のモチーフとしても広まっている。

史実では、『寺門伝記補録』に後三条天皇が三井寺の戒壇建立要請を断り頼豪がこれを憂いて蟄居《ちっきょ》したといった話もあるが、頼豪の死は敦文親王の七年後のことである。

『妖怪世界遺産』、『日本伝記伝説大事典』に詳しい。

雷獣 [らいじゅう]

雷とともに現れるとされる獣として全国に伝わり、ミイラが残されている所も多い。

『近江むかし話』、『八日市市のむかし話』によると滋賀県八日市市（現・東近江市）には次のような話がある。昔、今代にやってきた修験者がこの里に雷が多いという話を聞き、「雷獣は天界のみに住むもので、天界では下等な生物だが雷神を呼ぶ力を持っており、それがたまたま地上に降り住み着いたのでこの里では雷の被害が多いのだ」と言った。そして修験者は麻で編んだ綱を森に仕掛け、赤黒い獣が綱の上をよぎったところで、綱を引きこれを捕らえた。見ると頭は犬のよう、黒く鋭いくちばしがあり、尾は狐のように垂れ、鷲《わし》のような鋭い爪を持ち、奇妙な唸《うな》り声をあげていた。それ以来雷の被害はなくなり、雷を森に封じ込めたということで建てられたのが、封《ふうじ》込《こめ》神社だという。また、同神社の薬師堂には雷獣のミイラが保管されていたが、村上健司『日本全国妖怪スポット4』によると現在は存在しないという。

羅尾［らお］

多羅尾《たらお》（滋賀県甲賀市）の地名の由来譚《たん》のひとつにあげられる獣。ばん鳥（むささびのことか）と同じ形の大きいもので、身の丈《たけ》一丈（約三メートル）、そのうち三尺（約九〇センチ）が尾で、眠る時には尾を頭に被る。人に害はなさず、寿命は数百年ある。煙をとても好むので、その名前をとって煙管《きせる》の樋管のことを羅尾ともいう。延喜年間（九〇一～九二三）、多羅尾にはこれが多く住んでいたので、めでたい獣だとして隠岐守《おきのかみ》兼家が多羅尾という地名をつけたとされる。

『天平永国記』にあるものだとして『中京民俗』14号にある。

霊仙の狸［りょうぜんのたぬき］

滋賀県米原町《まいばらちょう》（現・米原市）に伝わる。

昔、霊仙のタライ上という所の寺で一人の僧が村人を集めて説教をしていたが、話の最後に必ず「越前（福井県）の仁平には聞かすべからず」と言っていた。人づてに聞いた越前の仁平が、飼っていた大きな犬を連れて寺を訪ねると、犬は僧を食い殺した。僧は古狸だった。

また、霊仙の狸については次のような話もある。霊仙のある寺では小坊主がときどき行方不明となり、探すと小坊主は必ず殺されていた。ある日、僧は一人の小坊主が経文の「覩見諸仏浄土因《とけんしょぶつじょうどいん》」という一節の前で必ず読むのをやめることに気づいた。調べてみるとこの小坊主は古狸であり、「覩見諸仏浄土因」が「唐犬《とうけん》」に通じることから恐れていたのだった。古狸を退治してからは小坊主が行方不明になることはなくなったという。

『続　近江むかし話』にある。

六道踊り［ろくどうおどり］

比叡山延暦寺《ひえいざんえんりゃくじ》（滋賀県大津市）に伝わる比叡山七不思議のひとつ。昔、横川《よかわ》中堂で里の人々が夜通し盆供養を行っていたところ、本尊の聖観音が庭前に現れ、印を結んだ。すると六道（天人、人間、修羅、畜生、餓鬼、地獄）を彷徨《さまよ》っている亡者が集まってきて、目の前で人間のように盆の祭りをはじめ、やがて踊り始めたという。

『近江むかし話』『日本の伝説19　近江の伝説』にある。

COLUMN 01

資料の性質から怪異妖怪を見る

「はじめに」に怪異妖怪の定義を書いたが、読者の中にはそれを読んで正直ややこしいと思った人もいるだろう。通常であればこういったものは、分析のためなど目的意識に沿って設定される。しかし主に戦後から、怪異妖怪においては目的が「面白さ・興味深さ」となることが多く、本来ならば全く性質の異なるものが並列で扱われている現状がある。

属性別索引を見ていただきたいが、出典が「怪談」ならば怖がらせるための話、「軍記」や「伝記」は英雄や人物の偉大さを強調する話、「化物絵」や「芸能」などは創作でありほとんどは実際の伝承と関係がない。そして**付喪神《つくもがみ》**（その他）などが分類される「注釈書」は、言葉の説明という名目だがほとんど関連性のない物語が作られることも多い。また民間伝承の中だけでも、昔話・世間話・伝説など性質はさまざまあり、さらに文献によっても、子ども向けに改変したもの、聞き書きを一字一句変えず記録したもの、個人体験を主としたものと千差万別である。

これらの混同は怪異妖怪好きの間に留まらない。例えば**明石の大蛸《おおだこ》**（兵庫県）は郷土史の本においても藤澤衛彦の本のみが引用されることがあるが、興味関心を主とした藤澤のスタンス（拙著『列伝体　妖怪学前史』参照）を踏まえると、『播《はり》磨《ま》鑑《かがみ》』を引くか併記は必須だろう。

本事典の目的の一つは、参考文献の明記による現状の可視化である。まずはここを理解しないと、関係ない怪異妖怪にまで「昔の人の知恵が……」「元となった事象は……」「民俗学的には……」といった無意味な考察を行ってしまうこともある。そういった意味でも、気になった項目はぜひ参考文献を見てもらいたい。ほとんどは図書館にある資料のはずだ。

京都府

【あ】

逢火 ［あうひ］

『雍州府志《ようしゅうふし》』にある。

毎年旧五月、特に湿った雨の夜、数個の火が南北から飛び、比叡山《ひえいざん》西の山麓にある相逢杜（京都府京都市）に来て消える。

昔、山門に僧がおり、その寵愛する美童が北谷にいたが、美童が病死すると僧も後を追って死んだ。その愛執が死後も消えず、亡魂が飛んで杜《もり》で出会って消えるので、地元の人はこれを逢火と呼んでいるという。大徳寺から見ると比叡山西面に特にはっきりと見えるが、これは実際は鬼火ではなくゴイサギが飛んできて杜で休んでいるのだという。『嘉良喜随筆』（『日本随筆大成 第1期 第21巻』収録）にも記述があり、こちらも青《あお》鵲《かささぎ》の羽毛が光るのだとしている。

青坊 ［あおぼう］

京都府加茂町（現・木津川市）岡崎に伝わる。岡崎の丘の上の寺へと続く文化坂という坂道で、村人がたびたび大きな青坊に出くわして逃げ帰った。この森には大狸《おおだぬき》が住んでいたのだという。

『加茂のむかしばなし』にある。

赤き単衣 ［あかきひとえ］

『今昔物語集』にある。

昔、京の冷泉院通りの南、東洞院通りの東は、僧都殿と呼ばれる悪所で人が住むことはなかった。冷泉院通りの北は左大弁宰《さい》相《しょう》の源扶義《みなもとのすけのり》という人の家であり、その舅《しゅうと》は讃岐守《さぬきのかみ》の源是輔であった。そこからは僧都殿の北西の角にある高い榎《えのき》が見え、黄昏時《たそがれどき》には僧都殿からそこに赤い単衣《ひとえ》が飛んで木の梢に登った。

人々はこれを恐れて近づかなかったが、讃岐守の家に宿直《とのい》していたある武士がこの単衣を見て、「自分があの単衣を射落としてやる」と言い出した。人々はそんなことはできないだろうと煽《あお》り、言い争いになったが、男は「必ず射てやる」と夕方に僧都殿に行った。男が南の簀子縁《すのこえん》に上がって待っていると、東の少し竹が生えている中から例の如く単衣が飛んできた。そこで男が雁胯《かりまた》の矢を番《つが》えて射ると、単衣の中心に当たったが、単衣はそのまま榎に登った。矢が当たった所の土を見ると、血が多くこぼれていた。

男が讃岐守の家に戻り言い争っていた人々にこのことを語ると、人々は非常に恐れた。そしてその夜男は寝たまま死に、これを聞いた人は「意味のないことをして死んだものだ」と噂したという。

赤茶びん［あかちゃびん］

京都府大宮町（現・京丹後市）に伝わる。特定の場所に下がってくるものとされているが、「赤茶びん」という言葉が意味するものについては赤い土瓶《どびん》、赤銅《しゃくどう》でできた茶瓶《ちゃびん》、赤い禿《は》げ頭、あるいは西瓜《すいか》の中に蠟燭《ろうそく》を立てて若者がいたずらをしたものなどとさまざまに考えられており、はっきりしない。『丹後の民話　第一集　いかがのはなし』、『おおみやの民話』にある。

土瓶が下がってくる話については、府内にいくつか例がある。

井上正一「奥丹後物語　草稿」（『季刊民話』通巻一号）によると、京丹後市網野町には次のような話がある。浜詰の中ほどに住む市郎兵衛という人が、家の裏手にある古代人の横穴式住居と思われる洞窟《どうくつ》を、家を広げるため切り崩した。その時、土器や刀剣、人骨などが多く出土した。その後、穴の前に立っていた大榎《おおえのき》から、夕方土瓶が下がるようになった。ある時、それを見た者が手を伸ばしてつかもうとすると、土瓶はすっと消えてしまった。古代人の怨霊《おんりょう》だろうということで、榎の下に石地蔵尊を建てると土瓶は下がらなくなったという。

『夜久野町史』によると夜久野町（現・福知山市）平野では水上との境の道路の杉木立に鑵子《かんす》が下がるとされ、ある人が家に持ち帰り茶を沸かすと「あっちっち」といって狸《たぬき》が逃げ出したという。

あか坊主［あかぼうず］

『閑窓自語』（『日本随筆大成　第2期　第8巻』収録）にある。

日野資枝《すけき》が若い頃、京の土御門《つちみかど》内裏《だいり》唐門西の資枝の家で従者を集めて夜更けまで酒を飲んで話していると、屏風《びょうぶ》の後ろがにわかに赤くなり、紙燭《しそく》を持って人が歩いているような気配がした。そこで屏風のそばから見ると、炎の中に赤い法師が立っており、人々が驚いている間に法師は跡形もなく消えた。これはあか坊主といい、家に吉事がある時は現れると資枝は語った。

明智藪［あけちやぶ］

京都府京都市伏見区小栗栖《おぐりす》小阪町にある竹藪《たけやぶ》。明智光秀が死んだ場所であり、ここを通ると軍勢の雄叫《おたけ》びが聞こえ、竹を切ると怪我をしたり震えが止まらなくなったりするという。また、明治維新前までこの竹藪には赤い枝を付けた竹が無数に生え、血竹と呼ばれた。さらに、竹藪の中の「ワタ出」という空き地は、最期に光秀が渾身《こんしん》の力で自らに刺さった竹槍《たけやり》を抜き、その際に血と内臓が飛び散って竹を腐らせた所だという。

『京都・伝説散歩』にある。

阿衡ぐい［あこうぐい］

『十訓抄《じっきんしょう》』に、仁和三年（八八七）のいわゆる阿衡事件にまつわる話としてある。

橘広相《たちばなのひろみ》は藤原基経を関白にする詔勅《しょうちょく》の文面において故事を引用して「阿衡の任をもって公の任となす」と書いた。しかし藤原佐世《すけよ》がこれについて基経に「これは政治から退かせようとしているのだろう、阿衡は位は高いが政治に関わらない」と告げたため、基経は怒り厩《うまや》の馬たちを京の町に解き放ち人々は大騒動になった。天皇はこれに驚き、詔勅の作り変えと広相の処罰を行った。

広相はこれに怒り、「死後は犬となって佐世を食ってやる」と言って死んだ。その後、佐世の家の辺りから赤犬が大路に走ってきて「阿衡、阿衡」と鳴いて人を食い、人々はこれを阿衡ぐいと言って恐れた。その後、佐世のためにもよくないとしてか、広相は贈官され贈中納言と呼ばれた。

また、当時官位が低かった菅原道真は、佐世が古書を引用して論を展開したにもかかわらず、広相の文には適わないだろうと言い、また広相に間違いはなかったこと、基経自身が広相を率先して許すべきだということを基経に訴えた。広相はこれを聞いて喜び、死後に道真の夢に現れ、礼をし三つの金笏《きんしゃく》を与えた。道真はこれを自分が大臣になる験《しるし》だろうと言い、後にその通りになった。

小豆洗い婆〔あずきあらいばば〕

小豆を洗う音を立てるものとして全国に伝わる。

『上林風土記　資料集』によると京都府中上林村（現・綾部市）日置谷・石橋では、夜回りをしているとどこからともなくザクザク、ザクザクと小豆を洗う音がし、近づくとぴたりと止まるという。また、夜回りの際に歌う「小豆三升《しょう》、米三升、あわせて六升、ガーサガサ」という歌が残っている。

余談だが、『丹波の伝承』によると梅田村（現・京丹波町）では、上大久保と下大久保の間に住む「砂撒《すなま》き狸《だぬき》」が夜に砂を撒き散らす際に「小豆三升、米三升、あわせて六升、ガッシャガシャ」と言うとされる。

小豆ざくざく〔あずきざくざく〕

京都府大宮町（現・京丹後市）三坂に伝わる。昔、高石垣という所で「小豆ざくざく、豆、ざくざくや、ちりりん」と言って嫁さんの首が下がったという。

『おおみやの民話』にある。

油瓶〔あぶらかめ〕

『今昔物語集』にある。

昔、小野の宮の右大臣の藤原実資《ふじわらのさねすけ》という人がおり、人々から賢人の右大臣と呼ばれていた。ある時、実資が宮中から出て大宮通り（京都府京都市）を南に進んでいると、牛車の前に小さな油瓶が踊り歩いていた。実資が「怪しいことだ、これは何物だろう、物の気に違いない」と思っていると、油瓶は大宮通りの西にある家に踊りながらやって来た。そして油瓶は家の門が閉じられているので鍵の穴から入ろうと何度も躍り飛び上がり、ついに鍵穴から入っていった。

実資はこれを見て帰った後、人に「この場所の家に行き、さりげなく『何事かありませんでしたか』と聞いてきなさい」と指示した。すると「あの家には若い娘がいましたが、この頃病気になり、今日の昼頃に亡くなったそうです」とのことだったので、実資は「あの油瓶は物の気だったのだ、それが鍵穴から入って殺したのだ」と納得した。

文中ではこれを見抜いた実資も只者《ただもの》ではないとしている他、このように物の気は様々な物の形となって現れるものであり、怨恨があったのではないかと考察している。

あまたの大き四斗樽斗の化もの

［あまたのおおきしとだるばかりのばけもの］

『ばけもの絵巻』(『妖怪百物語絵巻』収録)に描かれている。

丹後の木津(京都府京丹後市)という所に一人で住んでいた尼《あま》の家で、ある夜台所で笑い声がし、頭(原文「あまた」)が四斗樽ほどもある化け物が飯を食べていた。尼は恐ろしくなって布団を被って震えていると、化け物は窓から出て行ったようだった。

これを村の人に告げると勇敢な若者五、六人がついてきて、尼の家で剣を抜いて待っていたが、天井を踏み鳴らす音がして、そこらじゅうの物が踊り狂った。その後は尼も逃げ去り、空き家となって化け物も出なくなった。尼についていた化け物だという。

尼天狗

［あまのてんぐ］

『今昔物語集』にある。

昔、仁和寺《にんなじ》(京都府京都市)に成典という僧がいた。成典は、俗姓は藤原氏で、広沢の寛朝大僧正を師として真言密教を学び、日頃から行法を怠《おこた》ることがなかったため、僧正にまで出世した。

ある時成典が、天狗が出ると人々に恐れられている円堂の仏前で修行をしていると、戸の隙間から帽子を被った尼が覗いた。成典がこんな夜中に覗くのは何者かと考えていると、尼はさっと入ってきて、僧正の傍に置いてあった三衣箱《さんえばこ》(袈裟箱《けさばこ》)を取って逃げ去った。成典が追いかけると、尼は後戸から出て高い槻《つき》の木の上に登ったが、成典がこれを見上げて加持をすると、尼は耐えられず地面に落ちた。その後しばらく二人は箱を引っ張り合っていたが、やがて尼は箱の片端を引き破って逃げ、成典は箱を取り戻した。この尼が登った木は現存しており、またこの尼は尼天狗だったという。

尼比恵

［あまびえ］

平等院(京都府宇治市)で発見されたとされる札に描かれたもので、「疫病退散尼比恵」と書かれた封筒の中に入っており、その形は江戸時代の瓦版《かわらばん》に描かれた「アマビエ」の模写となっている。

アマビエは、肥後（熊本県）の海に現れ豊作と流行病の予言をしたという内容で瓦版に記されているもので、二〇二〇年以降コロナ禍においてはその絵を描くことがネットで流行、やがて疫病退散の効果がある妖怪として解釈されていった。

平等院は二〇二〇年一月頃に塔頭《たっちゅう》・浄土院の所蔵庫でこれを発見したとしており、同年六月に檀《だん》信徒らに複製を配布している（二〇二一年五月一一日付の読売新聞オンラインの記事）。

ところで、二〇二〇年五月頃よりオークションサイト「ヤフオク！」においても、「虎狼狸封ジ　尼比恵」などと書かれた一見古そうな札が相次いで出品されている。こちらは「尼比恵」表記である点、蜜護寺（密護寺）の名前が書かれた封筒に入っている点、サイズや封筒の汚れ具合なども含め、平等院で発見されたとされるものと非常に近く、文字の細かい癖《くせ》についても平等院のものと一致することが指摘されている。「ヤフオク！」内において尼比恵の名前で出品された札のうちもっとも古いもの（五月一一日出品）は、封筒が付けられ古く見えるような加工をなされてはいるが、古書収集家であるナンブ寛永氏が二〇二〇年に作成し骨董《こっとう》市で販売したお札と全く同一である。ナンブ寛永氏の作成したアマビエ札はこれ以前から高額で転売されることがあり、同様の封筒を利用したこれらの札についてもこの流れを継いだ明らかな贋作《がんさく》と言っていいだろう。二〇二〇年一月頃に札を発見したとする平等院の説明を信じるならば、平等院で発見された札の形式がかなり早い段階で伝わり、それを忠実に再現する形で贋作が作成されたという見方になるだろうか。

『大佐用』２１８号、T_Toki『平等院の『尼比恵』は「アマビエ」か』（note 記事）などに詳しい。

雨小坊主［あめのこぼうず］

『新《しん》御《お》伽《とぎ》婢《ぼう》子《こ》』にある。

京の八幡町の新兵衛という人がある雨の夜、三条坊門万里小路《までのこうじ》を西に行くと、六、七歳の小坊主が門の扉のもとに雨に濡れ立っていた。血色もよく、手足の指先もきれいで衣装も見苦しくなく、身分のある子だろうと思い、どこの子か、送ろうか、うちに泊まるかなどと聞いたが何も答えなかった。子どもが南に進んだので傘《かさ》を差しかけていると、四、五町（約四三六～五四五メートル）ほどで子どもが振り返った。その顔の大きさは人の五倍あり、目は三つ、鼻も耳もなく新兵衛を見てにっと笑った。新兵衛は倒れ、気が付いて起き上がると、万里小路を南に行っていたはずが、人を葬る場所である西院の道端にいた。新兵衛はその夜から四〇日ほど病気で寝込んだが、その後は問題なく回復したという。

アンド火［あんどび］

京都府久御山町《くみやまちょう》に伝わる。行灯火《あんどんび》がなまったもので、小さい火の玉や暗い夜が真っ赤になるほどの大きい火を多くの人が見たという。

昔、下津屋の助やんという人が佐山で散髪しての帰り、府道宇治・淀《よど》線と下津屋道の交差する所を通ると、佐山の子墓から小さな火が現れ、近づくにつれて大きくなり、頭上で巨大な火の玉になった。助やんは狐の仕業に違いないと思い、狐を退治する方法として教えられた通り、立ち止まって煙草にマッチで火をつけた。すると火の玉は北に飛んでいき、佐山・佐古の野墓の栴檀《せんだん》の木に止まり、やがてスーッと消えた。助やんは「狐の通り道を邪魔したからやなあ」とつぶやき、急に怖くなって逃げ帰ったという。また、これは子墓に葬られた子どもの霊が親の墓を訪ねて行った、親の霊が子を引き寄せたともされる。

『久御山町史　第2巻』、『宇治・山城の民話2』にある。

異形之子［いぎょうのこ］

『月堂見聞集』（『続日本随筆大成　別巻3』収録）にある。

享保一七年（一七三二）四月一七日、丹波国福知山長町（京都府福知山市）の善六の女房が異形の子を産んだ。頭は犬のようで亀の甲羅《こうら》があり、羽が生え、手足に水かきがあり、耳は人のようで、額には角が一本あり、牙が二本生えていた。

伊勢の火事［いせのかじ］

『嘉良喜随筆』（『日本随筆大成　第1期　第21巻』収録）に、百エン書という古い記録にあると新院から聞いたという話を植西堂という人から聞いたとしてある。

伊勢（三重県）の火事は必ず京にも及び、町屋が燃えれば京の町も必ず燃え、伊勢神宮（三重県伊勢市）が燃えると宮中も燃えるという。昔にも伊勢神宮が燃えた後、すぐに関白の家から火が出て宮中が燃えたことがあるという。

いたずら棒［いたずらぼう］

京都府加茂町（現・木津川市）井平尾《いびらお》に伝わる。昔、加茂に住んでいた母親が隣村から帰ってくる際、夜にクヌギ坂峠《とうげ》を通ると何かにつまずき、見ると大きな棒が道をふさいでいた。どかそうとしても全く動かず、端を跨《また》ごうとすると端が上がり、どうしても通れなかった。この坂には腹をすかせた親子狐がいるという話を思い出した母親は、棒の前にしゃがみ懐《ふところ》から饅頭《まんじゅう》を出し半分を道端に置くと、棒と饅頭が消えたという。

『宇治・山城の民話2』にある。

一丈あまりの鬼女［いちじょうあまりのきじょ］

『ばけもの絵巻』（『妖怪百物語絵巻』収録）に描かれている。

六条東洞院（京都府京都市）に住んでいた女が、春雨の降る中カルタをしていると、奥のふすまの陰に官女姿の者がいた。どこから来たのか尋ねると、「地獄から来た、お前たちを食い殺すためだ」と答え、口は耳まで裂け、一丈（約三メートル）あまりの鬼女となった。

一条戻り橋のばけ物 ［いちじょうもどりばしのばけもの］

『曾呂利《そろり》物語』（『近代日本文学大系　第13巻』収録）にある。

昔、一条戻橋（京都府京都市）に毎夜化け物が出るとされ、ある武士が正体を見届けようと、妻たちとともに橋のほとりに桟敷《さじき》を作り待っていた。ある時、いつも来ている座頭が「人が多くては化け物が来ないでしょう、二、三人を置いておいて、ご夫婦は私の桟敷へお話をしにおいでください」と言った。もっともだと思った二人は宵《よい》の内は平家物語などを聞き、夜が更けると互いに化け物を見ようと起こしあっていたが、やがて二人とも眠った。すると二人に座頭がとびかかり、長い手で頭を抑えつけた。男は太刀に手をかけようとするも手足に網がかかったように動けず、何とか押し広げ来国光《らいくにみつ》の刀で切りつけた。化け物が少しひるんだところに続けて五回刺し、火をつけて見ると、手足は竜のようで、長さ一丈三尺五寸（約四メートル）、頭は絵に描かれた**酒呑童子**《しゅてんどうじ》のようだった。これは蜘《く》蛛《も》が年を取って人を化かしたもので、後に橋にこれを晒《さら》して人々に見せたという。

市姫 ［いちひめ］

京都府山城町（現・木津川市）北平尾に伝わる。昔、椿井《つばい》家の市姫が若くして死に、棺桶《かんおけ》に石の蓋《ふた》をして埋められたが、ある時蓋だけが土の中から出てきた。その石は橋として使われ、見た目からこんにゃく橋と呼ばれた。こんにゃく橋では「市姫こーい、こーい」と大声で呼ぶと青い火が橋からふわっと飛ぶとされ、市姫は恋が成就せずに死んだため、その好きな人を恋しがって飛んでくると言われた。現在、その石は昭和二八年（一九五三）の水害の記念碑として綾瀬に置かれ、犠牲者の名前が刻まれている。

『宇治・山城の民話2』にある。

井づつのお多やん ［いづつのおたやん］

祇園《ぎおん》（京都府京都市）に伝わる。井づつという青楼で、奥座敷に寝ていると天井にお多福の顔がひとつ現れ、見ているとだんだんと大きくなるという。また、気の強い者が見つめていると天井いっぱいになり「これでもか」と言ったという。古くから住んでいた狸《たぬき》のいたずらだともいう。

『京の怪談』にある。また、召南亭主人「祇園拾遺」（『郷土研究上方』28号）によると、同様の話が一力《いちりき》という大茶屋にある。

以津真天［いつまで］

もとは『太平記』にある。

建武元年（一三三四）、この年は疫病で死者が多かったが、さらに秋頃から宮中の紫宸殿《ししんでん》の上に怪鳥《けちょう》が現れ「いつまでいつまで」と鳴き、その声は雲に響き人々の眠りを覚まし、聞く人は皆忌《い》み恐れた。すぐに諸卿は話し合いをし、源氏の誰かに弓矢で射落とさせようとしたが、外したら一生の恥だと思ったのか誰も名乗り出ず、二条関白左大臣・藤原道平の召しかかえている隠《お》岐次郎左衛門広有《きのじろうざえもんひろあり》が選ばれた。

そして八月一七日、鳥の様子を見ていると晴れた月夜に突然黒雲がかかり、怪鳥は激しく鳴くと同時に口から炎をはき、また雷が光り御簾《みす》の中まで照らされた。広有はこの鳥をよく見て、鏑矢《かぶらや》を番《つが》え弓を引いた。多くの人がかたずをのんで見守る中、広有は思うところあったようで鏑矢の先端から矢じりを抜き、再び弓を引いた。怪鳥が降下し上空二〇丈（約六〇メートル）辺りから鳴き声が聞こえるようになった時、広有は矢を放ち、手ごたえがあったかと思うと岩が落ちるような大きな音が響き、怪鳥は仁寿殿《じじゅうでん》の軒の上から折れ曲がって竹台の前へ落ちてきた。

人々の賞賛の声は半時ほど止まず、衛士《えじ》にたいまつを掲げさせて見たところ、頭は人間のようで、体は蛇の形、嘴《くちばし》は先が曲がって歯は鋸《のこぎり》のよう、両足の爪は長く剣のように尖《とが》っており、羽を伸ばすと一丈六尺（約四・八メートル）あった。

天皇がどうして矢じりを抜いたのかと広有に尋ねると、広有は「もし誤って御殿に矢が立つと不吉なので」と答えたので、天皇はますます感心して広有は五位の位と因幡国《いなばのくに》（鳥取県）の大きな荘園二つを授かったという。

鳥山石燕《せきえん》『今昔画図続百鬼』ではこの怪鳥を「以津真天」と名づけているが、さらに水木しげる『週刊少年マガジン増刊（1968年12月8日号）日本妖怪大全』ではこれを「いつまでん」とし、飢死しかけている人を放っておくと死後この妖怪になるとしている。加えて佐藤有文『日本妖怪図鑑』では、飢え死にした死体の所に現れ食いあさった後、その人の家族の所で「いつまで死人をほうっておくのか」と人の声で叫び、家族が死体を探しても見つからないためいつまでもこの怪鳥に祟られるとしている。

伊藤慎吾「以津真天の変容―〈創作的解説〉の時代を中心に」（『古典の未来学』）に詳しい。

弥子［いやこ］

『伽婢子《とぎぼうこ》』にある。

天文一七年（一五四八）、五条京極（京都府京都市）の荻原新之丞という男が妻を亡くし、一人茫然と暮らしていた。そうして盆が始まる七月一五日の夜、荻原は二〇歳ほどの美人が牡丹灯籠《ぼたんどうろう》を持った一四、五歳の童女とともに歩いているのを見て、あまりの美しさにつられ付いていく。一町（約一〇九メートル）ほど西に行くと女は振り返り、「約束した人がいるわけでもなくただ今宵《こよい》の月に憧れ出てきましたが、夜更けの帰り道は恐ろしいので送って下さい」と言った。そこで荻原は夜遅いからと自分の家に泊まることを勧める。家で女と荻原は親しくなり、荻原が女に住所を聞くと、女は「自分は二階堂政行の子孫ですが、今は落ちぶれて暮らしています。父の政宣《まさのぶ》は京の戦で討《う》ち死にし、兄弟みな絶え、童女と二人で万寿寺のほとりに住んでいます」と語った。そうして女は二〇日あまり荻原の家に通ってきた。

ある時、隣の家の老人が二人の様子を壁の隙間から覗くと、荻原の前には白骨が動き言葉を話していた。老人は驚いて翌日荻原に話し、話を聞いた荻原も驚いて万寿寺を訪ねることにした。万寿寺の浴室の北の古い霊殿に行ってみるとそこの棺《ひつぎ》には「二階堂左衛門尉正宣が息女弥子吟松院冷月禅寺尼」と書かれており、傍には後ろに「浅《あさ》茅《じ》」と書かれた伽婢子（人形）と古い牡丹灯籠があった。荻原は逃げ帰って老人に相談し、加持祈禱《かじきとう》に名のある東寺の僧に会うと、僧は「汝《なんじ》は化け物に清血を耗散し、神魂を昏惑《こんわく》している。あと一〇日過ぎれば命はない」と護符を与え門に貼らせた。それ以来、女が来ることはなかった。

五〇日ほど後、荻原は僧に礼を言い酒に酔って帰ったが、女の顔が恋しくなったのか、万寿寺の近くに行き中を見た。すると女が現れ恨み言を言い、荻原の手を取って奥に連れて行った。荻原が連れていた男は肝を潰《つぶ》して逃げ、帰って人々に伝え皆で行ってみると、荻原は女の墓で白骨と重なって死んでいた。寺の僧らは鳥部山に墓を移したが、その後、雨の夜には荻原と女が童女に牡丹灯籠を持たせ手を組んで歩くようになり、これに出会うと重い病気になると恐れられた。しかし荻原の親族がこれを嘆き、一〇〇〇部の法華経を一日で写したものを墓に収めると出なくなったという。

この話は明代の『剪灯新話《せんとうしんわ》』にある話の舞台を日本として翻案しており、後に落語の『牡丹灯籠』のモチーフのひとつにも使用されている。

浮かれ猫［うかれねこ］

出水《でみず》（京都府京都市）七不思議のひとつとして伝わる。「真向猫《まむきねこ》」とも。

宝暦七年（一七五七）、伏見宮が江戸に移った際、伏見宮家の鎮守の玉照神社から光清寺に猫の描かれた絵馬が移され、弁財天にかけられた。ある夜、酔った機織《はたお》り職人が光清寺のそばを通ると、境内から三味線の音や歌声が聞こえてきた。中を見ると弁財天の辺りで白い衣をまとった天女が舞っており、驚いて声を上げた職人に気づくと姿を消し、その後には赤い口を開け金色の目を光らせた猫がうずくまっていた。以来、夜になり人通りが絶えると三味線と歌が聞こえ、浮かれ猫の仕業とされた。

そこで住職の松堂和尚《おしょう》は祈禱《きとう》をし、絵馬に金網をかけた。するとある夜、和尚の夢枕に衣冠束帯の人物が立ち、「私は大明神の従者ですが、人が来て嬉しくなると踊りたくなるのです。二度と軽率なことをしませんから封を解いてください」としんみりと語った。和尚が絵馬を戻すと、三味線がうまくなる利益があるなどと広まり遊女などに評判になったという。

『京都・伝説散歩』、村上健司『日本妖怪散歩』にある。

牛鬼［うしおに］

京都府北部には、人を化かす牛鬼の話がいくつか伝わっている。

『くみはまの民話と伝説』、井上正一「特集　奥丹後半島の伝承」（『季刊民話』通巻一号）によると、京丹後市には次のような話がある。クロダイ釣りの名人である格さん（カツオジとも）が久美浜湾の大明神峠《とうげ》から一〇〇メートルほど南で夜釣りをしていると、向かい岸のほうから「おーい格さん来いや、ぼた餅《もち》食わせるぞ」と呼ぶ者があった。ぼた餅の好きな格さんが船を岸に着けると誰もおらず、今度はもといたほうから聞こえる。あきらめて舟に帰ると、今まで釣った鯛や餌《えさ》の蛹《さなぎ》まで消えていた。がっかりして帰ろうとするも、今度は濃い靄《もや》で漕いでも漕いでも我が家につかず、夜明け頃やっとたどり着き、疲れでそこに倒れてしまった。これは「うしおに」につけられたのだという。

『丹後の民話　第一集　いかがのはなし』、『おおみやの民話』によると、宮津市木子の吉原の丸山という田んぼの辺りには牛鬼がおり、人を化かすという。昔、内山の市さんという人が吹雪の日にここを通ると、急に道がなくなった。同じ所を回っていたのかと思い杖《つえ》を立て一歩きすると、その場所に戻っていた。そこで牛鬼に化かされたのだと思い、しっかり道を見極めて帰ったという。

牛取り岩［うしとりいわ］

京都府大宮町（現・京丹後市）谷内に伝わる。昔、農民が崇山《あらたやま》に牛を連れて行き、働いて夕方帰ろうとすると牛がいなかった。岩に手綱の跡と蹄《ひづめ》の跡がついていたので、岩が牛を取って食ったのだとされ牛取り岩と呼ばれるようになったという。

『おおみやの民話』にある。

姥が火［うばがび］

昔、保津（京都府亀岡市）に一人の老婆がいた。老婆は遠近の村々から赤ん坊をもらって養育費をせしめ、赤ん坊は保津川の急流に投げ込んでいた。この老婆が洪水で死んだ後（処刑されたともいう）、保津川に毎夜火の玉が見られるようになり、姥が火と呼ばれた。また、この火の玉が毎晩出た淵《ふち》を姥ヶ淵と呼んでいる。

『古今百物語評判』（『続百物語怪談集成』

等収録）、『口丹波口碑集《こうひしゅう》』にある。

浦嶋の子がおとと［うらしまのこがおとと］

『宇治拾遺物語』にある。

陽成院の退位後の御所は大宮より北、西洞院より西、油小路より東（いずれも京都府京都市）にあったが、そこには物（もののけ）が住んでいた。ある時、大池のある釣殿に番の男が寝ていると、夜中に細い手が男の顔を撫でた。薄気味悪く思い太刀を抜き片手で掴みかかると、浅黄の裃《かみしも》を着た老人が、非常にか細く「我は昔ここに住んでいた主である。浦島太郎の弟である。古くからここに住み一二〇〇年あまりになる。願わくば、ここに社《やしろ》を建て我を祀《まつ》ってくだされ。そうすればきっとお守りしましょう」と言った。男が「私の一存ではできない。このことを院に申し上げてから」と言うと、老人は「憎らしい男の言い草だ」と男を三度上に蹴《け》り上げ、男がぐったりとしぼろぼろになって落ちてくる所を、普通の人ほどの大きさから非常に大きな姿になって一口で食ったという。

延喜の火事［えんぎのかじ］

『前々太平記』にある。

延喜一四年（九一四）三月下旬、京の上は一条から下は五条まで、西は大宮通りから東は河原まで、大火で三日三晩炎上し、内裏《だいり》以外は焼け野原となった。その際、愛宕《あたご》山や鞍馬《くらま》山から遠くの炎の中を見ると、赤色二面の鬼や黒色一角の鬼や、その他異類異形が煙の中を飛び回り、火が回っていない所には燃え杭《ぐい》で火をつけ、あるいは口から火を吹きかけ、手で扇いだりなどしていた。これには銅瓦《どうがわら》や鉄門も耐えられず、石壁や土蔵は言うまでもなく燃え、阿《あ》鼻叫喚《びきょうかん》となった。

後日数えると、京にある九八〇〇〇軒の家屋のうち七〇〇〇〇あまりが焼失、死者は一〇〇〇〇余りに及んでいた。また後日比叡山《ひえいざん》西坂の者たちが語った話によると、火事の最中に宮中のそれぞれの門には番神と思われる者が立ち、扇や団扇《うちわ》で炎を扇ぎ退けていたとのことだった。そしてそれらには衣冠をつけ正装をした老人や、天女のような女性もいたという。これは**菅原道真**の祟りの霊火であったが、宮中が諸神の働きで難を逃れたことから帝の徳を嘆じ道真の霊を鎮めなかったので、後に宮中にも雷が多く落ちたという。

延慶の怪鳥［えんきょうのけちょう］

『園太暦《えんたいりゃく》』偽文や『種生伝』、『兼好諸国物語』、『奈良比野岡』、『兼好法師伝記考証』などの兼好法師の伝記にある（いずれも『近世兼好伝集成』収録）。

延慶三年（一三一〇）六月一四日、兼好が宮中での宿直《とのい》の帰りに萩《はぎ》の戸から出ようとすると、そこに二匹の怪しい鳥がいた。兼好が矢を取りこれを射落とすと、一羽は鴨《かも》のようで足に黒い毛が生え、一羽は雁《かり》のようで赤色をしていた。医者と儒者《じゅしゃ》を呼んでこの鳥を見せたが誰も名前はわからず、しばらくすると鳥は狐になって逃げ去った。

御池町の化け物 ［おいけちょうのばけもの］

『曾呂利《そろり》物語』（『近代日本文学大系　第13巻』収録）にある。

御池町（京都府京都市）のある家には化け物が出るとされ、主人も人に家を貸して出た。しかし化け物を確かに見たという人はおらず、二人の馬鹿な男がそれを確かめようとした。家を借りていたのは銀細工師だったが毎夜現れる化け物を恐れず、また化け物も何もせず、二、三人で住んでいた。銀細工師の話では化け物は裏の藪《やぶ》から出るということで、男たちは裏の戸を固く閉め、多くのつっかえ棒をして、化け物がいつも踏み鳴らすという唐臼《からうす》の上に重しや石を置いて二〇人ほどでないと動かせないようにして待った。すると丑《うし》の刻頃、裏戸から物音がし、何者かが唐臼を踏み鳴らした。男たちが伏せながらこっそり見ると、白い服を着た身の丈《たけ》七尺（約二・一メートル）ほどの目鼻口のない坊主が唐臼を踏んでおり、やがて男たちのほうを向いた。男たちが息を殺していると、化け物はどこへともなく消え、夜が明けて見てみると裏戸も唐臼も全く動いていなかった。

応永の怪鳥 ［おうえいのけちょう］

『看聞日記』にある。

応永二三年（一四一六）四月二五日の夜、北野天満宮（京都府京都市）に怪鳥が現れた。その鳴き声は大竹を潰《つぶ》すような音で、社殿も鳴動し、これが二股《ふたまた》の杉に止まって鳴くので、参詣者や通夜をする人は肝を潰した。一人の宮仕（下級の僧）がこれを弓で射落とすと、頭は猫、体は鶏、尾は蛇のようで、目は大きく光る希代の怪鳥だった。室町殿に注進すると、室町殿は宮仕を褒め練貫《ねりぬき》の織物一重と太刀一振りを授け、鳥は川に流すようにと命じた。

応声虫 ［おうせいちゅう］

人体の中から言葉を発するものとして、随筆などに書かれる。

『塩尻』では次のような話がある。元禄一六年（一七〇三）、京の油小路二条上ルの屏風屋《びょうぶや》七左衛門という人の一二歳になる男子長三郎は、発熱が治った後に腹の中から声がした。菅玄際という医者がこれを見て応声虫だとし、雷丸《らいがん》の入った薬を飲ませようとするが腹の声は「その薬は使うな」と大声で言った。これを飲ませると次の日から声が涸《か》れていき、服用を続けると声はなくなり、ある日肛門《こうもん》から一匹の虫が出た。それはトカゲのようで額には小さな角があり、走って動いたので七左衛門が打ち殺した。

長三郎の話はいくつかの随筆に見られるが、細部がやや異なっている。『新著聞集』では医者の名前が異なり、また虫の長さが一尺一寸（約三三センチ）とされている。

『元禄宝永珍話』では腹に腫物《はれもの》の口が開き、そこから物を言い食事をしたとしている。また『元禄十五年世間咄《せけんばなし》風聞集』では、三食の食事を断った長三郎に対し腹の中から「くれよ」と声がし、それでも食べさせないと熱を出しさまざまな悪口を言ったという。『医門俗説弁』では長三郎らの名前はなく、油小路辺りの一五、六歳の女子の話としている。

『閑田次筆』では、元文三年（一七三八）に奥丹波の五〇歳ほどの農家の妻が応声虫の病を患ったと聞いて四条坊門油小路の見世物屋が見に行った話、また烏丸四条の近江屋吉某という職人の妹が離縁され、その後妻が応声虫のような症状にかかる話がある。

応声虫については宋代の『医説』や明代の『名医類案』にあり、現存しないが宋代の『遯斎《とんさい》閑覧』に最も古い記述があったと考えられている。日本の医書でも『医説』を引いた『医談抄』や先の『医門俗説弁』など多くにみられる。

長谷川雅雄、辻本裕成、ペトロ・クネヒト、美濃部重克『「腹の虫」の研究―日本の心身観をさぐる』、同「「もう一つの声」を発するもの―「応声虫」をめぐって」（『アカデミア　人文・社会科学編』73号）に詳しい。

大腕［おおうで］

京都府和知町（現・京丹波町）に伝わる。昔、上粟野と仏主《ほどす》との間の道を一人の浪人か武者修行者が通ると、山のほうから「出すぞ」と大声がした。「出してみよ」と言うと大腕が出てきたので、武士はそれを斬り落とした。その後、恐ろしさに腕を葬りお堂を立て肱折地蔵として祀《まつ》ったという。この地蔵は腕の痛みや肘の病気を治すとされ、治った際は板で腕の形を作り供えるが、近年はかわりに紙に腕を描いたものが多いという。

甲田勝衛『和知町　石の声風の音』にある。

御灯油取る物［おおみあかしとるもの］

『今昔物語集』にある。

延喜年間（九〇一～九二三）、夜中に物（もののけ）がやってきて、宮中の仁寿殿《じじゅうでん》の対代《たいしろ》の御灯油を取り、紫宸殿《ししんでん》に去っていくことが毎夜続いた。天皇がこれを憂《う》いてこの正体を明らかにしたいと告げると、弁源の公忠という殿上人が「捕まえることはできませんが、正体を明かすくらいはしてみましょう」と名乗り出た。

その夜、三月の長雨の頃であったため紫宸殿は非常に暗くなっていたが、公忠は中橋から抜き足で登り、紫宸殿の北の脇戸に寄り添って音もたてず見ていた。すると丑《うし》の刻になった頃、物の足音がし御灯油を取った。足音は重い物のようだったが、その姿は見えず、御灯油の灯りだけが浮かび上がっていた。公忠が走っていき足を持ち上げ強く蹴ると、足に物が痛く当たり、御灯油はこぼれ物は紫宸殿に走り去った。公忠が灯りを付けなおし足を見ると、親指の爪が欠け血がついていた。

夜が明けて蹴った所を見ると蘇芳《すおう》色の血が多くこぼれており、紫宸殿の塗籠《ぬりごめ》（個室）に続いていたが、塗籠を開けてみると血だけが多くあり他は何もなかった。これを聞いて天皇は公忠に感心し、またそれ以来、御灯油が取られることはなくなったという。

お辰狐［おたつぎつね］

御辰稲荷（京都府京都市）に関する伝説。ある夜、新崇賢門院《しんすうけんもんいん》の夢枕に白い狐が立ち、「御所の辰（東南東）の方角に森があるので私を祀《まつ》ってくれ」と言った。そこにあった聖護院の森には祠《ほこら》が建てられ、御辰稲荷と呼ばれた。

江戸時代、御辰稲荷を深く信仰する貧しい妻が、いつか幸せが来るようにと百日の願をかけた。満願の日、妻が境内で寝て目を覚ますと、右手に小さな真黒石を持っていた。石を神棚に祀ると、妻には美しい娘が生まれ、やがて大名の目に留まり御部屋様となり、夫婦は幸せに暮らしたという。

御辰稲荷の狐は「京の風流狐は碁《ご》の好きな**宗旦狐**と琴の上手なお辰狐」とも歌われ、聖護院の森のそばを夜更けに通ると琴の音が聞こえたという。

『京都・伝説散歩』、『日本の伝説1　京都の伝説』にある。

鬼牛［おにうし］

京都府三和町（現・福知山市）千束に伝わる。昔、鬼牛という顔は鬼で体は牛の怪物が山に現れ、山で働く人々を食い殺していた。千束の小さな造り酒屋の久作という下働きの男はそれを聞いて心を悩ませ、人々の危機を救いたいと一里（約三・九キロ）ほど行った所の刀鍛冶《かたなかじ》を訪ね、刀を作れないかと相談した。刀鍛冶は鬼牛を退治する刀を作るため、一〇〇〇日間精進して身を清め、毎日一〇〇打ちずつ鎚《つち》を打って仕上げようとし、また久作は一〇〇〇日の間、柴を毎日一束ずつ届けた。

そうしてできた刀は久作の運んだ柴にちなんで「千束丸」と名付けられ、久作はその後もお宮に詣《もう》でて祈願した。ある朝、久作が目覚めると枕元の刀が鞘《さや》だけになっており、その後、刀が心臓に刺さって死んでいる鬼牛を村人が見つけた。久作は刀をお宮に奉納し、村人は久作の一念が神に通じたのだとほめたたえたという。

『三和町史　上巻』にある。

鬼娘［おにこ］

京都府福知山市に伝わる。昔、子どもがいない長者が烏ヶ岳の山麓《さんろく》に生えている千年杉の下の子ども授け地蔵に百度参りをした。すると一〇〇日後に祠《ほこら》の裏の草むらに女の赤ん坊が藁《わら》にくるまって泣いていた。お花と名付けられたその子が一六になった春、お民という娘と裁縫を習いに行っていたが、ある時から帰る途中に私用があると言って姿を消すようになった。お民がつけてみると、墓場で土を掘り人の骨を食っており、その目は吊り上がり口は耳まで裂けていた。そしてお民に気付いたお花は「私のことを家の者に知らせるとすぐにお前の命をもらう」と言って姿を消した。その後、しばらくした嵐の夜、お民がこのことを話すと急に突風が吹き破風《はふ》が破れ、鬼の形相となったお花が現れお民をさらって破風から鳥ヶ岳の空に消えた。それ以来、村人は破風を作らなくなったという。

塩見辰雄「伝説　鬼娘の話」（『史談ふくち山』３８６号）にある。

小野小町の小便［おののこまちのしょうべん］

京都府福知山市に伝わる。下豊富村の今安の小野わきという所は、かつて小野小町が冷えで困った時に入浴に来ていた霊湯があり、またその際に小野小町が小便をしたので、今でもこの辺りには他では見られない花を咲かす草が生えるという。

安間清「伝説三つ」（『民間伝承』24巻3号）にある。

おはぐろ婆［おはぐろばば］

大徳寺（京都府京都市）に出たといわれる狸《たぬき》で、夜中に紫竹や大宮の若者が京へ遊びに行った帰り、門前の松林の所で鉄漿《おはぐろ》の道具を前に置いて鉄漿を付けており、大きく真っ赤な口に黒々とした歯が並んでいるのを見ると誰もが逃げ出した。しかし目が見えない按摩《あんま》がこの話を聞き、布で大きな袋を作り狸の好物を入れ首にかけて出かけた。狸は按摩が驚かないので最後は膝《ひざ》の所に這《は》い出し袋に飛び込んだ。按摩は袋の口を締めて帰ったという。

香具屋彌平「狸の咄し」（『郷土趣味』17号）にある。

陰摩羅鬼［おんもらき］

『太平百物語』（『百物語怪談集成』等収録）にある。

山城国西の京（京都府京都市、右京）に宅兵衛という人がいた。宅兵衛は暑い夏に近くの寺に行き、方丈《ほうじょう》の縁側でしばらく涼んでいると、心地よく眠くなってきた。すると突然「宅兵衛、宅兵衛」と声がし、宅兵衛が驚いて目覚め起き上がると、鷺《さぎ》に似て色が黒く、激しく燃える灯火のように目が光り、羽を振るい人の声のように鳴く化け物がいた。宅兵衛が恐れて隠れると、化け物は翼を広げ羽ばたきしたかと思うと、頭からだんだんと消えていった。

寺の長老にこのことを語ると、長老は「ここに今までそのような化け物はない。最近送られてきた死体を仮に納めているが、おそらくそれではないだろうか。新しい死体の気が変じてこのようなものになり、陰摩羅鬼と名づけられていると『蔵経』にある」と言い、宅兵衛は「そんなこともあるのか」と不思議に思った。

この話は宋代の『清尊録』にある話の舞台を日本として翻案している。

【か】

海中より上り候物［かいちゅうよりのぼりそうろうもの］

『月堂見聞集』（『続日本随筆大成　別巻3』収録）にある。

享保一一年（一七二六）二月二五日、丹後田辺（京都府舞鶴市）の海中から上がってきたものがあった。首は鳩《はと》のようで長さ一尺（約三〇センチ）ほど、胴の長さ五尺（約一・五メートル）ほど、腹は赤白の斑で柔らかく、歯は喉まであり、甲羅《こうら》は唐傘の骨のようで筋が少し高く煙草の葉に似ており、胴は幅三尺（約九〇センチ）ほど、鰭《ひれ》を合わせて六尺（約一・八メートル）ほどで鰭は柔らかかった。これが出た前の夜は海の中から大きなうめき声が一里（約三・九キロ）四方に聞こえ、翌日にこれが死んで浜にあったとしている。

カイナデ［かいなで］

「カイナゼ」とも。節分の夜、便所に行くとこれに尻を撫でられるという。『総合日本民俗語彙《ごい》』、「土俗集」（『郷土趣味』11号）にある。

田中勝雄「北桑の伝説」（『旅と伝説』9巻3号通巻99号）によると京都府平屋村（現・南丹市）では、カイナデではなく鬼に撫でられるとして、全く同様の伝承が紹介されている。

『綜合日本民俗語彙』によると、これを防ぐには「赤い紙やろうか、白い紙やろうか」と言って入ればよいという。これは現代でも学校のトイレに伝わる怪「赤い紙青い紙」などと類似しており、関連性が考えられる。また、村上健司『妖怪事典』では、便所神祭祀《さいし》の際に供える、紙で作った赤と白の人形との関連性を指摘している。

西浦左門「丹波美山の言葉と民俗」（『近畿民俗』１３６、１３７号）によると美山町（現・南丹市）では「ガイナゼ」と呼び、節分の夜に用を足しているとどこからともなくそっと近づいて「ガーイッ」と尻を撫でるという。

また明石染人「覚帖の中より」（『郷土趣味』16号）では、いわゆるカイナデであるとして、夜中に便所に行くと毛むくじゃらの大きな手が出て尻をそっと撫でまわすという伝承を紹介している。また便所には厠《かわや》神《がみ》という恐ろしいものがおり、夜中に便所に行く際は便所の外で「今夜は来ましたが明日からは用事がありますから来たりません」と言って頭を下げて帰るという。

柏屋の子［かしわやのこ］

『甲子夜話続編』にある。

京の伏見街道五条下ルに柏屋という問屋

があり、この問屋は江戸の本町筋にも店があるほどで、四条より南の家の中では富豪だった。ある年の六月初旬、この家で妾《めかけ》に子どもが生まれた。しかしその子は、顔は人のようだが、舌は三角、背には鱗《うろこ》が生え、髪は白く、生まれてすぐに言葉を話した。産婆はこれを殺そうとしたが手に余り、子どもは「もし我を見世物にしたり命を取ったりしたならば、この家をたちまち野原にしてやる」と言った。そこでこの子どもを丈夫な箱に入れ、鉄網を戸に張り、乳は飲まないので焼き飯を二つずつ食わせ、倉の中に入れておき、昼夜とも二人ずつで見張りをしているという。

ここの主人はかつて高台寺の荻《おぎ》見物に行き白蛇を殺したことを酒の席で言いふらしており、陰陽師に聞くとこれは山神の祟りだと語った。そしてこのような風聞が流れたことで家の勢いは衰え、これから下り坂になると噂されているという。

数馬 ［かずま］

『元禄宝永珍話』（『続日本随筆大成　別巻5』収録）に元禄一五年（一七〇二）正月一三日の記録としてある。

丹後国与謝郡上宮津村（京都府宮津市）では疫病が流行り人が多く死んだが、村人が家ごとに百万遍念仏をすると次第に収まっていった。その頃六郎兵衛という農民に仕える治之助という者が他所へ行って正月七日の夜中帰る道中、高さ一丈（約三メートル）あまりの白装束の女が大きな松の木の下にいた。治之助は怪しいと思いつつ声をかけず帰ったが、程なくして体が震え寝付き、快復したかと思うとまた寝付き、六郎兵衛が百万遍念仏を行わせ一時は快復するもまた寝付いた。治之助は熱におかされさまざまなことを口走り、六郎兵衛に「我はこの所の昔の城主小倉播磨守《はりまのかみ》に仕えた女で、生まれは若狭《わかさ》（福井県）、名は数馬と言う。播磨守は讒言《ざんげん》を信じ元亀三年（一五七二）正月一七日に我を無残に殺した。その恨みで播磨守と讒言を行った者は刃で命を取ったが、恨みは晴れず一三一年苦しみが絶えない。弔《とむら》ってもらえれば苦しみから逃れられるだろうと、夜は人、昼は獣に姿を変えるが何の験《しるし》もなかった。そこで加佐郡の疫神を雇い、それを方便として百万遍をさせると妄執《もうしゅう》は薄くなった。治之助は正直者なので体を借りてこのことを語った、どうか二月一七日に数馬祭りと名付けて我を弔ってくれ。そうすれば今後は村を守護し疫神を入れない、しかしさもなくば災難があるだろう」と語った。

六郎兵衛は隣の弥左衛門にもこれを聞かせ、「大きな祭りはできないが、精一杯祭るので村中の疫神を連れて出て行ってくだされ」と言うと、治之助が「疫神は七人あり、急には去れないが、次第次第に帰るだろう。病人の命には問題ない。我が願いをよろしく申し上げる」と言い、寝室が雷のように鳴ったかと思うと治之助は正気に戻った。

その後、村で評議して二月一六日に精林寺で施餓鬼《せがき》をし、一七日に城山のふもとに小さな社《やしろ》を建て、数馬祭りを行った。

霞谷の妖物 ［かすみだにのばけもの］

『狗張子《いぬはりこ》』（『近代日本文学大系　第13巻』収録）にある。

伏見稲荷（京都府京都市）の北にある朽《くち》木《き》橋《ばし》の橋詰に、喜衛門という農家が長年住んでいた。喜衛門はある時藤森の知人の所に麻の種をもらいに行き、夕方に酒に酔って裏道から小唄を歌いながら帰っていた。すると手燭《てしょく》に蠟燭《ろうそく》を立てた者が立っており、怪しく思い近づくと二人の法師だったが、法師の衣も着ておらず数珠《じゅず》も持ってなかった。一人は青い小袖を着て、もう一人は流行の亀屋縞の小袖を脛《すね》まで出して着ていた。

法師は「怪しい男だ。鋤《すき》をかかげているとは農家のようだな。夜この道を通る者を簡単に通すわけにはいかない。こっちへ来い」と喜衛門の腕をとって引き立てた。法師は身の丈《たけ》九尺（約二・七メートル）で力も強く、喜衛門が声を出しても辺りには誰もおらず、そのまま山奥に連れられ霞の谷に来た。

喜衛門は洞窟に入れられ、二人の法師は入り口を見張っており、柴刈《しばか》りをする通りがかりの人もなく、出ようとすると法師に防がれた。そうして三日三晩何も食べず洞窟の中でうずくまりどうしようかと考えていると、法師も疲れたのか座って眠っていた。そこで喜衛門は鋤を持って二人をなぎ倒し、一目散に走り、家で布団を被って寝た。

ちょうどいなくなった喜衛門を捜索しようかと近所の者が考えていたところだったが、近所の者が枕元で何があったのか聞いても答えず、喜衛門は翌朝になって事の次第を語った。近所の若者が一〇人ほどで弓矢、契木《ちぎりき》、錆槍《さびやり》などを持って谷に行くと、洞窟の入り口の両脇にどちらも長さ一尺（約三〇センチ）ほどの蟇蛙《ひきがえる》と亀が倒れて死んでおり、鋤で打たれた跡があった。これらが化けていたに違いないだろうとのことで、その後は何事もなかった。

帷子辻 ［かたびらがつじ］

竹原春泉『絵本百物語』にある。

檀林《だんりん》皇后（橘嘉智子《たちばなのかちこ》）は世に二人といないほどの美人であり、皇后を見て心を動かさない者はいなかった。皇后の死後、遺言で「亡骸《なきがら》を埋めずに辻に捨てよ。身を化野《あだしの》（京で火葬場のあった土地）の露に晒《さら》し、鳥辺野（同）の露と消えよう。四九日の亡骸の成り行きを恋に迷う人々に示し無常を感じさせましょう。このことは未来の成仏の縁に繋《つな》がるでしょう」と自身の死体を野晒しにさせた。

本文は以上だが、絵につけられた文によると、皇后の亡骸を捨てたためか帷子が辻（京都府京都市）には今もときどき女の死骸が見え、犬や烏《からす》がこれを食う様子が見えるという。

『新《しん》御《お》伽《とぎ》婢《ぼう》子《こ》』にある。

禿狐［かぶろぎつね］

西洞院柳の水の町（京都府京都市中京区西洞院柳水町）の男が、南の横小路聖町（西ノ京南聖町か）の友人の所へ行った帰りの夜中、西洞院の辻《つじ》の町木戸の門の辺りで後ろから盤石《ばんじゃく》のような重さで抱きつく者があった。男はこれを捕まえて引きずりながら友人のもとへ戻り、足で戸を叩いて人々に見せると、それは長く大きい真っ黒な顔で、人に似て人ではなく、髪を刈り揃《そろ》えて禿《かむろ》にしている者だった。縄で縛り絡《から》めて手を離すと、そこには何重にも巻いた縄だけが残っていた。ある人の話では、雨風の吹く夜や何も見えないほど暗い夜、この辻に一四、五歳の禿が現れて人を脅かしており、禿狐と言われているという。その後、男を恐れたのかこの妖怪は出なくなった。

髪結び猫［かみむすびねこ］

京都府西別院村（現・亀岡市）神地の府道のそばの五、六間（約九～一一メートル）ほど下にひとつの墓があり、長い髪を垂らした女に化けた猫が出るという。

これを髪結び猫といい、『口丹波口碑集』にあるが、同書が書かれたまさに前年の春にも墓の松の木の二股の所に出現したという話が載っている。その時は墓の上に火の玉がひとつ見えたかと思うと、その下に一七、八歳の若い女が髪を垂らして結っていたという。

亀山城の大銀杏［かめやまじょうのおおいちょう］

京都府亀岡市にある亀山城の銀杏についてはいくつかの伝説が伝わっている。

昔、松平の殿の妾《めかけ》である糸織姫が、人々の嫉妬により、前から結婚を約束した男がいると讒言《ざんげん》され、稲荷神社のそばで殺された。姫は殿や人々を恨めしそうに睨《にら》んで「松平家七代祟ってみせる」と叫んで死んだ。以来、松平家には障害を持つ子どもばかりが生まれ、また大銀杏に白蛇が住むようになり糸織姫の怨念が凝り固まったものだと噂された。

また次のような話もある。ある美しい姫が、父である城主が死んで泣き暮らしていたので、人々は姫を生き埋めにした。大銀杏はそこから生えてきたもので、明治時代、切り倒そうと斧《おの》を入れるとそのたびに姫の亡霊が出て哀願するので現在も切られずにいるという。

あるいは、大銀杏には大きな蛇が住んでおり、美しい姫に化け通る人に話しかける、ぎんなんを食べると必ず腹痛を起こすなどとも伝わる。

『丹波の伝承』にある。

乾鮭の怪物［からざけのかいぶつ］

京都府綾部町（現・綾部市）に伝わる。

昔、乾鮭を京に売りに行く男が、山で雉《きじ》が罠《わな》にかかっているのを見つけ、雉と乾鮭とを取り換えて持って行った。罠をしかけた男は、「大原天一位大明神の氏子はもちろん、この辺りの人は誰も鱒《ます》や鮭を触りもしないのに」と訝《いぶか》しんだが、そのままにもできず乾鮭を池に投げこみ「再び生きてこの池の主となれ」とつぶやいた。

その翌年から、雨の日や夕方にはここを通ると池の主が出て災いをなした。ある雨の夜、ここを通った男が異形のものに出会って辛うじて家にたどり着くも、大熱が出てさまざまなことを口走り、近所の人が集まったところで起き上がって池の主だと名乗り「毎年秋の末に少女を一人ずつ人身御《ひとみご》供《くう》にせよ、万一怠《おこた》ればさまざまの祟りをなす」と語ってそのまま翌朝まで眠った。

数年後、初めの乾鮭売りが再びやってきてこの話を聞き、村から杵《きね》を借りて退治に向かった。人身御供の少女が怪物に引き込まれそうになったところで、商人は「何者かと思えば、先年私が雉の罠にかけた乾鮭ではないか。その時の値段は三分五厘《りん》にすぎない。身の程を忘れたか」と杵を何度も頭に打ちつけ退治した。村人が見ると乾鮭でありながら長さ五、六尺（約一・五～一・八メートル）で、頭は鬼瓦のよう、翼のようなものが胸に生えていた。商人はこれは自分の手柄ではなく杵の威徳だといい、杵ノ宮として祀《まつ》った。

この話は江戸時代に綾部藩士が記録しているとして『綾部町史』にある。また、『西鶴諸国ばなし』の序文にある「乾鮭の宮」もこれを指しているようである。

かんべえかえせの石［かんべえかえせのいし］

京都府京都市西京区大原野に伝わる。江戸時代、水路を挟んで石見と上里の村人が田の水争いをしていると、一人の修験僧が何を言い争っているのかと前に出た。するといらだっていた村人は石を打ち下ろし、それが頭に当たった僧は血を流しそのまま死んだ。以来、夜になると赤い火の玉が出るようになった。火の玉は道端のもみの木にとまり、西北に飛んでいき、上羽の西方寺の上を一回りし、在原業平《ありわらのなりひら》の墓に降りたかと思うと再び燃え上がり、西北へ飛んで大歳神社から長峰の森の方角へ消えていくという。

また、僧の頭を割った石はべべの木という所にある勘兵衛の田に捨てられていたが、子どもがそれを池に捨てると勘兵衛は原因不明の腹痛に襲われ、戻すと痛みが治った。それ以来これをかんべえかえせの石と呼び、今でも田植えの際はあぜ道に移し、終わるともとの位置に戻している。

『大原野』（『京都の伝説　洛中・洛外を歩く』収録）にある。

鬼同丸［きどうまる］

『古今著聞集』にある。

寒い夜、源頼光《みなもとのよりみつ》が帰る途中、源頼信の屋敷に寄って酒を飲んでいると、厩《うまや》に童子が一人捕まっていた。頼光が捕まえているのは何者かと聞くと、頼信は鬼同丸だと答えた。すると頼光は驚き「鬼同丸を捕まえるのにこの程度でよいはずがない」と言い、頼信はもっともだと思い鎖で逃げないように鬼同丸を縛った。

鬼同丸は口惜しく思い、この恨みを晴らそうと、夜更け二人が酔って寝静まった間に縄や鎖を踏み切って、寝込みを襲おうと頼光の部屋の天井に忍び込んだ。しかし頼光はこれにすぐに気づき、「天井に鼬《いたち》よりも大きく貂《てん》よりも小さいものの足音がする」と言って人を呼ぶと、渡辺綱が参じた。そして頼光は、綱に「明日は鞍馬《くらま》（京都府京都市）に参詣するのでお供するように」と告げる。鬼同丸は今出て行っても勝てないと思い、鞍馬に行く道中の市原野に隠れ頼光を討とうとした。しかしうまく隠れる所がなかったので、野飼いの牛の中でも特に大きいものを殺し、腹を裂いて目だけを出してその中に隠れた。

そこに狙い通り頼光や部下の四天王が現れ、頼光が多くの牛を見て「誰か牛を射る者はいないか」と言うと、四天王は我先にと射た。その中で綱が、何を思ったか死んだ牛の腹めがけて弓を射ると、中から鬼同丸が現れ、矢を物ともせず刀を持って頼光に襲い掛かった。頼光は鬼同丸の首を切るが、鬼同丸はそれでもすぐには倒れず、刀で鞍の前鍔《まえつば》を突き、頭は胸懸《むながい》に食いついたという。

鬼同丸は後に「鬼童丸」「鬼童」としてさまざまに広まり、『前太平記』や歌舞伎の『御贔屓竹馬友達《ごひいきちくばのともだち》』、『当稲俄姿絵《わせおくてにわかのすがたえ》』（『市原野』）などにも登場する。また『昭和京都名所図会3』によると、市原野では鬼同丸が頼光を待ち伏せした「頼光橋」、鬼同丸が酒宴をした「踊り岩」、「太鼓岩」が伝わっているという。

『丹哥府志《たんかふし》』（『丹後郷土史料集　第1輯』収録）、『丹後旧事記』には次のようにある。**酒呑童子**が捕らえた女の中で最も美人だった、伊予掾《いよのじょう》経友の弟・経成（藤原純友・純成のことか）の奥方は、童子退治後に解放された後も狂気のために故郷を忘れ雲原（福知山市）に留まり、その年の秋に子どもを産んだ。その子は生まれながらに歯が生えそろい言葉を話し、七、八歳で既に力も人より優れ、猪《いのしし》や猿を取って食い、鬼の子として恐れられ捨て置かれた。これが鬼童で、頼光を狙ったのは父の仇《かたき》を取るためだという。また『語りつぐ福知山老人の知恵』によると、鬼童の母は病死し南東の小高い畑の片隅に葬られ、そこに植えられたサヤゴの木は墓石を包むように根を張り「桜御前の墓」と呼ばれたという。

堤邦彦『京都怪談巡礼』、『京都の伝説　丹波を歩く』などに詳しい。

九右衛門寒い［くえもんさむい］

京都府世木《せき》村（現・南丹市）の九右衛門という男が、岩の上にある蔦《つた》を持って帰ったところ、毎夜どこからともなく「九右衛門寒い、九右衛門寒い」という不気味な声がした。これは蔦をとったつもりで狸《たぬき》の巣を壊してしまったので狸が怒ったのだという。

『丹波の伝承』にある。

鞍馬山僧正坊 ［くらまさんそうじょうぼう］

鞍馬山（京都府京都市）に住む天狗《てんぐ》であり、『太平記』などに見られる愛宕山《あたごやま》（京都市）の「愛宕山太郎坊」などと同様に日本の天狗の中でも名のあるもののひとつとして、能の『鞍馬天狗』、『花月《かげつ》』、御伽草子《おとぎぞうし》の『天狗の内裏《だいり》』、『天狗経』などに挙げられている。

『平治物語』、『義経記』などでは、源義経は鞍馬の天狗に兵法を学んだとされるが、先述の芸能・物語ではその場面において僧正坊が登場することが多い。

また鞍馬寺には狩野元信が描いた『鞍馬大僧正坊図』があるが、これには『本朝画史』によると次のような謂《いわ》れがある。昔、足利将軍の夢枕に僧正坊が現れ「我が像を狩野元信に写させて鞍馬寺に安置させせよ」と言った。元信に告げると元信も同じ夢を見ており、絵を描くことになった。しかし手本がなく困っていると、一匹の蜘蛛《くも》が紙の上で糸を引きながら歩き、その跡を墨で染めると思うような形になったという。これについては異説もあり、『雑説嚢話』では、鞍馬寺で月明かりによって扉に写った元信の影を模写した、『筠庭雑録《いんていざつろく》』では夢で老人が天狗の形を現したのを写したとしている。

知切光歳『天狗考』、知切光歳『天狗の研究』などに詳しい。

なお村上健司『京都妖怪紀行』などによると鞍馬寺の説明では、僧正坊は「護法魔王尊」と呼ばれ、六五〇万年前に金星から人類救済のためにやってきた「サナートクマラ」の仮の姿だとしている。

毛虫の大坊主 ［けむしのおおぼうず］

嘉永七年（一八五四）四月六日、京の公家屋敷に奉公に来ていた浄土寺村の娘が、主人が泉山御陵に参拝に行った留守中に一人で風呂を沸かしていた。ふと横を見ると三、四寸（約九〜一二センチ）ほどの大毛虫がいたので、娘は火箸《ひばし》で竈《かまど》にくべた。すると煙出しから風呂の屋根に緋《ひ》の法衣を着た大きな坊主が現れ、ピョイピョイと屋根から屋根へと飛び回り、坊主が止まった所からは火が出た。

これが嘉永七年の大火の原因であり、娘は井戸に身を投げたが、空井戸だったため四日後に助け出され島流しになった。その後、娘は明治維新で許され帰京し、鹿ヶ谷法然院に仕え、法衣を縫うようになった。その際、わからない所を裁縫の師匠に聞きに行き、その時の寺子に懺悔《ざんげ》としてこの話をよく語ったという。

山口早風「京都洛東鹿ヶ谷雑話」（『郷土趣味』33号）にある。

五色浜の小石 ［ごしきはまのこいし］

京都府網野町（現・京丹後市）に伝わる。昔、五色浜に美しい女の死体が上がり、生後間もない赤ん坊を抱いていた。赤ん坊は乳房を含んだまま生きており、女たちが乳をやろうとすると火がついたように泣いた。そこである人が「坊や泣くでないぞ、こんなきれいな石をあげるでな」と浜の小石を渡すと赤ん坊は笑ったが、その後も何も食べず乳ものまず、間もなく死んだ。それ以来、五色浜の小石を持ち帰ると激しい腹痛を起こすようになった。ただし、小石を返すか、「坊や、お前の小石をもらっていくで」と言うと腹痛は起こらないという。また、この親子の霊は丁子口に地蔵とともに祀《まつ》られているという。『舞鶴の民話　第4集』にある。

小娘木［こむすめぎ］

京都府保津村（現・亀岡市）に伝わる。西垣内の保津川堤に並んでいる木を夜中に凝視すると、いつのまにか丸髷《まるまげ》姿の小娘が物思いをしているような姿で浮き出る。狐《こ》狸《り》の仕業だという。『丹波の伝承』にある。

衣蛸［ころもだこ］

京都府下宇川村（現・京丹後市）袖志に伝わる。小さな蛸だが、衣を広げると六畳ほどあり、人も船も包み込んでしまう。また、貝の中に入っている蛸もいるという。『海村生活の研究』にあり妖怪として分類されているが、どちらも実際に存在する蛸あるいはそれを誇張したものだろうか。

【さ】

実方雀［さねかたすずめ］

藤原実方に関する伝説。『古事談』や『十訓抄《じっきんしょう》』などによると、実方は藤原行成と口論になり、その後行成の冠を投げ捨てたことで奥州（東北地方）へ左遷《させん》された。実方は蔵人頭《くろうどのとう》になれなかった恨みから雀になり、宮中で小台盤（食事を盛る盤を載せる台）にいて食事を食ったという。鳥山石《せき》燕《えん》『今昔画図続百鬼』（鳥山石燕、稲田篤信・田中直日編『画図百鬼夜行』収録）はこれを「入内雀《にゅうないすずめ》」としている。

また、更雀寺（京都府京都市）には次の

ような伝説がある。実方の死後の春、勧学院（後の更雀寺・移転前）の勧智上人の夢に雀が現れ、「我は中将実方である。陸奥に没したがその霊は雀となって都へ戻ってきて、観学院の森に住んでいたが、ここに倒れてしまった。どうか我のために誦経《ずきょう》してほしい」と言った。上人が目覚めると林の下に雀の死体があり、塚を建ててこれを弔《とむら》った。それ以来、観学院の森は雀の森と呼ばれ、この塚は藤原実方の墓とされ雀塚と呼ばれたという（『都名所図会』、『山州名跡志』、『大語園』、『伝説の寺々』、『京都・伝説散歩』、『日本妖怪散歩』ほか）。

伝説の展開については野崎準「藤原実方の伝説―「みちのく」から帰還した歌人の魂」（『東北学院大学東北文化研究所紀要』51号）に詳しい。

早良親王［さわらしんのう］

『日本紀略』、『類聚国史《るいじゅこくし》』、『日本後紀』、『扶桑《ふそう》略記』にある。

藤原種継暗殺事件に連座した早良親王は、一〇日間飲食を断ち淡路（兵庫県）に流される途中で死ぬ。その後、延暦一一年（七九二）に皇太子安殿親王の病気について、卜《ぼく》の結果から早良親王の祟りとされた。それ以降、延暦二四年（八〇五）桓武天皇の病気、大同五年（八一〇）の平城天皇の病気など、天皇家の病気は早良親王の祟り、あるいは怨霊《おんりょう》の仕業とされ、陰陽師や僧による祈禱《きとう》などが行われ「崇道《すどう》天皇」と称された。

大江篤『日本古代の神と霊』に詳しい。

また、長岡京（京都府向日市・長岡京市）から平安京へ遷都《せんと》したのは早良親王の祟りが頻発《ひんぱつ》したためだとする説がある（喜田貞吉『帝都』、川上多助『平安朝史』、佐伯有清『日本古代の政治と社会』）。ただし、これは実際の史料からは読み取れないことが指摘されている（安井良三「長岡京の廃都と早良親王の怨霊」（『文化史研究』9、10号）、小林清『長岡京の新研究』、林陸朗『長岡京の謎』）。

三十三色に化る妖物［さんじゅうさんしょくにばくるようぶつ］

『強斎先生雑話筆記』（『続日本随筆大成12』収録）に若林強斎が話したものとしてある。

三十三間堂（京都府京都市）に妖物が出て三三色に化けるという話を聞いたある武士が、趣深いと酒瓢箪《さけびょうたん》を持って見に行った。夜が更けると妖物が出て、ある時は恐ろしい鬼となり、ある時は不気味な青入道となった。しかし武士は驚かず盃《さかずき》を持ち「なるほど聞いた通りいろいろと上手に化ける。だがこの通り酒を飲んでいるので、酒の肴《さかな》や焼き味噌《みそ》などに化けて出たら時相応で趣深いだろう」と言うと、妖物は焼き味噌となり、武士は「本物の焼き味噌のようだ」と言って口の中に投げ入れガチガチと噛み潰した。さしもの妖物も一噛みで滅ぼされたのであった。

これを曽呂利新左衛門が秀吉に語ると、秀吉は自分のお忍びでの出歩きを遠回しに諌《いさ》めていると気づき、それ以降出歩かなくなったという。

三年坂［さんねんざか］

京都府京都市の清水寺の北側にある坂。ここで転ぶと三年以内に死ぬという。『山城名所寺社物語』によると、七〇歳ほどの禅門がここで転んだが、にっこりと笑い「明日も知れない命だがまず二年は安心だ」と言ったという話がある。

この坂の名前の由来としては、光明皇后が子安観音を祀《まつ》り産寧坂と名付けられたため、あるいは清水寺ができた翌年の大同三年（八〇八）にできたためといった説がある。

『京都の七不思議　下』、『京都の伝説　洛中・洛外を歩く』、『日本の伝説1　京都の伝説』、『日本伝説大系　第8巻』などにある。

シクマ狸［しくまだぬき］

京都府美山町（現・南丹市）に伝わる。狸には顔に八の字の模様がある「ハチモジ」と「シクマ狸」がおり、人を化かすのは後者だという。この地方では狸については山道で頭上から砂をまく、山道で頭に金玉をかぶせ昼間なのに真っ暗にする、年を経ると人を取って食うようになるなどと言われている。

西浦左門「丹波美山の言葉と民俗」（『近畿民俗』136、137号）にある。

死刑囚の幽霊［しけいしゅうのゆうれい］

京都府京都市に伝わる。かつて山脇東洋という医者は人体の仕組みを知るため、役人に頼んで同志とともに死刑囚の死体を解《かい》剖《ぼう》し、宝暦四年（一七五四）に『臓志』という本を出した。その後、死刑囚の幽霊が枕元に現れ「私は無実の罪で死刑にされました、その私を解剖するとは何と酷《ひど》いことをしてくれたのでしょう」と泣いて訴えた。東洋は解剖が日本人の役に立ったと語り、仏を作り冥福《めいふく》を祈ると言うと幽霊は消えた。東洋はその後、五臓のある阿弥陀如《あみだにょ》来《らい》を作り寺町六角の誓願寺の本尊とし、この如来は半大仏とも呼ばれた。この本尊は台車がついており、天明八年（一七八八）の大火では鴨川に避難させたが、元治元年（一八六四）の大火で焼失したという。

『京の怪談』にある。

七歩蛇［しちふじゃ］

『伽《とぎ》婢《ぼう》子《こ》』にある。

京の東山の西のふもと、岡崎の西に岡崎中納言の山荘がかつてあった所は、長年荒れ果て住む人もなく草が茂っていた。そこに浦井の某という人が、ここには妖蛇が出て人が住めないと言われるも信じず、この土地を買って家を建て移り住んだ。すると三、四尺（約〇・九～一・二メートル）の蛇が五、六匹出て、天井の間を這《は》い回った。浦井は従者に捕まえ捨てるよう言ったが、蛇は鱗《うろこ》を立たせ、頭をもたげ、目をきらめかせたので、従者は恐れ退いた。浦井は怪しみ、杖《つえ》で蛇を突き刺し桶《おけ》に入れて賀茂川に流した。

すると次の日は一四、五匹の蛇が現れ、これを全て捨てると次の日は三〇匹あまりと、捨てるたびに増えていき、最終的には二、三〇〇匹となった。それは五～七尺（約一・五～二・一メートル）あまりの大きさで、白、黒、青い斑などさまざまな色の、両耳が立ち口が紅の蛇で、さらに一部は竜のような形で足のある蛇などもあり、取っても取っても日ごとに倍になり、いつまでも絶えなかった。

浦井は自ら香をたき御幣《ごへい》を立てて地鎮祭をし、「私はこの地を求め金を出して買ったので、この地は私が住むべき所である。蛇はなぜ障《さわ》りをなし怪を起こすのか。地の神である五帝竜王よ、みだりに地の主を苦しめる蛇の怪異を祓《はら》い給え」などと読み上げた。その夜、地面の下で大きな物音がし、夜が明けてみると草原が一夜のうちに全て枯れはてており、砕けた大きな石があった。家臣らがそこを掘り返すと、長さ四、五尺（約一・二～一・五メートル）の蛇が走り出たので、これを皆で打ち殺すと、蛇はわずか四寸（約一二センチ）ほどで、色は紅、両耳と四本の足があり、鱗の間は金色で小竜のような形だった。人にこれを見せても聞いたこともない蛇だとのことだったが、その後南禅寺の僧が来て「これは七歩蛇と呼ばれるものである。もし人がこれに刺されると、強い毒で七歩しか歩けずそのまま死ぬ。このことは仏経に見える」と語った。その後は蛇は現れず、多く湧いて出た蛇は七歩蛇の精だろうとしている。

この話は明代の『五朝小説』の『鉄囲山叢談』にある話の舞台を日本として翻案しているもので、七歩蛇という名前は『阿毘《あび》達磨大毘婆沙論《だつまだいびばしゃろん》』などの仏典に見られる。

死神［しにがみ］

京都府大江町（現・福知山市）に伝わる。昔、みすぼらしい遍路が農家に泊めてくれとやってきて、断ったが庭の隅でもよいというので泊めた。遍路が寝ていると、きれいな僧がやってきて俵《たわら》に乗り、部屋のほうを向いて、その家の長く病気で寝ていた嫁を手招きした。すると嫁が青い顔をして出て来て俵の上にやって来て、僧が用意した首吊りの縄に首をかけようとした。遍路が「いかん」と大声で叫ぶと僧は消えて嫁は気づき命が助かった。遍路は弘法大師で、姿を変えて死神を追い払ったのだという。

『大江のむかしばなし』にある。

蛇橋の女［じゃばしのおんな］

京都府大宮町（現・京丹後市）五十河に伝わる。昔、駒倉の勘助爺《じい》さんという人が木子《きこ》（宮津市）に行く際、吉原にある大きな蛇の骨で作ったという蛇橋の向こうに一七、八の女が正座していた。声をかけても返事もせず、眉《まゆ》ひとつ動かさないので、勘助は気持ち悪くなり走るように木子に向かった。帰りにとても一人で帰れないと言って送ってもらうと、もう女はおらず、座った所の草は一本も倒れていなかったという。『丹後の民話　第一集　いかがのはなし』にある。

酒呑童子［しゅてんどうじ］

『大江山絵《え》詞《ことば》』、『酒伝童子絵巻』、御伽草《おとぎぞう》子《し》の『酒呑童子』、能の『大江山』などにある。「酒顛童子」などとも表記される。

一条天皇の時代、京の若君や姫君が行方不明になることがあり、安倍晴明の占いにより大江山（京都府福知山市・与謝野町）の鬼王の仕業と判明した。長徳元年（九九五）、源頼光、藤原保昌らは八幡、日吉《ひえ》、熊野、住吉の神々に祈った後、大江山へ鬼退治に向かう。頼光らは、山の祠《ほこら》で出会った四人の助言に従い山伏姿になって鬼の城を訪れる。

鬼の城で頼光らは、童子姿の鬼王に出会う。鬼王は酒の席で頼光らに、酒を好むため酒呑童子と呼ばれること、伝教大師や桓武天皇に比叡山《ひえいざん》（滋賀県大津市）を追い出されたことなどを語る。祠の四人から貰《もら》った神変奇特酒（神便鬼毒酒）という鬼を弱らせる酒を頼光が童子に飲ませると、童子は寝床に入る。

その後、頼光らが眷属《けんぞく》の鬼を蹴《け》散《ち》らし寝床に入ると、童子は鬼の姿になって寝ていた。祠で出会った者たちの協力で鬼の首を切ると、首は飛んで頼光の兜《かぶと》に食らいつくが、仲間の兜を重ねて被り難を逃れた。頼光らは囚《とら》われた人々を解放し、鬼の首をもって凱旋《がいせん》する。祠で出会った四人は先に祈った神々であった。

この話に関連して、大江山周辺には酒呑童子や頼光に関する伝説地が多く存在する。

加悦町（現・与謝野町）与謝の二ツ岩は、酒呑童子の飯に入っていた砂を箸《はし》で捨てたものだとされる（『加悦町誌』）。また、亀岡市にあるほうの大枝山では酒呑童子が毎朝口をすすいだ清水があり増井水と呼ばれ（『口丹波口碑集』）、大枝山の老ノ坂には酒呑童子の首を埋めたという（『都名所図会』ほか）。さらに大江町（現・福知山市）天座では、酒呑童子が討たれた旧八月一〇日を「鎌止め」と呼び、昔大江山に草刈りに行くと真っ赤な顔をした怪物が現れたので、鬼の亡霊を鎮めるためこの日は鎌を使わず、牛を小屋から出さないという（『大江町史』）。

高橋昌明『酒呑童子の誕生』、馬場あき子『鬼の研究』、『日本伝説大系　第8巻』、『大江町史』、宮本正章「「大江山伝説」成立考」（『近畿民俗』48号）などに詳しい。

酒呑童子（奈良県）、**鬼石**（兵庫県）、**伊吹弥三郎**（滋賀県）の項目も参照。

鷲峯山の鬼怪 ［じゅぶせんのきかい］

『絵本小夜時雨《さよしぐれ》』（『百鬼繚乱』収録）にある。

ある人が友人とともに鷲峯山（京都府和《わ》束町《づかちょう》）に参詣し、日が暮れて下山しようとすると、山の頂上から異形のものが雲に乗って近づいてきた。二人は坂を転び落ち逃げ帰ったという。

じょうが火 ［じょうがび］

京都府八幡市に伝わる。昔、石清水八幡宮前堤上と山崎の八幡宮社前の二か所の灯《とう》籠《ろう》に毎日火を灯すお務めをする老婆がいた。そこに別の老婆が油代目当てに務めを横取りし、僧形の怪しいものが油をなめに来るからと濁して火をつけなかった。やがてその老婆の企みが露《あら》わになって斬首されたが、それ以来、灯火の時刻になり山崎の灯籠に火がつくと、一団の怪火が唸《うな》りをあげて淀川《よどがわ》の上空を飛来し、八幡の灯籠の所まで来て火をつけた。

これを見た人の話によると、人間の形で首の付け根が火で燃えていたという。また、この火に出会うと火が肩に止まり、するとその人は熱に侵されるという。この時、天秤棒《てんびんぼう》を担いでおくと火は棒の先に止まるとされ、この時間に外に出る人は棒ならばその場に捨てればよいなどと言って天秤棒を担いだという。

渡邊紫染「橋本の渡」（『郷土研究上方』43号）にある。

白髪乱れたる妖物 ［しらがみだれたるようぶつ］

『ばけもの絵巻』（『妖怪百物語絵巻』収録）に描かれている。

北丹波から山城（京都府）へ向かう途中で道に迷った人が仕方なく草原で寝ていると、夜中に生臭い風が起こり、近くの古井戸の中でうめく声がした。

旅人は思わず大声を上げ、念仏を唱えて立ち去ろうとすると、白髪の乱れた怪物が鏡のような眼を開き、紅の舌を動かして、また井戸の中へ入ったという。

死霊の引き合い ［しりょうのひきあい］

京都府西別院村（現・亀岡市）笑路《わろうじ》と柚《ゆの》原《はら》は隣村であるが、片方で男が死ねばもう片方で女が死ぬ、つまり異性が交互に死ぬという。これはお互いの死霊が引き合うからだと言われている。

『口丹波口碑集』にある。

白々としたる手 ［しろじろとしたるて］

『化物草紙』（『新釈日本文学叢書　第7巻　御伽草子集《おとぎぞうししゅう》』収録）にある。

九条（京都府京都市）のあばら家にひっそりと住んでいる女が、栗《くり》をもらったので食べていると、囲炉裏《いろり》から白い手が現れ栗を欲しがるような仕草をした。不思議に思ったが可愛らしい手だったので、さほど恐ろしく思わず栗をひとつ与えると、引っ込んでまた出てきて欲しがった。四、五回ほどで手は出なくなり、不思議に思い翌朝囲炉裏の下を見ると、小さい白い杓子《しゃくし》が落ちて挟まっており、そばには栗もそのままあった。

白むく［しろむく］

京都府大宮町（現・京丹後市）新宮に伝わる。昔、新宮の八郎という男が春に田の畔《あぜ》はぎに行くと、カーンカーンと石に鋤《すき》が当たるような音がした。見ると石の間に白むくというものがいたので、それを持ち帰り箱に入れ大事に飼うと、やがて箱の中にいられないほど大きくなった。白むくが「出してくれ」と言うので出すと、「今は何もお礼ができないが、一か月後の今日の宵《よい》の口に小野坂の登り口で待っていてくれ。そうしたら白い馬に乗った侍が来るので、棒で殴ってやってくれ。もし殴れなかったら、ちょっと待ったら赤い馬に乗った侍が来るので、それを棒でガアンと殴ってくれ。それも殴れなかったら、もう一回待っていたら、黒い馬に乗った侍が来る」と言って山に帰った。

八郎は実際に待っていたが、白い馬の侍は尻《しり》を殴ってしまい、赤い馬の侍は殴るのが早すぎた。黒い馬の侍を殴ると、ガチャガチャと音がして倒れたので、一度戻って翌朝見ると馬の形ほどの山になった銭が落ちていた。白い馬は小判、赤い馬は銀貨だったという。

『丹後の民話　第一集　いかがのはなし』、『おおみやの民話』にある。

新幹線から見える幽霊［しんかんせんからみえるゆうれい］

夜八時前後、京都府大山崎町で新幹線の車窓から男女の幽霊を見たという運転手や乗客が非常に多くいるという。

平野威馬雄『お化けの住所録』にある。

『伽婢子《とぎぼうこ》』にある。

人面瘡［じんめんそう］

昔、山城国小椋《おぐら》（京都府宇治市小倉町）の農民が長く病気で苦しみ、ある時は発熱、ある時は痛風のように全身が痛み、さまざまに治療したが効果がなかった。半年ほど後、左のももの上に瘡《かさ》ができ、鼻や耳はないが人の顔のように目口があった。それ以来、病気は治ったものの、瘡が非常に痛んだ。瘡の口に酒を入れると瘡の顔が赤くなり、飯を入れると人のように口を動かし飲み込み、食事を与えるとその間痛みは止まるが、食事をしない間は強く痛み、農民は次第にやせ細り骨と皮だけになった。さまざまな医者が話を聞いて集まったが、どれも効果はなかった。

ある時、諸国行脚《あんぎゃ》の僧が現れ、農民に「この瘡は非常に稀《まれ》で、この病にかかった者は必ず死ぬが、ある手段で治癒できる」と告げた。農民は「この病気が治るならば田畑を売り払っても惜しくはない」と田畑を売った金を僧に渡した。僧はさまざまな薬種を買い集め、金属・石・土から草木まで本草書にあるものを順に一種類ずつ瘡の口に入れると、瘡は全て呑んだが、貝母《ばいも》（アミガサユリのこと）というものだけは眉《まゆ》を顰《ひそ》め口を塞《ふさ》いで食べようとしなかった。そこで貝母を粉にし、瘡の口を無理に開いて葦《あし》の筒で吹き入れると、七日のうちにかさぶたとなって治癒した。これが世にいう人面瘡だという。

この話は明代にまとめられた『五朝小説』の『諾皐記《だくこうき》』（『酉陽雑俎』の一部）にある話の舞台を日本として翻案している。

菅原道真［すがわらのみちざね］

『北野天神縁起』などにあり、御伽草子《おとぎぞうし》の『天神の本地』や能、浄瑠璃《じょうるり》、歌舞伎などさまざまな物語や芸能の題材になる。

右大臣となった菅原道真は藤原氏に疎《うと》まれて謀反《むほん》の疑いをかけられ、大宰府（福岡県）に流されそこで死ぬ。そしてある真夏の未明、その霊が比叡山延暦寺《ひえいざんえんりゃくじ》（滋賀県大津市）で天台座主《ざす》尊意のもとに現れる。恨みを晴らすのでたとえ調伏の勅宣《ちょくせん》があっても断ってくれという道真に対し、尊意が約束できないと答えると道真は腹を立て、与えられた柘榴《ざくろ》を口に含み炎を吹く。火は妻戸を焼くが、尊意は灑水《しゃすい》の印を結びこれを消す。その後、御所の清涼殿に稲妻が落ち、以後藤原氏は次々と謎の死を遂げる。道真は御霊《ごりょう》として恐れられ、後の北野天満宮（京都府京都市）に天神として祀《まつ》られたとされる。

道真の霊に関する記録として古いものでは、『扶桑《ふそう》略記』で白昼に藤原時平の左右の耳から青龍が現れたとあり、これを道真の霊が顕現したものとしている。また他に『日本紀略』では、醍醐《だいご》天皇の皇太子保明《やすあきら》親王が二一歳で死んだのを道真の霊魂の宿《しゅく》忿《ふん》の仕業としている。

『日本架空伝承人名事典』、『日本伝奇伝説大事典』、『北野天神縁起を読む』、山田雄司『跋扈《ばっこ》する怨霊《おんりょう》』、山田雄司『怨霊とは何か』などに詳しい。

朱雀門の鬼［すざくもんのおに］

『和漢朗詠集見聞』、『長谷雄草紙』、『続教訓抄』、『法華経鷲林拾葉抄』にある。『和漢朗詠集見聞』では次のように書かれる。

中納言の紀長谷雄《きのはせお》のもとにある日、一人の下賤《げせん》の男が現れ「私はある時絶世の美女を手に入れました。もし私を双六《すごろく》で負かせば差し上げましょう」と語る。長谷雄はこれを承諾し、自分が負けたら屋敷や書籍財宝を皆与えると約束する。

長谷雄は男の提案で、朱雀門（京都府京都市）の上で双六を打つことになる。長谷雄は男が鬼だと気づくが、「鬼神は嘘《うそ》をつかない、約束を違えるな。私も賢人なので嘘はつかない」と双六を始める。双六をしていると男は正体を現し、目は金椀《かなまり》に似て、牙は剣のようで、頭は夜叉《やしゃ》のよう、手は熊手のようだった。しかし長谷雄は全く恐れず、一〇勝ほどした。

鬼は約束通り、一七、八歳ほどの美女を連れてきて、「くれぐれも、一〇〇日過ぎるまで姦淫《かんいん》するな」と告げて帰る。しかし長谷雄は五〇日で姦淫してしまい、すると女は溶けてなくなる。

長谷雄はその後鬼に会い、大声で約束を違えたことを責められる。恐れた長谷雄が菅原道真の霊に拝むと、道真の「何者だ、どうした」という声がし、鬼は逃げる。そして長谷雄は北野社で漢詩を作った（この話は、全体を通してこの漢詩の由来譚《たん》として書かれている）。女は鬼が死人の骨を集めて作ったもので、一〇〇日経つと本物の人間になったのだという。

『法華経鷲林拾葉抄』では、登場人物が長谷雄ではなく都良香《みやこのよしか》となっているなど、話はそれぞれで細部に差異があり、揚暁捷『鬼のいる光景―『長谷雄草紙』に見る中世』にまとまっている。

また、『江談抄』、『続教訓抄』、『十訓《じっきん》抄《しょう》』などでは、笛《ふえ》の名人（『江談抄』では浄蔵上人、『続教訓抄』『十訓抄』では源博雅）が朱雀門で笛を吹いていると鬼から笛をもらう話がある。この笛は葉が二つあり「葉二」と名づけられたという。

こちらについては妹尾恵里「横笛「青葉」伝承の生成と流布」（『日本語日本文学論叢』13号）にまとまっている。

崇徳院［すとくいん］

『保元物語』、『平家物語』、『太平記』などにあり、能の『松山天狗《てんぐ》』や『雨月物語』などの題材としても広まる。

鳥羽天皇の死後、後白河天皇と崇徳上皇（崇徳院）との対立が激しくなり保元の乱が勃発《ぼっぱつ》、敗北した崇徳院は讃岐《さぬき》（香川県）に流された。崇徳院は五部大乗経を三年がかりで書写し石清水八幡宮（京都府八幡市）に奉納しようとするが、後白河上皇の側近に拒まれる。怒った崇徳院は、「日本国の大魔縁となり、皇を取って民となし、民を皇となさん」と舌先を食い切った血で誓文を書き、髪も爪も切らず生きながら天狗の姿となり、後に平治の乱を巻き起こす。

『愚昧記《ぐまいき》』、『玉葉』などでは実際に、安元三年（一一七七）の宮中大極殿の火事など、近年京で起こる事態が讃岐院（崇徳院のこと）の怨霊《おんりょう》の仕業だとし、新たに崇徳院と号して鎮魂しようとした記録がある。また崇徳院の書いた五部大乗経については『吉記』に記される。

軍記以外の資料から見る崇徳院の実像や怨霊譚《たん》の成立過程などについては、山田雄司『崇徳院怨霊の研究』に詳しくまとまっている。

相撲をとる二人［すもうをとるふたり］

『化物草紙』（『新釈日本文学叢書　第7巻　御伽草子集《おとぎぞうししゅう》』収録）にある。

七月頃、兵衛府を勤める男が簾《すだれ》を上げて寝転がり外を見ていると、秋のように荻の葉が涼しい風にそよぎ、風情を感じながら夜が更けていった。すると月はないが星の光が明るい中、一二、三歳ほどの非常に細い男が現れ、そこへさらに非常に太って背が低い男が現れ、二人で相撲を取っていた。二人は何度も相撲を取るが勝負はつかず、兵衛府の者が「あれは誰だ」と言うと二人は荻すすきの茂る中に入った。不思議に思い従者に確かめさせたが、そこには誰もいなかった。次の夜、独身なのでいつも夜を一人で過ごす兵衛府の者が同じように外を見ていると、同じように二人が相撲を取った。化け物だと思い弓で射ると二人に当たり倒れたので、人を呼んで火をつけて見たが何もなかった。門も閉じられているのにどこへ行ったのかと不思議に思い、夜が明けてよく調べてみると、大きなアリとダニが取っ組み合って死んでいた。

是害房［ぜがいぼう］

『是害房絵』にある。是害房を描いた絵巻は諸本によって細部が大きく異なるが、共通する大まかなあらすじは次の通りである。

康保三年（九六六）春、唐の天狗《てんぐ》である是害房は、唐のあらゆる僧の法力を凌駕《りょうが》したため、次に日本にやってきて愛宕山《あたごやま》（京都府京都市）の「日羅坊《にちらぼう》」に案内を頼んだ。日羅坊とともに比叡山《ひえいざん》（滋賀県大津市）に行った是害房は余慶律師らに返り討ちにあい、「平山聞是房《もんぜぼう》」ら日本の天狗の忠告も聞かず続けて良源座主《ざす》慈恵《じえ》大師を襲い、護法童子に打ちのめされる。

傷ついた是害房を賀茂川（京都市）で湯治させるため輿《こし》に乗せて運んでいると、小天狗たちが次々と是害房を囃《はや》し立てる。そして是害房は治療後、日羅坊らに名残を惜しまれつつ帰っていく。

ほぼ同様の話は『今昔物語集』にもあるが、ここでは天狗の名前は「智羅永寿《ちらようじゅ》」となっている。是害房という名前は『天狗草紙（七天狗絵）』に登場する「是骸房」が最も古いとされる。また是害房の話は能の『善界』としても広まり、その後は逆に謡曲の影響を受けた絵巻も作られている。

久留島元「天狗説話の展開―「愛宕」と「是害房」」（『怪異・妖怪文化の伝統と創造』）に詳しい。

叢原火［そうげんび］

『新御伽婢子《しんおとぎぼうこ》』、『翁草《おきなぐさ》』（『日本随筆大成 第3期 第24巻』収録）、鳥山石燕《せきえん》『画図百鬼夜行』にある火。

『新御伽婢子』では次のようにある。

西院の南にある壬生寺《みぶでら》（京都府京都市）のそばの草が茂り松が生えた野原には、闇夜に霊火が必ず飛ぶ。この火は普通の火と異なり青く光り、ある時は草のそばに、ある時は空にと、一か所に留まらず、俗に「宗玄火」と呼ばれる。

昔、ここの地蔵堂に宗玄という下法師がおり、寺の灯籠《とうろう》に灯をつける役割を占有していたが、その心は鬼畜であり、賽銭《さいせん》や奉納をかすめ取り灯の油を盗み売ることを数年続けていた。やがて宗玄は死んだが、その業《ごう》のために苦しめられ、臨終の顔は恐ろしい顔つきで、人々は宗玄の日頃の行いを思い返し舌を巻いた。それ以来、地蔵堂の周りの野原には灯籠ほどの大きさの火が飛んだ。ある時村人の夢に宗玄が現れ、「我は壬生寺の宗玄である。これこれのことがあって今は焦熱地獄の猛火に焦がれ、この悪行を償う苦しさよ。魂魄《こんぱく》の一魄はこの地に残り、昼夜苦しみが身を焼くのだ」と言い、さらにしきりにこのことを言おうとしたが跡形もなく消えた。それ以来村人はこの火を宗玄火と呼んだという。

　寛文年間（一六六一～一六七三）辺り、ある男が西院から京に帰る途中、雨が降り道が暗い所に光がさし、大きく寄り集まった火の中に法師の頭が現れた。男は「あ」と言ってたちまち気絶し、明け方に通行人に薬と水を与えられ気が付き、このことを語ったという。

　また、ある人は宗玄という人は実在せず草原という意味で「叢原火」と書くのが正しいとしているが、思いつきにすぎず信用できないと書かれている。

『翁草』では千本の郊野に出るもので「**六反火**」と同様に燃えるとある。ここでは、宗玄という山伏が処刑された火と言われるが、ある人の言う通り「叢原火」が正しいのではないかとしている。

『画図百鬼夜行』では「叢原火」として描かれ、俗に朱雀の「宗源火」と呼ぶとしている。

『諸国里人談』（『日本随筆大成　第2期第24巻』収録）には**油盗人**や**油坊**（ともに滋賀県）と同様のものとして七条朱雀の「道元が火」という名前が挙がっているが、こちらも叢原火のことだろうか。

宗旦狐［そうたんぎつね］

相国寺《しょうこくじ》（京都府京都市）の伝説にある狐。**お辰狐**と並ぶ風流狐で、囲碁《いご》が上手く茶道にも造詣《ぞうけい》が深かったとされ、宗旦稲荷として祀《まつ》られている。

　昔、相国寺の茶室で千利休の孫の千宗旦が茶を点《た》てていたが、終わって一同が戻った後になって本物の宗旦が「遅くなりました」と現れた。偽《にせ》の宗旦が「申し訳ございません、私はこの寺に古くから住む狐で、日頃宗匠のお手前に感心し自分でもやってみたいと思い、宗匠の姿をお借りして茶道を楽しみました」と謝るので一同は許し、宗旦は一層有名になったという。

　宗旦狐には他にも、僧に化けた宗旦狐が相国寺の会計係を命じられ、経営を立て直したという話や、碁をやっていると尻尾が出て、指摘されると「これは失礼」と言ってひっこめた話、源平合戦を詳しく語ったとする話などさまざまな伝承が伝わっている。

　ある時宗旦狐は茶席で「お別れの挨拶《あいさつ》に参りました」と言い、人々が止めるも「私は運命を知っております」とどこかへ姿を消した。すると翌朝竹藪《たけやぶ》の中で鉄砲にあたって倒れているのが発見され、人々は非常に惜しんだという。また、藪の前の八百屋の小僧が猟師に狐の住処を知らせたのが原因だったため、八百屋はやがて絶えたという。

また宗旦狐の最期については次のような話もある。相国寺前の豆腐屋が経営難で困っていたところ、宗旦狐が蓮《はす》の葉を取ってきてこれを盆に売るよう助言した。その資金で店は立ちなおし、豆腐屋は宗旦狐に礼として鼠《ねずみ》の天ぷらを出した。宗旦狐はこれを食べると神通力を失うといって断ったが、我を忘れ食べてしまい、正体を出したところを犬に追いかけられ井戸に入って死んだという。

『京都民俗志』、『京都・伝説散歩』、『伝説と碑史《はいし》　上方篇1』、『京の怪談』、『京都の伝説　洛中・洛外を歩く』、『日本の伝説1　京都の伝説』、『日本妖怪散歩』などにあり、古くは『喫茶余録』にも名前がみられる。

算盤坊主［そろばんぼうず］

「算盤小僧」とも。京都府西別院村（現・亀岡市）笑路《わろうじ》の西光寺のそばに一本の榧《かや》の木があり、そこを夜遅く通ると坊主のような男が木の下で算盤をはじくという。これを算盤坊主といい、狸《たぬき》の仕業とか、昔この寺の小坊主が計算を和尚に叱《しか》られこの木で首を吊ったのだとか言われている。

『口丹波口碑集』、『丹波の伝承』にある。

【た】

倒れる木［たおれるき］

京都府吉川村（現・亀岡市）穴川の小澤という家にある木。夜ここを通ると木が倒れてきて、豪胆な者がそれを踏んでいこうとするともとに戻り、持ち上げてしまうという。また、時には木の根元に大入道が立ち、それを掴もうとするとたちまち消えるという。狐狸《こり》の仕業とも言われている。

『口丹波口碑集』にある。

高入道［たかにゅうどう］

『絵本小夜時雨《さよしぐれ》』（『百鬼繚乱』収録）にある。

天明年間（一七八一〜一七八九）の末期、御幸町五条（京都府京都市）の北に化け物が出るとされた。そこに住む銭屋九兵衛という者が深夜に外に出ると、月明かりで明るかったがにわかに空が曇り真っ暗闇となり、高さ一丈（約三メートル）あまりの高入道が九兵衛を睨《にら》んで立っていた。九兵衛が木の棒を投げつけると高入道は消え、もとの月夜となった。その後は化け物は出なくなったという。

竹切狸［たけきりだぬき］

京都府保津村（現・亀岡市）に伝わる。大年という所の竹藪《たけやぶ》で夜中に竹を切る真似をしてときどき村人を騙《だま》すという。はじめはチョン、チョンと竹の小枝を掃《はら》う音をさせ、続いてギイ、ギイと株の所を切る音を立て、最後にザ、ザ、ザと倒す音をさせるが、翌朝行ってみると竹は切られていないという。

『丹波の伝承』にある。

田辺の狐［たなべのきつね］

『変化物語』（『丹後変化物語』、『丹後国変化物語』とも）にある。

丹後国加佐郡田辺（京都府舞鶴市）の津田（澤田とも）藤十郎利信という侍が住む屋敷で、利信が京に行っている間に従者たちが家の中にいた五匹の狐を狩ろうとする。それ以来、屋敷には一つ目の大入道をはじめとしたさまざまな姿の怪物が現れ、またさまざまな怪が起こるようになる。

京から戻った利信は犬を使って狐狩りをするが、全ての狐を捕らえることはできなかった。その後も怪は続くが、やがて狐は氏神の朝代《あさしろ》大明神と騙《かた》り、尼公《にこう》（祖母）らに対し「踊りを奉納せよ、愛宕山《あたごやま》太郎坊の母や子にお供えをせよ」などと告げる。尼公らはそれを信じ、反対する利信には知らせず、お告げの通りに行動し続ける。年が明けると、逆に愛宕山太郎坊の使いが奉納の返しとして豪華絢爛《けんらん》な踊りを見せるなどといったこともあった。

怪が続く中、利信は八幡大菩薩《だいぼさつ》に誓願し、怪女に化けた一匹の狐を斬り串刺し磔《はりつけ》にして「一〇日以内に消えなければ一匹残らず微塵《みじん》にする」と狐に告げる。すると神仏を騙っていた狐は「大唐から客が来るので帰る」と尼公に告げた。それ以降屋敷には怪が起きなくなり、お告げは続くが尼公らも熱心には信仰しなくなる。

『國華』１０７巻11号通巻１２８０号に詳しい。

玉藻前［たまものまえ］

『玉藻の草子』や『玉藻前物語』などの御《お》伽草子《とぎぞうし》にあり、後に能の『殺生石』や浄瑠《じょうる》璃《り》をはじめ題材としてさまざまに受容される。

近衛天皇の時代（一一四一～一一五五）、鳥羽院の寵愛を受ける化生前《けしょうのまえ》という美女がいたが、ある日の管絃《かんげん》で体から光を放ち玉藻前と呼ばれるようになった。やがて鳥羽院は病気になり、高僧が祈禱《きとう》をするも効果がなかった。しかし陰陽頭の安倍泰成が、玉藻前の正体を那須野（栃木県）の八〇〇年を経た二尾の狐であると見抜く。そこで玉藻前に祭礼の御幣取《ごへいと》りの役をさせようとすると玉藻前は姿を消し、上総介、三浦介の二人が退治に向かう。なかなか仕留められず苦戦する二人だったが、神仏に祈ると玉藻前が夢で命乞《いのちご》いをし、その後無事に那須野で狐を退治する。これを帝の前で再現したのが犬追物の始まりであるという。

加えて、狐が「殺生石」という命を奪う石になり、源翁（玄翁）という僧がこれを砕く、という話が続くことがある。これについては御伽草子と能の『殺生石』との前後関係が議論されている。

また先述の通り御伽草子での玉藻前は二尾の狐だったが、『絵本三国妖狐伝』、『絵本玉藻譚《ものがたり》』などでは「白面金毛九尾の狐」などと書かれるようになる。これらでは天竺《てんじく》の華陽夫人、殷《いん》の妲己《だっき》あるいは周の褒姒《ほうじ》、日本の玉藻前と、九尾の狐が過去に悪女となり国を傾かせた三国それぞれの物語が綴《つづ》られる。これは御伽草子や『下学集』、『神明鏡』などに見られる、玉藻前がかつて天竺の塚の神や周の褒姒であったという記述が元になっており、また内容は明代の『春秋列国志伝』を元にした近世日本の『絵本通俗武王軍談』や、明代の『封神演義』などの影響を受けていることが指摘されている。

川島朋子「室町物語『玉藻前』の展開—能〈殺生石〉との関係を中心に」（『国語国文』73巻8号）、伊藤慎吾「妖狐玉藻像の展開—九尾化と現代的特色をめぐって」（『学習院女子大学紀要』22号）などに詳しい。

丹波の大蛇 ［たんばのだいじゃ］

『丹波志』、『丹後田辺府志』にある。

昔、篠村（京都府亀岡市）の東、大江山（大枝山）の西麓《さいろく》の大池に大蛇が住んでおり、多くの通行人を食っていた。ある時、夫婦がそこを通ると大蛇が女を呑んだので、夫は刀を持って池に対峙《たいじ》し大蛇を斬った。大蛇の血で池が赤（丹）く染まったため国を丹波と呼び、下男は主人が生きて帰ったことを安心したためこの地を生野と呼んだという。

『口丹波口碑集』などにも類話があり、こちらではさらに池の水が大江のようにあふれ男を流し命を拾ったため、里を大江と呼んだとしている。

また、網野町（現・京丹後市）の丹池についても同様に丹波の語源となったとする大蛇の伝説があり、亀岡市の例とともに『日本伝説大系　第8巻』にまとまっている。

ちんじの一つ目小僧
［ちんじのひとつめこぞう］

京都府舞鶴市小橋に伝わる。昔、船で野原から成生《なりゅう》へ行く途中にあるちんじの浜という所で、漁に出ていた親子が魚が取れず一休みして食事をしていた。すると、小さい子どもくらいの背丈《せたけ》でちゃんちゃんこを着て、丸い大きな頭をして口が耳まで裂け、顔の真ん中に目が一つある者が声をかけ「もう長いこと何も食べてないので何か食うものをくれ」と言った。父親はこれが人を食うというちんじの一つ目小僧だと気づき、握り飯を遠くへ放ると、小僧はそれを食べ「もっとくれ」と言った。それを繰り返しているうちに小僧が近づいてきて、握り飯がなくなったので、父親は子どもに「船の中の魚を取ってこい」と言った。魚はいないという子どもに父親は一緒に探してやろうといって船に乗り、親子はそのまま逃げた。小僧は波打ち際で「だまされた、餌《えさ》に逃げられた」とオイオイ泣き、子どもは「ちんじの浜に火ィヒッカリコ、ホー、ホッカリコしとったなあ」と恐ろしそうに言った。この言葉は現在も伝えられているという。

『わが郷土―丸山小学校創立百周年記念誌』、『舞鶴の民話　第4集』にある。

土蜘蛛
［つちぐも］

『平家物語』（屋代本）、『土蜘蛛草子《ぞうし》』などにある。

『平家物語』では次のように書かれる。昔、源頼光が瘧《おこり》の病になり、祈禱《きとう》も効かず自宅（京都府京都市）で三〇日余り臥《ふ》せっていた。そしてある時まだ高熱が出たが、その後少し落ち着いたので、看病していた頼光四天王は部屋に戻っていった。その夜、丈七尺（約二・一メートル）ばかりの僧が現れ、頼光に縄をかけようとした。頼光が「何者だ」と枕元の名剣膝丸《ひざまる》で切り付けると、騒ぎを聞きつけた四天王がやってきて、見ると灯台の下に血痕があった。その跡をたどると、血は北野社の塚に続いており、掘ると中には四尺（約一・二メートル）ほどの「山蜘蛛」がいたので、鉄の串《くし》に刺し河原にさらした。これにより膝丸を蜘蛛切と称したという。この話は能の『土蜘蛛』や浄瑠璃《じょうるり》、歌舞伎などの題材としても広まっている。

『土蜘蛛草子』（東博本）ではまた異なる次のような話が書かれる。源頼光と渡辺綱が北山の蓮台野で空飛ぶ髑髏《どくろ》を見つけ、それを追って神楽岡の貴族の屋敷跡にたどり着いた。そこでは二九〇歳だと名乗る異様な老婆や、顔が二尺（約六〇センチ）で体が一尺（約三〇センチ）の老婆、その他さまざまな姿の化け物が次々と現れた。そして明け方近く、美人が現れ、鞠《まり》ほどの大きさの白雲のようなものを頼光らに投げかけてきた。頼光が切り付けると女は消え、刀は礎石に当たって折れたが、周辺に血痕があり、たどると西の山の洞穴に至った。その中には蔵のような古屋があり、二〇丈（約六〇メートル）ある「山蜘蛛」が現れ、折れた刀の先を飛ばしてきた。蜘蛛を掴み出して首を切ると、頼光が切り付けた腹から一九九〇の首が出て、さらに脇腹からは七、八歳くらいの子どもの大きさの無数の小蜘蛛と、また二〇ほどの首が出てきた。この功績により、源頼光は摂津守、渡辺綱は丹波守の位を賜《たまわ》ったという。

『日本架空伝承人名事典』、『日本伝奇伝説大事典』、伊藤慎吾『室町戦国期の文芸とその展開』、本多康子「武家の妖怪退治譚―中近世における土蜘蛛退治説話の変容」(『国文学研究資料館紀要』43号)、須藤真紀「「土蜘蛛草紙」成立の背景をめぐって」(『説話文学研究』37号)などに詳しい。

また『洛中洛外怪異ばなし』、『京都・伝説散歩』、村上健司『日本妖怪散歩』などによると、京都市内には蜘蛛塚とされる所が二か所あるという。そのひとつは北野天満宮近くの東向観音寺境内の蜘蛛塚、もうひとつは上品蓮台寺の「頼光朝臣塚」とされる。

ツチノコ［つちのこ］

全国に伝わる蛇。

『丹波町誌』や坂井久光「槌《つち》の子蛇」(『あしなか』94号)によると、京都府丹波町(現・京丹波町)では「鋤《すき》の床《とこ》」と呼ばれる。昔、岩の町にあるお稲荷さんの近くの川で魚釣りをしようとした子どもがこれを見つけ、すぐに気絶し、その場に倒れ二日後に死んだ。そのため、今でもこの辺りで釣りをする人はいないという。

西浦左門「丹波美山の言葉と民俗」(『近畿民俗』１３６、１３７号)によると美山町(現・南丹市)ではツチノコを「ドッテンガエシ」とも呼ぶ。体長三、四〇センチで太く短く、胴体は黒く、目は光っており、横に転がるのではなくドッテンドッテンと縦に転がりながら頭突きを食らわせるような格好で体当たりをし、その瞬間に毒を吹くという。

『夜久野町史　第1巻』によると夜久野町(現・福知山市)柿本の二ノ谷では「よこづち」、「てんころづち」と呼ばれ、明治から大正の頃には夏から秋口になると山の斜面から転がり落ちてきたという。

土山新兵衛の火［つちやましんべえのひ］

京都府田辺町(現・京田辺市)に伝わる。昔、西八の土山に新兵衛という綿花商人が住んでいたが、文化一二年(一八一五)六月の木津川の氾濫《はんらん》で一家全員綿蔵に避難するも流され、北ヶ原の淵《ふち》に沈んだ。それ以来、命日の夜に淵から青い人魂が土山に向かって往復した。「吉原とおるなら真中とおれ、端は狐の穴ばかり、大住《おおすみ》ゆきたや土山が怖い、土山新兵衛の火が怖い」という端唄《はうた》は大正頃まで歌われたという。

『田辺町近代誌』にある。

釣瓶下ろし［つるべおろし］

「釣瓶落とし」とも呼ばれ、木から降りて

くるものとして近畿地方を中心に伝わる。

『口丹波口碑集』によると、京都府曽我部村（現・亀岡市）のとある家の前に生えている榧《かや》の木には鶴瓶下ろしが「夜なべすんだか、釣瓶おろそか、ぎいぎい」と言って下りてくるので、夜はその木の下を通る人はいなかったという。また曽我部村では、一本松あるいは与力松と呼ばれる松からも首が下りてきて通行人を引っ張り上げて食べるという。そして人を食った後二、三日は満足して下りてこないが、しばらくするとまた出ると言われている。

『丹波の伝承』によると、富本村（現・南丹市）青戸の木に出現する狸《たぬき》のようなもので、下を通る人を釣瓶ですくい上げて食ったという。また詳細は書かれていないが、園部城（南丹市）の不明門のそばの古井戸の横に生えている椿《つばき》の古木に古狸が憑《つ》き、夜な夜な「釣瓶コカシ」が出るとされ、女子供は寄り付かなかったという。

井上頼寿「洛南随筆（二）」（『郷土研究上方』68号）によると、京都市河原町の銀杏《いちょう》に釣瓶がかかって人の首が上がったり下がったりしたという。

『古今百物語評判』（『続百物語怪談集成』等収録）にも京都に出た鶴瓶下ろしの記述がある。ある人が五月に西の岡（乙訓《おとくに》郡一帯）に行った帰り、西院（京都市）の藪《やぶ》の近くで雨が降る中に大木の上から鞠《まり》のような火の玉が上下するのを見たといい、それに対し山岡元隣が俗にいう釣瓶下ろしであると答えている。

【な】

泣き石［なきいし］

京都府千代川村（現・亀岡市）川関にある石で、この辺りでは知らない人はいないという。山陰街道を作る際に割ろうとしたところ、叩くたびに泣いたという。また、「つまらん、つまらん」と言って自然に泣いていたという話や、石屋が発掘したが思いがけず石があまり出なかったので石屋が泣いたとか、山陰街道を作る際に石が固すぎて会社が泣いたとする説もある。

『口丹波口碑集』にある。

鉈ヶ淵の大緋鯉［なたがふちのおおひごい］

京都府久美浜町（現・京丹後市）奥山に伝わる。昔、ある村人が竹を切っていたところ、誤って大鉈を淵に落とした。数日後、淵に大きな緋鯉が泳いでいた。村人たちがこれを釣ろうとし、一人が吊り上げると、鯉は大きく跳ね大鉈に代わり、釣った人の頭を二つに割って再び淵に沈んだ。それ以来、この淵は鉈ヶ淵と呼ばれたという。

『熊野のたび』（『京都の伝説　丹後を歩く』収録）にある。

業平の火［なりひらのひ］

京都府京都市西京区大原野に伝わる。十六夜《いざよい》の夜、上羽《うえば》の在原業平の墓にある樟《くすのき》の大木の枝に青白い火の玉が燃え、業平の火と呼ばれた。火は物悲しく人恋しいように見え、弧を描くように北へ飛び、北春日町南茶屋の池に落ち、しばらくして池から飛び立つとまた樟に戻って消えていくという。かつて南茶屋で業平に恋した娘が池に身を投げたが、それを後に聞いた業平が哀れに思いつつこの世を去り、その魂が死後に火の玉となって娘のところへ会いに行くのだという。

『大原野』（『京都の伝説　洛中・洛外を歩く』収録）にある。

縄簾［なわのうれん］

『新説百物語』（『続百物語怪談集成』収録）にある。

京城の物（未詳）を雨などがそぼ降る夜に通ると、縄のれんのような物が顔にかかり、先に進みづらくなる。無理に行こうとすると傘《かさ》のろくろの部分を持って引き留められ動かせず、どうにかして行くとその後は何もないという。昔から現在まで絶えず何人もあったと噂されているという。

にわとり坂［にわとりざか］

京都府西本梅村（現・南丹市）に伝わる。殿谷《とのだに》にある坂で、横に塚が二つあり金の鶏が埋まっているという。ある藩主がこれを掘り出そうとすると、そのたびに白羽の矢が途切れることなく飛んできて、誰も掘り出すことができずに現在に至るという。また、村人がこれを掘ると村人が流行病で全員死滅するという。

『丹波の伝承』にある。

鶏の復讐［にわとりのふくしゅう］

京都府舞鶴市瀬崎に伝わる。昔、野崎の沖では赤鯛《あかだい》が釣れていたが瀬崎では釣れなかった。そこで村の知恵者である兵吉が試しに飼っている鶏の肉を餌《えさ》にして釣ると大漁になり、村の人々はこの方法で釣りをするようになった。ある日、村中の鶏が鳴いたので朝かと思った村人たちが漁に出ると、実は夜中であったため魚は釣れず、海は荒れ、大きな鶏が空一杯に羽を広げ飛んでいた。漁師は船ごと海に引き込まれ、村の鶏は「思い知ったかーこけこっこー」と一斉に鳴いた。それ以来、鳥の肉で魚を釣らなくなったという。

『舞鶴の民話　第3集』にある。筆者命名。

鵼〔ぬえ〕

『平家物語』などにある。「鵺」とも。なお、鵼を鳥の名（トラツグミ）とした上での出現記録も『平家物語』をはじめ多くの資料にみられるが、本項目では怪物的要素があり、後に鵼と呼ばれた特定の怪についてのみ記述する。

　仁平《にんぺい》年間（一一五一～一一五四）、夜な夜な丑《うし》の刻頃東三条（京都府京都市）の森から黒雲がやって来て御所を覆ったので、近衛天皇は怯え恐れ、高僧らが大法秘法を行ったが効果がなかった。寛治年間（一〇八七～一〇九四）に堀河天皇が夜な夜な怯えた際は、紫宸殿《ししんでん》の大床で源義家が弓を三度鳴らし名乗りを上げると収まったので、今回も同様にと当時まだ兵庫頭である源三《げんざん》位《み》頼政が選ばれた。

　頼政は不平を言うも、勅命なので信頼する家臣の井早《いのはや》太《た》ただ一人を連れ、矢を背負わせ、自身は山鳥の尾で作った矢を二本持ち紫宸殿の大床に向かった。これは一本で変化の物を射損ねた場合に、頼政を変化退治に推薦した源雅頼の首を射るためのものだった。

　そしていつもの時間に黒雲が現れ、御所の上にたなびいた。頼政はきっと見上げ、雲の中に見えた怪しい物に対し、決死の思いで「南無八幡大《だい》菩薩《ぼさつ》」と矢を射た。手ごたえがあり落ちてきたところを、井早太が近づき続けざまに九回太刀で差した。人々が見ると、頭は猿、胴《どう》は狸《たぬき》、尾は蛇、手足は虎（『源平盛衰記』では頭は猿、背は虎、足は狸、尾は狐、『源平闘諍録《とうじょうろく》』では頭は猿、身は狸、尾は狐、足は猫、腹は蛇）、鳴く声は鵼に似ている、非常に恐ろしいものだった。

　天皇は感心し、頼政に師子王という剣を授けた。その際、藤原頼長が天皇から剣を受け取り頼政に渡そうと御前の階段を半分ほど下ると、四月一〇日あまりだったのでホトトギスが鳴き、頼長は「ほととぎす名をも雲井にあぐるかな」と詠んだ。すると頼政は膝《ひざ》をつき、月を横目に見ながら「弓はり月のいるにまかせて」と続け、剣を受け取って退出したので、天皇も臣下も感心したという。また、この変化の物はうつろ船に入れて流されたという（『源平盛衰記』では清水寺の丘に埋められたとされる。**毛朱、鵺の亡心**（近畿広域）の項目も参照）。

『京都・伝説散歩』、村上健司『日本妖怪散歩』によると、二条公園内の鵺大明神は鵺が落ちた所とされ、また近くの池は鵺池と呼ばれ鵺を射た矢じりを洗った所と伝えられている。

ぬっぺりほう

『新説百物語』（『続百物語怪談集成』収録）にある。

三条（京都府京都市）の西の丸屋某という薬売りが寄り合いで東山辺に行き、河原で酒を飲んで四条を西へ帰っていたところ、河原の下を見ると何やらうごめくものがあった。酔っていたこともあり近寄ってよく見てみると、人の形だが目口鼻耳はなく、朝瓜のような大きさの頭で、何も言わず這《は》いまわっていた。ここで初めて恐ろしくなったので足早に帰り翌日友人などに話すと、これはぬっぺりほうという化け物ということだった。

その後、丸屋某はまた黒谷へ商売に行った帰り、夜の初め頃に二条河原を通っていると、河原の中程にまた同じものがうごめいていた。足早に通るとするすると這いよって裾《すそ》に取り付いてきたので、振り切って一目散に宿に帰り、裾を見てみると何の毛かわからない太い毛が一〇筋ほどついていた。

濡髪童子［ぬれがみどうじ］

知恩院（京都府京都市）の七不思議のひとつとなっている、傘《かさ》にまつわる伝説。本堂が建てられた頃、雨に濡れたおかっぱ頭の童子が人々に交じって霊巌和尚《おしょう》の説教を聞いていた。和尚が不思議に思いどこの子かと童子に尋ねると、童子は堂の所の穴に住んでいた狐で、住処を壊された復讐をしようとしていたが説教を聞いて改心したのだと語った。気の毒に思った和尚は、童子に南無阿弥陀仏と書いた傘を与えた。後に傘は庇《ひさし》の下に差し込まれて返されており、狐は濡髪堂に濡髪大明神として祀《まつ》られ火災の守護とされた。現在では濡髪堂は濡の字から、濡れ場をまとめる縁結びの神として水商売の人々にも信仰されているという。

また、この傘については別の伝説もあり、左甚五郎が建立の際、あまりに瑕疵《かし》がないと却ってよくないとしてわざと忘れていたのだともいう。

『京都・伝説散歩』、『日本の伝説1　京都の伝説』、村上健司『日本妖怪散歩』、西田利八「古都の伝説」（『旅と伝説』10巻12号通巻120号）などにある。

鼠の妖怪［ねずみのようかい］

『狗張子《いぬはりこ》』（『近代日本文学大系　第13巻』収録）にある。

応仁年間（一四六七～一四六九）、京の四条に徳田某という大商人がいたが、応仁の乱の最中に京に住むのは危ないと思い、北山賀茂の親類にひそかに頼んで賀茂の古御所を買った。長年人が住んでいない屋敷で荒れ果てていたが、ざっと掃除して引っ越し、それを聞いて祝いの言葉を述べにやってきた親族たちと一日中饗宴《きょうえん》をした。そうして皆が酔いつぶれた夜中、外から大勢の人がやって来る音がし、門を叩いた。徳田が怪しんで開けてみると、衣冠で正装をし、立派な髭《ひげ》のある人が入ってきて「私はこの屋敷のもとの主である。私の一人息子が今夜結婚するのだが、婚礼を行うには私の今の家は狭く汚い。今夜だけこの屋敷を貸してくださらんか、夜が明けたらすぐに立ち去りましょう」と言い、言い終わらないうちに婚礼の行列が入ってきた。

　そうしてその人々は総勢二、三〇〇人で盛大な酒宴を行っていたが、やがて徳田や親族を招き「このようなめでたい時に遠慮はいらない、ここへ来て遊びなされ」と言い、徳田たちは座敷に入った。新婦は一四、五歳ほどで少し細く色白く、また類《たぐい》まれな美人であり、侍女もみな花のような艶《つや》やかな美女だった。皆が騒ぐ中、たわむれに新婦の手を取り大きな杯を無理に勧めると、新婦は我慢できないといった表情であちらこちらへ逃げ隠れた。それを捕まえようと騒いでいるうち、風が激しく吹き、灯を全て消した。驚いて火をつけると誰もおらず、夜が明けてよく見ると、持ってきた道具はひとつもなく、徳田の秘蔵の茶道具から食器、家具などが全て噛みちぎられていた。しかし床の間にあった、誰の筆ともわからない牡丹《ぼたん》の下に猫が眠っている絵の掛け軸だけは被害がなく、皆は怪しみ眉《まゆ》をひそめた。

　村井澄玄という博学な老儒者は徳田に対し、これは鼠のなす妖怪であり、絵とはいえ猫を恐れたため掛け軸には近づかなかったのだと述べた。そして蛙《かえる》に対する蛇など恐れるものの例をいくつか引用し、さらに猫を恐れている鼠にこれ以上の妖怪をなすことができるものかと、その鼠を退治することを提案した。屋敷から一町（約一〇九メートル）ほど東の石が小高く積み重なった所の下に穴があり、中に年取った鼠が無数にいたので、これを全て捕らえて殺し埋めると、その後は何もなかったという。

化け石〔ばけいし〕

　京都府畑野村（現・亀岡市）にある石。昔、騎馬の一隊がここを通ったところ、大猫が現れ武士に飛びついたが、先頭の隊将が刀で真っ二つに斬って通り過ぎた。これは石の化けたもので、今でも人里から一里（約三・九キロ）離れた山中に、二つに割れた血の付いた石があるという。『口丹波口碑集』にある。

妖怪宅地［ばけものやしき］

『閑散余録』（『日本随筆大成　第2期　第20巻』収録）にある。

　京に化け物屋敷があり、安く人に貸しても五日か一〇日すると必ず妖怪が現れ、借りた人は恐れ住まなくなった。そこである剛強な書生がここに住むと、妖鬼も恐れたのか二、三か月は害をなさなかった。鉄石の心には妖性も恐れたのだろうと書生が少し気を抜いた頃、ある日朝早く手水鉢《ちょうずばち》に向かっていると、手水鉢から毛が多く生え太く逞《たくま》しい腕が一本現れた。それ以来書生も恐怖を感じ、ついに引っ越したという。その後しばらく空き家となっていたが、三宅丹治（三宅尚斎）がこれを聞いてここに移り、丹治がいる間は何の怪異もなかったという。

　『閑散余録』では丹治に対し、「仲尼《ちゅうじ》（孔子のこと）は已甚《はなはだ》しきを為さざる者なり」の言葉を挙げ、たとえ根拠のない噂であったとしてもこのような所に近づくべきではないとしている。

橋立小女郎［はしだてこじょろう］

天橋立《あまのはしだて》（京都府宮津市）に住むという化け狐で、人を騙《だま》したという話が多く残っている。

　ある農民が大根を小舟に一杯積んで夕方帰っていると、松の間から見知らぬ娘に「その舟に乗せてください」と言われた。これは小女郎狐に違いないと思い、乗せるやいなや縄で縛り、帰るとすぐに青松葉を燃やしその上に女を投げ込んだ。しかしそれは大根で、狐はすでに逃げていたという。

　また、成相寺《なりあいじ》の文海という小僧は、橋立明神のそばを通るたびに穴に油揚げを置いてやって長い時間かけて仲良くなり、ついに狐の玉を借りたという。

　『みやづの昔話　北部編』、井上正一「特集　奥丹後半島の伝承」（『季刊民話』通巻一号）にある。

橋姫［はしひめ］

　橋に祀《まつ》られる女の神として広く伝わるが、中でも宇治（京都市）の橋姫は古くから知られていたらしく『古今和歌集』に「さむしろに衣かたしき今宵《こよい》も我を待つらむ宇治の橋姫」、「千早ぶる宇治の橋守汝《なれ》をしぞあはれとは思ふ年の経ぬれば」と歌われている。

　『奥儀抄』、『顕注密勘』、『古今集註』の『山城国風土記』逸文、御伽草子《おとぎぞうし》の『橋姫物語』では「さむしろに」の歌に対し次のような説明をつけている。昔、妻が二人いる中将がいたが、本妻である宇治の橋姫が病気になり七尋《ななひろ》のワカメを欲しがった。男は探しに行った際に竜王に婿《むこ》にとられ行方不明になるが、本妻が男を探しに行くと男が海から現れてこの歌を詠む。後妻も同様にするが、歌を聞いて本妻のみを恋しがっていると思い嫉妬《しっと》し飛びかかると、男は消え失せた。

『古今為家抄』ではこの歌に別の説明がつけられている。昔、宇治川のほとりに住む夫婦がおり、夫が竜宮の宝を求めて行方不明になった。妻は悲しんで宇治橋のもとで死に、神になったという。

『平家物語』（屋代本）、『源平盛衰記』では次のような話が書かれる。嵯峨《さが》天皇の時代、ある公卿《くぎょう》に非常に嫉妬深い娘がおり、貴船神社（京都府京都市）で妬《ねた》ましい女を殺せるよう祈る。そして娘は髪を五本の角のように結び、鉄輪《かなわ》を頭につけその三本の足に松明をつけ、顔を赤く塗り、両端が燃える松明《たいまつ》をくわえ鬼形となり、宇治川に走って行った。これを見た京の人々はみな肝を潰《つぶ》しそのまま死んだという。その後娘はお告げの通り川に二一日間つかり、生きながら鬼となる。これが宇治の橋姫だという。そして妬ましい女や自身を粗末に扱った男、その親族などを自在に取り殺し、京中の者に恐れられる。しかし最終的に一条戻橋で渡辺綱に腕を切られ逃げ去る。この話は能の『鉄輪』のもとにもなっている。

『伽婢子《とぎぼうこ》』には次のような話がある。昔、宇治の岡谷式部という男の妻は非常に嫉妬深く、他所《よそ》の恋愛話にも腹を立てるほどで、岡谷も外に出さなかった。岡谷もあまりのことに離縁しようとしたが、妻は「もしそうするならば鬼になって取り殺してやる」と罵《ののし》った。ある時、岡谷は『源氏物語』を引き合いにして「そなたは美しいのだから猛々《たけだけ》しく嫉妬しなさるな」と妻を注意した。すると妻は自分の見た目を嫌ってほかの女に心を移したのかと思い激怒し、「変化《へんげ》して浮気性な男に思い知らせてやる」と言って髪を逆立たせ口を大きくし、大きな目を血走らせ涙を流し、走って宇治川に飛び込んで行方不明となった。七日後の夜、岡谷の夢に妻が現れ「我は死んで川の神となった。橋を渡って縁談する者があれば必ず破談させる」と告げた。それ以来、橋を渡って縁談すると必ず離縁するとされた。また船で渡った場合は美しくない女ならば問題ないが、美しい女が渡ると波風が立ち、船が危うくなるとされ、波風が立たなければ花嫁が美しくないことが人々に知られたという。この話は明代にまとめられた『五朝小説』の『諾皐記《だくこうき》』（『酉陽雑俎』の一部）にある話の舞台を日本として翻案したものである。

『日本伝奇伝説大事典』、桑原博史「宇治の橋姫伝説と橋姫物語―中世小説成立の一過程」（『国語と国文学』36巻6号）、『京都の伝説　乙訓・南山城を歩く』などに詳しい。

八九郎狸
［はちくろうだぬき］

京都府京都市中京区高瀬川筋四条上ル東の路地に、「臼《うす》大明神」とされる臼が石祠《いしぼこら》に祀《まつ》られており、願いをひとつだけ聞くと言われている。これは大津紺屋関（滋賀県）に住んでいた八九郎狸が住処を失って臼の中に移ったとされ、託宣によって一度に祠を営まず次第に築いていくのだという。また、祠の下には穴が開いており、昼は蓋《ふた》がされているが、夜は八九郎狸が夜遊びできるようにと外されている。

一説には、臼大明神とはゼウスのことであり、キリスト教宣教師からもたらされた信仰だともいう。

井上頼寿『京都民俗志』、村上健司『日本全国妖怪スポット4』にある。

ババメ［ばばめ］

京都府京丹後市網野町下岡の落谷にいたという怪物。昔から、「落谷に行くならば腰に鎌をさしていけ」と言われていた。

ある時村の若者二人が落谷に出かけると、ババメがあっという間に一人をくわえ、鎌首を振り上げ、地面に二度三度とたたきつけ、跡形もなく粉々にした。

生き残った一人が村に帰りそのことを告げると、勇敢な若者が退治を志願した。この二人で再び落谷に行くと、ババメが現れ若者の一人を丸のみにした。若者は喉を鎌で切り裂き、外にいた男も切りかかった。ババメは若者を吐き出して退散した。若者はすぐに元気を取り戻したが、頭髪は再生しなかったという。その後、若者の夢枕にババメが現れ、「殺生の罪滅ぼしにこれからはすべての生物の命を守護しよう」と語った。

後年、大きな山津波の際、下岡の田に立《たち》臼《うす》のようなババメの背骨が転がってきたという。

『丹後の伝説』（『京都の伝説　丹後を歩く』収録）、井上正一「奥丹後物語　草稿」（『季刊民話』通巻一号）にあり、後者では恐竜の一種らしいと書かれている。

班女塚［はんじょづか］

京都府京都市下京区高辻通室町西入ル上ルにある塚。

『宇治拾遺物語』には、班女塚という名前は出ないが次のような由来が語られている。

昔、長門国（山口県）の前任の国司に二人の娘がいた。姉は結婚しており、妹は宮仕えの後は家に戻り結婚相手もおらず、両親の死後は姉妹で高辻室町（京都府京都市）の家に住んでいた。その妹は二七、八で病死し、奥は狭いので妻戸口に死体を置いていたが、やがて姉たちは鳥辺野（墓地）に死体を持っていった。しかしそこで棺《ひつぎ》を車から降ろすと、棺は軽く蓋《ふた》は少し開いており、中には何もなかった。落としたのかと思い探すも見つからず、家に帰ると妻戸口にもとのようにあった。翌朝、今度は棺の蓋をよく閉めたが、夕方には蓋が開きやはり妻戸口に戻っていた。再度動かそうとすると大木のように動かず、年長者が「ただただここにいたいと思っておいでですか。ではここに置きましょう。しかしこれでは見苦しいでしょうから」と妻戸口の板敷を壊して下ろそうとすると、軽々と下すことができた。しかたなくそこに塚を作り、家の人も皆よそへ移った後、年月が経ち神殿も壊れてなくなった。なぜかこの塚の辺りは気味悪いと伝えられ誰も住み着かず、塚だけが今も残っているという。

『京都・伝説散歩』によると、班女という

名は男に捨てられた女の故事によるとも、「針才女」の訛《なま》りともされている。またこの塚の前を縁談で通ると破談になる、班女は商売繁盛に繋《つな》がるなどとも言い伝えられ、かつて毎年五月二五日には班女の霊を慰めるため神輿《みこし》を担いでいたという。

ピシャどん［ぴしゃどん］

京都府大宮町（現・京丹後市）五十河《いかが》に伝わる。西山の百合道という道をある人が雨の昼下がりに歩いていると、ピシャピシャと音を立てて黒い衣を着た小坊主のようなものがついてくるように見えた。足を止めると音は消え黒いものも見えなくなり、また歩き出すと音がした。そうして後ろを振り返りながら歩いているうち、赤土で水を吸わない道だったため足を滑らせ尻もちをつき、それ以来西山にはピシャどんが出ると噂されたという。

『丹後の民話　第一集　いかがのはなし』にある。

引原権助［ひっぱらごんすけ］

京都府京丹後市網野町に伝わる。木津から網野への引原峠《とうげ》に出たという古狸《ふるだぬき》で、祭りの帰りのご馳走を食い荒らしたり、小川の水たまりを風呂と思わせたりなどして人を化かしていたが、新庄や今井の人々が石地蔵を建立し僧が読経すると姿を消した。

その後、引原権助は塩江の五石の山に移って、嵐の夜に浜辺のあちこちで火を燃やし、船をおびき寄せ、難破させて食料や積み荷を奪うようになった。しかしやはり塩江の人々が山の上の峠に石地蔵を建立し、僧が読経したので、引原権助は但馬《たじま》（兵庫県）へ移った。

引原権助は但馬の山で人を化かしていたが、山で木こりが焚火をしているところに老婆に化けて近づいたところを、尾が見えていたために燃えた丸太で叩かれついに退治されたという。

『網野町誌　下巻』、井上正一「奥丹後物語　草稿」（『季刊民話』通巻一号）にある。

人鬼［ひとおに］

『伽婢子《とぎぼうこ》』にある。

丹後国野々口（京都府南丹市園部町）という所に与次という者がおり、その祖母は若い頃は類《たぐい》なく放逸無慚《ほういつむざん》だったが、一六〇歳余りで尼《あま》になった。与次はすでに八〇歳余りで孫も多かったが、祖母は与次を孫として子どもに接するように叱《しか》ることがあり、与次も祖母に孝行し養っていた。この祖母は年をとっても目もよく見え、耳もよく聞こえ、九〇歳ほどで歯が全て抜けたが一〇〇歳ほどでまた生えてきた。

この祖母は、昼は家で麻苧《あさお》を紡《つむ》ぎ、夜は家を出てどこかへ向かっていた。これを怪しんだ子や孫が後をつけると、祖母は振り返って大声で叱り、杖《つえ》をつきながら飛ぶように早く歩き、結局行方はわからなかった。祖母は筋肉が衰え両目は白目が碧色《へきしょく》になっており、取る食事も少ないにもかかわらず、気性は若者も敵わないほどだった。

ある時祖母は曾孫《ひまご》らに「自分の留守に部屋の戸を開くな、絶対に部屋を覗くな、もし開いたら大いに恨むぞ」と言い、家の者はみな怪しんだ。そしてある日、昼に出た祖母が夜更けまで帰らなかったため、酒に酔った与次の末っ子がこっそり部屋を覗いた。すると犬の頭、鶏の羽、幼児の手首、人の頭蓋骨《ずがいこつ》や手足の骨が大量に竹垣に積み重ねてあった。末っ子は驚いて与次に伝え、皆でどうするか話し合っていると、帰ってきた祖母が激怒し、両目を丸く開き輝かせ、大声を震わせ、走り出ていき行方不明となった。

その後、大江山（福知山市・与謝野町）の辺りで木こりがこの老婆に会ったが、その際は白地の帷子《かたびら》の両褄《りょうづま》を帯に挟み、杖をついて飛ぶような速さで頂《いただき》に上っていた。そして老婆が猪《いのしし》を捕まえて押し伏せたのを見て、木こりは恐ろしくなって逃げ帰ったという。これは生きながら鬼になったに違いないとしている。

この話は明代の『五朝小説』にまとめられた『談淵』にある話の舞台を日本として翻案したものである。

人喰姥［ひとくいうば］

『新御伽婢子《しんおとぎぼうこ》』にある。

大宮丹波屋町（京都府京都市）の六右衛門という米商人が一〇月中頃の夜、親しい人の病気の見舞いに室町錦小路に行く際、村時雨《むらしぐれ》の絶え間なく降る中、傘《かさ》を傾けて四条を進んでいると、堀川の辻《つじ》の橋で北西の町木戸の柵《さく》から「のうなつかしや六右衛門」と這《は》い出る者がいた。月明かりに色合いはわからなかったがそれは八〇ほどの老婆で、白髪を振り乱し、目は赤く、口は耳まで裂けていた。大手を広げて掴みかかろうとするので下駄と傘を打ち捨てて逃げた。翌朝見舞いから帰る際にまた堀川を通ると、下駄に大きな歯形が付き噛み砕かれ、傘は引き裂かれ骨も柄も曲がっていた。ある人は、この辺りに雨が降り暗く気味の悪い風が吹く夜には人喰姥というものが出るというので、それだろうと語った。明暦年間（一六五五〜一六五八）、壬生《みぶ》の水葱宮《なぎのみや》に人喰姥というものが住んで幼い子どもを取って食うとされ数日騒ぎになったのだという。

人杖［ひとづえ］

京都府大宮町（現・京丹後市）に伝わる。寛文八年（一六六八）から一二年（一六七二）にかけて作られた、谷内から周枳《すき》に流れる周枳井溝を通水する際、三坂堺のしょうが鼻（干潮ヶ鼻）から下流へは設計に誤りがあるわけでもないのに水が流れなかった。そこで村人は神力にすがるしかないと考え、全員を集めて声をそろえて「さあ越せ、さあ越せ」と叫ぶと、水は一気に越し始めた。以来この溝に水が絶えたことはなく、この出来事は人杖と呼ばれ言い伝えられている。

『大宮町誌』にある。

ヒャッカゲ［ひゃっかげ］

「ヒャッカメ」とも。京都府京丹後市に伝わる鬼で、節分に来て鍋輪や鍋つかみを持っていくとされる。そのため節分には、柊《ひいらぎ》に鰯《いわし》やジャコを付けたものを全ての門に付けておき、一年使用した鍋輪や鍋つかみを捨てにいく風習がある。

弥栄町《やさかちょう》和田野ではヒャッカゲは色白で顔に煤《すす》を塗った鬼であり、悪さはしないが鍋輪や鍋つかみの煤を顔に塗って帰るという。

弥栄町国久、吉沢、峰山町橋木などでは豆まきをしない家があるが、それは先祖がヒャッカゲに助けられたからだという。

また、子供を脅す際に「ヒャッカゲが来るぞ」などと言われることもある。

『京丹後市の民俗』にある。

百鬼夜行［ひゃっきやぎょう］

多くの鬼が夜に徘徊《はいかい》することを示す言葉として、『今昔物語集』、『宇治拾遺物語』、『大鏡』などで見られる。

『今昔物語集』では次のように書かれる。

延喜年間（九〇一〜九二三）、藤原常行が夜中に女に会いに行く途中、美福門（京都府京都市）を通ると東大宮大路のほうから多くの人々が松明《たいまつ》を持って騒いでやって来た。常行が神泉苑の北の門から中に入り身を隠し、何者かと覗き見ると、それはさまざまな恐ろしい形をした鬼であった。

そして鬼は常行の気配に気づき捕まえようとするが、「これまでだ」と近くにも寄らず走り去り、疑問に思った別の鬼がやって来るがこれも戻っていき、ついに鬼たちに命じていた鬼が直接やって来るもやはり戻っていった。理由を聞かれた鬼が「尊勝《そんしょう》陀羅尼《だらに》がいらっしゃったのだ」と言うと、松明が一斉に消え、鬼たちは散り散りに走り去った。帰宅した常行は熱を出し、乳母にあったことを話すと、乳母は「去年兄弟の阿闍梨《あじゃり》に尊勝陀羅尼を書いてもらい、着物の襟《えり》に入れていたのです。それがなければどうなっていたことか」と額に手を当て泣いた。その後、常行は熱を出したが、祈《き》禱《とう》などによって、三、四日ほどで回復した。暦を見ると、常行が外出した日は忌夜行日（後述）だった。

『口遊《くちずさみ》』や『拾芥抄《しゅうがいしょう》』などによると、特定の日（一、二月子日《ねのひ》、三、四月午日《うまのひ》、五、六月巳日《みのひ》、七、八月戌日《いぬのひ》、九、一〇月未日、一一、一二月辰日《たつのひ》）は「百鬼夜行日」（『暦林問答集』では「忌夜行」）として外出が戒められている。また、「かたしはや、ゑかせせくりにためるさけ、てゑひあしゑひわれゑひにけり」という呪文で百鬼夜行の難を避けられるという。これは『古事記』にある「堅石も酔人を避く」という諺《ことわざ》と関連したものだろうか。

田中貴子『百鬼夜行の見える都市』に詳しい。なお名前から誤解されがちだが、俗に『百鬼夜行絵巻』と呼ばれる土佐派の絵巻群については、先述の説話集等に見られる百鬼夜行の様子を描いたものではないことが同書ですでに指摘されている。

火を吐く鳥［ひをはくとり］

京都府保津村（現・亀岡市）下浜の高橋周辺に伝わる。五月頃、蛍狩《ほたるが》りや魚取りに夢中になっていると、鳥のようなものが急に耳をかすめて鋭く一声鳴く。その瞬間、顔から顎《あご》にかけて熱湯をかけられたような感覚になり、目はくらんで何も見ることができず、少しの間意識がなくなる。これを仮に火を吐く鳥と言い伝えているという。

『丹波の伝承』にある。

木中の怪童［ぼくちゅうのかいどう］

『絵本小夜時雨《さよしぐれ》』（『百鬼繚乱』収録）にある。

永禄年間（一五五八〜一五七〇）、一条（京都府京都市）のそばの古い家に松並久太という侍が移り住んだ。その家の居間の柱にはなぜか深い穴が開いていたが、その穴からは小さい子どもが顔を出して久太を招いた。久太は穴の上に経を付けたりいろいろと祈禱《きとう》をしたが効果がなく、子どもは「出て早くこちらへ来たれ」と招いていた。友人の平塚某という剛の者が狙いすましこれを斬ると子どもは穴に戻り、その柱を切ってみると古い鼠《ねずみ》が死んでいた。

骨を抜くばけ物［ほねをぬくばけもの］

『諸国百物語』（『百物語怪談集成』等収録）にある。

京の七条河原の墓地に化け物がいると噂になり、若者たちが賭けをしてある男が夜中にその墓地に行った。男が墓地に来た証拠に杭《くい》を打ち紙をつけて帰ろうとすると、八〇歳ほどで頭は白髪、身の丈《たけ》は八尺（約二・四メートル）ほどあり、顔は夕顔の花のように白くやつれ、目が手のひらにひとつあり、前歯二本をむき出した老人が、この男めがけて追いかけてきた。

男は肝も魂も失せ、近くの寺に逃げ込み助けを求めると、寺の僧が男を長持の中に入れた。すると化け物は寺に追いかけてきて、辺りを見回し帰ったようだったが、長持の近くでは犬が骨をかじるような音と呻《うめ》き声がした。僧はあまりの恐ろしさに屈《かが》んでいたが、もう化け物も帰っただろうと思い長持を開けると、男は骨を抜かれ皮だけになっていたという。

ホモラ［ほもら］

京都府伊根町新井に伝わる。大正時代、ある兄弟が黒鯛《くろだい》釣りに行くと、ホモラがきれいな布で船を飾って帆を上げて真正面に向かってきた。弟は「何か来た、来た、危ない、ぶち当たるがな」と言うが、ホモラのことを知っていた兄は弟が怖がると思い、「自分は見えない、お前は見えるのか」と言った。しかし弟が「また来た、また来た」と言い続けるので、黒鯛は釣れていたが釣りをやめて弟を連れて帰ったという。ホモラは亡霊で、いろいろな形で現れるのだという。

『丹後・伊根の民話』にある。

【ま】

舞姫 ［まいひめ］

京都府舞鶴市に伝わる。大波下の深い谷に岩鼻という所があり、薪《たきぎ》を作り持ち帰る村人は岩鼻の下にある二つの岩で休んでいた。昔、ある老婆が薪を作った帰りに急に苦しくなり、やっとここまで来て休んでいると、上の岩鼻の上に羽衣姫の美しい舞姿が現れた。老婆がうっとりと眺めていると苦しみは次第になくなり、無事帰ることができた。それ以来、休み場を極楽岩、岩鼻を舞姫岩と呼んでいる。

『舞鶴市史　各説編』にある。

迷わし神 ［まどわしがみ］

『今昔物語集』、『宇治拾遺物語』にある。『宇治拾遺物語』では「迷神《まよいがみ》」とされる。

三条上皇が石清水八幡宮（京都府八幡市）に詣《もう》でた際、左京職の邦利延《くにのとしのぶ》（俊宣）という人が供奉し、長岡の寺戸（向日市《むこうし》）という所まで行った。人々は「この辺には迷わし神が出るという」と言い、利延も「そう聞いているな」などと言い合って進んでいると、日が暮れ山崎の辺りまで着いているはずが、長岡を過ぎ乙訓《おとくに》川を越えたかと思うと、また寺戸の手前の桂川があり再び寺戸についた。

夜になり通行人も一人も見えなくなり、利延は寺戸の西の板葺《いたぶき》の家の軒下で夜を明かした。翌朝利延は「自分は左京の官人なので九条（京都市）までに留まっておくべきなのに、ここまで来たのはまったく意味がわからない。それに同じ所を繰り返し廻ったのは、九条辺りから迷わし神が憑《つ》いたためだろう」と思い、家に帰った。

　これは利延が実際に語った話だという。

マホ［まほ］

　京都府和知町（現・京丹波町）仏主に伝わる。かつて喜助という分限者の蔵に対して、「ごうそう（強訴）」と言って人々が蔵から田んぼに反物を千切って放り出すことが行われていたが、その時狸《たぬき》か狐かわからないがマホというものが必ず山から下りてきて手伝い、終わるとまた山へ帰っていったという。

　この強訴については実際に、園部藩の物産係の悪徳に怒った暴徒が、万延元年（一八六〇）六月二日に岡本喜助という生糸・茶問屋を襲ったという記録がある。

　麻生玫美・角田直美『丹波物語』にある。

丸物［まるもの］

『番神絵巻』（『室町時代物語集　第5』収録）にある。

　ある夕方、内裏《だいり》へ一塊の黒雲が来て、御殿の上で全く動かなくなり、天皇は非常に重い病を患った。そこで位の高い僧が集まって非常に大掛かりな祈禱《きとう》を行ったが、全く効果がなかった。

　しばらくして博士に占わせたところ、武士を従えるよう言ったため、すぐに武士を集め弓を揃《そろ》え、万人の中から千人を、その中から百人をと選んでいき最後に一人、頓《とん》窪《くぼ》という者が残った。

　この者に命じたところ、まず弓の様子をあらため、全力で一晩試し射ちをし、鏑矢《かぶらや》一対と狩矢一対のあわせて四本を準備し、嶋国《しまくに》という家臣を連れて大床に登った。

　まず雲の様子を見たところ、かすかな声で「丸物、丸物（的のこと）」と鳴いて動きまわり、身の毛もよだち失神しそうなほど恐ろしい様子であった。

　しばらくして頓窪が鏑矢を雲へうちこむと、雲がざざめき、鳴く声が途切れなかった。すぐに二本目の矢を命中させ、大床に落ちたところに嶋国がつづいてとどめをさすと、それは顔が八寸（約二四センチ）わずかにあるばかりで目はひとつ、手は六本のもので、名前がわからないので鳴く声をとって「丸物」と言ったという。

水の精［みずのせい］

『今昔物語集』にある。

　昔、陽成院は二条通りの北、西洞院通りの西、大炊御門《おおいのみかど》通りの南、油小路通りの東の二町（京都府京都市）に住んでいたが、陽成院の死後は冷泉小路が開き北は人家となり、南は池などが少し残っていた。

　南にも人が住むようになった夏頃、西の対屋《たいのや》の縁側にある人が寝ていると、三尺（約九〇センチ）ほどの老人が現れ顔を触った。怪しく思ったが恐ろしさで何もできず寝たふりをしていると、老人はゆっくりと帰り、池の淵《ふち》でかき消すように消えた。

　その池は手入れする人もなく浮き草や菖蒲《しょうぶ》が生い茂り、非常に気味の悪い所だった。

その後も毎夜老人が顔を触るので、これを聞いた人は皆怖がったが、ある勇敢な者はこれを捕えようとし、苧縄を準備し一晩中一人で縁側にいて待っていた。宵《よい》の頃には何も現れなかったが夜半を過ぎた頃、待ちかねて少し寝ていた時に、顔に冷たいものが当たったので、待ってましたとばかりに目を覚まし苧縄《おなわ》でこれを高欄に縛った。

人を集めて見てみると、浅黄の裃《かみしも》を着た三尺（約九〇センチ）ほどの弱々しげな老人が縛られて瞬きをしていた。質問をしたが老人は答えず、しばらくすると老人は少し笑って辺りを見回し、か細い声で「盥《たらい》に水を入れて私にくれないか」と言った。大きな盥に水を入れて老人の前に置くと、老人は「我は水の精ぞ」と言って水に飛び込んで消えた。盥の水はかさが増えて縁からこぼれ、縛った縄はそのまま水の中にあり、老人は水になって溶けて消えたので、人々は驚き怪しんだ。その後、盥の水はこぼさないよう抱えて池に入れられた。それ以来、老人が現れることはなくなったという。

みとじ

京都府舞鶴市に伝わる、宮の川に住んでいたとされる大きなアワビの化け物。

三浜には次のような話がある。昔、みとじは宮川橋を通る娘を下からのぞいてひやかしていた。ある時、みとじは橋を通った勘七という力自慢と相撲《すもう》を取ろうと誘った。一度は投げられた勘七だが、勘七は「お前が殻の中から裸で出たので柔らかくて潰《つぶ》れてはいけないと飛んでやった」と言い、お互い裸で相撲を取ることになった。すると今度は、みとじがいくら押しても勘七は動かず、やがて貝であるみとじは干からびそうになり降参した。勘七はふんどしに石を多く詰めていたのだった。それ以来、みとじは娘をひやかしたりしなくなったという。

小橋には次のような話がある。昔、三の滝にいたみとじはときどき美しい鯉《こい》に化け、近づいた人を水に引き込んで食べていた。ある時、六部がこの話を聞いて退治に向かうと、美しい鯉が泳いでいた。六部が手を伸ばすと徳雲寺の鐘の音が鳴り、それが「やめとけえ、とったらあかん」と聞こえた。六部はその後無事にみとじを退治し、三の滝にはみとじがいなくなったという。

また小橋では、海でおぼれて死んだ者の肛門が開いていると、「みとじが引いた」と言う。

『わが郷土―丸山小学校創立百周年記念誌』、『舞鶴の民話』、『舞鶴の民話　第2集』にある。

みなづき様［みなづきさま］

京都府富本村（現・南丹市）観音寺に伝わる。帽子をかぶった人のような姿をした五尺（約一・五メートル）ほどの木の株で、寺に祀《まつ》られている。これには瓜の初物を供えるのだという。

もとは屋賀《やが》に祀られていたが、国分川が洪水をおこし人々を苦しめたので、人々は怒ってこれを川に投げ捨てた。みなづき様は川を上り観音寺の橋の下でキーキーと鳴いていたので、これを拾い上げて祀り、拾い上げた七月には毎年踊りをするようになった。踊りを始めた初年は隣村から喧嘩に来た者がいるという。

『口丹波口碑集』にある。

源融の霊［みなもとのとおるのれい］

『今昔物語集』、『宇治拾遺物語』にある。

嵯峨《さが》天皇の第一二皇子である源融の住んでいた河原院（京都府京都市）は、源融の死後に子孫から宇多上皇に奉られ、醍醐《だいご》天皇もよく訪れていた。

ある夜中、西の対の塗籠《ぬりごめ》（個室）から、太刀を携え笏《しゃく》を持ち正装した人物が現れ、宇多上皇の二間（約三・六メートル）ほど先にやって来た。上皇が「何者か」と聞くと「この家の主の翁《おきな》でございます」と答え、重ねて「融大臣か」と聞くと「その通りです」と答え、さらに「何の用か」と聞くと「私が住んでいる家なのに上皇がいらっしゃるので窮屈に思います。いかがすべきでしょうか」と言った。上皇が「これはおかしなことを言う。人の家を奪い取ったとでも言うのか。あなたの子孫から受け取っているからこそ住んでいるのだ、霊といえども道理を知らずになぜそのようなことを言うのか」と言うと、霊は消えその後現れることはなかった。人々はこれを聞き、普通の人にはできないことだと敬い語り伝えたという。

『古事談』や『江談抄』にも源融の霊が出る話があるが、こちらでは少し話が異なる。源融は「御息所《みやすんどころ》を賜《たまわ》りたい」と言い、宇多上皇が断ると源融は上皇の腰に抱き着き、御息所は失神した。その後、浄蔵法師が祈禱《きとう》して御息所は息を吹き返したという。

『洛中洛外怪異ばなし』に詳しい。

目五ツの女［めいつつのおんな］

『閑田次筆』（『日本随筆大成 第1期 第18巻』収録）に山崎の人から聞いた話としてある。

宝寺（京都府大山崎町）の下に住む猟師は鉄砲の名人で、飛ぶ鳥もよく撃ち落としていた。その後猟師は山家《やまが》（綾部市）に移り住み、ある朝猪《いのしし》を取ろうと山に入ると、なぜか美しい女がいた。怪しく思い付いていくと、女は小倉明神という社《やしろ》を巡っていったが、やがてキッと猟師を睨《にら》み、その目が五つになった。猟師は驚いて逃げ帰り、以後殺生をやめて農業を仕事としたが、それまでの殺生の罪によってか程なくして足腰が立たなくなり、二人の子どものうち一人は早死にし、一人は皮膚病になった。

毛朱［もうしゅ］

『平家物語』（長門本）、『源平盛衰記』にある。『源平盛衰記』では「毛じゅう」と表記される。

平清盛は清水寺（京都府京都市）に千日参りを行った後、両目が抜け出て空を飛んで消えるという夢を見た。吉か凶かと尋ねる立て札を清水寺の大門に立てておくと、ある人が「嘆きを見る目を捨て吉事を見る新しい目になるという相だ」と言ったので、清盛は立札をとって果報を待った。

七日後の夜、紫宸殿《ししんでん》に鵺《ぬえ》（トラツグミ）の声がし、一匹の鳥が飛んできた。左衛門《さえもんの》尉《じょう》であり近くにいた清盛は藤原経季の呼ぶ声にはせ参じ、紫宸殿に朝敵がいるのでこれを捕らえよと命じられた。

清盛は、目に見えるとはいえ空を自由に飛びまわるものを、ましてこの暗さで音しか聞こえないものをどのように取れというのか、と思ったが、天竺《てんじく》の獅子《しし》をとった大臣や漢の暴れ虎をとった者、あるいは本朝の雷をとった臣下などの例を思い出し、音に向かってとびかかった。すると鳥は清盛の左の袖の中に飛び入り、取ることができた。

見るとそれは小さな鳥で、何という鳥かわからず、評定すると毛朱だということだった。毛朱とは年老いた鼠《ねずみ》の唐名（中国での呼び方）である。陰陽博士を呼んで占わせると、博士は「本朝（日本）でも漢（中国）でもこのようなことは稀だが、垂仁天皇三年二月二日、毛朱が皇居に変をなしたことがあった。これを捕えようとしたができず外に出すと、七年の大疫癘《だいえきれい》、七年の大《だい》飢饉《ききん》、七年の大兵乱が発生し、二一年間憂いが絶えなかった。清盛が勅命を重んじてこれを取ったのは吉事である。一六年間天災は起きないだろう」と天皇に申し上げた。鳥はその後、内裏の南面から切り出した竹の中に入れられ、清水寺の岡に埋められた。この塚は後に天皇が病気の際に祈禱《きとう》が行われ、毛朱一竹塚と呼ばれた。

『善庵随筆』（『日本随筆大成 第1期 第10巻』収録）では「毛朱」とは「毛末《もみ》」の誤記で、すなわちムササビのことだろうとしている。

【や】

夜叉ばあさん［やしゃばあさん］

京都府城陽市寺田に伝わる。昔、玉池のそばに何度嫁いでも陰気や理屈っぽいなどと言われ戻される女がいた。七度目にやつれ果てた姿で戻されて以降、女はときどき池のほとりで人目を避けたたずんでいた。その後、女は髪を切り「この年になってまでよそにやらんといて、もし叶わんかったら尼《あま》にならせて」と家の者に頼んだが、髪が伸びるとまた後妻の話が持ち上がった。女が家を抜け出し声を殺して泣いていると、月明かりで池に映った姿が夜叉の姿になっており、女はあらんかぎりの声を上げて池に沈んでいった。その後、丸石を積んだ墓が夜叉の墓として作られ、今では墓のことも忘れられたが、池のそばの松の木に人の顔のこぶができ、夜叉ばあさんと呼ばれた。また、嫁入りの行列はこの池を避ける風習がある。

『宇治・山城の民話2』、『城陽の民話と暮らし』にある。

八岐大鹿［やまたのおおしか］

京都府美山町（現・南丹市）に伝わる。

昔、大和国（奈良県）に香野（甲賀）太郎、次郎、三郎という兄弟がいた。ある時兄弟の母親が病気になり、七声半鳴く牝鹿《めじか》の肉が食いたいと言ったので、兄弟はやっとのことで見つけ出し肉を食わせた。その後、三郎は姓を満野として猟師となった。

その後、和銅六年（七一三）、丹波の山の中に住む八つの頭と一六本の角を持つ大鹿が暴れまわり人々を困らせるので、帝はこれを退治するよう三郎に命じた。三郎は自分めがけて飛びかかってきた鹿を弓で射て大鎌で斬り殺したという。三郎が矢を作り弓を削る際に、矢の材料となる箭竹《やだけ》が一夜で生じたのが弓削《ゆげ》村矢谷、狩衣《かりぎぬ》を脱いで甲冑《かっちゅう》を身に着けたのが衣懸山、鹿の血が赤く染めたのが赤石ヶ谷、大鹿を斬ったのが俎岩《まないたいわ》、甲冑を脱いだのが鎧岩《よろいいわ》、都に上がる際に祠《ほこら》を建て感謝したのが佐々里の知井八幡宮、三郎の一〇人の従兵が開拓したのが知井十苗と呼ばれる知井村であるという。

『京都府北桑田郡誌』、『口丹波口碑集』、西浦左門「丹波美山口碑集」（『近畿民俗』110号）にある。

山名宗全の亡霊［やまなそうぜんのぼうれい］

京都府京都市上京区山名町に伝わる。夏の雨の夜、山名宗全の亡霊が大勢の手兵を引き連れ東へ進軍し、その鎧兜《よろいかぶと》の擦れ合う音やざわめきが聞こえるという。

『京都・伝説散歩』にある。

山ひょう［やまひょう］

京都府大宮町（現・京丹後市）谷内に伝わる。水戸谷の峠《とうげ》にいるもので、旅人の足の裏から油をとるという。

『おおみやの民話』にある。

山姥の餅［やまんばのもち］

京都府美山町（現・南丹市）に伝わる。一月一五日には山姥が谷川に餅を流すとされ、子どもはこれを楽しみにしており、朝早く起きると台所や囲炉裏《いろり》に、親が拾ったという餅が置いてある。これを食べると体が丈夫になるとされ、一五日の朝に小豆粥《あずきがゆ》やぜんざいにして食べる。また、一四日は山姥が餅を搗《つ》くため谷川は米のとぎ汁で白く濁り、山姥の臼《うす》と杵《きね》は松のため餅は松の香りがするという。

西浦左門「山村の十二ヵ月　ふるさと通信」（『あしなか』１５３号）、西浦左門「丹波美山暮らしの歳時記」（『近畿民俗』91号）にある。

雪女［ゆきおんな］

京都府美山町（現・南丹市）に伝わる。昔、鶴ヶ丘村のはずれの一軒家に住む老婆が正月の餅《もち》つきをしていると、軒先に人の気配がした。障子を開けると雪が降っているのに何もかぶっていない色白のきれいな女が立っており、笑いながら「婆さん激しいな」と言った。老婆が「おのれ何者じゃ、煮え湯でもかけたろか」と怒鳴ると女はパッと消え、雪の上に足跡だけが残っていた。村人は話を聞いて雪女だと怖がったという。

西浦左門「丹波美山口碑集」（『近畿民俗』１１０号）、西浦左門「丹波美山の言葉と民俗」（『近畿民俗』１３６、１３７号）にある。

雪ばさ［ゆきばさ］

京都府宮津市日ヶ谷に伝わる。昔、雪の降る日に旅をしていた男が宿を探し、老婆の住む家を訪ねた。老婆は、「自分の寝ている所を見なければ泊めてやる」と言い旅人を泊めた。その晩、旅人がこっそり見ると老婆は八畳間いっぱいになって寝ていた。翌朝、老婆は「見たであろう」と言い、旅人は見ていないと言ったが、老婆が「お前の顔に書いてある」と言うので、旅人は「八畳間に白い物がいっぱいに敷いてあるのは見たが、よく見えなかった」と答えた。老婆は「殺さないでおいてやる、だが私が白かった黒かったということは絶対に言うな」と旅人に口止めをした。その後、旅人は雪ばさが五角か四角か（雪の結晶は五角形とされる）、白いか黒いかなど、誰が聞いても答えなかったという。『みやづの昔話　北部編』にある。

雪婆 ［ゆきばば］

京都府大宮町（現・京丹後市）奥大野に伝わる。月夜の晩、風が吹いてきて雪を浮きあげたり屋根の雪を吹き降ろしたりすると、雪婆が寝ない子どもを取りに来るという。白い着物を着た長い髪の者だとされ、子供を寝かしつける際に言われた。『おおみやの民話』にある。

雪んぼ ［ゆきんぼ］

京都府大宮町（現・京丹後市）に伝わる。ある大雪の晩、家に美しい女が火に当たらせてくれとやってきた。女は乳房を出して火に当たったので、家の者が女の正体は松脂《まつやに》でできた乳房を溶かして人にぶつけて殺す化け物だと気づき、逃げ出したという。

井上正一「奥丹後物語　草稿」（『季刊民話』通巻一号）によると、ある家ではこれを「雪んぼ」としているが、『丹後の民話第一集　いかがのはなし』や『おおみやの民話』によると明田では「山姥」、周枳《すき》では「雪女」だと伝えている。

由良の浜姫 ［ゆらのはまひめ］

京都府舞鶴市小橋に伝わる。昔、越前（福井県）に向かうべざい（千石船）が由良の沖を通ると、浜で美人が招いていた。船頭が「日延べできない荷を積んでいるので、船の上から姿をめでるだけにしよう」と言い、水夫が未練がましい言葉を女に言っていると、女は懐から紙を出し何かを書いた。女は「敦賀の浜で私の姉が船を待っているので、この手紙を届けてくだされば皆様のお相手をいたすでしょう。ただし船上ではこの手紙を開けないでください」と言い、気が付くと手紙は船頭の手の中にあった。船頭はそれを浜姫だと見切り、手紙を開くと「この者ども、うまそうなれど浜へは降り立たず逃げ出し候。そちらへ到着の上は一人残らずお召し上がりくださるよう願いあげ申し候　由良の浜姫より」と書かれていた。

『わが郷土―丸山小学校創立百周年記念誌』、『舞鶴の民話　第4集』にある、

【ら】

羅生門の鬼 ［らしょうもんのおに］

能の『羅生門』にある（『謡曲集』、『謡曲大観』、『謡曲叢書』）。

大江山の鬼（**酒呑童子**）を退治した源頼光が、春雨が続く中、四天王らと酒盛りをしていると、藤原保昌が近頃羅生門（京都府京都市）に鬼神が住んで人が通らないという話を出す。渡辺綱は「馬鹿なことを言うものではない、たとえ住んでいたとしても、住ませるべきではない」と言い保昌と言い合いになり、綱は鬼がいるか否《いな》か確認に向かう。綱が馬に乗って一人で羅生門の辺りに来ると、雨風が強くなり、馬は身震いして進まなくなった。綱が壇の上に証拠の札を置いて帰ろうとすると、後ろから兜《かぶと》のしころを掴む者がある。鬼だと気付いた綱は兜の緒を引きちぎり、壇から飛び降りた。鬼は怒り兜を投げ捨て、綱を睨《にら》みつけた。その背丈《せたけ》は軒と同じほどで、目は月日のように輝いていた。綱は騒がず、鬼の鉄杖《てつじょう》を飛んでかわし、刀で斬りつける。鬼が綱に組み付き、綱が腕を切り落とすと、鬼は一瞬ひるんだものの門脇の土塀にのぼり空に飛び上がってゆく。鬼は黒雲に隠れ、「時機を見て取り返してやる」と言って消え、綱は名声を上げた。

この話の原型は『太平記』や『平家物語』（屋代本）にあり（**橋姫**参照）、**茨木童子**（大阪府）の物語にも繋《つな》がっている。

また、羅生門（羅城門）での鬼の出現記録は他にも説話集などにいくつか見られる。

『今昔物語集』では次のような話がある。村上天皇の時代、朝廷の宝物である玄象という琵琶《びわ》がなくなり、天皇は嘆き悲しんだ。ある時、源博雅が清涼殿で玄象の音を聞き、音のほうへ向かってみると、羅城門の上から音が聞こえた。博雅は鬼が弾いていると思い、「誰が弾いているのか、玄象がなくなり天皇は嘆いておられる」と言うと、玄象が縄で下ろされてきたという。

『十訓抄《じっきんしょう》』や『江談抄』などでは次のような話がある。都良香《みやこのよしか》が「気霽風梳新柳髪」と漢詩を詠んで羅生門の辺りを通ると、楼上から「氷消波洗旧苔鬚」と声がした。菅原道真にこの詩を示すと「下の句は鬼の詩だ」と言ったという。

島津久基『羅生門の鬼』に詳しい。

羅刹鬼 ［らせつき］

『今昔物語集』にある。

昔、鞍馬寺《くらまでら》（京都府京都市）に一人の修行僧がいた。夜、この僧が焚火をしていると、女の姿となった羅刹鬼が現れ、火に当たっていた。僧はこの女が鬼であることに気づき、金杖《かなづえ》の尻を焼いて鬼の胸に突き立て、逃げて堂の西の朽木《くちき》の下に隠れた。金杖を突き立てられた鬼は激怒し、僧の逃げた跡を追って走り、僧を見つけ大口を開け食おうとした。恐れた僧が毘沙門天《びしゃもんてん》に「我を助け給え」と祈ると、急に朽木が倒れ鬼を押し潰《つぶ》した。僧はこれを見て泣いて毘沙門天を礼拝し、この寺を出て他所《よそ》へ移ったという。また、これを見聞きした人々は毘沙門天の霊験の尊さを語り伝えたという。

『元亨釈書《げんこうしゃくしょ》』にも同様の話があるが、こちらは峰延が紫の雲を見て、その起こる所を訪ね鞍馬山に着き、「女鬼」と出会ったことになっている。またその翌日、藤原伊勢人が山で峰延を見つけ「何者か、なぜ臥《ふ》しているのか」と聞くと、峰延は「ここに来て既に五日、何も食べていない。だから臥している」と答える。そこで伊勢人は米を洗った後の水を飲ませ、峰延はいきさつを語って鞍馬寺の寺主に任命されたとしている。

藍婆惣主 ［らんばそうしゅ］

『壒嚢鈔《あいのうしょう》』に節分の豆まきの由来としてある。

ある古記によると、豆まきは宇多天皇の頃（八八七〜八九七）に始まったという。この頃、鞍馬（京都府京都市）の奥の僧正が谷と美曽路《みぞろ》池（深泥池）のそばの方丈の穴に住む「藍婆」と「惣主」の二頭の鬼神がともに出て都に乱入しようとしたが、毘沙門天《びしゃもんてん》のお告げがあり、鞍馬寺の別当が天皇に奏上した。

それによって天皇が明法道に伝えたところによると、七人の博士を集め四九の家の物で方丈の穴を塞《ふさ》ぎ、三石三斗《と》の大豆を煎《い》って鬼の目を打てば、鬼は一六の目が潰《つぶ》れ帰っていくという。また、「聞鼻《かぐはな》」という鬼は人を食おうとするが、鯉《こい》を焼き串《ぐし》として家の門に刺しておけば鬼は人を取ることができないとのことだった。

この説は『和漢三才図会』、『雍州府《ようしゅうふ》志《し》』、『難波鑑』（『浪速叢書　第12』収録）をはじめとする多くの地誌にも魔滅塚（豆塚）の由来として引かれている。

同様の話は御伽草子《おとぎぞうし》の『貴船の本地』にもある。この話では中将が鬼国の八面一六角の鬼の王「藍婆惣王《らんばそうおう》」の姫と出会うが、姫は中将の身代わりとなって王に食われる。その後、姫は中将の叔母の子として生まれ変わるが、それを知った王が節分の夜に日本へやって来ようとする。この時、やはり毘沙門天のお告げにより別当から法皇に、『壒嚢鈔』と全く同様の鬼を退ける方法が伝えられる。

これについて、松本隆信『中世における本地物の研究』では『貴船の本地』の流布を先と考え、『壒嚢鈔』は作り物語を引用したため出典を明記しなかったのではないかとしている。

また、「藍婆」という名前自体は『妙法蓮華経』において十羅刹女《じゅうらせつにょ》の一体の名前として挙がっており、「藍婆鬼」は童子に喘《ぜん》息《そく》をもたらす悪鬼としてさまざまな陀羅尼《だらに》や真言書の中に記されている。『貴船の本地』の鬼の名前の多くは法華経に由来することが三浦俊介『神話文学の展開―貴船神話研究序説』で指摘されている。

蓮台野の塚の化け物
［れんだいののつかのばけもの］

『曾呂利《そろり》物語』（『近代日本文学大系　第13巻』収録）にある。

京の蓮台野の塚の中に、二町（約二一八メートル）ほど離れて不思議な塚が二つある。ひとつは夜な夜な燃える塚、もうひとつは毎夜「こいやこいや」と声がする塚で、京の人々は誰もが恐れおののき夕方になると立ち寄る人はいなかった。

ある時若者が集まり、「誰か今夜蓮台野に行って塚の声の謎を解かないか」と言うと、力があり恐れを知らない男が名乗り出て蓮台野に向かった。折しもその夜は特に暗く、雨も降っていた。そうして男は塚に寄って実際に声を出すのを聞き、「何者が毎夜このように言うのか」と言うと、塚の中から四〇ほどの色が青く黄ばんだ女が現れ、「特に理由はありません。あそこに見える燃える塚に連れて行ってくだされ」と言った。男は恐ろしく思いながらも、心の準備ができていたので女とともに燃える塚に向かった。そして女が塚の中に入ったかと思うと塚がしばらく鳴動し、さらにしばらくすると女は鬼神の姿となり、目は日月のように輝き、体には鱗《うろこ》が生え、「もとの塚に連れて帰れ」と言った。男は今度は気も魂も失せたが、逃げることもできずおぶって帰った。もとの塚に帰ると、女は少ししてもとの姿に戻り、「そなたのような剛の者は初めてです。望みを叶え十分満足しました」と小さい袋に何か重い物を入れ男に渡した。男は急いで帰宅し、先の友人らにこのことを語ると、皆はその手柄に感じ入ったという。

『諸国百物語』（『百物語怪談集成』等収録）にもほぼ同様の話があるが、こちらでは袋の中身は金子一〇〇両だったとしている。

六反火
［ろくたんび］

『翁草《おきなぐさ》』（『日本随筆大成　第3期　第24巻』収録）にある。

七條道場（金光寺）のほとり、七条河原、上は大仏（方広寺）、下は竹田、東洞院（いずれも京都府京都市）の田や野原に陰気な長雨の夜に出る火があり、六反火と呼ばれるとしている。怪火が数多く飛び交って、あるいはいくつかがひとつになり、また乱れ散り、見えたり隠れたりと、非常に恐ろしいものだという。

しかし『翁草』では同時に、雨の夜更け頃に六反火や**叢原火**、狐火といった火がかわるがわる燃え連れるのはまた格別で、慣れてしまうと恐ろしく思わず、蛍火《ほたるび》のような眺めであるともしている。寛政三年（一七九一）の夏、西山拙斎が京にいた頃、雷が鳴り、雨が激しく降る夜に、伴蒿蹊《ばんこうけい》らを連れてこれらの鬼火を見て漢詩や和歌を詠んだという。

【わ】

ワタリビシャク［わたりびしゃく］

京都府知井村（現・南丹市）に伝わる。光り物にはテンビ、ヒトダマ、ワタリビシャクの三種類があり、ワタリビシャクは青白い杓子《しゃくし》型のものでふわふわと飛ぶという。『綜合日本民俗語彙《ごい》』にある。

わらじくれ

京都府京丹後市弥栄町《やさかちょう》船木に伝わる。博労（牛馬の仲買人）をしていた男が来見谷で牛の売買の話をし、一杯呼ばれて夜に帰った。その途中、大金坂の「山の神さん」と呼ばれる椎《しい》の木の森でピッチャ、ピッチャと足音がしたが、振り向いても誰もいなかった。歩いていると「わらじくれ」と声がしたので、男は狸《たぬき》の仕業だと考え、片方のわらじを放り投げた。しばらくすると大栗谷木辺りでまた「わらじくれ」と言うので、男はもう一方のわらじも放り投げた。翌朝山の神さんに行ってもわらじはなかったという。

立石憲利『チャンポンと鳴る鼓滝―京都府京丹後市弥栄町船木の民話』にある。

COLUMN

深くて浅い付喪神の歴史

02

近年よく語られる「付喪《つくも》神《がみ》」は、昭和後期に生まれた新しい概念である。

いや鳥山石燕《せきえん》の本や百鬼夜行絵巻、昔話などにもよく出ているではないか、とお思いの方もいるだろうが、実はそれらの多くで「付喪神」という語は使用されていない。戦後に至っても、例えばベストセラーである佐藤有文『日本妖怪図鑑』（一九七二年）では道具の妖怪は「ものの化《け》」とされ、水木しげるの本でも「付喪神」は普段使われない特殊な語としての紹介が主で、一般の共通認識がある語と扱われるのは平成、『水木しげるの憑物百怪』（『ムー』で一九九一年より連載）あたりからである。

本文に書いた通り、付喪神はもともと「ツクモガミ」に対する数ある解釈の中の一つ、または仏教説話として作られた一物語の設定に過ぎない。しかし今や「付喪神」は独り歩きし、「アニミズムの一つ」「日本固有の思想」「古い信仰」「九十九神とも表記する」などといったもっともらしい拡大解釈がなされたり、見た目が器物に似ているだけの絵が付喪神と呼ばれる例も増えた。この「付喪神」は一種のバズワードであり、過去のそれとは異なる概念と言えるだろう。（なお鳥山奏春はこれらの大きな要因として、一九八二年に発表された小松和彦「器物の妖怪」（『月刊百科』２３７号）の影響を挙げている）。

多くの人にとってはどうでもいい話だろうが、この本を読むような怪異妖怪好きの皆様には、ぜひ付喪神という言葉の扱い一つにおいても一歩踏み込んで、そこから付喪神の辿《たど》ってきた歴史に思いを馳せてみてほしい。

〔参考文献〕鳥山奏春『付喪神の日本史―『伊勢物語』から『刀剣乱舞』まで（仮）』二〇一九年、私家版（ネット配布、現在入手不可）

大阪府

【あ】

赤ズキン ［あかずきん］

大阪府大阪市に伝わる。ある小学校には赤ズキンという魔物が住んでいると言われ、首つり自殺が起こった際に幽霊に誘われたのだと噂された。

松谷みよ子『現代民話考7』にある。

悪竜 ［あくりゅう］

大阪府富田林市の竜泉寺に関する伝説。

推古天皇二年（五九三）、蘇我馬子がここに寺を建立しようとしていたが、この地の池に悪竜が住んでおり、工事の人夫に毒気を吹き付けたり食ったり、また大雨や大風を起こし邪魔をした。蘇我馬子が七日七晩祈禱《きとう》すると竜は退いたが、馬子が去った後に竜が暴れ池の水を涸《か》らした。人々は水がないのを憂いていたが、弘仁一四年（八二三）正月八日に弘法大師が祈禱し水を湧き出させた。

『大阪府全志4』、『富田林の民話』、『伝説と稗史《はいし》　上方篇2』にある。『本朝国語』（『京都大学蔵大惣本稀書集成　第8巻』収録）にも記述があり、それによると今も竜の穴があり石で覆っているが、雨乞《あまご》いの際はこれを開けると雨が降るという。

阿今御前 ［あこんごぜん］

大阪府富田林市に伝わる。戦国時代、京都の阿今御前という姫が錦織の上村に落ちのび一晩かくまってくれるよう村人に頼んだ。しかしどの家も掛り合いになることを恐れ断り、姫は追っ手に追われ池に身を投げた。村人が姫の死体を見つけ弔《とむら》った際、母の形見である鏡が懐から落ち、庄屋はそれを戸棚の奥にしまった。すると夜になると戸棚から光が出て眠れなくなり、また池から唸《うな》り声がし「カガミ、カガミ」という女の声がすると若者たちが語ったので、若宮という祠《ほこら》を建て阿今大明神として姫と鏡を一緒に祀《まつ》ったという。

『富田林の民話』にある。

天津鰐 ［あまつわに］

『摂津国風土記』逸文として『本朝神社考』にある（『日本古典文学大系新装版風土記』収録）。

昔、下樋山《したびやま》（現・剣尾山・大阪府能勢《のせ》町《ちょう》）に天津鰐という神が鷲《わし》になって住んでおり、この山に一〇人行くと五人は消えるとされた。久波乎《くわお》という者が神のもとまで下樋《したび》（暗渠《あんきょ》）を掘り、樋内から神を祀《まつ》ると異変は起こらなくなった。そのためこの山は下樋山と呼ばれたという。

あわんど池の白蛇［あわんどいけのしろへび］

大阪府池田市に伝わる。昔、上池田にあわんど池という二つ並んだ池があったが、その池の横の大きな松の木の根本にはいつからか白い蛇が住み着いていた。ある日、子どもたちが白い蛇を見て騒いでいると、近くを通った蛇取りがそれを聞いて珍しいと持って帰った。二、三日すると白蛇は松の木に戻っており、蛇取りは二、三か月後に原因不明の病気で死んだという。

『池田・昔ばなしと年中行事』にある。

異魚［いぎょ］

『絵本小夜時雨《さよしぐれ》』（『百鬼繚乱』収録）にある。

寛政一二年（一八〇〇）、西堀平野町（大阪府大阪市）の浜で、近くの者が川の中の材木の間で魚を釣った。それは身の丈《たけ》三尺（約九〇センチ）余り、全身の鱗《うろこ》は鯔《ぼら》に似て、頭は人のようで目鼻口があり赤ん坊の泣くような声を出していた。これは人魚の類だとしている。

水木しげるの本では「髪魚」とされるが、これは『異魚図賛』にある名前で直接の関連は不明である（水木しげる画、村上健司編著『日本妖怪大事典』）。

いっちく、たっちく小僧［いっちく、たっちくこぞう］

大阪府大阪市船場での話としてある。

「いっちく、たっちく太右衛門、チンガラモンに追われて…」という俗謡（いっちくたっちく節）がはやった頃、夜中に瓦町の四つ辻《つじ》から何気なく北を見ると、真っ青な顔をした小僧が淡路町丼池《どぶいけ》南東角の溝の端をヒョイ、ヒョイと歌に合わせて跳ね回っていたのが夜目にはっきりと見えたという。

山川隆平「船場怪談」（『民間伝承』26巻2号）にある。

茨木童子［いばらきどうじ］

酒呑童子（京都府）の配下の鬼としてさまざまに伝わる。

浄瑠璃《じょうるり》の『傾城酒呑童子』や歌舞伎の『茨木』などでは次のような話が知られる。

源頼光の四天王の一人である渡辺綱が羅生門（京都府京都市）で女に化けた茨木童子の腕を切り落とし、唐櫃《からびつ》に入れて物忌みをしていた。するとそこに伯母の真柴が現れ、綱は一度拒否するものの家に上げる。すると伯母は「これは私の腕だ」と言い、茨木童子となって腕を掴んで逃げる。

この話は『太平記』、『平家物語』（屋代本）などに原型があり（**橋姫**（京都府）参照）、能の『羅生門』などに受け継がれているが（**羅生門の鬼**（京都府）参照）、これらでは鬼は茨木童子とはされておらず、茨木童子の名前が出るのは『前太平記』が初とされる。

大阪府茨木市内の伝承では次のような話

がある。茨木童子は水尾村に生まれた後茨木村に捨てられ床屋に育てられたが、ある時客の切り傷をなめて以来、わざと客に傷をつけ血をなめるようになった。そして橋の上から水に映った自分の姿を見た童子は、自分が鬼の形相であることを知り酒呑童子の配下となったという。

　また、『笈埃《きゅうあい》随筆』や福井地区の民話では次のような話がある。茨木童子は生まれた時から三歳児くらいの大きさで毛や歯が生え揃《そろ》っており、すぐに這《は》い出して母を見てにやりと笑った。谷に捨てられた童子は、家に帰ると迷惑がかかると思い東へ向かった。三〇年後、童子は病気になった父親のもとにやってきて看取ると、自身が羅生門に住んでいることを告げ去っていく。

　茨木童子の生地だとする伝説は茨木市のほか、兵庫県尼崎市（『摂津名所図会』、『摂陽群談』など）や新潟県栃尾市（御伽《おとぎ》草子《ぞうし》や『越後野志』など）などにもある。

　川鍋仁美「茨木童子研究」（『日本文学』１０８号）、大橋忠雄『茨木童子の素顔に迫る』、『新修茨木市史　第10巻』、『日本架空伝承人名事典』、『日本伝奇伝説大事典』などに詳しい。

岩崎年重［いわさきねんじゅう］

『郵便報知新聞』明治九年四月五日号（湯本豪一編『明治妖怪新聞』収録）にある。

　大阪府下富田村（現・高槻市）の本照寺で七、八年前から、火鉢が動き出す、たどんが天井から落ちてきて火になって転げまわる、本堂や居間のどこからともなく鳴動し庭の木や石が動くなどの怪異が続き、姫と呼ばれるこの寺の娘が病床に臥《ふ》した。ある日、講中に勇敢な若者が「怪異をなすは何者ぞ、正体を現し恨みのこともあらばつぶさに訴えよ」と怒鳴ると、空中から「今そちらへ正体を現す」と声がして何かが投げ込まれた。それは狸《たぬき》のような茶色の毛が五、六本と「いわさきねんじう」と書かれた紙が重しの小石を包んだものだった。一同は驚いたが怪異はやまず、さらに村の小学校では先生の手本や筆や、先生の持っていた『日本外史』が紛失するということがあった。その後、山口県の士族がこれを退治しようと西洋犬を一〇匹ほど連れて住処を探ろうとすると、「イワサキネンジウ」と片仮名で書かれた紙が投げられ、空中に「洋犬を恐れる者でなし」と笑う声がした。村人は恐れて退治を断ったがさらにその後、美しい楷書《かいしょ》で「岩崎年重」と書かれた紙が投げ込まれた。古狸が日々勉強していたのだろうとされた。

牛石塚［うしいしづか］

大阪府美木多村（現・堺市）に伝わる。檜尾の畑の中にある大牛のような黒い石で、神様の地として村人は立ち寄らない。昔、この石を斬ると血が流れて山麓《さんろく》の池に入り、その池は半分血池、大方血池、大方池、ハブ池などと呼ばれるようになったという。

　高谷重夫「牛神について」（『民間伝承』

8巻12号）にある。

姥が火［うばがひ］

現在の大阪府東大阪市枚岡《ひらおか》に出たとされる火。

『河内鑑名所記』、『河内名所図会』では次のように書かれる。昔、枚岡神社の灯りの油を盗んだ老婆が、見る沢の池に身を投げた。この池は姥が池と呼ばれ、雨の夜にはほとりから光物が出て通る人を悩ませるという。これは老婆の首から吹き出した火のように見えるので、老婆の妄執の火として姥が火と呼ばれている。高安、恩智（どちらも八尾市）まで飛ぶこともあるという。

『諸国里人談』にも同様の由来がかかれ、実際に会った人の話が載っている。それによると火は近くで見ると鶏のような鳥で、くちばしをたたく音がしたという。

『和漢三才図会』ではこれに会うと恐怖し死に至る者も少なくないとしている。

『西鶴諸国ばなし』には全く異なる次のような話がある。枚岡村（現・東大阪市）に山家の花と歌に歌われたほどの美人がおり、その女には一一人も夫となった男がいたが皆死んだ。そのため人に恐れられ年を取り、木綿糸をつむぐ仕事をしていたものの灯りの油を買う金がなく枚岡明神の油を盗んでいたが、ある時警戒して集まっていた神主に弓で首を飛ばされた。するとその首は火を吹き空に舞い上がり、それ以来夜な夜なその首が現れるようになり、この火に肩を飛び越されると三年以内に死んだ。また、五里（約一九・六キロ）や三里（約一一・八キロ）離れた野原にいても瞬きする間に飛んできたが、近くに来た際に「油さし」と言うとたちまち消えるという。

姥が火は浄瑠璃《じょうるり》『河内国姥火』や青本『うはがひ』などの題材にもされており、併せて藤原はるか「『うはがひ』について』」（『叢』18号）に詳しくまとまっている。

馬の首［うまのくび］

辰井隆「妖怪名彙《ようかいめいい》に寄す」（『民間伝承』5巻5号）によると大阪府桜井谷村（現・豊中市）では、柴原から刀根山へ行く道にある馬坂を夜に通ると馬の首が転がり落ちてくるという。なお『新修豊中市史　第7巻』ではこの坂について、戦国時代に武将が乗った馬の首が転げ落ちてきたため馬坂と呼ばれたとしているが、上記のような怪は記載されていない。

また、『とろし』（『夢のしらせ―大阪の昔話』収録）によると取石村（現・高石市）では、みせつの西の橋を夜中によその人が通ると馬の首が血を流してひょろひょろと出てきたので逃げ帰ったという話がある。これは馬主に殺されて化けて出たとも、狐が化けたのだともいう。

梅田駅のコインロッカー ［うめだえきのこいんろっかー］

一九七五年五月中旬の夜八時頃、大阪府堺市の女性が国鉄梅田駅（大阪市）のあるコインロッカーに荷物を取りに行った。このコインロッカーは人目に付きづらく、赤ん坊の遺棄事件の多い所であった。すると周囲が生暖かい感じに包まれ、生まれたばかりの犬の子のような柔らかく水っぽいものが頬を触った。悲鳴を上げて引き返そうとしたが、出口が分からなくなり、ロッカーの扉が皆パターンパターンと開いて恨めしそうな顔の子が追いかけてきた。女性は後から来た夫に抱きかかえられようやく正気に戻ったという。

平野威馬雄『お化けの住所録』にある。

大石の鬼 ［おおいしのおに］

大阪府富田林市若松町新堂富田村に伝わる。

昔、富田林には石川の水で作る酒造りの家が多くあったが、ある年の大雨により石川が氾濫《はんらん》して以降、石川の水が汚れ酒が売れなくなった。ある時、酒屋の六右衛門という人が家の前で経をあげていた僧に布施を渡すと僧は「大石つぶせ酒つくれ、ナムアミダブ」と言って消えた。またその後六右衛門は、子どもたちが「川の大石とったろか、とったら水はあーまいぞ、川の大石おいとこか、おいたら水はにーがいぞ」と歌っているのを聞いた。

川の中にあった白い大石が水を濁らせていることに気づいた六右衛門は、一五人の若衆を雇い石を壊そうとしたが、その日壊した欠片は翌朝にはもとに戻っていた。一〇日すると若衆の夢に僧が現れ、「大石は仏の石であり欲張りな人間を懲《こ》らしめる石だ、酒を供え体を清めて仕事にかからねば仏の怒りが地獄の鬼を呼んで一晩で大石を蘇らせるぞ。潰《つぶ》した石の欠片は滝谷不動尊へ奉納せよ」と語った。若衆が起きて見てみると、赤鬼や青鬼が石の欠片《かけら》をすばやく大石にはりつけていた。その後、夢で言われた通りにして石を壊し、人々は酒をあまり作らないようにしたという。

『富田林の民話』にある。

大きな金魚 ［おおきなきんぎょ］

大阪府豊川村（現・茨木市）宿久庄《しゅくのしょう》に伝わる。地震が起こるのは地中にいる大きな金魚が動くためであり、大阪は尾にあたるからよく揺れ、東京は頭にあたるから大きく揺れるのだという。

宿久克己「童謡年中行事俗信」（『旅と伝説』5巻2号通巻50号）にある。

大きな芒 ［おおきなすすき］

大阪府河内長野市加賀田に伝わる。三日市の道を通る際、加賀田川の向こうで大きなススキが歩いてくるごとについてきたという。

『加賀田地区の民話』にある。

大坂城中の怪

［おおさかじょうちゅうのかい］

江戸時代の随筆には大坂城（大阪府大阪市）で起こった怪についての記録がいくつかある。

『甲子夜話《かっしやわ》』には次のような話がある。大坂夏の陣で城内の女が自害した所は開かずの間になっており、その幽魂が残って入ると災いがある、前の廊下に伏せても怪にあうという。

また同じく『甲子夜話』によると、作者の縁者である新庄駿河守直規《するがのかみなおのり》という人は、大坂城で深夜に人馬の喧騒の音を聞いたという。

『甲子夜話』には他に次のような話がある。ある人は夜中に便所に行く際、障子を開けると大男の山伏が平伏していた。その人が驚かず「手燭《てしょく》を持て、案内せよ」と言うと山伏はしぶしぶ従い、便所から出て「手水《ちょうず》をかけよ」と言うと水をかけた。三日間同じことが続いたが、以降は出なかったという。

『真佐喜のかつら』には次のような話がある。作者の友人である蕉窓寥雨（折井芳作）の父の仁左衛門が大坂城に仕えていた際、重役に用事があり、一人で手燭をともし廊下を歩いていた。するとふと火が消え、人が来る音がした。近くに来るとその人は背が高く色が白く非常に太った男で、紋付に肩衣袴《かたぎぬばかま》を着ていた。見ない人だと思いすれ違ったが、後で暗い所で形や色までわかったのは怪しいと気づき恐ろしく思った。

いずれも柴田宵曲編『奇談異聞辞典』に収録されている。

難波戦記の怪も参照。

大蜥蜴

［おおとかげ］

天満堀川（大阪府大阪市）はかつてこの辺りの一大ごみ捨て場になっており、ごみ山と呼ばれていた。堀川を淀川《よどがわ》に流す工事の際、このごみの山を取り壊そうとすると、異様な音とともに六尺（約一・八メートル）近い大蜥蜴が飛び出し、指揮していた役人たちを睨《にら》みつけ、人々が驚いて逃げている間に堀川に飛び込んだ。その後、この辺りで水死した人が二、三人いるのは大蜥蜴の仕業だという。

日垣明貫「大阪妖怪画談」（『郷土研究上方』33号）に両親から聞いた話としてある。

大伴黒主

［おおとものくろぬし］

大阪府富田林市に伝わる。昔、六歌仙の一人である大伴黒主が山中田に住んでおり、立派な墓が建てられたが、時代が経って荒れ地となり、切り開いて田畑にされることになった。その際、村人が荒れ地を耕していると、一匹の黒蛇が現れた。気にしないでいると、その年には山火事で村の半分以上が燃え、後にそこが大伴黒主の墓であることが判明し、祟りだと恐れられた。その後、大伴黒主は山中田の南の黒主神社に改めて祀《まつ》られたという。

『富田林の民話』にある。

おさ虫［おさむし］

大阪府富田林市に伝わる。昔、おさ（機《はた》織《お》りの道具）の行商人が強盗に殺され穴に埋められた。その後、春が来ると一寸（約三センチ）ほどの百足《むかで》を小さくした虫が足の踏み場もないほど湧き、村人がそこを掘るとおさ屋の死骸があった。そこに埋められた無念を知らせようと虫になったのだとされ、彼方町《おちかたちょう》に「おさや塚」という塚を作り、虫のことをおさ虫と呼んだという。

『富田林の民話』にある。

お三狐［おさんぎつね］

大阪府門真村（現・門真市）に伝わる。野川の石橋の下に住んでいる化け狐で、人をたぶらかすといい、「お三門真の昼狐」などと子守唄にも歌われる。昼狐とは昼化ける狐のことで、執念深く、人をだますものだという。

喜田貞吉編『憑物』にある。

お千代の火［おちよのひ］

大阪府泉南市、泉佐野市に伝わる。昔、兎田《うさだ》（泉南市）のお千代という農家の娘が岡本（泉佐野市）の良作という農家の男と盆踊りで知り合って恋仲になり、結婚の約束をした。しかし良作は仕事が忙しいと言ってお千代に会わなくなり、冬になってお千代が家を訪ねてみると、良作は他の女と婚礼を行っていた。お千代は半狂乱になって家に火をつけ、磔《はりつけ》の刑に処された。それ以来、毎晩兎田と岡本の間を火の玉が往復するようになったという。

その後、大野五郎左衛門という庄屋が退治しようと切りつけると、火は二つに割れまた一つに戻って飛び去って行き、五郎左衛門は弱気になり原因不明の病気で死んだという。

『泉州むかし話　第5集』、『泉さの界隈の昔話』にある。

鬼の家族［おにのかぞく］

大阪府河内長野市神が丘に伝わる。神が丘は昔は鬼住という地名だったが、ここには母鬼が住んでおり、川の中の「鬼の手洗《たら》い」と呼ばれる岩の洞窟を通って、父鬼（和泉市父鬼町）に住む鬼に会いに行くという。また、鬼の手洗いは子どもの鬼が洗濯した所だという。

『川上地区の民話』にある。松本壮吉「和泉は伝説の国」（『郷土研究上方』131号）、若尾五雄「踏鳥・踏鬼・脇土」（『近畿民俗』95号）によると、さらに九鬼（和泉市）には父鬼と母鬼の子供である九人の子鬼がいたという。

筆者命名。

お福［おふく］

難波（大阪府大阪市）のお太福茶屋とい

う料理屋の人形に憑《つ》いているとされる狸《たぬき》。この人形に面して鏡が置かれており、髪結いが常に人形の髪を結っているが、結い方が良くないと機嫌が悪くなり、その日は客足が遠くなるという。

また、稲荷オロシをする者に取り憑き、しきりに髪を気にする手つきをする。**だんじり吉兵衛**とは仲が良く、稲荷オロシでは大抵同じ時刻に前後して現れ、稲荷オロシもこの二人が出ないと物足りない気分になる。また時にはお福が「吉兵衛さんはもう来やはりましたか」と質問することもあるという。

喜田貞吉編『憑物』にある。

お芳［およし］

大阪府富田林市に伝わる。

昔、茂平という金持ちにお芳という美人の一人娘がいた。お芳は隣村の旧家の金作を婿《むこ》に迎えたが、金作はお君という娘に一《ひと》目《め》惚《ぼ》れし家を出た。お芳は「悔しい、憎い」と手当たり次第に物を引き裂くようになり、ある夜家を抜け出し「西山の黒小池に身を投げて大蛇となって取りついてやる」と言って池に身を投げた。その後、金作は夜になると蛇に巻き付かれたが、お君が灯りをつけると蛇はいなかった。やがて眠れない夜が続いた金作はやせ細って死に、お君も同様にして死んだ。

その後、「昔、富田林の茂平どんの娘、蛇になって男を殺した。富田林の茂平どんの娘、髪が長うなる、じゃけんとなって今は黒子の池の主」と若い衆の間で歌われるようになったという。

『富田林の民話』にある。

負われ坂［おわれざか］

大阪府大阪狭山市に伝わる。岩室にある坂で「オワリ坂」ともよばれ、若い男が通ると狐や狸《たぬき》が女に化けて「おわれ、おわれ」とおんぶを要求し、おんぶして坂を上がると木の葉になっていたりするという。

また、ある相撲取《すもうと》りがこれをおんぶして縄でくくり家に帰ると、木の根っこだったという。あるいは、ここを通ると狐や狸が砂をかけたともいう。

『大阪狭山市史　第9巻』にある。

『綜合日本民俗語彙《ごい》』に載っている負われ坂も、南河内とのみあり詳細な地名は載っていないが同じものと思われる。気丈な男が「おうたろうか、おうたろうか」と言うと松の丸太が乗りかかり、家に帰って鉈《なた》で割ろうとすると、古狸が正体を現して詫《わ》びたという。

姥の握飯［おんばのにぎりめし］

大阪府熊野田村（現・豊中市）に伝わる。島熊山には握り飯のような石がゴロゴロ転がっているが、これは平家が負けて置いていった握り飯だとも、平家の姥《うば》が作って逃げて行った握り飯だともいう。また、平家の落人が山家の姥に「握り飯をくれ」と言ったが姥が食べさせずに逃げたので握り飯が石になったのだともいう。

辰井隆「初夏の採集から」（『日本民俗』2巻10号）にある。

【か】

カーネル・サンダースの呪い
［かーねる・さんだーすののろい］

一九八五年一〇月一六日、阪神タイガースが二一年ぶりにリーグ優勝を果たした。その際、阪神ファンがケンタッキーフライドチキン道頓堀《どうとんぼり》店（大阪府大阪市）のカーネル・サンダース人形を、三冠王を取ったランディ・バースに体型が似ているからと胴上げし道頓堀に投げ込んだ。それ以来、阪神タイガースは成績が悪くなったという。

その後、人形は二〇〇九年三月一〇日に不発弾調査を行った際に偶然発見され、翌日以降にクレーンで引き上げられた。

並木伸一郎『最強の都市伝説3』などにある。

井上章一『人形の誘惑』によると、この噂は一九八八年三月五日にテレビ番組「探偵！ナイトスクープ」で道頓堀に投げられたカーネル・サンダース人形の行方の調査を行った際、司会の上岡龍太郎が冗談のように語ったのが始まりであるという。同番組では人形は見つからず、阪神タイガースが優勝祈願を行う平田神社（兵庫県西宮市）へ別の人形を持ち込みお祓《はら》いをしている。

『都市の穴』ではさらに、南港の水中で二〇メートルに成長したカーネル・サンダース人形が鯵《あじ》の群れを追って回遊しているという一説があるとしている。

怪手
［かいしゅ］

『絵本小夜時雨《さよしぐれ》』（『百鬼繚乱《ひゃっきりょうらん》』収録）にある。

安永年間（一七七二〜一七八一）、堺

（大阪府）に住んでいた平瀬某という人が夜更けまで兵法書を読んでいると、丑三《うしみ》つ時に障子の中から鬼のような腕が出てきて平瀬の髻《もとどり》を掴んで引いた。平瀬がその腕を捕まえて刀で斬ると、化け物は一声叫んで逃げ、夜が明けてその手を見ると針のような毛が生えた大きな猫の手だった。

蛙石［かえるいし］

『摂陽群談』、『摂陽奇観』（『浪速叢書　第1』収録）、『摂陽落穂集』（『新燕石十種　第5』収録）、『諸国里人談』（『日本随筆大成　第2期　第24巻』収録）などにある。

林寺村（大阪府大阪市）の民家の裏にある石で、鳥や虫がこの石にとまると、石の頂が口のように二つに割れ、それらを食べまた戻るという。その形から蛙石と呼ばれるが、殺生石とも呼ばれるとしている。

鏡井戸［かがみいど］

大阪府磐手村（現・高槻市）に伝わる。京の藪《やぶ》という森の奥の落窪にある井戸で、住吉の浜で漁師が鯛《たい》をとるとその鱗《うろこ》が映るという。

辰井隆「妖恠名彙《ようかいめいい》に寄す」（『民間伝承　5巻5号』）にある。

柏田の四つ辻の狸［かしわだのよつつじのたぬき］

大阪府布施市（現・東大阪市）に伝わる。小雨の降る夜などに、夏蜜柑《なつみかん》になって道に転がっており、人が拾おうとすると地蔵の横の道しるべの上に載って人をからかったという。また、子どもの姿になって人の前をヒョロヒョロヒョロと歩いてはヒョイと消えたという。

『布施の民俗』にある。

かすくぼ

大阪府寝屋川市友呂岐《ともろぎ》に伝わる。昔、太間の東北のくぼという所の池を太間に行商に来る豆腐屋が通った際、池から「かすくれ」と声がした。豆腐屋が豆腐粕《かす》を池に投げると大きな波が立ち豆腐粕が沈んでいき、豆腐屋は恐ろしくなって逃げたが、その日はなぜか豆腐がよく売れた。そうした日が続き、朝行商に行く前に豆腐粕を投げると豆腐が売れるようになると気づき、豆腐屋は長く繁盛した。そして人々は池の辺りを「かすくぼ」と呼ぶようになったという。

『寝屋川市史　第8巻』にある。

がったら七のちんからりん［がったらしちのちんからりん］

大阪府泉佐野市に伝わる。

子どもがわがままを言う時、泣いた時、夜いつまでも起きている時など、「がったら七のちんからりんが来るぞ」と言う。

これはある男のあだ名で、博打《ばくち》打ちの大酒呑みであり、人々に途方もない無頼を働き続けたとされる。足は不自由で、目が片方見えず獣のように怪しく血走っており、「がったら、ちんからりん」という喚《わめ》き声と足音が町に現れどこかの辻《つじ》へ消えていくため、本名から七の字をとって恐怖と侮蔑《ぶべつ》をまじえ「がったら七のちんからりん」と呼ばれたが、その後斬首刑に処されたという。

『泉さの界隈の昔話』にある。

川の殿様［かわのとのさま］

大阪府南豊島村（現・豊中市）に伝わる。昔、無実の罪で嬲《なぶ》り殺された者が、死ぬ際に「俺はこうしてこの世を去るが、死んでも人間の生き血を吸わんでおるものか」と言った。それ以来、川の殿様は人の生き血を吸うという。岸田定雄「北摂の民間伝承」（『郷土研究上方』72号）にある。

また、豊中市のホームページには川の殿様の御殿に迷い込んだという人の話がある。それによると川の殿様は讒言《ざんげん》で都を追われこの地で死んだと言って貴人や水に住む生物がさめざめと泣いていたという。

狐遣い［きつねつかい］

『宝暦現来集』（『続日本随筆大成　別巻6』収録）にある。

文政八年（一八二五）の暮れ、俗にかしく寺とも呼ばれる法清寺（大阪府大阪市）に山城国山崎（京都府大崎町）から客僧が来て、加持祈禱《かじきとう》と称して女を集め金銀をとり、さらに狐を使い金持ちの家の娘を狂わせた上で加持祈禱を請け負い正気に戻していた。また密通、密会を行うこともあり、翌三月、事が露見し住職と客僧は捕らえられ、市中引廻しの上獄門にかけられた。それ以来、キリシタンの吟味《ぎんみ》が行われるようになった。

キリシタンの祟り［きりしたんのたたり］

大阪府八尾市の西郷の共同墓地はかつて池田丹後守によってキリシタンの教会が建てられて「切支丹《きりしたん》屋敷」と呼ばれていた所だったが、丹後守が城を捨て豊臣秀吉の禁止令（バテレン追放令）が出て無人となり荒れ果てた。その後一向宗の共同墓地となったが、キリシタンの墓碑《ぼひ》と切支丹屋敷の鐘は放置されていた。ある隠れキリシタンがこれらを地中に埋めようとした際、鐘だけ埋めたところで役人に見つかり拷問《ごうもん》の後処刑された。それ以来、真夜中に墓地から異様な鐘の音がむせび泣くように聞こえてきて恐れられた。役人が調べても鐘は見つからず、また墓碑を川に捨てようと車に積んだが、なぜか車は全く動かず、その夜役人は急死した。墓碑を捨てることを諦めてからは、鐘は鳴らなくなったという。

キリシタンの墓碑は現在も菓子店の庭に残っている。

『伝説と稗史《はいし》　上方篇2』にある。

葛の葉［くずのは］

仮名草子『安倍晴明物語』、説教節『信《しの》太妻《だづま》』、浄瑠璃《じょうるり》『芦屋道満大内鑑《あしやどうまんおおうちかがみ》』をはじめとした浄瑠璃、古浄瑠璃、歌舞伎などに登場する。共通した大まかなあらすじは次のとおりである。

村上天皇の時代、安倍保名がある女と夫婦となり、子どもをもうけた。しかし女は子どもに狐の正体を見られ、「恋しくば訪ね来てみよ和泉なる信太の森のうらみ葛の葉」と障子に書き残し信太の森（大阪府和泉市）に去っていく。歌の通り森に訪ねてきた父子と出会った狐は、子どもに玉を与えるが再び姿を消す。この子供は後に安倍晴明となる。

この話の原型は『簠簋抄《ほきしょう》』にある。こちらでは狐は遊女として諸国を回っており、筑波山麓《つくばさんろく》の猫島（茨城県筑西市）で男と出会う。その後、狐は歌を残して去り、成人した安倍晴明が篠田の森に行くと狐が現れ母だと名乗る。

『神話伝説辞典』、『日本伝奇伝説大事典』、『日本架空伝承人名事典』などに詳しい。

久米田池の主［くめだいけのぬし］

昔、新在家（大阪府摂津市）の想平という飛脚が取石池（高石市）のそばを通った際、白髪の老人に声をかけられた。老人は池の主と名乗り、久米田池（岸和田市）の主に手紙を渡してほしい、久米田池で三回手を叩けば女が現れるからと頼んだ。久米田池に向かう途中、旅の僧（行基あるいは弘法大師だともいう）にそのことを話すと、手紙の中を確認するように言われ、確認すると「この男を食べてしまえ」と書いてあったので、僧は手紙を「この男は正直者なので何か良いものを与えておやり」と書き換えた。書き換えた手紙を想平が久米田池に届けると、池から女が現れ「これは出しても尽きない酢壺《すつぼ》だが、決して中を見てはいけない」と言って酢壺を渡してきた。想平は酢壺で巨万の富を得たが、ある時中を覗くと、中には蛇がとぐろを巻いていた。驚いた想平は酢壺を捨て、それが今の酢壺池（岸和田市）になったという。

久米田池の主に関しては、他に次のような話がある。昔、行基が久米田池を作る際、人夫の食事等を準備する係として、田治米の与兵衛という金持ちの娘のとよという女が、人夫たちの強い推薦で決まった。とよは休みなく働き、それに感心した行基は何か欲しい報酬はないかと尋ねた。するととよは「私は久米田池が欲しゅうございます、そして池の主になりとうございます」と言い、髪は乱れ口は耳まで裂け大蛇になって池に入ったという。

『大阪府全志5』、『伝説の和泉　第1輯』、『読みがたり　大阪のむかし話』、『日本の伝説8　大阪の伝説』、『泉州むかし話　第2集』にある。

グワッソ［ぐわっそ］

大阪府春日村（現・茨木市）に伝わる。節分の夜に便所に行くとこれに毛の生えた手で撫でられるという。『河内春日村民俗記』（『日本民俗誌集成第15巻』収録）にある。

熒惑星［けいこくせい］

『聖徳太子伝暦』をはじめとした聖徳太子の伝記（『聖徳太子全集　第3巻』収録）にある。

敏達天皇九年（五八〇）六月の夜、土師《はじの》八嶋《やしま》という歌の優れた人のもとに人が来て、二人は争うように詠った。その声が普通でないことを怪しんだ八嶋がその人を追っていくと、住吉の浜（大阪府大阪市）に着きその人は夜明け頃に海に入っていった。このことが天皇に報告された際、聖徳太子がこれについて、「これは五行の主で五色を司る五星のひとつ、熒惑星（火星）である。この星は降って人に化け子どもたちと遊び、よく歌を歌い、未来のことを歌う」と告げると、天皇はたいそう喜んだ。

ここで語られたような熒惑星の話は『捜神記』などにあり、呉《ご》王朝に現れ子どもたちに三国は司馬氏のものになると告げたという。

『斉諧俗談《さいかいぞくだん》』（『日本随筆大成　第1期　第19巻』収録）では、八嶋と熒惑星の歌はそれぞれ「我宿の甍《いらか》にすめる声はたそ慥《たしか》に名乗れ四方《よも》の草とも」、「天の原南にすめる夏火《なつひ》星豊里《ぼしとよさと》（聖徳太子のこと）にとへ四方の草とも」といった今様能だという一説を紹介している。

小板屋小十郎［こいたやこじゅうろう］

大阪府泉南市に伝わる。「小板屋小吉」とも。馬場の狐たちを率いる狐で、義理堅く土地の人々に恩返しをするため材木屋を営んでいた。樽井の人々は安く木材を買えたが、紀州（和歌山県・三重県）の材木問屋は小十郎に木材を売った際に受け取った千両箱の中が木の葉だったため小十郎のことを探り始めた。小十郎はほとぼりが冷めるまで一族で伊勢参りをしようとしたが、伊勢神宮のお膝元《ひざもと》の宇治山田（三重県伊勢市）の二見屋という旅籠《はたご》に来たところで、鼠《ねずみ》のてんぷらを食べて死んだ。それまでの旅籠の主が木の葉のお金を見て正体に気づき注意を呼び掛けていたため、鼠のてんぷらを食べると狐は死ぬということで用意したものだった。その後、小十郎は地元で盛大に葬式があげられ、馬場の極楽密寺に小板屋大明神として祠《ほこら》を建て祀《まつ》られたという。

『伝説の和泉』、『泉州むかし話　第3集』、『読みがたり　大阪のむかし話』にある。

コォトリ［こぉとり］

大阪府河内長野市加賀田に伝わる。子どもが遅くまで遊んでいるとコォトリ（子取り）が現れ、これに取られるとサーカスに売られるという。また、夕方のオオマガトキには魔物が家の周りに出るため子どもを家に入れるという。

『加賀田地区の民話』にある。

コケコ岩［こけこいわ］

大阪府能勢町《のせちょう》に伝わる。昔、初日の出とともに金の鶏がどこからともなくやって来て大岩の上で鳴くとされ、鳴いた年は吉事が多く作物も実り村は栄えた。しかしある年、元日の朝いつまで待っても鶏が鳴かず、その年は日照りや疫病で村が滅びそうになった。村人たちは次の年こそはと、年越しに大岩のすそで待っていたが、その年も鳴かなかったので、若者たちがいっそ鶏が出てこないようにと岩を叩き割った。すると村人が立ち去った後、岩から血が流れ鶏の姿に変わり、コケコ岩と呼ばれるようになったという。

『能勢町史』にある。

小女郎火［こじょろうび］

『摂陽奇観』（『浪速叢書　第1』収録）にある。

島上郡芥川（大阪府高槻市）の八畳縄手という松原に出るという火で、昔、小女郎という女がここで殺され、その妄念であるという。雨の夜には必ず出て、傘《かさ》の上や荷物の上に止まり、念仏や題目を唱えても離れないが、小唄や浄瑠璃《じょうるり》などを大声で歌うとたちまち飛んでいくという。

子供の首［こどものくび］

大阪府堺市に伝わる。堺の南端にある和薬屋の屋根の看板の周囲に了どもの首がいくつも鈴なりになっていると話題になり、夜中ここを通る人は目をつぶって通り過ぎたという。これは秘密裏に売っていた堕胎薬により太陽の光に接することなく死んだ胎児の首だといい、通りがかった僧が見つ

けてこの家に注意したのが始まりだったという。

川崎巨泉「堺の怪談」（『郷土研究上方』33号）にある。

虚無僧の怪［こむそうのかい］

『北窓瑣談』（『日本随筆大成　第2期　第15巻』収録）にある。

安永三年（一七七四）一〇月晦日、大坂の山寺某という武士が真田山（大阪府大阪市）の辺りを通った際、耳元で何やら騒がしい人の話し声が聞こえ、振り返ったが誰もいなかった。そのまま行くとまた聞こえ、また振り返っても人はいなかった。

これを数度繰り返していると、半町（約五五メートル）ほど先から、羽織を着た町人と天蓋《てんがい》を脱ぎかけた虚無僧《こむそう》が話しながらやってきた。この虚無僧の顔を見るとちり紙で作ったようで、不思議に思いながら行くと、耳元の声は頻繁《ひんぱん》に聞こえた。

山寺某はこの虚無僧を妖怪であると思

い、斬ろうとして静かに歩いて行き、後ろに来たところで振り返ると、わっと叫んで抱きつく者があった。これを取り押さえると、先の町人だった。「何者か」と聞くと、町人は「ただ今まで一緒にいた虚無僧は、あなた様の後ろをご覧になると、そのまま消え失せました。あまりの恐ろしさに飛びついたのです」と言った。「何を話していたのか」と聞くと、町人は「虚無僧が『私は遠国の者でこの地の案内を知りません、どこに宿をとればよいでしょう』と言ったので、私は『幸い長町で宿屋をしているのでお泊めしましょう』と話しながら来ました」と答えた。山寺某の気が妖怪に通じて逃げ去ったのだろうとしている。

コロ［ころ］

大阪府河内長野市に伝わる。ツチノコとも呼ばれる太く短い蛇で、山で転がってくるといい、これを見ると良くないことがあるという。

『天野・下里地区の民話』、『加賀田地区の民話』、『河内滝畑の民話』、『天見地区の民話』、『川上地区の民話』にある。

【さ】

山魈［さんしょう］

『近代百物語』（『続百物語怪談集成』収録）にある。

泉州貝塚（大阪府貝塚市）の長介という者は簗《やな》を作っておき翌日に蟹《かに》をとることを生業としていたが、ある朝見てみると二尺（約六〇センチ）ほどの材木の切り株がかかって簗が破れていた。簗を繕《つくろ》って帰るも、次の日見るとまた材木がかかり簗が破れていた。長介は材木を化け物だと思い、火にくべるため蟹の籠に入れて持ち帰ると、家の近くに来たところではたはたと音がして、材木が人面猿身で一眼一足の生物となった。生物は「我は青山の神である。無性に蟹を好む。簗を損じた罪を許して我を出せば後日深く恩を返そう」と言ったが長介は許さず、生物もいろいろと詫《わ》び言《ごと》を言うが聞かず、生物が「では汝《なんじ》の名は何という」と尋ねたが長介は答えなかった。家がいよいよ近くなるが長介が許さず名前も言わないため、生物は「我はいかんともすべき様なし、死なんのみ」といい、長介がこれを焼くとその後は何も起きなかった。これは山魈で、人の名前を知って仇《あだ》をなすもので、蟹を好んで食べるのだという。

さんべ墓の鬼女 ［さんべはかのきじょ］

大阪府寝屋川市水本に伝わる。昔、国守の南のさんべ墓で子どもが二人遊んでいたところ、夕暮れになって一人の子どもが口は耳まで裂けた鬼女に両足を裂かれて食べられ、もう一人の子どもは鬼女に「今見たことを誰にも言うな、喋《しゃべ》ると殺すぞ」と言われた。食べられた子どもの親が生き残った子どもの家にまで探しに来て隠し切れなくなったため、子どもは自分が入るほどの箱を用意してもらい、鍵をかけてその中から話そうとした。しかし子どもが「あのなあ」と言った瞬間声が消え、開けてみるともう子どもの姿はなかったという。

『寝屋川市史　第8巻』にある。

蛇王姫 ［じゃおうひめ］

大阪府泉南市に伝わる。文政年間（一八一八～一八三〇）、長慶寺のそばの古池に長慶寺の主であるという蛇王姫という雌の大蛇が手下を引き連れ住んでいた。蛇王姫は美形だった住職の鐘山和尚《おしょう》に恋焦がれ、美女に化け、道に迷ったといって寺に泊まり鐘山を誘惑した。鐘山が刀で斬ると、蛇王姫は「死後も長慶寺を守るので本堂の天井に自分の姿を描いてほしい」と言って息絶えた。蛇王姫の池は現存していないが、鐘山が描いた絵は長慶寺の天井に現在も残っているという。

『泉州むかし話　第3集』に長慶寺住職から聞いた話としてある。

写真に写らない場所 ［しゃしんにうつらないばしょ］

大阪府八尾市のある高校の七不思議として伝わる。グラウンドの中で一か所、絶対に写真に写らない場所があるとされ、その一点に立って写真に撮られてもフィルムには何も写っていないという。

松谷みよ子『現代民話考7』にある。

白い小箱 ［しろいこばこ］

大阪府富田林市に伝わる。ある冬、新家村の御山という森に白い着物を着たお化けが立つと噂になり、人々は鍬《くわ》や鎌を持って退治しに行くことになった。人々が囲むとお化けは次第に小さくなり、消えて一つの白い小箱になった。小箱には「あけてせんなきこのこばこ、いどのなかにとまつるべし」と書かれていたので、雷を呼んでいるとされ雷が鳴ると音を出す井戸に投げ込んで祀《まつ》ると、井戸は静かになって雷を呼ばなくなり、またお化けも出なくなったという。『富田林の民話』、『伝説と稗史《はいし》　上方篇2』にある。

白坊主［しろぼうず］

大阪府各地で主に狸《たぬき》が化けるものとして伝わる。

『天見地区の民話』によると河内長野市天見地区では、一晩で三人「白い坊さん」を見た人がいたこともあったとし、狸が人を化かしたとしている。また、「シロボンサン」「シロンボウ」などとも呼ばれている。

『加賀田地区の民話』によると河内長野市加賀田地区では、白い装束を着て坊主頭で大道を歩いていたとされ、狸ではないかとしている。

『川上地区の民話』によると河内長野市川上地区の人が実際に体験した話として、夜中に帰る途中、シャーと音がし前に「白いボンサン」が立っており、道がわからなくなったという話がある。これは狐に騙《だま》されたのだとしている。そこで仕方なく煙草を吸うと、バサバサと上の山に登るような音がし、道が開けたという。

白い小箱、**みこし**の項目も参照。

戦場の跡の火［せんじょうのあとのひ］

『宿直草《とのいぐさ》』（『近世奇談集成1』等収録）にある。

寛永一一年（一六三四）七月二日、宿直草の作者が若江（大阪府大阪市）に行き、夕方過ぎに四、五人で夕涼みに行くと、田んぼで三〇間《けん》（約五五メートル）ほど先に煌々《こうこう》と火が燃えていた。火は長さ四、五尺（約一・二～一・五メートル）ほどで四、五つほど連れ立っており、四、五間（約七～九メートル）ほど行っては消えまた燃え、海の波のようだった。一人の話では、これは大坂夏の陣の際、五月六日にここで多く兵が死んだため、その亡魂が火となって燃えるのだという。また、近づこうとすると火は遠ざかるので脇から見るとよく燃えるのだといい、燃えている所は田か畔《あぜ》か堤か堀かの区別もないという。

センノウバンノウ、マタソノオヤ［せんのうばんのう、またそのおや］

大阪府河内長野市加賀田に伝わる。唐久谷への道に出る化け物で、夜遅くに通ると「センノウバンノウ、マタソノオヤ」と言って頭の上からのぞくという。

『加賀田地区の民話』にある。

大光寺の怪異［だいこうじのかいい］

『絵本小夜《さよ》時雨《しぐれ》』（『百鬼繚乱』収録）にある。

守口（大阪府守口市か）の大光寺に田龍光雄という侍が泊まり、夜ふと目が覚めると、背が高く青ざめた坊主が蚊帳《かや》をあけて寝顔をつくづくと眺めていた。田龍が刀を取って睨《にら》むと、坊主は笑って姿を隠した。豪胆な田龍は気にせず寝たが、しばらくするとまた坊主が現れ蚊帳の上に首を差し伸べて立っていた。刀で斬ったがたちまち見失い、翌日住職に聞くと「言い忘れていたが、昔から書院の便所の戸を開いておくと必ず妖僧が出る。様々な対処をしたが止まず、今でも出る」と語った。

高坊主［たかぼうず］

背の高い坊主の妖怪として全国に伝わる。大阪府ではおもに狸《たぬき》の仕業とされることが多い。

『布施の民俗』によると布施市（現・東大阪市）では、高坊主は塀から外へ大きな樫《かし》などが枝を伸ばしているところに出て、木の上から褌《ふんどし》をたらしたり、通る人の顔をなめたりしたという。

『水無瀬野の伝説と昔話』によると島本町には次のような話がある。昔、小橋谷の墓のそばの大きな椎《しい》の木立に、高坊主が大きな目をむき、赤く長い舌を出して現れていた。そこで尺代の太郎兵衛という大工が、竹竿《たけざお》の先に一升徳利を突き刺したものに手拭いで頬かむりをさせ、半纏《はんてん》を括《くく》り付けたものを用意し、「俺のほうがお前より高いぞ」と言った。すると高坊主はいなくなり、翌朝狸が死んでいたという。

『大東市文化財ガイドブック2　大東の伝承文化』や『民話から見えたふるさと大東』によると大東市野崎には、専応寺太子堂から野崎観音表参道への小道に「タカタカ坊主」という狸がおり、愛嬌《あいきょう》がある村の人気者で、細道大明神として祀《まつ》られたという。この狸は村人が「もっと大きなれ」と言うと人の背《せ》丈《たけ》の倍ほどに、「ちいさなれ」と言うと鼠《ねずみ》ほどになったという。また、同じく大東市押廻の石橋にも「タカタカ坊主」という狸がおり、僧衣に編み笠をかぶり、高さ一尺（約三〇センチ）の高下駄をはいて、幅一間《けん》（約一・八メートル）の傘《かさ》をさして橋の上で仁王立ちしているという。

『富田林の民話』によると富田林市には、「高々坊主」に出会った三人の若者の話がある。少し昔、三人が栗ヶ池の所に来ると髪の毛が一〇〇〇本の角のように逆立ち、池の真ん中の黒い塊が天まで伸びていき、気が付くと稲荷寿司がなくなっていたという。また次の日、三人が稲荷寿司を食べながら歩いていると、桜井の弘法井戸の辺りがぼーっと明るくなって浴衣姿の女が現れ、三人は足が引き寄せられるように付いていき、気が付くと頭の上に服を載せて石川の中にいた。見上げると天まで伸びた大女がにたにた笑っていたという。

玉井忠山［たまいちゅうざん］

『怪談老の杖《つえ》』（『新燕石十種　第3』収録）にある。

泉州の尾崎（大阪府阪南市）を開いた吉田九右衛門の一族に玉井忠山という隠者がおり、詩作などを好み紀三井寺《きみいでら》（和歌山県和歌山市）の住職などとも詩の友人で、五〇余りで諸国を廻った後に、故郷に帰り重病で死んだ。その後、忠山が近くの村の庄屋の六郎左衛門という者の家に平常通りに来て挨拶《あいさつ》をした。忠山が死んだと聞いていた六郎左衛門は人違いかと思い出てみるが、それは間違いなく忠山で、紬《つむぎ》の着物に小紋の麻の羽織を着て、間口（合口？）をさし、生きていた時と変わりなかった。また忠山に書院で茶を出すと、生きている時のように飲んだが、酒は飲まず何も食べず、どこか影も薄く挨拶も間が抜けていた。忠山は「死後に心残りがあって姿を現したが、一族には肝の据わった者がおらず恐れ慄《おのの》くので、貴方に申し上げるのだ。私の葬式は書置きの通りに行ってもらったので不満はないが、戒名の忠山という二文字を亨安と直してもらうよう住職に頼んでほしい」と言い、「亨安」と五分（約一・五センチ）ほどの文字を書き置いた。その後しばらく雑談をし、帰る忠山を見送ろうと門を出ると既に姿はなかった。忠山の家族に話すと文字は間違いなく本人の筆跡であり、幽霊の筆跡として六郎左衛門の家に伝えられた。

タマエモン［たまえもん］

大阪府松原市布忍《ぬのせ》に伝わる。昔、馬の売買場に行く道では馬荒らしに馬を奪われたりするので、馬喰《ばくろう》という仕事は存在しなかった。しかし寺田に住むマタハンという者の飼っていたタマエモンという狸がうまく化けて馬荒らしをやっつけたため、マタハンは馬喰という仕事を考案することができたという。

加藤孜子「松原の民話と道の関係」（『近畿民俗』121号）にある。

だんじり吉兵衛［だんじりきちべえ］

大阪府大阪市天満にいるとされる狸《たぬき》。夜涼んでいると、夜の一時か二時頃、だんじりの囃子《はやし》の音を「コンコン、コンチキ、チキチキ、コンチキチン、コンチキ、コンチキ、コンチキチン」と急調に、あるいは「コーン、コーン、コンチキチン、コンチキチン」と緩く音を立てるという。

山田良隆「ダンジリキチベー」（『民間伝承』4巻3号）、山川隆平「船場怪談」（『民間伝承』26巻2号）、辰野六白「浪華民俗雑談を読みて追憶」（『郷土研究上方』78号）などにある。

また、喜田貞吉編『憑物』にも記述がある。だんじり吉兵衛は稲荷オロシをする者に取り憑き、コンコンチキチン、コンチキチンと面白い所作をすることがある。**お福**とは仲が良く、稲荷オロシでは大抵同じ時刻に前後して現れ、稲荷オロシもこの二人が出ないと物足りない気分になる。

チャァクライジジイ [ちゃぁくらいじじい]

大阪府河内長野市葛野に伝わる。田んぼに持っていったお茶が余った場合は持って帰らずに、田の畔《あぜ》にいるチャァクライジジイに供えて帰るよう昔から伝えられているという。

原泰根「「チャァクライジジィ」のこと（1）」（『近畿民俗』125号）にある。

チャンチャカお婆 [ちゃんちゃかおばば]

大阪府大阪市船場での話としてある。北御堂と呼ばれる西本願寺津村別院で、正門右横と接待所の間の便所には、白髪を振り乱したチャンチャカお婆が住んでいるという。境内で遊んでいる北船場南部の子どもたちは、寺の門限が迫る夕方になると、誰ともなく「チャンチャカお婆、赤い紙やろか、白い紙やろか」と言いだし男子も女子も一斉にそれを唱えて四散するという。

山川隆平「船場怪談」（『民間伝承』26巻2号）にある。

恙虫 [つつがむし]

『河内名所図会』にある。

高安郡千塚村、服部川村（どちらも大阪府八尾市）、法蔵寺山内には大きさがまちまちな数多くの穴があり、千塚と呼ばれている。これは火の雨が降った際に村人が穴を掘って隠れたとされる。火の雨に関する伝説は全国の塚にあるが、『河内名所図会』ではさらに別の説として、昔ここに恙虫が出たともしており、ここから「つつがなし」、「あなかしこ」という言葉が生まれたとしている。

恙虫を「あなかしこ」の由来とする説は『下学集』にある。

的人 [てきじん]

『雲萍雑志《うんぴょうざっし》』（『日本随筆大成　第2期　第4巻』収録）にある。

難波（大阪府）の野外に的人という香具師《やし》がいた。的人は裸で腹を差し出し、「この所を狙い撃て」と腹を指さして叫び、金を賭け禄として鉄砲で撃たせていた。衆人が試しに撃っても飛ぶ鳥のように弾をかわし、まったく当たらなかったため世間に評判だった。

また砲術の師範であり一〇〇人余りの門弟をもつ老人がいたが、ある日門弟が集まり、的人のような怪しい者を撃たなければ我らの芸の瑕瑾《かきん》であるとして老人にこれを撃つよう頼んだ。老人は「香具師を撃ち殺すのは教導の教えに背く、無益な殺生だから捨て置け」と言ったが、門弟は「このような技を使う者が増えたら砲術は役に立たなくなる、撃たなければ師弟関係を解消します」と声をそろえて言い、老人は仕方なく撃つことになった。

　老人は的人を撃つことを役所に訴え出て、「ここを撃ちなされ」という的人の衣服を撃つと、的人は倒れた。門弟たちがどのような奥義を使ったのかと聞くと、老人は「奥義などではない、的人は狐を使役していたのだ。野干《やかん》（狐と同一視される獣）は餌《えさ》のために従っており、衣服の中に隠れて形を惑わせ、これを撃つ者は虚空を撃つことになる。予は衣服を打ったので、野干の死骸もあるはずだ」と言った。翌日、弾に当たった老狐の死体が難波の里にあった。

毒降噂［どくふるうわさ］

『近来見聞噺《はなし》の苗』（『日本随筆大成　第3期　第6巻』収録）にある。

　文化七年（一八一〇）八月一四日、天から毒が降ってくるという噂が流れ、外に出ない人も少なからずいて大坂の市中が騒いでいた。また、「むかしより人ころさずの天道の毒ふらすとは空言であろ」と狂歌にも詠まれた。

『摂陽奇観』（『浪速叢書　第5』収録）にも記述があり、鶴が天に上り毒が降ると噂になり人々が往来しなくなったとしている。

とめやん

　大阪府大東市野崎新池にいる狸《たぬき》として広く伝わる。化けるのが下手だとされ、連日田畑を荒らすなど悪さを繰り返していたが、村人が捕まえて事情を聴くと「人間が自分の悪口ばかり言うので腹が立った、トメ公などとは呼ばず高吉《たかはた》大明神として祀《まつ》ってくれ」と言った。その通りに刻んだ石碑を建てると悪さはしなくなったという。

　とめやんを祀った石碑は現在も宝塔神社内にある。また、男の子に化けて好物の団子を買いに行くも、お金が木の葉であることがすぐに気付かれたという話があるが、その話に登場する団子が再現され野崎名物として和菓子屋で売られている。

『大東市文化財ガイドブック2　大東の伝承文化』、『民話から見えたふるさと大東』にある。

巴［ともえ］

『西鶴諸国ばなし』にある。

　昔、内介の淵《ふち》（勿入渕《ないりそのふち》／大阪府東大阪市・大東市）の堤に内介という独り身の漁師が暮らしていたが、ある時捕って溜めていた鯉《こい》の中に雌だがりりしい鯉がいて、売らずにおくといつのまにか鱗《うろこ》に一つ巴の紋ができた。「ともえ」と呼ぶと鯉は聞き分けなつき、夜は家の中で寝させ食事をさせるなどすると、一八年で一四、五歳の娘ほどの大きさになった。そのうち内介は女房を持つことになったが、内介が漁に出ている間に波の模様のついた水色の着物を来た美しい女が現れ、「私は内介殿とは長い仲で子どももいるのに、あなたを迎えるとは恨めしい。急いで親里へ帰りなさい、さもなくば三日のうちに大波でこの家を池に沈めよう」と言った。内介は身に覚えのないことであり、そんな美人がなびくはずもない、何か幻《まぼろし》を見たのだろうと言った。その後内介が夕方に船を出すと、にわかに波が立ち、浮藻《うきも》の中から大鯉が船に飛び乗って子どものような形のものを吐いて去っていった。逃げ帰って生簀《いけす》を見ると例の鯉はいなかった。

関連は不明だが、『日本の伝説8　大阪の伝説』、陵宵舎主人「塚巡り（三）」（『郷土研究上方』12号）によると大阪市都島区の大長寺には巴紋の鯉にまつわる伝説がある。寛文八年（一六六八）、網島の漁師が見世物にしていたがやがて死に、大長寺の住職の夢に巴紋の甲冑《かっちゅう》を付けた武士が現れ「自分は大坂夏の陣で戦死した者だが前世の因果で魚となり成仏できずにいる」と語った。住職は滝登鯉山居士の法名を与え鯉塚に祀《まつ》ったという。

虎宮火［とらのみやのひ］

『摂津名所図会』、『摂陽群談』、『諸国里人談』（『日本随筆大成　第2期　第24巻』収録）、『摂陽落穂集』（『新燕石十種　第5』収録）にある。

主に雨の夜、島下郡別府村（大阪府摂津市）の虎宮跡から出て片山村（吹田市）の木の上にとまるとされ、火縄を見ると消えるという。

また『摂陽群談』、『諸国里人談』によると、俗に虎宮は奈豆岐宮とも呼び、日光坊（**二恨坊の火**参照）の一族が頭蓋骨《ずがいこつ》を祀《まつ》るとも言われているという。

【な】

内介［ないすけ］

大阪府布施市（現・東大阪市）、大東市に伝わる。

昔、長田の東町のある家の男衆に内介という男がいた。ある夜、内介があまりに長く風呂に入っているので主人が見に行くと、大蛇になって火を吹いていた。内介は逃げて池に入り、その池を内介の淵《ふち》と呼ぶようになった。

その後、この池を埋め立てる工事をしていると、旅の僧が「こんなことをしていたら村が丸焼けになってしまう、私の袖《そで》の下から見てみなされ、居所のなくなった蛇が堤防で火を吹いている姿が見えよう」と言った。恐ろしくなって中止すると、工事の発起人の家だけが燃えたという。

内介の淵（勿入渕《ないりそのふち》）は長田の北から大東市の諸福にかけてあった大きい池で、「女ばかりが蛇になるものか、長田ナイスケ蛇になった」と歌われている。また、内介は大蛇に呑まれた人の名前で、西堤神社にはこの蛇の鱗《うろこ》が、諸福の白龍社は呑まれた内介が祀《まつ》られているともいう。

『大東市文化財ガイドブック2　大東の伝承文化』、『民話から見えたふるさと大東』、『布施の民俗』にある。

難波戦記の怪［なんばせんきのかい］

『耳袋』にある。

安永・天明の頃（一七七二～一七八九）か、『耳袋』の著者である根岸鎮衛《やすもり》の知人の石川某という人が大番として大坂城（大阪府大阪市）に勤めていた頃、暇な時は同僚の人々と集まって本を読んだり雑談をしたりしていた。

ある夏、同僚が借り出した『難波戦記』の本を皆で車座になって読んでいると、表の勤番所から「市中火事沙汰」と声がした。皆が驚いて見回すが火事はなく、誰が言ったのかと勤番所に聞いても誰も知らなかった。寝ぼけた者の仕業だろうと戻って『難波戦記』を読むと、しばらくしてまた火事を知らせる声がした。今度は庭まで出て尋ね歩いたが、やはり何の問題もなかった。誰かがふと思いつき「今日は五月六日、大坂城落城の期日だ、つまり『難波戦記』を読むのは非常なことだったのだ」と言うと、皆はぞっとして早々と寝たという。

仁右エ門の火［にえもんのひ］

大阪府取石村（現・高石市）に伝わる。

昔、上村の仁右エ門という農民の家に泥棒が入った。仁右エ門はそれに気づいて太い茶の木を一本持って怒鳴り、逃げる泥棒を追いかけたが、取石の池の樋《とい》のそばで泥棒に出刃を胸に投げられ死んだ。それ以来、一時か二時頃にそこを通ると樋の上から赤い火が足元に転がってくるという。

『とろし』（『夢のしらせ―大阪の昔話』収録）にある。

二恨坊の火［にこんぼうのひ］

多くの随筆や地誌に書かれる怪火。

『諸国里人談』（『日本随筆大成　第2期第24巻』収録）では高槻庄二階堂村（大阪府茨木市）に三月から六、七月まで出現するとされる。大きさ一尺（約三〇センチ）ほどで、家の棟または木の枝にとまるという。また、近づいてみると目耳鼻口の形があり人の顔のように見え、害はないので人々は恐れないという。これは日光坊という山伏が、村長の妻の閨《ねや》に入り、七日間にわたって病気快癒の祈禱《きとう》をしていたところ、密通したと言われ感謝もなく殺された。その二つの恨みが火となりその家の棟に毎夜飛んで村長を取り殺したという。日光坊の火を二恨坊の火と呼んだのだとしている。

『本朝故事因縁集』（『京都大学蔵大惣本稀書集成 第8巻』収録）では火の様子に関してはこれとほぼ同じ記述だが、加えて見物人が多く集まってみると、恐れ恥じて飛び去るとしている。また、二つの恨みがあった二恨坊という山伏が魔道に落ち、邪心の炎が消えず妄火となったとしている。

『宿直草《とのいぐさ》』（『近世奇談集成1』等収録）『古今百物語評判』（『続百物語怪談集成』等収録）では「仁光坊の火」とされる。島下郡溝杭（茨木市）という所で仁光坊という僧を代官の妻が口説いたが相手にされず、代官の妻は代官に仁光坊から口説かれたと讒言《ざんげん》し、仁光坊は殺された。仁光坊は死後代官の一族を取り殺し、また体を埋めた山際からは火の玉が出るという。この火は大体は鞠《まり》のような大きさで、傘《かさ》ほどの大きさになったかと思うと蛍《ほたる》ほどに小さくなり、疾風のように早く、三、四尺（約〇・九〜一・二メートル）の尾があり、中には僧の首があり息を吐くたびに炎が出るという。

『摂津名所図会』では「二魂坊火」とされる。吹田村（吹田市）の日光坊という山伏が他の山伏と法力を争って互いに刀を振り相手を殺し、その罪で石子詰めにされた後、雨の夜には火の玉が二つ出て争い、木の上にとまって人をおどかすという。

『摂陽群談』では「日光坊火」とされ、島上郡高槻村（高槻市）で雨の夜に出るという。熊野山の行者であった日光坊は行法を誤り、他の山伏に訴えられ死罪となったという。また一説に、法を破った二人の山伏がいたため、火の中に頭が二つあり「二魂坊火」とも呼ぶとしている。この火ははるか遠くに飛びあるいは木の上にとまり、人が近づくと離れるという。また、島下郡吹田村（吹田市）に二恨坊塚があるとしている。

ノッペラボウ娘 ［のっぺらぼうむすめ］

大阪府大阪市船場での話としてある。栴檀木橋南詰、北浜三丁目辺りで雨のしょぼしょぼ降る夜、一七、八の娘が派手な友禅の模様の袖《そで》で顔を隠してしゃがんで泣いていた。袖を引っ張ってみると目鼻がなく、体がぐんぐん伸び、見上げると電信柱がそびえていたという。

山川隆平「船場怪談」（『民間伝承』26巻2号）にある。

【は】

白蔵主［はくぞうす］

『和泉名所図会』にある。

永徳年間（一三八一～一三八四）、少林寺（大阪府堺市）には耕雲庵という塔頭《たっちゅう》があり、白蔵主（伯蔵主とも）と呼ばれる住職がいた。白蔵主は稲荷大明神を常に信仰しており、ある時感応があり竹林から三本足の白狐が現れた。白蔵主に連れ帰られ育てられた狐は霊力で手伝いをしたり盗難を避けたりしていたが、狐は猟を好む白蔵主の甥《おい》を恐れていた。

ある時、狐は白蔵主に化けて甥に殺生の罪を語ったが、甥はその正体に気付いていたため猟を続けた。大蔵という狂言師がこれを見て『釣狐』の狂言を作ったが、その際に狐は僧に化けて狐の動き方を教えたという。そのため、この狂言を行う際は始めにこの寺に来て狐のいた竹林の笹《ささ》を杖《つえ》にする。その後、享保十八年（一七三三）には少林寺は通心霊社という神号を京師の吉田家から与えられた。

白蔵主と狐と少林寺に関する記述は『堺鑑』（『浪速叢書　第13』収録）、『泉州志』（『大日本地誌大系　第18巻』収録）などにもある。

その後は、甥は鼠《ねずみ》の天ぷらでこの狐を捕らえ殺したとも（川崎巨泉「和泉堺市白蔵主稲荷」（『郷土趣味』21号））、白蔵主が罠《わな》にわざとかかり「拙僧を殺してからにせよ」と言ったので甥は反省したともいう（『伝説と稗史　上方篇1』）。また、この竹林は狐が杖をさしたことで生まれたともいう（『伝説と稗史《はいし》　上方篇1』）。三本足の狐ではなく三匹の狐としている場合もある（『大阪府全志5』、『伝説と稗史　上方篇1』）。

白馬［はくば］

『摂陽奇観』（『浪速叢書　第1』収録）にある。

茨木（大阪府茨木市）の登保志《とほし》（戸伏《とぶし》）という墓地には雨の夜になると必ず白馬が出るという。小牛のような形で毛は絵にかかれた羊のように白く、顔は見えない。人を害することはないが、勇敢な者がこれを捕まえようとしても捕らえられず、棒で打っても幻《まぼろし》のようで、またある時は街道に居座るが人がまたいでも毛が触れないという。

ばけ岩［ばけいわ］

大阪府能勢町《のせちょう》に伝わる。倉垣和田から亀山市畑野への旧道の横にある岩で、かつて人々を悩ませた牛に似た怪物を武士が斬り殺すとこの岩になったとされ、切れ目には血の跡のような石がついているという。

『能勢町史　第5巻』にある。

化けお多福［ばけおたふく］

明治一八年（一八八五）六月、八軒屋（大阪府大阪市）に京都の伏見（京都市）から来る汽船が天満橋（大阪市）の辺りで事故になり、八〇人が死んだ。その後、夜に天神橋の上に大勢の人の影が見える、大勢の人の泣き声が聞こえると恐れられた。

しかしさらに経つと、夜中にお多福が天神橋の中央に現れ杓子《しゃくし》を持って細い声で「豊年じゃ豊年じゃ」と手拍子足拍子をとり踊ると噂になり、連夜これを見ようと人々が押し掛けた。お多福は白衣を着ており、見物人が近づくと消えた。飴湯屋《あめゆや》や善哉屋《ぜんざいや》の屋台も多く出て大阪中の評判になり、警察が調べると、飴湯屋や善哉屋が一五、六歳の物乞《ものご》いの男を一晩五〇銭で雇ったもので、橋桁《はしげた》を通って川を泳いで行き来をする仕掛けだった。

日垣明貫「大阪妖怪画談」（『郷土研究上方』33号）に父親から聞いた話としてある。

箱つるべ［はこつるべ］

大阪府泉南市に伝わる。新家と兎田《うさだ》の間の引き谷峠《とうげ》に釣瓶《つるべ》を反対にしたような化け物が出るとされ、箱つるべの化け物と恐れられた。これは目鼻口のない大きな箱のようなもので、稲光のように光り、ガランガランと不気味な音を発して天から降りてくるという。その光を見て音を聞いた人は、目がくらみ頭が変になり、身動きができなくなる。それを見計らって化け物はその人を包み込み、しばらくするとその箱は楽しそうな音楽を奏で悠々と天に昇っていき、箱の中の人はいつの間にか消えるという。

『泉州むかし話　第6集』にある。

浜火［はまび］

『摂陽群談』にある。

西成郡浜村（大阪府大阪市）の墓地から出る火で、昔ここの者が常に墓地に潜み卒塔婆《そとば》を破ったり火葬の焼草を盗んだりして自分の竈《かまど》に使用していたので、その罰《ばつ》で猛火になって罪を口走るという。源光寺の僧である恵観《えかん》が融通大念仏を千日行うと、火は勢いがなくなりあまり出なくなったという。

般若［はんにゃ］

明治の初め頃、讃岐国《さぬきのくに》（香川県）に神宮教院へ行って学ぼうと志す二〇歳前後の青年がいた。大阪まで来た時、とある宿に泊まったが、通された部屋が何となく恐ろしく陰気で、少しもいられないほどだった。

女中を呼んでも代わりの部屋がないとのことで仕方なく泊まったところ、丑三《うしみ》つ時頃、首筋がゾクゾクしたかと思うと誰かが体に乗ってきて盤石のような重さの力で押さえだした。

そして、上の者が首を伸ばして覗き込ん

だ。その顔は般若の面そっくりで、息は冷たくて生臭かったが、身動き一つできず口も動かせなかった。

翌朝女中に聞いた話では今までもいろいろと怪のあった部屋とのことで、早々に宿を出て大阪神宮教支部の二階で寝泊まりするが、そこでも一週間ほどすると般若が現れた。

毎日苦しみぬき、ようやく半年後に伊勢の宇治（三重県伊勢市）につき、神宮教院では現れず安心したのもつかの間、三週間経つと夜中に西の柱のほうから青面の般若が現れた。

脇差を枕元に置いて就寝したが押さえつけられて動けず、同僚に一緒に寝てもらっても声も出せない。ついに一夜も安眠できず、極度の神経衰弱となって教院もやめ帰郷し、その後は誰も知らないという。

喜田貞吉編『憑物』にある話であり、「般若の息」と題が打たれているが、後に水木しげるは「般若の霊」として紹介している（『妖怪世界遺産』など）。

ひい

大阪府松原市新堂に伝わる。昔、豊田に住む辻という男が夕方男たちと世間話をしていると、ひいという狸《たぬき》の化け物が目を広げてこちらを向いていた。辻が「それだけの目か」と言うとひいは目を広げ、それを繰り返してやがて傘《かさ》ほどの目になった。男たちが怖くなって逃げると、翌日ひいは目を破裂させて死んでいたという。

加藤孜子「松原の民話と道の関係」（『近畿民俗』１２１号）にある。

ヒメヤブの女ご［ひめやぶのおなご］

大阪府河内長野市加賀田に伝わる。ヒメヤブという所を通ると女子が出るという。また、ヒメヤブを通ると上からザーッと音がするともいう。

『加賀田地区の民話』にある。

百鬼夜行［ひゃっきやぎょう］

『宇治拾遺物語』にある。

昔、ある修行者が摂津（大阪府・兵庫県）に来た際、日が暮れて竜泉寺（大阪府富田林市か）という大きく古い寺に着いた。人がいなかったが他に泊まる所がなく、修行者は笈《おい》を下ろして中に入った。修行者が不動明王の陀羅尼《だらに》の慈救呪《じくじゅ》を唱え、夜中になったかと思った頃、大勢の人の声とやってくる音がした。一〇〇人ほどが火を灯し集まっていたが、近くで見るとそれは目が一つの者、角が生えた者など、人ではない恐ろしい頭部の者たちだった。

恐ろしく思っていたがどうしようもなく座っていると、異形の者たちが皆座りだすが、その中の一人だけ座る場所がなく、火を打ち振って修行者を見て「我の座るべき所に新しい不動尊が座っていらっしゃる、今夜ばかりは外へおいでくだされ」と片手で修行者を掲げ堂の軒下（縁の下とも）に置いた。そうしているうちに、異形の者たちは「朝になった」と騒いで帰っていった。

夜が明けるとそこは野原で、寺も道もなかった。馬に乗って大勢の人を連れた者が偶然通りかかったので、ここはどこかと尋ねると「なぜそんな質問をなさるのです。肥前国《ひぜんのくに》（佐賀・長崎県）ですが」と答えた。修行者は事情を説明し京に行く道を教わり、京に行って人々にこの話を語ったという。

フジ山［ふじやま］

大阪府河内長野市に伝わる。不吉な山のことを指す言葉で、山仕事をする人はこれらの山を嫌い、またこれらの山の材木はあまり値段がつかないという。

『加賀田地区の民話』、『天見地区の民話』にある。

豊年魚［ほうねんぎょ］

慶応二年（一八六六）六月八日に淀川《よどがわ》の辺りで見つかったとされる生物で、瓦版《かわらばん》などで書かれる。

瓦版によると、長さ七尺五寸（約二・三メートル）、重さ二〇貫目（約七五キロ）、背筋には薄黒く苔《こけ》が生え、目は鏡のようで、形は鼬《いたち》のよう、足は亀のようだったという。また、以前見つかった際には大豊年が続いたため、今回も大豊年天下泰平となる吉兆だろうとしている。『瓦版にみる幕末大坂の事件史』や『日本の幻獣図譜』では内容はほぼ同じだがそれぞれ絵が異なる瓦版が掲載されている。

『近来年代記』では豊年魚とはされてないものの同日に怪魚出現の記録があるが、実際には淀川ではなく大坂城（大阪府大阪市）の堀で死んでいたものとしており、形は山椒魚《さんしょううお》のようで、頭は人の顔のよう、背は鱗《うろこ》があり、手足は亀のよう、全身は鉄色で大きさ三尺（約九〇センチ）としている。他にも同日に大坂城の堀で怪魚が見つかったことを知らせる絵がいくつか現存しており、『驚異と怪異』に掲載されている。

星池［ほしいけ］

『摂陽群談』にある。

東成郡今宮村（大阪府大阪市）にある池。昔、悪星のせいでこの土地の耕作が悪かったため、蛭子《えびす》神社に祈願したところ、星が落ちてきてこの池に入ったという。また、聖徳太子の時代に悪星が人に化けて降りてきてこの池に入ったのだともいう。

法螺坂の法螺貝［ほらざかのほらがい］

大阪府富田林市に伝わる。昔、日照りが続いたため村人は村はずれの坂の上にお祈り所を作り雨乞《あまご》いをした。しかし雨が降らず皆が倒れた頃、どこからともなくつがいの法螺貝《ほらがい》が現れ、「ブオー、ブオー」と天地がひっくり返るような大声でうなり始め、大雨になった。以来、この坂は法螺坂と呼ばれ、「新堂越えすりゃまた雨が降る、せめて法螺の坂越えるまで」と俗謡にも歌われた。また、この法螺貝は明治三〇年（一八九七）頃まで新堂村役場にあり正午の時報に使われていたという。

『富田林の民話』にある。

【ま】

魔王〔まおう〕

『諸国百物語』（『百物語怪談集成』等収録）にある。

勝尾寺（大阪府箕面市《みのおし》）の僧が、色欲を捨てられず女を隠しおいて長年親しくしていた。ある時僧は考えを改め、近くの高僧に懺悔《ざんげ》し行いをただしたが、女は名残を惜しんで通い続けた。疎《うと》ましく思った僧は気苦労から病気になり、周りの人に「女が私を訪ねて来たら、うそを言って帰してくだされ」と頼んだ。やって来た女に周りの人が「僧は昨日の暮れに修行のためどこともなく出られた」と言うと、女は仕方なく立ち去った。

その後、僧は病が重くなり死んだ。周りの人が女に事情を説明すると、女は少しも嘆く様子はなく「あの僧は五〇〇世も前世から我々の敵であり、僧になって成仏しようとしているところを我々がさまざまに形を変えて邪魔をしていたが、死に目に会ってさえいれば素直に往生させなかったものを」と怒った。そして女は二丈（約六メートル）あまりの鬼神となり、目は日月のように輝き、口から炎を吹き、大きな音を立てて天に上り、しばし雲の隙間にきらめいていたがその後消え失せた。

第六天魔王が衆生を外道《げどう》に引き込もうとすると仏が説いていたのはこのようなことなのだろうとしている。

なお『曾呂利《そろり》物語』（『近代日本文学大系第13巻』収録）にはこれとほぼ同様の話があり『諸国百物語』の原型と思われるが、こちらでは寺の場所は指定されていない。

味右衛門池［みえもんいけ］

『摂陽群談』にある。

依網池《よさみいけ》（大阪府大阪市）のことで、昔、味右衛門という男がこの池に身を投げたとされる。それ以来その霊が祟って近づく人を水底に引き沈めたが、村人が恐れて水神として祀《まつ》って以来、怪は起こらなくなったという。

味右衛門池は依網池を御依網池《みよもういけ》と言っていたのが訛《なま》ったのだともされる。

岩泉千眞伎「伝説の池」（『郷土研究上方』128号）では、味右衛門は人の家財を盗みまた旅人を悩ませていたが、悪事が明るみになり捕らえられそうになってこの池に身を投げたとしている。

みこし

大阪府取石村（現・高石市）に伝わる。

富木の東側や久米田池の所などに昔いたとされる狸《たぬき》で、人が通ると白い坊主に化け頭の上からぬっと人の顔を見る。人がこれに驚いて声を上げて転ぶとその人はその日のうちに死ぬが、先に「こおちがさきみこいさ」と言うと狸がその日のうちに死ぬという。

『とろし』（『夢のしらせ―大阪の昔話』収録）にある。

妙国寺蘇鉄［みょうこくじそてつ］

大阪府堺市の妙国寺に関する伝説。天正四年（一五七六）、織田信長が安土城（滋賀県近江八幡市）に植えるため妙国寺にあった南蛮《なんばん》由来の珍しい木を無理に持って帰った。すると夜にその木が「堺へ帰ろう」と泣き、斬ると赤い血が出たので、木は妙国寺に戻された。その後、妙国寺の日祐上人は弱った木の看護を続けていたが、ある夜夢枕に白髪の老人が現れ「あの木には鉄を与えよ」と語った。その通りにすると木は蘇《よみがえ》り、鉄で蘇ったためその木は蘇鉄と呼ばれるようになったという。

『和泉名所図会』、『伝説の和泉　第1輯』、『伝説と稗史《はいし》　上方篇1』、『日本の伝説8　大阪の伝説』、『泉州むかし話　第4集』、『日本妖怪散歩』などにある。

無露塚の霊［むろづかのれい］

大阪府富田林市に伝わる。

畠山義就《はたけやまよしなり》と従兄《いとこ》の政長の戦いの際、又の平と廿山《つづやま》の間は人や馬の死体で埋め尽くされ、その死体は無露塚として埋められた。無露塚は人馬もろとも漏らさず葬ったためもろ塚とも呼ばれたともされる。

塚は数百年で荒れ放題になったが、その辺りの草を刈ったり、刀を拾ったりするとひどい腹痛になり、返すと治ると言われ、祟りだと恐れられた。ある時、身の丈《たけ》六尺（約一・八メートル）の肝の据わった若者がそれを聞いて確かめようと刀を持って帰ると、夜に太鼓や鉦《かね》の音に混じり馬の蹄《ひづめ》の音や刀の音や鬨《とき》の声がし、鬼火が飛び交い鎧《よろい》を着て刀や槍《やり》を持った骸骨が馬に乗り戦い、恨めしそうに泣き叫んでいたという。その際に霊を鎮めるために建てられた法界塔が甲田の南端にあり、国道を作る際には石棺《せっかん》が出土したという。

『富田林の民話』にある。

夫婦池［めおといけ］

大阪府大阪市天満にある池。昔、ここに仲の良い夫婦がいたが、子どもができなかったので神仏に祈願するため夫が諸国行脚《あんぎゃ》に出かけた。しかし、長い年月たっても帰らなかったので妻はこの池に身を投げた。帰ってきた夫も後を追い、それ以来雨の夜には夫婦の魂が火となって現れたという。また、この火は古鯰《ふるなまず》の怪物だったともいう。

　岩泉千眞伎「伝説の池」（『郷土研究上方』128号）にある。また前半の由来譚《たん》については『摂陽群談』や『芦分船《あしわけぶね》』（『近世文学資料類従　古板地誌編18』収録）にも記述があるが、怪については記されていない。

もう山だす［もうやまだす］

大阪府大阪市船場での話としてある。旧難波橋筋の角にあった川魚料理屋に冬の夜の七時頃、商家の丁稚《でっち》が丸水（すっぽんの吸い物）を五人前注文しに行ったところ、「もう山（終業）だす」と言われたのでそのまま帰った。翌日、確かめてみると料理屋の主人はそんなことはないと答え、それ以来その商家ではすっぽん料理を食べなくなったという。

　山川隆平「船場怪談」（『民間伝承』26巻2号）にある。

【や】

夜叉子［やしゃご］

大阪府豊中市桜塚に伝わる。江戸時代、大阪へ奉公に出た走井村の娘が父無し子を妊娠して帰郷し、産むとそれは鬼子だった。娘は浄行寺橋（今の岩屋橋）から身を投げ、鬼子も六、七歳で死んだ。村人が哀れな親子の菩提《ぼだい》を弔《とむら》うため、鬼子が生前一人寂しく踊っていた氏神様の境内で盆踊りをし、同じ踊りを踊ると、いつのまにか鬼子が現れ心から楽しそうに踊った。鬼子の去った先を調べると、氏神様の池で足跡が消えていた。鬼子は夜叉子なので、この踊りをやしゃご踊りと呼ぶのだという。

島田福雄「摂北の「豊島」に伝説の井泉を訪ふ」（『郷土研究上方』128号）にある。

山家のオバン［やまがのおばん］

大阪府貝塚市に伝わる。昔、子どもが駄々をこねると親は「山家のオバンのとこにやってしまうぞ」とよく脅していたが、そうするとオバンが山手の街道辺りから現れ「そうかいな、ほなわしもろていくぜ」と子どもを素早くさらっていった。オバンは山で鍛えられた強い足腰で矢のように走れるという。またオバンはオクマという名前で、子どもはみな小さいうちに死に、夫も死んだため、親が手を焼いていたり、折《せっ》檻《かん》されている子どもを見るとさらって自分で育てるようになったという。ある時、道念という僧がその話を聞き、オバンの家を探し出しオバンを説得した。その後、オバンはさらった子どもたちを返し、道念に言われた通り街に出て忙しい家の子どもの面倒を見るようになって重宝がられたという。

『泉州むかし話　第5集』にある。

幽霊の足跡［ゆうれいのあしあと］

大阪府守口市の来迎寺《らいこうじ》に伝わる。寛保三年（一七四三）七月一四日、慈天上人が夕方のお勤めをしていると、江戸の小網町の大工の妻お石と名乗る幽霊が現れ、主人が弔《とむら》いをしてくれないからと回向《えこう》を頼んだ。慈天は座具に幽霊を立たせ、心光清蓮と法名を授け念仏回向した。幽霊はそのお礼にと座具に足跡を残し、その座具は現在でも残っている。

来迎寺のホームページなどに詳しい。

幽霊橋［ゆうれいばし］

『浪華百事談』（『日本随筆大成　第3期第2巻』収録）にある。

明治以前、遊連橋（大阪府大阪市）の辺りは田圃《たんぼ》地で、橋も農夫の通行のためであり板橋のようなものであった。そのため、夜は人通りもなく横死する者もときどきおり、その幽霊が出ると噂があった。それゆえこの板橋を幽霊橋と呼んでいたが、後に木橋がかかった時に遊連橋という文字をあてられた。

余九郎狐［よくろうぎつね］

大阪府富田林市に伝わる。昔、西方寺に毎日のように来て住職と碁《ご》を打つ余九郎という老人がいた。住職は碁の名人だったが、余九郎の腕はそれに負けていなかった。ある時どこの者かと怪しんだ村人が正体を探ろうと忍び寄ると、碁を打っている余九郎の障子に映った影は狐のものだった。村人はてんぷらを使って罠《わな》を作り、寺から帰る余九郎を捕らえ殺した。住職は狐を不憫《ふびん》に思い、余九郎稲荷として祀《まつ》ったという。

『伝説と稗史《はいし》　上方篇2』、『日本の伝説8

大阪の伝説』、『読みがたり　大阪のむかし話』にある。

『日本の伝説8　大阪の伝説』にはこの稲荷に関する異なる伝説も載っている。源義経と静御前に仕えていた継信・忠信という兄弟は狐であり、母親の皮を使って作られた鼓を静御前が持っていたためそれを守っていた。義経は兄弟に自分の名の九郎から余九郎・源九郎（**源九郎狐**（奈良県）参照）と名付け、それぞれ西方寺と大和郡山（奈良県）に稲荷として祀られたという。

【ら】

竜の尾［りゅうのお］

大阪府四條畷市《しじょうなわてし》の龍尾寺に関する伝説。天平年間（七二九～七四九）、村人が旱魃《かんばつ》で困っていると一人の僧が現れ、山で七日七晩の祈禱《きとう》を行った。満願の日には大雨が降ったが、その時、雲の間から竜が現れ苦しんで暴れ、体がばらばらに裂けて墜落した。僧は行基であり、竜の頭と胴と尾の落ちた所へは堂が建てられた。尾が落ちた所の堂が龍尾寺であり、竜の尾は今も寺宝として伝わっているという。

『大阪府全志4』、『伝説と稗史《はいし》　上方篇2』にある。

ろくろ首［ろくろくび］

大阪府豊中市に伝わる。昔、大きな薬屋に美人の一人娘がいたが、夜になるとろくろ首になった。両親はさまざまな治療をしたがよくならず、円満寺に鐘を寄進し娘の全快を祈ったという。この鐘は第二次世界大戦時に供出されたため現存していないという。

『豊中の伝説と昔話』にある。

兵庫県

【あ】

明石の大蛸［あかしのおおだこ］

兵庫県林崎村（現・明石市）に伝わる。

昔、岸崎に西窓后《せいそうこう》、東窓后《とうそうこう》という美しい后がおり、明石の海中に長く住む大蛸から見初められ悩まされていた。そこで二見浦の浮須三郎左衛門という武士が、天皇に申し出てこれを退治することにした。蛸は二里（約七・九キロ）も先から后に足を伸ばしたので、三郎左衛門はそれを斬るが、蛸がすばやく足を縮めたので先のほう七、八間《けん》（約一二・七〜一四・五メートル）を斬ることしかできなかった。そこで三郎左衛門は壺《つぼ》を作り、そこに入った蛸を引き上げた。これは蛸壺の始まりだという。

壺の底を壊して逃げる蛸を追いかけ、山伏に化けた蛸をさらに追いかけ、林村の上宮明神の東の谷で四つに切ったところ、蛸の山伏は石になった。三郎左衛門は東播磨《ひがしはりま》の田畑七町（約七ヘクタール）を恩賞として授かり、松岡大臣《まつおかのおとど》源時正と名乗った。また、蛸と二人の后は上宮明神に祀《まつ》られたという。蛸が山伏に化けた所は松江の山伏塚として残っており、石は立石と呼ばれ現在は存在していないが、石の間から湧いたとされる立石の井が残っている。

藤澤衛彦『日本伝説叢書　明石の巻』、『郷土の民話　東播編』、村上健司『日本全国妖怪スポット1』にある。ほぼ同様の話は『播磨鑑《かがみ》』にもあるが、こちらでは蛸ではなくエイだとされている。

赤猫［あかねこ］

沼島（兵庫県南あわじ市）に伝わる。

昔、八兵衛という人が船の上で網の手入れをしていたところ、きれいな娘が船の水を柄杓《ひしゃく》で飲ませてほしいと寄ってきた。赤猫が娘に化けて柄杓を借りて船を沈めるという話を聞いていた八兵衛は、底を抜いた柄杓を渡した後に船を降り逃げた。娘は底が抜けていることに気づいて怒り、耳まで裂けた真っ赤な口を開けてギャオーと叫んだ。八兵衛が葦《あし》の中で息を殺していると、やがて赤猫は去っていったという。

『あわじの昔ばなし』にある。

悪源太義平［あくげんたよしひら］

『平治物語』にある。諸本により細部は異なるが、次のような話が書かれる。

悪源太義平（源義平）は平氏を狙って京都に来ていたが、近江の石山寺（滋賀県大津市）のそばで重病におかされていたところを難波三郎経房に捕らえられ、六条河原（京都府京都市）で経房に首を切られた。

やがて平清盛が出家した後、清盛や平氏

が布引の滝（兵庫県神戸市）を見物に行く際、経房は夢見が悪いと断ったが、弓矢を取る者が物忌みかと笑われ思い直し、ともに行くことにした。皆が滝を見ていると空が曇り、雷が鳴り、経房が「私が恐れていたのはこれだ。悪源太義平が死ぬ間際に『雷になってお前を蹴殺してやる』と言った顔がいつも幻《まぼろし》のように現れ恐ろしかったのだが、昨日も夢に見たのだ。たった今蹴《け》鞠《まり》ほどの物が南東へ飛んだのを見たか、それこそ義平の霊魂であり帰ってきて私を蹴殺そうとしているぞ。だが私も命ある限りは一度は斬りつけてやろう、死後の証人として見届けてくだされ」と太刀を抜くと、経房の上に黒雲がかかり、雷が鳴った。清盛の身も危なかったが、弘法大師の理趣経を錦の袋に入れ首にかけていたものを打ち振ったので、雷は空に上がり助かった。しかし、経房は粉みじんになって死んでおり、太刀は鍔《つば》まで溶けていた。

日下力『平治物語の成立と展開』に詳しい。

足立入道とすもうとり ［あだちにゅうどうとすもうとり］

兵庫県北淡町（現・淡路市）に伝わる。室津の壁戸《かべっと》という所で、雨や曇りの晩に足立入道とすもうとりが出て通行人を苦しめたという。

『北淡町誌』にあり、ここは交通の難所なので日が暮れての通行を戒めたものかもしれないとしている。

アタマナシ ［あたまなし］

大阪府和泉地方の海岸部に伝わる。淡路の岩屋（兵庫県淡路市）にアタマナシという火が出て、夜漁に行くとよく見かけることがあるが、晴天の日は出ないという。

宮本常一「泉波有手漁業聞書」（『近畿民俗』1巻3号）にある。

油かえし ［あぶらかえし］

兵庫県宝塚市周辺に伝わる怪火。

辰井隆「妖怪名彙《ようかいめいい》に寄す」（『民間伝承』5巻5号）によると、昆陽池（伊丹市）の北堤の辺りに初夏の闇夜や寒い冬の夜に灯る火だといい、池の南の千僧《センドー》の墓から出て、昆陽池、瑞ヶ池《ずがいけ》の堤を通り、天神川のほとりから中山へ上がるという。原文ではその様子を「パッパッパッパッとつくと、オチャオチャオチャオチャと話し声がしトボトボトボトボとセングリセングリと後へかえらずにせいてとぼる」としている。中山寺（宝塚市）の油を盗んだ人の嫁入りとも、千僧の墓の狼《おおかみ》が火を灯していくともいわれている。

『尼崎今昔物語』によると尼崎市にも油かえしの話が伝わっており、庄下の堤の土橋の下から毎晩フワリフワリと転がっていき、八軒町のほうからスーと上っていって、北へ方向を定めまっしぐらに飛んでいくという。これもやはり中山寺の油を盗んだ報いで返しに行くのだされている。

『郷土の民話　阪神編』によると宝塚市荻原では、夜更けに墓の西の観音橋のたもとから出て中山寺の極楽橋へ行ったという。富松の長兵衛という油売りが、仏に供える灯明の油を売る際に量目をごまかして財を蓄えたため、死後その魂が中山寺に油を返しに行くのだとされる。

『摂陽群談』には「仲山火」として同じく中山寺の油を盗んだ者の火が紹介されている。

あやしき人［あやしきひと］

『新説百物語』（『続百物語怪談集成』収録）にある。

元文年間（一七三六〜一七四一）、但州（兵庫県）の寺に道幸という四〇ほどの僧がいて、その寺の後ろの山は大きな山伏や高入道が現れたなどと噂され誰も山奥に入らない魔所であった。道幸は「化物や魔障は人によるものだ、我が行ってみよう」と言って山奥に入り、岩に腰掛け、煙草を吸うが何も起きず、山奥に入った証として木の皮を削って帰ろうとすると、にわかに嵐が吹いて空が曇った。道幸は恐れず悠々と下山するも、道半ばで「此度《このたび》はゆるすとも、ついに命はあるまじ」としわがれた声がした。四、五日後、道幸の夢に身の丈《たけ》一寸（約三センチ）ほどの衣冠をつけた人が輿車《よしゃ》に乗ってお供とともに枕元に来て、「我はこの山の後ろに住むものだ。先日は思いもよらず登山されたが何の気配もない、その代わりに今日からそなたの命を毎日縮めよう。そのために我等は来たのだ。明日の夜より下官どもがかわるがわる来るだろう。まず今夜から命を縮めよ」と言った。すると下官と思われる一寸ほどの男二人が小さな鋤《すき》や鍬《くわ》を持って耳の中に入り、しばらくして何やら白い油のようなものを指先ほど持って出た。それが毎晩続くうち、道幸はやせ衰え二ヶ月ほどで死んだという。

文石小麻呂［あやしのおまろ］

『日本書紀』にある。

雄略天皇一三年（四六九）、播磨国《はりまのくに》（兵庫県）御井隈《みいくま》（未詳）には文石小麻呂という乱暴者がおり、略奪を繰り返し、商船の航路を止め品物を奪い、税も納めようとしなかった。そこで天皇は小野臣大樹《おののおみおおき》という家臣を派遣し、大樹は兵士一〇〇人とともに屋敷を取り囲んで火を放った。その時、炎の中から馬のような大きさの白い犬が飛び出したので、大樹は顔色を変えずに斬り殺した。すると犬は小麻呂となったという。

蟻無山［ありなしやま］

兵庫県赤穂市有年に伝わる。昔、武士がこの山に城を建てるため、暑い夏に農民を働かせていた。その時、石を背負って運んでいる一人の若者が、蟻が巣を作っているのを見て踏みつぶさないように足をすくめたところ、体勢を崩しあおむけに倒れ起き上がれなくなり、武士に鞭《むち》で打たれた。それを見た蟻の群れは武士の体中に噛みつき、武士は逃げ出し若者は蟻に礼を言った。蟻はこのような悲劇が起きないようにと城が出来上がるまで他の山に移ったため、現在でもこの山には蟻がおらず蟻無山と呼ばれている。この話に出てくる城の跡とされているものが山にあるが、これは実際には古墳だという。

『郷土の民話　西播編』にある。

有馬の湯の女化け物 ［ありまのゆのおんなばけもの］

『諸国百物語』（『百物語怪談集成』等収録）にある。

尼崎（兵庫県）の伝左衛門という人が有馬（神戸市）で湯治していた時、どこからか美しい若い女が来て「私も湯に入れさせてください」と言ったので、伝左衛門は女を湯に入れてやった。すると女が「背中の垢《あか》を流してあげましょう」と言うので、その通りにさせると心地よかった。伝左衛門がとろとろと寝入るようにしていると、いつのまにか背中の肉がなくなり骨だけになっており、女も消えていた。「湯にも女化け物あり」と昔から言い伝えられているのだという。

伊右衛門狸 ［いえもんだぬき］

兵庫県津名町（現・淡路市）大町の木曽の原にいる狸として伝わる。

伊右衛門狸は妻の「およい」とともに人懐っこく愛嬌《あいきょう》のある狸だったが、ある時人を化かして以来やみつきになった。ある時、伊右衛門が通る人を脅かそうとすると、それは狸を退治に来た清重という武士で、逆に取り押さえられた。伊右衛門は詫《わ》びて許してもらい、それ以来村人は狸に化かされないよう夜道を通る際に「清重さま、まかり通る」と叫ぶようになったという。

『日本の民話14　大阪篇　兵庫篇』、『郷土の民話　淡路編』にある。

井垣甚十郎の首 ［いがきじんじゅうろうのくび］

兵庫県養父《やぶ》市大屋町に伝わる。昔、浅野の井垣城の家老の井垣甚十郎という人が、城主の留守に悪事を働いたとされ殺されることになった。甚十郎は殺される前に「わしは決して疑いをかけられるようなことはしていない、その証拠にわしの首は川に投げても流れないだろう」と言い、それを役人から聞いた城主が首を建屋川に投げると、首は川をさかのぼり船谷村の上の淵《ふち》で七日間渦《うず》を巻いていた。そのためこの淵は「七日めぐり」と呼ばれ恐れられた。

また、首はその後流れて浅野へ帰り、大屋川をさかのぼって横行の村の下の大きな岩の上で休んだ。村人はこの首を葬り、この岩を「井垣さんの首塚」と呼んだ。その後、横行に宮が作られ、明治の初めまでは毎年浅野から祭祀料《さいしりょう》が届けられたという。

『西谷子供風土記　伝説編』、『大屋町史』

にある。

異形のもの［いぎょうのもの］

『絵本小夜時雨《さよしぐれ》』（『百鬼繚乱』収録）にある。

加古川重兵衛という力持ちが夜に有馬温泉（兵庫県神戸市）に行こうとして、山道に迷った。すると木が鳴り騒いで異形のものが多数現れ、重兵衛にとびかかった。重兵衛は全く恐れず、近くの大木を根っこごと引き抜き打ち付けると、異形のものは恐れたのか姿を隠した。

伊佐々王［いざさおう］

『峰相記』（神栄赳郷『播磨の地誌　峰相記の研究』収録）にある。

安志（兵庫県姫路市安富町）の山奥に伊佐々王という大鹿がおり、高さ二丈（約六メートル）あまり、二本の角には七つの草刈があり、体には苔《こけ》が生え、目は日の光のように輝き、数千の鹿を従えて人を食っていた。そこで勅命で国中の衛士《えじ》が集まりこれを追い殺したという。琵琶法師《びわほうし》などが物語として語っているが、いつのことかはわからないとしている。

『播磨鑑《はりまかがみ》』ではこれを引き、鹿ヶ壺《つぼ》という岩穴はこの大鹿が暴れて開けた跡だとしている。

『播陽万宝智恵袋』にもこれらと似た記述があるが、時期を宝亀四年（七七三）頃としている。また、伊佐々王は傷ついて因幡《いなばの》国《くに》（鳥取県）に行き山中の岩屋で死に、そこに社《やしろ》が建てられ鹿神として今も崇《あが》められているという説や、退治して人々が安堵《あんど》したため安志谷という地名が付いたという説などが紹介されている。

異獣［いじゅう］

『絵本小夜時雨《さよしぐれ》』（『百鬼繚乱』収録）にある。

播州（兵庫県）のある侯家の侍が病気になり、坂根向斎という医者に薬をもらった。ある日、坂根が帰ったかと思うとすぐにまた来て脈をとった。坂根に聞くと先に来てはいないと言うので、明日は必ず来ないようにとこっそり囁《ささや》いて帰した。翌日、やってきた坂根を刀で斬ると、異形の姿になって障子を蹴破って逃げた。血の跡を追っていくと一〇町（約一・一キロ）ほど離れた山に着き、古木の根の下でうめき声がしたので槍《やり》で突き殺した。

いたち屋敷［いたちやしき］

『播磨鑑《はりまかがみ》』にある。

永享一一年（一四三九）二月七日、萩原主水という人の五歳の男の子が七日続けて夜更けに叫んだ。七日目に主水がふと目を覚ますと、行灯《あんどん》の火が消え障子の音が聞こえ、一〇歳ほどの小法師が油をなめており、男の子は胸を押さえ死んでいた。そして小法師が見えなくなったかと思うと二匹の鼬《いたち》が現れ、男の子や器財をかじった。一

四、五夜はこれを防いだが、その後一五〇匹ほど出るようになったので、那岐《なぎ》山（鳥取県・岡山県）の僧大乗坊寛俊と太市（兵庫県姫路市）観音寺の僧海弘の二人が祈ると何も起きなくなった。ここをいたち屋敷と呼ぶのだとしている。

糸つむぎ ［いとつむぎ］

兵庫県養父町《やぶちょう》（現・養父市）に伝わる。十二所の別所家の屋敷の隅に生えていたヨノ木の下にある地神の稲荷社で、毎夜のようにブーンブーンと糸をつむぐ音がしたという。これは老婆の姿であるとされるが、姿が見えないともいわれている。

『兵庫県の秘境』にある。

猪名の笹原 ［いなのささはら］

『本朝国語』（『京都大学蔵大惣本稀書集成　第8巻』収録）、『摂陽見聞筆拍子』（『新燕石十種　第5』収録）、『古今百物語評判』（『続百物語怪談集成』等収録）、『摂陽奇観』（『浪速叢書　第1』収録）などによると、歌枕として有名な猪名の笹原（兵庫県伊丹市）を通った人がここの笹を折ると、たちまち気が狂うという。

稲荷蜂須賀大明神 ［いなりはちすかだいみょうじん］

兵庫県北淡町（現・淡路市）斗ノ内浜に伝わる。明治二三年（一八九〇）一月から三月にかけて、浜辺の藁倉《わらぐら》や便所の落とし藁から出火することが相次ぎ、火災予防をして一日中見張りを立てても、一日数回怪火を見た。斗ノ内浦の某に占ってもらうと、狐が現れ、「私は土居城に使役された者であるが、侯が播州（兵庫県）に国替えとなったため浪々の身となり、その後犬に噛み殺された。たまたま松下梅吉という人が小豆島（香川県）へ渡った時に暴風で遭難し死に、その霊が私をして祟らせた。稲荷蜂須賀大明神として祀《まつ》ってくれれば身をもって怪火を鎮めるであろう」と語った。

向条丁に祀ってからは祟りはなくなったが、昭和五年（一九三〇）頃に祀る人がいなくなるとまた暴れ、冬の間の午後一一時、午前一時、午前三時に太鼓をたたくような音をさせた。当時の警察と消防組六〇人が原因を探り、石灰をその音の出る空き家の周りに撒いて足音を探したり、音が出ると同時に空き家に入り口から入ったりしたが不明だった。七、八月になると人々は夜間夕涼みを兼ねて音を聞きに行き、その家から人が遠ざかると音がした。そのようなことが三年続き、川尻東側に祠《ほこら》を建てて祀ってからは何も起きていないという。

『北淡町誌』、『あわじの昔ばなし』にある。

犬の変化 ［いぬのへんげ］

『西播怪談実記』（『播磨の妖怪たち―「西播怪談実記」の世界』収録）にある。

宝永年間（一七〇四～一七一一）、夜に姫路（兵庫県）の町内を白犬がうろつき、何かを盗まれた、あるいは食われたと三、四年の間噂になっていた。ある時、本町の家に人々が集まって商品の蚊帳《かや》を縫っていた際に、奥の間の障子をそっと開ける音がし、見ると例の小さな白犬だった。追い回すと犬は溝へ飛び込んだので、上がろうとするところを皆で割木や火吹き竹で打ち殺した。縄で引っ張って死体を三左衛門堀に捨てるも、戻るとまもなく縄を引きずった白犬が再度現れたので、再び打ち殺し口にハジカミ（山椒《さんしょう》）を打って、先ほどは水を飲んだから蘇生したのだろうと今度は堀端に捨てた。翌朝、人々が集まって見物をしているので見てみると、犬は馬ほどの大きさになっていた。ある人は、犬も長生きをすると自由に変化するので体を小さくして徘徊《はいかい》していたのだろうと語った。『西播怪談実記』によると、これは実際に見た人から聞いた話だという。

異馬［いば］

『吾妻鏡』にある。

建久四年（一一九三）七月二四日、淡路国分寺（兵庫県南あわじ市）で生まれたとされる、前足が五本、後足が四本の馬を、領主の横山時広が鎌倉に連れてきて源頼朝に見せたという。

『あわじの昔ばなし』によると、国分寺の馬蹄石はこの馬の足跡だという。

牛ァ走る［うしぁはしる］

兵庫県北淡町（現・淡路市）生田で、牛の子の市でもないのに牛の行列が通ったのをはっきり見た人がいるという。本物の牛の行列か、化かされたのかはっきりしないという。

『北淡町誌』にある。

牛女［うしおんな］

兵庫県神戸市の六甲山に出現するとされるもので、牛の頭に赤い着物を着た女性の姿で、これと遭遇すると事故を起こすという。関西地方では有名な都市伝説であり、小松左京『くだんのはは』のルーツになったともされる。

朝里樹『日本現代怪異事典』に詳しい。

牛になる娘［うしになるむすめ］

兵庫県神戸市のとある牛肉屋は、はじめはさほどでもなかったが、一人娘が夜になると牛になるという秘密が湧いてきたために急に繁盛し評判になったという。

高田十郎『随筆民話』にある。

うしぼね

兵庫県西宮市東浜に伝わる。今津の世伊呂村の川の所で漁をしていると、陸にうしぼねという牛が見えるという。

辰井隆「海に出た化物の話」（『近畿民俗』1巻2号）にある。

打出の小槌［うちでのこづち］

兵庫県芦屋市打出小槌町に伝わる。昔、芦屋の沖に住む竜神が人に化けて聖武天皇に打出の小槌を献上した。これを振ると願い事が何でも叶うが、鐘の音を聞くと出たものは全て消えるとされ、打出の隠里にはこれを入手した長者が住んでいたという。この長者は都で手柄を立てて朝廷から小槌をもらったが、失脚して打出に隠れていたともされる。長者は小槌で贅沢《ぜいたく》な暮らしをしていたため、今でも静かな夜中に地面に耳をつけると、地下の遠くから宴会の音が聞こえるという。また、この地でものを拾うと必ず幸せが来るという。

『郷土の民話　阪神編』にある。

団と笛と箒木の怪［うちわとふえとほうきぎのかい］

『狗張子《いぬはりこ》』（『近代日本文学大系　第13巻』収録）にある。

花隈《はなくま》城（兵庫県神戸市）の荒木重信の配下である塩田平九郎という男が、城が落ちた際に一人逃げ延び出家して諸国を回っていた。

平九郎はその後花隈に帰ってきて、荒れた草原の廃屋に泊まった。するとと月が出かかる頃、何者か三人が現れ、全国の武将の情勢や戦についてさまざまに語り始めた。そして一人が「他所の盛衰はどうでもよい、我々の身の上の行く末こそ不安だ」と言い、三人は同調しそれぞれ漢詩を吟じた。顔が丸い者、体が細くえくぼがある者、太って背が低く髪や髭《ひげ》が乱れた者といった三人が吟《ぎん》じた漢詩は、それぞれ自らのことを吟じているようだった。そして三人は「吟じてのんびりする楽しみは一〇〇〇年たっても忘れないだろう」と言い、やがて灯火とともに雪のように消えた。夜が明けて平九郎が近所の人に「このあばら家に怪しいことはないか」と話すと、その人は「その家は人が住んでいないにもかかわらず、人の声や笑いどよめく音が聞こえます。狐狸《こり》の仕業かと思いますが、辺りの家に悪さをするわけでもありません」と答えた。事情を話し人々と相談してあばら家の中を探索すると、そこには非常に古い破れた団扇《うちわ》、壊れた笛《ふえ》、小さい箒《ほうき》が埃《ほこり》にまみれてあった。これらを焼き捨てるべきではないだろうと考え他の山際に埋めると、怪しいことは起こらなくなったという。

埋まった釣り鐘［うまったつりがね］

兵庫県村岡町（現・香美町）に伝わる。昔、寺河内の塔の岡に妙見寺という寺があり、栄えていたがその後衰えてなくなった。元禄年間（一六八八～一七〇四）、その寺の釣り鐘が村の石橋の下に埋まっているという噂が流れ、これを掘り出すことになった。しかし掘り出そうとするたびに毎回「村が焼ける、火事だ」とどこからか叫び声がした。村人は掘り出すことを諦め、現在も地面に釣り鐘が埋まっているという。

『村岡町誌　通史　下巻』、『郷土の民話

但馬編』にある。

馬橋［うまばし］

兵庫県尼崎市下坂部にあった馬橋については、さまざまな怪が言い伝えられている。

昔、ここで合戦があった際、一騎の武士が三騎の武士に追われ、見ていた農民に助けを求めたが、農民は三騎のほうに加勢し一騎の武士を討ち取った。そのためか、下坂部の人がよそへ行って帰ってきた際、ここで行く手が暗くなって歩けなくなり、村人が大勢名前を呼んでいるのを頼りにようやく帰ることができたという。

また、荒木村重を討とうとした若者が逃げる最中に村人に密告され、白馬とともに殺され橋の袂《たもと》に埋められたため、その辺りを村人が通ると白馬と若武者が現れるようになったともいう。

あるいは、荒木村重がいた頃、友御前という姫が小寺家の門前に隠れていることが密告され馬橋の辺りで殺されたため、密告した地域の人が通ろうとすると白い馬が邪魔をするようになったともいう。これについては、村人が大声で叫ぶと馬が消え通れるようになったとされている。

『尼崎百物語』にまとまっている。

お糸狸［おいとだぬき］

兵庫県淡路市室津の岡野家に関する話として伝わる。

昔、岡野郷太郎という人が、室津から生穂への途中にあるヒヤリ峠《とうげ》で一人の娘に出会った。これが人を化かすお糸狸（狸の名前は語られない場合もある）だと気づいた郷太郎は、娘を馬に乗せ縄で縛り、青松葉で燻《いぶ》した。狸が許しを請《こ》うので放したが、その後郷太郎が峠を通ると「尻焼き郷太郎今通り候」と声がしたという。

『郷土の民話　淡路編』、『淡路島の民俗』にある。

岡野家は元熊野権現の宮司の家系だが、『北淡町誌』によると岡野家に伝わる話では、ここでいう狸とは山賊《さんぞく》のことだとしている。山賊は郷太郎に正体を暴かれ説教され、郷太郎が次に通った際には「岡野郷太郎今通り候」と言って出迎え、罪を謝ったという。

大頭［おおがしら］

『平家物語』にある。

福原（兵庫県神戸市）への遷都《せんと》が行われた後は変化《へんげ》が多く現れ、ある夜などは平清盛が寝ていると、一間《ひとま》を埋めるほどの顔が覗き、清盛が睨《にら》むと消えた。また岡の御所という新しい御所では、大木もないのに夜に大木の倒れる音がして二、三〇人の声やどっと笑う声が聞こえ、天狗《てんぐ》の仕業と噂になった。そこで夜一〇〇人、昼一五〇人の当番を揃《そろ》え、蟇目《ひきめ》の鏑矢《かぶらや》（音で邪気を払う矢）を射させると、天狗のほうへ射ると音はしないが、いないほうへ射ると笑い声がした。

またある朝、清盛が寝所から出て妻戸を

開き中庭を見ると、大量の髑髏《どくろ》が庭を埋め積み重なっていた。髑髏は端のものは中央へ、中央のものは端へと転がり、がらがらと音を立てた。清盛は人を呼んだが誰もおらず、そうしているうちに大量の髑髏は一つの大頭に固まり庭に入らないほどになり、高さは一四、五丈（約四二・四～四五・五メートル）もあるかと思われる山のようになった。その大きな髑髏には生きた人の目のような大きな目玉が数限りなく現れ、清盛を瞬きもせず睨みつけた。清盛が全く騒がずこれを睨み返すと、しばらくして髑髏はあまりに強く睨まれたため、霜のように跡形もなく消えた。

鳥山石燕《せきえん》『今昔百鬼拾遺』（鳥山石燕、稲田篤信・田中直日編『画図百鬼夜行』収録）ではこれを「目競《めくらべ》」と名づけ、人が目比べ（にらめっこ）をしているようだったと書いている。

大きな海亀 ［おおきなうみがめ］

兵庫県神戸市兵庫区の福厳寺に伝わる。

昔、兵庫の西の町はずれの柳原に生えている柳の木の下にあるあばら家に、木下源太兵衛夫婦が住んでおり、草履《ぞうり》を売って暮らしていた。ある年、宿を借りに来た一人の僧をもてなすと、僧が経を唱えた桶《おけ》の糠味《ぬかみ》噌《そ》が麹《こうじ》味噌に代わっており、さらにいくら人に分けても翌日には桶一杯になるため、やがて長者になり木下長者と呼ばれた。その後、源太兵衛は僧のために寺を作ろうと大きな船を何艘《そう》も出して西国で材木を買わせたが、和田の沖に来たところで大風が吹いて船は沈んだ。源太兵衛が岬でがっかりしていると可禅という僧が通りかかり、「これはきっと海の神が心を試しているのだ、もう一度倍の材木を買ってきなさい、それによってお金が全部なくなってももとの生活に戻るだけではないか」と言った。源太兵衛は再度材木を買わせ、船が和田の沖に来ると、前に沈んだ船が牛を十頭も一のみにするほどの大海亀に背負われて材木を積んだまま浮き上がってきた。

『郷土の民話　神戸編』にある。

大撫山の大蛇 ［おおなでさんのだいじゃ］

兵庫県佐用町に伝わる。昔、大撫山の頂上の池には巨大な毒蛇が住んでおり、頭が頂上にある時は尾がふもとまであるほどで、鳥獣や人を食うため人は近寄らなかった。ある夏、大蛇は雷に打たれみじんに砕けて死に、ふもとに人が住めるようになった。

大撫山はかつて大蛇が尾で山を撫でると草木が折れることから尾撫山と呼ばれていたものであり、ふもとには蛇の尾という地名が残っている。また、頂上の池は現在はないが、昔はそこから蛇の尾の化石が出たとされる。昔はこの山に夕立ち雲がかかると、人々は雷で毒蛇が死んだことを思い出して、安心して生活できることを喜んだという。『郷土の民話　西播編』にある。

大蚯蚓［おおみみず］

『織田家日記』に記されているものとして『郷土の民話　丹有編』にあり、『斉諧俗談』（『日本随筆大成 第1期 第19巻』収録）にも記述がみられる。

元禄一五年（一七〇二）八月、連日の雨で川の水があふれ遠阪村（兵庫県丹波市青垣町）が泥水に浸食された際、川から胴回り七、八〇センチ、色が黒く鎌首が大人の頭ほどもある大みみずが、岸にたどり着こうと泳ぎながら流されてきたという。また同じ日、谷川橋には六、七メートルほどの青く光る大みみずがかかっていたが、やがて流されたという。

お菊［おきく］

俗に「播州皿屋敷」として知られる話に登場する人物。播州皿屋敷は歌舞伎、浄瑠《じょうる》璃《り》等でも広まっている。

一例として『播州皿屋敷実録』では次のように書かれる。姫路城（兵庫県姫路市）執権である青山時元（鉄山）は小寺家乗っ取りを画策し、花見での城主毒殺を企てた。一方で忠臣の衣笠元信は妾《めかけ》のお菊を鉄山の屋敷に女中として住ませ、動向を探っていた。お菊は陰謀に気づき幽閉された鉄山の三男、小五郎と親しくなってこの話を聞き、忠臣たちは毒殺を阻止した。しかし鉄山と通じていた置塩城の執権浦上村宗が援軍を送り、姫路城は一時鉄山に押領された。

鉄山は小寺家伝来の「こもがえの具足皿」という一〇枚揃《そろ》えの皿を持ち出し宴をするが、お菊が片付ける際に一枚が足りなかった。お菊に懸想する町坪弾四郎が一枚を隠していたのだった。鉄山はお菊の内通を疑っていたため手討ちにしようとするが、弾四郎がこれをなだめ身柄を引き受け、お菊を意に従わせようと屋敷の裏庭の松に縛り青竹で責め続けた。最終的にお菊は井戸に斬り捨てられたが、夜になると「一枚、二枚、三枚」と声が聞こえるようになり、皿屋敷と呼ばれた。その後、姫路城は奪還され鉄山は滅ぼされ、弾四郎はお菊の妹二人に討ち取られた。

皿屋敷伝説は全国にあり、井戸や屋敷跡、お菊を祀《まつ》った神社などが残っている場合がある。兵庫県内では他に尼崎市や佐用町のものが知られており、伊藤篤『日本の皿屋敷伝説』にまとまっている。

お菊虫［おきくむし］

『雲錦随筆』、『摂陽奇観』、『耳袋』、『譚《たん》海《かい》』などにあり、俗伝としても広まる。

寛政七年（一七九五）、姫路（兵庫県）を中心として関西で、人が後手に縛られたような形の虫が発生し、皿屋敷で有名な**お菊**の怨霊《おんりょう》だとされた。一般にこれはジャコウアゲハの蛹《さなぎ》だとされ、今野円輔『日本怪談集　妖怪篇』によると姫路では昭和の初めまで一匹一五銭の土産物として売られていたという。

今井秀和「お菊虫について」（『日本文学論集』29号）、今井秀和「お菊虫伝承の成立と伝播」（『妖怪文化研究の最前線』）に詳しい。

沖の火［おきのひ］

『摂津名所図会』、『摂陽群談』にある。『摂陽群談』では「沖猛火」とされる。

河辺郡大物《だいもつ》（兵庫県尼崎市）の沖でときどき海上に出る火で、享禄年間（一五二八～一五三二）にここで戦死した秦武文《はたのたけぶん》の亡魂だという（時代が合わないが原文による）。渡海の船頭にはこれを見る者が多いという。

また芦屋の沖には「沖龍灯」（『摂陽群談』では「龍灯火」）とされるものもあり、これは海中の龍神を祀《まつ》る火だとされている。

刑部姫［おさかべひめ］

姫路城（兵庫県姫路市）の天守閣にいるものとして広く伝わり、歌舞伎や、泉鏡花『天守物語』、岡本綺堂『小坂部姫』などの小説の題材に使用されている。

『甲子夜話《かっしやわ》』（柴田宵曲編『奇談異聞辞典』収録）によると、天守閣の上層にいるが人が入ることを嫌い、年に一度老婆の姿で城主に対面するという。また、姫路では「ハッテンドウ」と呼ぶとされている。

『諸国百物語』（『百物語怪談集成』等収録）では刑部の名前は出ないが、次のような話がある。姫路城主の秀勝が夜中に家々の者を集め「城の五重目に夜な夜な火を灯す者があるが、見てくる者はいないか」と言い、一八歳の武士が上って証拠として提灯に火を灯してくることになった。すると一七、八歳の十二単を着た女性がおり、「主の命ならば許そう」と提灯に火をともし、さらに証拠として櫛《くし》を与えた。この提灯の火は秀勝が消そうとしても消えなかったが、一八歳の武士が消すと消えた。

その後秀勝が天守に上ると、秀勝がいつも呼ぶ座頭に会った。座頭が「琴の爪箱の蓋《ふた》が取れない」と言うので秀勝が取ろうとすると、爪箱は手足にくっついて離れなかった。そして座頭は一丈（約三メートル）の鬼神となり、「我はこの城の主なり、我を尊ばないなれば今引き殺してやる」と言い、秀勝が降参すると天守ではなくいつもの御座にいたという。

人物名などは異なるが、同様に姫路城で十二単を着た女性と会い提灯に火をもらう話は『老媼茶話』（『近世奇談集成1』収録）にもある。

『西鶴諸国ばなし』では「於佐賀部狐」とあり、八〇八匹の眷属《けんぞく》を使い人の心を読み自在に人をなぶったとしている。「於佐賀部狐」の名前は『好色五人女』にもあり、また『嘉良喜随筆』にも神社には霊狐がいるとしているなど、刑部は狐だとされることも多い。

これらの伝説との関わりが考えられる長壁神社は実際に姫路城内にあり城主に信仰された。これは姫路城が造られる際、天狗《てんぐ》が書状で八天堂の建設を求めた、あるいは池田輝政の病気が姫山の刑部大神の祟りだとされたなどの噂があったため、城の鎮守として建立された神社がもととなっている。

埴岡真弓「姫路城刑部姫伝説の成立と展開」（『播磨学紀要』5号）、横山泰子「恋するオサカベ」（『妖怪は繁殖する』）、三宅宏幸「姫路城―変遷するオサカベ」（『城郭の怪異』）などに詳しい。

おたやん

兵庫県尼崎市に伝わる。大覚寺の裏の古い榎《えのき》について子どもたちは「あの榎でおたやん（お多福）が笑う」と言い、夕方になると怖がって早々に帰ったという。

柏原夫佐子「おばあさんから聞いた話―兵庫県尼崎の民俗」（『近畿民俗』55号）にある。

お多福の怪については他に、弱法師「散木談」（『兵庫県民俗資料』7号）には次のような話がある。神戸市で菊水橋を通った先の石井刑務所前の差し入れ屋の裏塀の坂に面した所で、お多福の顔が彫られた石が笑い出して通る人を驚かせるという。これは狸《たぬき》の仕業とされるが、現在は賑《にぎ》やかになったため笑わなくなったという。

おちょぼ

兵庫県篠山町《ささやまちょう》（現・丹波篠山市）に伝わる。観音橋前の小路の南に入って東に向かい、京口橋までの間の藪中《やぶなか》の裏道の土手裏という所で、夜に頭を兀僧《がっそう》にしたおちょぼに出会うという。これに「姉ちゃんどこへ行く」などと声をかけると、振り向いた目も鼻もない顔が夜でもはっきり見えるという。

『多紀郷土史考　下巻』にあり、篠山の怪談七不思議のひとつとしている。

鬼石［おにいし］

『播磨鑑《はりまかがみ》』、『姫路名所案内』などにある。

姫路（兵庫県）の惣社《そうじゃ》境内の案内社の西にある三尺（約九〇センチ）ほどの石で、平井保昌が大江山（京都府）の鬼を退治した際に**酒呑童子**（京都府）が変化した石だとされる。また腰掛石ともいい、聖徳太子が腰掛けた石だとされ、これに腰掛けると祟りがあるという。

オバメ［おばめ］

兵庫県良元村（現・宝塚市）に伝わる。小林の武庫川畔にある亀井戸の社《やしろ》という塚は、小浜村に踊りがあると言われて連れ出され石子詰めにされた者の塚であり、夏の夜にここからオバメという火が出るという。

辰井隆「妖恠名彙《ようかいめいい》に寄す」（『民間伝承』5巻5号）にある。

【か】

ガキイド［がきいど］

兵庫県長尾村（現・宝塚市）に伝わる。山本の天神川のほとりにある青く水の澄んだ井戸で、怖い井戸という以外のことは知られていないが、ただ一人だけ「ガキイドの水が飲みたいと病人が言い出すともう寂滅や」と囁《ささや》いた婆さんがいたと辰井隆「妖《よう》怪名彙《かいめいい》に寄す」（『民間伝承』5巻5号）にある。

杜若の怪［かきつばたのかい］

『六臣譚筆』を出典として『はりま伝説夢物語』にある。

寛政年間（一七八九～一八〇一）、寺町（兵庫県姫路市）の西松源一郎という侍の屋敷の前を夜更けに謡曲「杜若《かきつばた》」を謡いながら通ると不吉なことが起こるとされた。ある夜、家中の亀山源五右衛門・石川平之丞という二人の侍が試してみると、一曲謡い終えた後に風が吹き募って嵐のようになった。さらに謡い続けると、その声に合わせて謡う細い女の声がし、振り返ると青白い顔をしてやせこけた女が髪を振り乱し立っていた。女は「昔から禁じられているのになぜ謡ったのですか、ただでは帰しませんから覚悟してください」と恐ろしい顔つきで言った。二人は肝を冷やすも刀を抜いて切りつけると、姿が掻き消え辺りに霧が立ち込めたようになり一尺（約三〇センチ）先も見えなくなった。二人は刀を振り回し切りまくったが、二時《ふたとき》（四時間）ほども同じ場所をうろついており、夜が明ける頃には疲れ果てて座り込み、衣服はずたずたに裂け、刀はささらのようになっていた。

同様の話は『老媼茶話』（『近世奇談集成1』収録）、『譚海《たんかい》』（『日本庶民生活史料集成 第8巻』収録）や小泉八雲『知られぬ日本の面影』（『小泉八雲全集 第3巻』収録）などにあり、それぞれ会津（福島県）、駿河《するが》（静岡県）、松江（島根県）の話としている。

隠れ婆［かくればば］

兵庫県神戸市平野に伝わる。子どもが夕方までかくれんぼをしていると、暗くなった路地の隅や家の行き詰まりなどの人が隠れてもわからない所に現れ、子どもを掴み取り持っていく。そのため夕方のかくれんぼは戒《いまし》められたという。

弱法師「散木談」（『兵庫県民俗資料』11

号）にある。「隠れ姿」となっているが、これは誤植だろう。夕方にかくれんぼをする子どもをさらう怪は全国にあり、県内の他の例として『兵庫県の秘境』では「隠し神」というものが載っている。

鹿松峠の鬼人［かのししまつとうげのきじん］

兵庫県神戸市須磨区妙法寺・大手町に伝わる。永延年間（九八七～九八九）、高取山の北の鹿松峠に鬼人が出て旅人を苦しめていた。一条天皇は高野山（和歌山県高野町）で修行をしていた藤原伊尹《これただ》の三男の英雄丸に鬼人を鎮めるよう命じ、英雄丸は名を証楽上人と改めて峠の近くに堂を建て日夜経を唱え、鬼人は姿を消した。高取山の西の鬼ヶ平はこの鬼人が住んでいた所だといい、堂は後の勝福寺だという。

『郷土の民話　神戸編』にある。

カミタタレ［かみたたれ］

兵庫県竹野町（現・豊岡市）三原に伝わる。畔道を歩いていると手足の肉が釜の形に抉《えぐ》り取られるが、血は全くでない。これを「カミタタレ」あるいは「カミイタチ」と呼んでいる。『民俗採訪』昭和38年度号にある。

全国に伝わるカマイタチとほぼ同じものと思われる。県内の例では他に似たようなものとして、『千種―西播奥地民俗資料緊急調査報告』（『日本民俗調査報告書集成　近畿の民俗　兵庫県編』収録）によると千種町（現・宍粟《しそう》市）奥西山では、山奥に行くと「サメ」がおり、これに触れると刃物で切ったような傷ができるという。

掃部嬶［かもんがかか］

『掃部狼婦物語』にある。

宿南（兵庫県養父《やぶ》市《し》八鹿町《ようかちょう》）を開墾した武士の一人である田垣右衛門の孫である田垣（高木）掃部は、妻の綾と子ども二人と暮らしていた。ある年の三月、綾が花見に行った際、鹿の落とし穴に落ちている狼《おおかみ》とその二匹の子どもを助けた。

その後、掃部の長男である鶴千代は一五歳で病死し、綾は悲しみから病気になって寝込んだ。掃部は続く不幸を魔物によるものと考え、魔物を払うには名刀の力をもってすればよいと聞き、祖先が殿からもらった二振りの三条宗近の刀を祀《まつ》った。

その甲斐もなく綾が三八歳で死んだ後、掃部が袋戸棚を見ると刀がなかった。掃部に仕えていた沢右衛門という男が、掃部に懇意にされていたものの実は悪人であり、刀を盗んで丹波の亀山（京都府亀岡市）の宿で知り合った山伏に売っていたのだった。この金は奉公に売り飛ばした妹の牧の見請け金とするつもりだったが、牧はすでに見請けされ結婚していた。そこで沢右衛門は牧と偽って牧の主人の甥娘《おいむすめ》を連れて帰り、掃部の後妻として勧めた。さらに沢右衛門は掃部の妻となった偽の牧（以下、単に牧とする）と密通し財産を横領しようと企み、それに気づいた従者の助次郎を牧が毒殺、さらに七日間に三三本の釘を諏訪大明神の木に打ち付け掃部の次男左衛門を呪い殺そうとした。しかしこの頃から牧は必死に左衛門を看病するようになり、沢右衛門は首に軽い傷を作り原因不明の死を遂げ、さらに掃部と牧の息子の金吾も病死した。

場面は変わり、伯耆国《ほうきのくに》（鳥取県）汗入《あせり》郡の岩根という所に威妙院という山伏がおり、諸国を巡り伊佐（養父市）まで来ていた。山伏は山で数十匹の狼に囲まれ、道の脇の榎《えのき》の木に登った。すると狼は重なり合って高くなり、一匹の狼が西を向いて「カモン、カモン」と叫んだ。すると大きな狼が現れ、山伏の刀に飛びついた。山伏は狼の眉間《みけん》を切りつけるが狼は怯《ひる》まず、刀を奪って消えた。

その後、山伏が村人に話を聞いて掃部の家を訪ねると、牧が夜に便所に行く途中に転び額にけがをしたとのことだった。すると牧は「私は年を経た狼の化身です、十七年前に二匹の子とともに助けられ、この恩を報じたいと作物などを鹿や猿から守っていました。その後、悪事を働く牧を食い殺すと、冠をつけ金色の衣を着た諏訪明神が現れ、『思いのままに恩を報じさせん』と神秘不思議の術を授けられ、掃部の刀の在《あり》処《か》を教えられました。それ以来私は牧になり、沢右衛門を噛み殺し、牧の呪いは金吾に帰りました。この話を山伏に話し刀を受け取りなさい」と掃部親子に語り姿を消した。山伏が刀を返し去ると、再度現れた狼の牧（以下、単に牧とする）が正体を知られたからと親子に別れを告げた。親子が引き留めると牧は「ならば形見に木像の狼を作ってくだされば私の魂がそれに宿り家を守ります、私の本当の姿は明日床下に死体として現れるので人目にかからぬよう埋めてください」と言い煙のように消えた。その後、掃部が六二歳で死んだ後、左衛門と助次郎の子の勝五郎は狼の木像を持って全国を巡礼することを決意した。すると夢枕に牧が立ち「自分は木像に留まりこの国の獣の害を防ごう、汝《なんじ》らは相模国《さがみのくに》（神奈川県）に留まれば繁栄するであろう、魂は汝ら主従のみに従い開運出世を助ける」と言い、その言葉通り木像を寺に納め相模国に向かった二人は、それぞれ北条早雲に仕える領主と信勝の家老になった。

狐岩 ［きつねいわ］

兵庫県佐用町に伝わる。大成山の頂上にある石で、かつて玄翁和尚《おしょう》が殺生石（**玉藻前**（京都府）参照）を割った際に飛んできた欠片《かけら》だといい、現在も周りに白骨が散らばっているという。井上隆基「石にまつわる伝説（一）」（『播磨』67号）にある。

同一の岩かは不明だが、『郷土の民話 西播編』などによると佐用町の狐岩という岩について次のような話がある。昔、与四という年老いた母と暮らす男が、山で会った美人を妻にした。母が亡くなった後、妻は親孝行な与四を助けに来た狐だと夢で告げいなくなった。山を登ると大きな岩ができており、これを狐岩と呼んで二人の子どもである市坊とともに毎年供養した。まもなく与四も死に、市坊は一三歳の時、自分の出生を知って二人の供養のため自分の血で法華経を書き写し大往生した。市坊を葬った谷は市坊が谷と呼ばれ、血で書き写された法華経は白雲山慈山寺に納められているという。

殺生石に関する話として他に『千種―西播奥地民俗資料緊急調査報告』（『日本民俗調査報告書集成　近畿の民俗　兵庫県編』収録）によると千種町（現・宍粟市《しそうし》）奥西山では、那須野が原（栃木県）の道端の岩に化けた狐を玄翁和尚が砕いたので石が粉々になって日本中に散り、その石に躓《つまず》くと指の頭を切ったり爪が剝《は》がれたりするとされている。

狐の子［きつねのこ］

『北窓瑣談』（『日本随筆大成　第2期　第15巻』収録）に伊藤東所から聞いた話としてある。

但馬国竹田（兵庫県朝来市）の民家の娘は密かに関係を持つ男がいたが、しばらくして妊娠し四つ子が生まれた。しかしその形は、頭は人で手足は狐、首は狐で手足は人などさまざまだった。狐が男に化けて姦《かん》通《つう》したのだろうということだった。

キャツ

兵庫県飾磨《しかま》郡（現・姫路市）に伝わる。難破船の亡魂のことで、暗い夜に海上に燐《りん》火《か》が燃えるのをこう呼んでいる。また、こちらに向かって来る船として現れるが、火を灯すと消えるという。

『綜合日本民俗語彙《ごい》』にある。「彼奴」のように思われるが、この地方では「彼奴」を「キャツ」とは言わないと追記されている。

刑部屋敷のばけ物［ぎょうぶやしきのばけもの］

『太平百物語』（『百物語怪談集成』等収録）にある。

但馬国（兵庫県）に噂になっている化け物屋敷があり人が住まなかったが、木戸刑部という浪人がこれを聞いて従者と二人で住んだ。すると噂通り、毎晩一刻ほど家が鳴動し、大地震のようになった。刑部は正体が見極められずにいたが、ある時刑部の尊敬する智仙という僧がやって来たのでこのことを語り、それを聞いた智仙は泊まって様子を見ることになった。

いつもの時間になると座っていた所の畳がうねったので、智仙が気を付けて観察し盛り上がった所を押さえると、鳴動は収まった。そして智仙は小刀で畳を刺し、「今夜はもう起きないだろう。夜が明けてから正体を確かめなされ」と言った。

翌日、従者とともに畳を上げて床の下を見ると古い墓があり、洗ってみると「刃熊《じんゆう》青眼霊位《せいげんれいい》」とかすかに書かれており「眼」の文字から新しい血が流れていた。これは智仙が刺したためだと刑部は奇異に思い、長くこの地にいる農民に語ると、農民は「昔ここに外記《げき》という人がいて熊の生き血を絞る仕事をしており、祟りを恐れその死体を土中に埋め墓を建て祀《まつ》っていたが、恨みはやまず外記を取り殺した。その執心が屋敷に留まって毎夜出ると言い伝えられ人が住まなかった」と詳細に語った。不憫《ふびん》に思った智仙が三日かけて外記と熊を弔《とむら》ったところ、それ以降は何もなく屋敷は長く刑部のものとなった。

金兵衛車、やけ車 ［きんべえぐるま、やけぐるま］

兵庫県芦屋市山芦屋町に伝わる。城山のふもとに金兵衛車という水車が灘《なだ》の酒米を搗《つ》くために動いており、丹波（兵庫県）から選ばれた若者がここに働きに来た。若者には故郷に親しい娘がおり、その娘は離れて暮らす悲しみのあまり芦屋を何度も訪ねたが、水車小屋では仕事が終わるまで出てはならないなど厳しい掟《おきて》もあり、主人も娘に取り合わなかった。やがて娘は半狂乱になり、破れた衣を身にまとい、髪を振り乱し、顔は青ざめ目は異様に大きく恐ろしい顔で裸足のまま山や谷を駆け回った。その後、細い雨が降り武庫の山が霧に包まれた夜、娘は二つの榊《さかき》の枝を持って呪文を唱えながら水車小屋の周りを駆け回ると、体から青白い光が出て一塊の怪火となり、金兵衛車を焼き尽くしてくるくると回りながら空へと昇って行った。以来、「金兵衛車、やけ車」と俗謡に歌われるようになったという。

『日本の民話14　大阪篇　兵庫篇』、『日本の伝説43　兵庫の伝説』、『郷土の民話　阪神編』にある。

潜洲ヶ淵の大蛇 ［くぐすがぶちのだいじゃ］

兵庫県緑町、西淡町（いずれも現・南あわじ市）に伝わる。文明三年（一四七一）、慶野の潜洲ヶ淵という沼のような池に大蛇がおり、人や家畜に害をなし田畑を荒らしていた。庄田の船越左衛門定氏という侍が退治することになり、庄田八幡宮に祈願し一週間の断食をし、家来一人とともに葦毛《あしげ》の馬に乗り重籐《しげどう》の弓を持って、淵の周りを三回まわって「出てこい」と声を上げた。すると長さ二〇尋《ひろ》（約三六メートル）以上の大蛇が現れたので矢を喉に射るも、大蛇はそのまま追いかけてきて、定氏は家に逃げ帰った。その後、家の近くの楠《くすのき》から大蛇が家を見下しているところを、家の天窓から矢を喉に射てようやく退治するも、定氏も大蛇の毒息にかかり死んだ。

大蛇は長田の数川《すがわ》（菅生）に埋められ、楠で六角の井戸の囲いをしており、現在もこの井戸の周りを三回まわって「大蛇出ろ」と言うと大きな蛇が出るという。また、現在も大蛇の骨を持っている人がいるという。

『郷土の民話　淡路編』、『あわじの昔ばなし』にある。また、『本朝故事因縁集』（『京都大学蔵大惣本稀書集成　第8巻』収録）、『老媼《ろうおう》茶話』（『近世奇談集成1』収録）にも細部は異なるがほぼ同じ話がある。

草刈火［くさかりび］

『西播怪談実記』（『播磨の妖怪たち――「西播怪談実記」の世界』収録）にある。

元文年間（一七三六～一七四一）のはじめ、佐用村（兵庫県佐用町）の半七という男が姫路に行ったが、思うように用事が進まないので、前に但馬（兵庫県）の温泉で会った姫路の男の家に夕食後に出かけることにした。その道中、道の真ん中に不意に一筋の火が燃え、またもう一筋の火がそのそばから出て、二つの火はよじれたりもつれたりして消えた。しばらくすると火はまた燃え出して消えた。姫路の男の家でその話をすると、ときどき見た人がいるという「草刈火」というもので、昔、草刈りの子どもが喧嘩して鎌で切りあって死んで、今もなお争うのだと語った。

降りが淵の河童［くだりがふちのかっぱ］

兵庫県神戸市兵庫区淡河町に伝わる。

昔、ある仕事熱心な農民が草取りをしていると、降りが淵の急な坂を登ってきたのか汗にまみれた小男が声をかけてきた。小男は子どものような背丈《せたけ》だが顔は年を取った大人で、浅黒い押しつぶしたような顔に口だけが突き出ていた。小男は旅人だといい、農民の家に泊めてもらう代わりにと仕事を手伝い、その腕を見込まれてそのままそこで働くことになった。数年後、小男が河童だという噂が流れ、河童ならば苧殻《おがら》の箸《はし》で食事をすると死ぬということで、その夜農民は家族全員苧殻の箸で食事をするようにした。小男は翌朝死んでおり、農民は後悔して盛大な葬式をあげ、降りが淵に石碑を建てて祀《まつ》った。その後、その家では盆には苧殻の箸で食事をして河童の冥福を祈っているという。

『郷土の民話　神戸編』にある。

グニさん［ぐにさん］

兵庫県加西市田谷町に伝わる。江戸時代、木挽《こび》きの小屋の外で夜になると必ず「ホー、ホー」とずっしりと背中が寒くなるような声がした。その時、もし誰かがその声真似をして、相手の声が終わっていないうちにやめると、その者は何かに取り憑《つ》かれたように外へ出ていき行方不明になった。これはグニさんの声で、姿を見た人はいないが、自尊心が強く自分の真似をする者には腹を立てさらっていくと言われていた。

ある時、若者たちがグニさんをからかおうと七人交代で夜中じゅう声を出した。夜が明けて外へ出ると、小屋の周りに大量の血が流れており、たどっていくと山奥の大木の所で、体が人間でくちばしがあり手に羽根の生えた怪物が倒れていた。その後、声は聞こえなくなったという。

『郷土の民話　東播編』にある。『兵庫県の秘境』で天狗《てんぐ》のことを「グインさん」と呼ぶなど、天狗を狗賓《ぐひん》さんと呼ぶ地方は多い。グニさんも同様に「狗賓さん」の訛《なま》りと思われる。

鯉石［こいいし］

兵庫県伊丹市大手町古城に伝わる。宝暦年間（一七五一〜一七六四）の春、伊丹城内の大和屋新兵衛の所有する畑に、頭だけが地上に出ていた大石があり、掘り起こすことになった。すると大石の下から大きな鯉が跳ね、石には鯉の形の跡がついていた。鯉は役所に買い上げられて弁天池に放され、石は鯉石と名付けられた。石は文化一一年（一八一四）に役所に庭が作られた際に表書院に据えられ、現在は市立図書館の玄関に置かれている。

『郷土の民話　阪神編』、『兵庫県むかしむかし　第一集』にある。

高座石［こうざいし］

兵庫県氷上町（現・丹波市）に伝わる。葛野にある片面が磨かれた四面岩で、村人が客をもてなす際に道具を貸してくれるよう頭を地につけて願うと、コロンコロコロと音がして願った物が岩の下から出てくるとされた。ある男が、借り物を売ってその金で酒を飲んでからは、石は何も貸さなくなったという。また、この石の上で足踏みをするとポンポンと音がするので、ある石工が宝物が中にあると考え掘り始めると、どこからか白羽の矢が二、三本と飛んで来たので石工は逃げ帰ったという。『郷土の民話　丹有編』にある。

このような俗に椀貸《わんかし》伝説と呼ばれるものは全国に伝わるが、県内の他の一例としては山崎町（現・宍粟《しそうし》市）市場に「鬼面様《おにめんさま》」と呼ばれるものもあり、『郷土の民話　西播編』や『兵庫県むかしむかし　第二集』に載っている。

昔、鬼面山という岩山の横穴には鬼が住んでいるとされ、実際に見た人はいないが、物干し竿《ざお》や薪《たきぎ》や古い履物などがいつもあった。この鬼は悪事はせず、さらに村人が来客のある際に洞穴の入り口で道具を貸してくれるよう頼むと、晩には用意してあった。しかしある者が二〇人前の膳《ぜん》を借りそのうちの一人分を隠して返さなかったので、鬼はそれ以来道具を貸さなくなったという。現在は岩の下に祠《ほこら》が建てられている。

ごめん橋［ごめんばし］

兵庫県西宮市西浜にあった土橋。十数年前まで、夏の夜ここには狸《たぬき》が出て、ここを通る時は必ず「ごめん」と言わないと川の中に投げ込まれるといい、遊郭帰りの若い衆や馬力挽《ばりきひき》が被害にあったという。

山田良隆「ゴメンバシ」（『民間伝承』4

巻3号）にある。

【さ】

桜翁 ［さくらおう］

兵庫県西宮市に伝わる。昔、今津の酒造りの家々の旦那や隠居が暇で一日中碁《ご》を打っていた頃、品の良い老人が出入りするようになった。老人は桜翁という医者だと名乗り、話も面白く皆の人気者になった。桜翁は酒が好きで、碁を打つと酒を柄杓《ひしゃく》に一杯飲み、顔を桜色にして謡《うたい》などを口ずさみながら帰っていくのが常だった。ある晩、桜翁は鼠捕《ねずみと》りの油揚げに手を出して挟まれ、悲鳴を聞いた下男が近づくと桜翁は走って酒蔵へ入っていった。その翌朝、酒の桶《おけ》の中に鼠捕りにかかった大きな狐が浮かんでいるのが発見された。浄願寺の西にある桜稲荷大明神はこの桜翁を祀《まつ》ったものだという。

『日本の民話14　大阪篇　兵庫篇』、『日本の伝説43　兵庫の伝説』、『郷土の民話　阪神編』にある。

酒買い小僧 ［さけかいこぞう］

兵庫県篠山町《ささやまちょう》（現・丹波篠山市）に伝わる。西町の妙福寺の東の川にかかる番所橋で、秋の終わり頃の雨がショボショボ降る夜に、三尺（約九〇センチ）足らずの小僧が裸足で徳利を下げて通るという。これに会うとなんとなくゾクゾクして恐ろしくなり、さらに顔を見ると顔の真ん中に丸い一つの目がピカピカと光っているという。

『多紀郷土史考　下巻』にあり、篠山の怪談七不思議のひとつとしている。

さざえ婆さん ［さざえばあさん］

兵庫県洲本市に伝わる。灘《なだ》へ夜漁に行った漁師が子どもと姫小谷で焚火をしていると、一人の娘が現れた。怪しいと思った漁師は栄螺《さざえ》を子どもに取って来させ、子どもが「栄螺はない」と言うと「そんなことはない」と船に行ってそのまま沖に漕ぎ出した。すると娘は「取って食うつもりだったのに」と悔しがった。娘の正体は狸だったという。

地名や子どもに取って来させるものが異なるが、北淡町、淡路町（ともに現・淡路市）にもほぼ同様の話があり、『淡路島の民俗』にまとめて「さざえ婆さん」の題で紹介されている。

サスガミ ［さすがみ］

全国的に便所の神のことを指す。兵庫県石井村（現・佐用町）では、体がチクルといって血が黒く固まると「サスガミのイキアイにあったためだ」と言うと『山村生活の研究』に書かれている。

また、『綜合日本民俗語彙《ごい》』では、同じく石井村の伝承として、この神に行き逢うと転んで気絶すると書かれている。しかし、これは引用元が上記の『山村生活の研究』となっているがそのような記述は石井村にはなく、同ページの他の地方のイキアイの事例と混同した可能性がある。

静が墓 ［しずかがはか］

『牛馬問』（『日本随筆大成　第3期　第10巻』収録）、『笈埃《きゅうあい》随筆』（『日本随筆大成　第2期　第12巻』収録）にある。

淡路国洲崎（兵庫県南あわじ市）に来歴の知れない塚があり、四方には牛の鼻具に使うむろと呼ばれる木が植えられている。ある牛飼いがこれを切って帰ると、その晩からあらぬことを口走るようになり、人々が問うと牛飼いは「我は静である。この男、みだりに我が塚の木を切った狼藉者《ろうぜきもの》である」と答えた。不審がり「静とは何者か」と聞くと、牛飼いは「誰とは愚か、九郎義経の妾《おもいもの》、静である」と答えた。そこで「それならば舞の名人と聞きますので、ひとさし舞っていただければ皆疑わないでしょう、そうでないとわかりません」と言うと、牛飼いは「扇を下され、舞いましょう」と言って扇を受け取って舞い、人々は皆感嘆した。そしてさらに一人が「静御前は和歌も達者だと聞きます、いっそのこと一首お詠みくだされ」と言うと、牛飼いは扇を額に当て少し考え、首を上げて「問ふ人もなくて静が墓なるにあわれをそふる松風の音」と詠んだ。人々は驚嘆し、これによりその塚は静御前の古墳であることが知られたという。

また『郷土の民話　淡路編』によると一宮町（現・淡路市）尾崎では、昔静御前が淡路に植えた霊木が赤黒い枯れ木となって海岸に流れ着き、触った者は体中が痛み出したので最終的に枯木神社の御神体として祀《まつ》られたという。

七分三分［しちぶさんぶ］

兵庫県佐用町に伝わる。人里離れた山の中の朽ちた祠《ほこら》の中などに棲《す》んでいる動物で、トカゲに似てやや大きく、目玉が高く飛び出て、口が非常に大きく、挙動はいたって鈍いという。見たという言い伝えはあるが近年は見た人もなく、名前の由来もわからないという。

『民話の炉ばた―彦八はなしなど』にある。

柴右衛門狸［しばえもんだぬき］

「芝右衛門狸」とも。兵庫県洲本市の三熊山にいた狸で、人に化けて大阪に芝居見物に行ったところを犬に噛み殺されたという話が特に知られている。

『兵庫県むかしむかし　第一集』、『あわじの昔ばなし』、『北淡町誌』や後述の資料にあるほか、県内のみならず広い地方で知られ、竹原春泉『絵本百物語』にも描かれる。

『淡路島の民俗』によると、柴の葉を使って化かすのでその名前が付いたとされ、人助けをするので祀《まつ》られたという。

児嶋博一「淡路の話（洲本町）」（『旅と伝説』5巻6号通巻54号）には次のようにある。柴右衛門は騙《だま》すこともあるが親切なところもあり、山で迷った人が眠って目を覚ますと町へ帰っているといったこともあった。また六尺（約一・八メートル）近い腹で腹太鼓を鳴らし月見をすると町の人もそれを聞いて月見をする、柴右衛門を殺すと土地に変動が起こるとされる一方で柴右衛門が訪れると病人や悲しいことが治るとされるなど、人々から親しまれていた。

『郷土の民話　淡路編』や『淡路島の民俗』には、四国の有名な狸（禿狸《はげだぬき》、金長狸）と化け比べをし、大名行列に化けたふりをして本物の大名行列を見せる話もある。

「淡路の話」や『日本の民話14　大阪篇　兵庫篇』、『日本の伝説43　兵庫の伝説』、『読みがたり　兵庫のむかし話』によると、妻は「お増狸」という狸だとされる。こちらも柴右衛門とともに大阪に行った際、柴右衛門と化け比べをして大名行列に化けるが、お増狸は本物の大名行列を柴右衛門が化けたものと誤解して近づき、武士に斬られたという。

『淡路島の民俗』や『北淡町誌』では、淡路島には他にも名前の付いた狸が存在するとして数多く紹介されている。

芝太郎［しばたろう］

兵庫県津名町（現・淡路市）佐野に伝わる。東浦と佐野の境のトントン山には、芝《しば》右《え》衛門狸《もんだぬき》（**柴右衛門狸**）の息子である芝太郎が住んでいたという。昔、芝太郎は父の殺された浪速（大阪府）へ行きたいと考え、仮屋の佐衛門という人が鯛《たい》を売りに行く船に乗った。芝太郎は我慢できず鯛の目玉を食べ佐衛門に殴られたが、泣いて謝って許してもらい、金の茶釜に化けて売られることで恩返しをした。芝太郎は芝右衛門の供養をして淡路に戻ってきて、月夜の晩にはトントン山で腹鼓を打ち四股《しこ》を踏んでトントンと音を立てたという。

『郷土の民話　淡路編』にある。

島村蟹［しまむらがに］

『後太平記』、『狗張子《いぬはりこ》』、『和漢三才図会《ずえ》』、『斉諧俗談』、『本町食鑑』などさまざまな本に書かれている。

享禄四年（一五三一）六月四日、大物浦《だいもつうら》（兵庫県尼崎市）で細川高国と浦上村宗の連合軍が細川晴元らに敗れ七〇〇〇人が死に、その際に細川高国の家臣である島村貴則（島村左馬助とも）が敵二人を脇に挟み野里川に入って死んだ。その亡魂が島村蟹になったとされ、この蟹は甲羅《こうら》が鬼面となっている。

また、『和漢三才図会』、『斉諧俗談』などには、これを「武文蟹《たけぶんがに》」の小さいものとしている。武文蟹については、元弘の乱（一三三一）で秦武文《はたのたけぶん》が兵庫で海に入って死に、その怨霊《おんりょう》が兵庫や明石の浦で蟹になったとされる。

蛸島直「蟹に化した人間たち（1）」（『人間文化：愛知学院大学人間文化研究所紀要』27号）、島村豊「「島村蟹」の伝承についての考察」（『岡山県立記録資料館紀要』10号）にまとまっている。また後者では、本来浦上村宗の家臣であった島村貴則が『後太平記』で細川高国の家臣とされ広まったことが指摘されている。

じゃあじゃ山のうわばみ［じゃあじゃやまのうわばみ］

兵庫県竹野町（現・豊岡市）竹野に伝わる。昔、じゃあじゃ山に大蛇（うわばみ）がおり、それを見ると祟られるとされ、山の段々畑に行く人がいなくなった。じん太という相撲《すもう》の強い力自慢は構わず畑に行っていたが、ある日土手で寝て目を覚ますと、横の木に大蛇が巻きついて寝ていたので、尾を木にくくりつけ天秤棒《てんびんぼう》で殴った。大蛇は目を覚ましたが、尾を結ばれているのでそのまま何度も殴られ死んだ。数日後、じん太が働いているところに大きな女が現れ、夫が悪者に殺され敵を討ちたいので相撲を教えてくれと頼んだ。相撲を取っていると女は手が五本六本あるように体全体を締め付けてきたので、おかしいと思ったじん太が足をかけて転ばして首を絞めると、三、四間《けん》（約五・五～七・三メートル）先からドタンドタンと音がした。大蛇の妻だと知ったじん太は女を突き飛ばし天秤棒を振り回すと、女はパッと消えた。その後、家に帰ったじん太はそのまま熱を出して死んだという。

『郷土の民話　但馬編』にある。

ショージワン［しょーじわん］

兵庫県神戸市上唐櫃《かみからと》に伝わる。六甲ゴルフリンクスの西のヒョウタン池という沼は、六甲山で最も古い池であり主《ぬし》がいるとされ、この池の端に行くとショージワン（椀）が浮いてきたという。また、新池でもこの椀が浮かぶという。

辰井隆「妖怪名彙《ようかいめいい》に寄す」（『民間伝承』5巻5号）にある。ここではショージ椀とは何のことかわからないとあるが、いわゆる椀貸伝説の一つだとすると、「精進椀」だろうか。

女中に化けたなまず ［じょちゅうにばけたなまず］

兵庫県神美村《かみよしむら》（現・豊岡市）袴狭《はかざ》に伝わる。かつて袴狭に城があった頃、加藤家の陣代屋敷に、鯰《なまず》が女中に化けてほうあんじ池から通って奉公していたという。また、このほうあんじ池の鯰は、騒ぐと地震になるとされている。

『神美村誌』にある。

白巣城の怪 ［しらすじょうのかい］

兵庫県五色町（現・洲本市）鮎原に伝わる。白巣城が豊臣秀吉に攻められた際、城主の安宅九郎衛門冬秀が姫を井戸の中の隠し部屋に乳母とともに隠したが、見つかって首をはねられた。それ以来、真夜中に砂で埋まっている井戸の中から姫の泣き声が聞こえるという。また、倉の跡に残っている黒く焼けた米や麦を持ち帰ると難病に取り憑《つ》かれるという。

『郷土の民話　淡路編』にある。

白いお婆さん ［しろいおばあさん］

『尼崎今昔物語』に実際に体験した人からの話としてある。兵庫県尼崎市丸山の人が弟や仲間と向島の新田の洫川《みぞがわ》で鰻釣《うなぎつ》りをしていると、真っ白な婆さんが血みどろで顔を出したので、川を渡って逃げた。すぐに戻って調べてみると、釣った鰻が一匹もなかった。狸《たぬき》に化かされたのだという。

神竜 ［しんりゅう］

『閑田次筆』（『日本随筆大成　第1期　第18巻』収録）で但馬国豊岡（兵庫県豊岡市）の鷺橋という人が手紙に書いていたものとしてある。

鵜縄村（養父《やぶ》市）の女が子どもを二人連れ、草籠を背負って氷ノ山の谷に入ると、橋の下に長さ七尺（約二・一メートル）ほどの恐ろしいものがいたので、驚いて逃げ帰った。村人にそのことを語ると、日頃から猛獣を捕まえている村人は恐れる様子もなく得物を携えてそこに行った。よく見るとそのものは角一つと手足があり、身は木の葉の色に金色の光を帯び、青竜の写し絵のように美しく、角をなでると喜んだ様子だった。その後、また少し奥の谷におよそ八間《けん》（約一四・五メートル）の金色の入った白い皮が脱ぎ捨ててあるのが見つかり、この神竜のものだろうと言われた。悪竜や毒蛇の類《たぐい》ではなく、吉兆であろうとされた。

墨つけ ［すみつけ］

兵庫県相生市矢野町に伝わる。森の光専寺北山手から水が流れる大溝が屋敷の地下を抜け、鐘楼の横手を通って南側の溝と交わる所で、大溝の中から毎晩通行人に墨をつける者が出てくるとされ恐れられた。

瓜生城（感状山城）が豊臣秀吉によって落ちた日、作ってあった抜け穴を通ろうとした武士が思うように抜けられず死に、その霊が恨みで人に墨をつけるのだという。

小林楓村「郷土の傳説　其二」（『播磨』31号）、小林楓村「村の傳説」（『播磨』71号）にある。

【た】

大法寺の鰐口［だいほうじのわにぐち］

飾東《しきとう》郡（兵庫県姫路市）の妙光山大法寺の鰐口は黄金が混ざっているため澄んだ音が響くとされていた。ある時、夜中に盗人がこれを盗もうとして片方の鎖を抜くと、鰐口は住持を呼ぶようにしきりに鳴り、盗人は驚いて逃げ出した。翌日見ると鰐口の下には一間《けん》（約一・八メートル）の梯子《はしご》がかけてあり、盗人が持つ小脇差などが落ちており、人々は奇異の思いをなした。この梯子は今も寺にあるという。

『播磨鑑《はりまかがみ》』にある。

高見の亡魂［たかみのぼうこん］

兵庫県柏原町（現・丹波市）に伝わる。

高見城の守りとして建てられた般若寺が再興された真夏、鴨野の谷にこれまで見たことのない、青みがかったか細く弱々しい蜻蛉《とんぼ》が数えきれないほど現れた。これは火攻めにあって谷川の水を求めて死んだ、高見城の兵士の生まれ変わりであるとされ、高見の亡魂と呼ばれ、子どもたちは「高見の亡魂、水やるで、消えろ、消えろ」と言って水をかけて追い払ったという。

『柏原の民話とうた』にある。

たこ石［たこいし］

兵庫県東浦町（現・淡路市）に伝わる。

昔、村の田畑が荒らされることが続き、夜に番をして見ていると、大きな蛸が海から現れ田畑に来て荒らしていた。若者たちが槍《やり》で退治しようとしたが蛸には効かなかったため、あらかじめ灰を通り道に撒《ま》いておくことで滑って動けなくし、木に縛り付けた。五日ほどたって見てみると、蛸は石になっていた。それ以来、海では大漁が続き、田畑では豊作が続いたという。かつてはこの石が存在していたが、現在は残っていないという。

『むかしばなしひがしうら』にある。『あわじの昔ばなし』ではたこ石は蛸の住んでいた石だとしている。

畳岩の女［たたみいわのおんな］

兵庫県佐用町に伝わる。下石井明神の水神淵にある二畳ほどの平たい岩を畳岩と呼び、夜になるとこの上に美しい御殿女中が現れ立派な皿を一枚一枚丁寧に洗い始め、どこからともなく清らかな琴《こと》の音が聞こえるという。その姿はまるで竜宮城の乙姫のようで、それを見た者は長者になることができるという。

『佐用町史』にある。

狸火［たぬきび］

『諸国里人談』（『日本随筆大成　第2期　第24巻』収録）、『摂陽群談』、『摂陽落穂集』（『新燕石十種　第5』収録）にある。『摂陽群談』では「鰻畷《うなぎなわて》火」とされ狸火とも呼ぶとしている。

川辺郡東多田村（兵庫県川西市）鰻畷に現れる燐火《りんか》であり、人の形になり、ある時は牛を引いて火を携えて行く姿になる。人間かと思って煙草の火を借り話をするなどしても普通の人と変わることはなく、害をなすことはないという。雨の夜には折々出るという。

千草仙人［ちくさせんにん］

兵庫県千種町（現・宍粟市《しそうし》）に伝わる。延暦二年（七八三）三月一〇日、時の大領・春日部羽振へ、千草の大山（岩野辺）に稀代の老翁《ろうおう》が住むとの注進があった。尋問すると、千草の山伏大夫・小関の子で、幼名は小春といい、一三歳の時に天狗《てんぐ》にさらわれて長命を授かり、後にこの山に捨てられたという。その後老人は三八〇歳で山を出て、千町原（一宮町内か）で諸経を読んだ。松を常食し一日に二斗《と》（約三六リットル）の水を飲み、背丈《せたけ》は七尺五寸（約二・三メートル）で、一丈二尺（約三・六メートル）の鉄棒と九尺（約二・七メートル）の柄のまさかりを持っていたという。また、岩野辺にはこの老人の墓があるとされる。

『播磨万宝智恵袋』、『千種村是』、『播磨《はりま》鑑《かがみ》』などを出典として『千種―西播奥地民俗資料緊急調査報告書』（『日本民俗調査報告書集成　近畿の民俗　兵庫県編』収録）にまとまっている。

茶瓶ころ［ちゃびんころ］

兵庫県生野町（現・朝来市《あさごし》）に伝わる。生野代官所に勤める役人の屋敷の庭にある二股の古い大きな松の木には茶瓶ころが下がると恐れられ、夜には人が通らなくなった。ある夜、近所の清遊という按摩《あんま》がここを通った際、頭に何かがパラパラと降りかかるので払いながら歩いていたが、それが激しくなったので、茶瓶ころが出たと思い杖《つえ》を振り回しながら帰り、しばらく家の土間でへたり込んだという。現在はこの木は切られ残っていない。

『郷土の民話　但馬編』にある。

チンチンコワヤ［ちんちんこわや］

柳田國男『妖怪談義』にある。兵庫県福崎町で暮らしていた柳田國男は幼少期、泣くとチンチンコワヤがやって来ると言われていた。これはよく考えてみると夜蕎麦売《よそばう》りの声色であったと柳田は述べ、親が子どもの「なぜ?」にこたえるために急ごしらえで付けた名前の一例として挙げている。

鼓が滝の九頭竜［つつみがたきのくずりゅう］

兵庫県川西市に伝わる。かつて源義仲が自分の居城を決めるため一の宮（大阪府大阪市）の住吉神社に参拝したところ、矢で北西を射てその矢が落ちた所が居城であると夢にお告げを得た。萩原（川西市）の山で矢がどこへ行ったか老人に尋ねたところ、鼓が滝に行ったとのことで行ってみると、頭が九つある大きな竜が目に矢が刺さり死んでいた。これは滝に住む二匹の竜のうちの一匹だった。満仲はこの近くの多田を居城とし、滝の付近を矢問と呼ぶようになった。また、矢で射られた竜は鼓が滝の下流の岩の祠《ほこら》に祀《まつ》られ、もう一匹の竜は下流に逃れて死に、小戸神社に祀られたという。

『郷土の民話　阪神編』にある。

ツルベ落とし［つるべおとし］

兵庫県篠山町《ささやまちょう》（現・丹波篠山市）に伝わる。坪井という旧士族の屋敷に五つ抱えもある古い榧《かや》の木があり、その下を夜に通ると、生首が落ちてくるという。これをツルベ落としと呼んでいたが、実際は徳利にかつらをつけたものを縄で吊って頃合いを見て落としていたのだと後で判明したという。『多紀郷土史考　下巻』にあり、篠山の怪談七不思議のひとつとしている。

でえかべえ

兵庫県浜坂町（現・新温泉町）に伝わる。昔、平家の落ち武者三人が戸田村に落ち延び、小川の岸の三本松の所で休んでいた。助からないことを知ったのか、三人は刺し違えて死んでいるのを村人に発見された。以来、毎月下一五日の間は飯を炊くような音を立てて亡魂が燃え、でえかべえと呼ばれている。田んぼに一町（約一〇九メートル）余りの間隔を置いて飛ぶかと思えば目の前に寄って燃え、納涼時には団扇《うちわ》を片手に見物する者も多いという。

一五〇年ほど前、松岡某という資産家がこの正体を見届けるため出て行ったが、真っ青な顔をして帰ってきて門に入るなり気絶した。その後松岡は、「俺は橋の下に潜んでいたが、ちょうど四つ過ぎに櫓《やぐら》を組んだような火が出た。正体を暴こうとじっと見ていると、例によって分かれたかと思うと一つになり、また分かれていたが、突然俺の目先に二本の火柱がツーと立った。何のそれしき驚くものかと思った瞬間、目が光った雲をつく大入道が現れ橋の下の俺の顔をそーっと覗いた。『糞坊主が』と睨《にら》むと、今度は一七、八くらいの美しい女がそーっと覗いて俺を見つめ、薄気味悪い青い顔にニッと凄《すご》い笑いを浮かべた。豪胆な俺もぞっとして、後ろも見ず岸伝いに走った。何度も石に足を取られ前のめりになり、後ろからあの女が見つめているように思えて無我夢中に焦った。そうして門に足を入れてからは覚えていない」と語った。そして「俺の最後の頼みだ、お前たち孫子の末まで絶対に正体を見届けるということはするな」と言い、熱に浮かされ死んだという。

堀毛喜代江「でえか火」（『俚俗《りぞく》と民譚《みんだん》』1巻5号）にある。

トイレ小僧［といれこぞう］

兵庫県神戸市のある小学校で昭和二〇年（一九四五）頃の話としてある。便所にはトイレ小僧がいて、悪い子の尻を下からペロリと舐《な》めるという。

松谷みよ子『現代民話考7』にある。

通り神さん［とおりがみさん］

兵庫県養父町《やぶちょう》（現・養父市）に伝わる。出会い頭に大怪我をさせるものだという。ある時、建屋に住む人が野谷からの帰り道、村境の畷《なわて》まで来ると、急に何かが立ちはだかり、堤下の茶株を越えて投げ出された。これは通り神さんに行き逢うたからだとされた。

また山の神ともされる「グインさん」（天狗《てんぐ》）にも同様の話が伝わっており、二月八日に山で木を切ると山の木を数えていた山の神の計算が狂うため投げ飛ばされるといい、あるいは山の神に逢っても同様に投げ飛ばされるという。

『兵庫県の秘境』にある。

時計泥棒［とけいどろぼう］

兵庫県姫路市のある高校の話として伝わる。学生がいない昼間、寮にたびたび泥棒が入り、なぜか時計ばかりが盗まれた。学生たちが自警団を組織し、見回りをして見つけた泥棒を追いかけると、泥棒は便所に逃げ込んだ。戸をこじあけると、泥棒は中で首を吊《つ》って死んでいたが、コチ、コチと音が聞こえるので上着を脱がすと肩の付け根までびっしりと時計を巻き付けていた。それ以来、夜更けにその便所に入ると、壊れた水道の水滴の音が反響しコチ、コチとどう聞いても時計の音のように響いたという。

松谷みよ子『現代民話考7』にある。

トマス［とます］

兵庫県佐用町に伝わる。土蔵の奥の暗い所にいる、大きな口のある怪物で、子どもを一呑みにするという。

『民話の炉ばた―彦八はなしなど』にある。同書ではトマスはある地方でイタチの方言であり、また斗枡のことではないかとしている。

『兵庫県の秘境』によると美方町（現・香美町）、養父町《やぶちょう》、大屋町（いずれも現・養父市）ではイタチとリスを総称してトマス（あるいはトス、トマ）といい、「トマス顔出せ、お前の顔はよんべいたけど、はや見忘れた」といった言い回しが紹介されている。

どんがめっさん

家島（兵庫県姫路市）に伝わる。昔、白く長いひげを持つ気品の高い老人がおり、毎日亀に乗って沖で釣りをしていた。そこに東国のまつろわぬ者たちを討つためにと大船団がやってきて、老人に水先案内と里での訓練や食糧の補充を依頼した。数年後、老人は亀に乗って先導し、難波が崎まで行って手柄を立てた。亀は忙しい主人から離れ一人で帰り、毎日沖を見ながら主人を待ち焦がれ、やがて石になった。この石は真浦桟橋《さんばし》に水天宮として祀《まつ》られ、どんがめっさんと呼ばれている。

『郷土の民話　中播編』、『兵庫県むかしむかし　第二集』にある。

【な】

流れ子［ながれこ］

兵庫県佐用町に伝わる。昔、作用川の洪水の際に大きな壺《つぼ》が流れて来て、蓋《ふた》を開けると中から五、六歳の男の子が出てきた。子どもは流れ子と名付けられ成長し、自分の乗ってきた壺で酒を作った。それを飲むと誰でも病気がたちどころに治ったため、村が栄え村の名を大坪と呼ぶようになった。ある年の六月、柿色の帷子《かたびら》を着た老人が流れ子の家にやってきた。流れ子はもとから親しく知っていた人のように老人と酒を飲み、歌い舞い、にぎやかな一日を過ごした。その日の夕方、激しい風と雷が鳴り響き、山は崩れ、流れ子の家は跡形もなくなった。以来、大坪の人は柿色の帷子を嫌うようになったという。

『郷土の民話　西播編』にある。

七種山の怪［なくさやまのかい］

兵庫県下里村（現・加西市）に伝わる。

昔、七種山には魔物が住んでいた。その頃、山小屋に泊まって目が覚めると東枕から西枕になるなど方向が変わり、「七種の枕返し」と恐れられたという。また、はじめにその山小屋に泊まった夜に猫の夢を見ると、すぐ山を下りて再度行くようにしないと災難があるとされた。

栗山一夫「峡の里の話」（『旅と伝説』4巻3号通巻37号）にある。

鉈取淵［なたとりぶち］

兵庫県千種町（現・宍粟市《しそうし》）に伝わる。

昔、豪農の家に継母《ままはは》に辛く当たられていた心優しい娘がいた。ある日、娘が西河内川との合流点の淵の上の林へ柴刈りに行き、休もうと腰を下ろすと鉈が滑って淵に沈んだ。帰宅すると継母は娘が仕事を嫌って鉈を捨てたと誤解し口汚く叱《しか》って追放し、娘は淵に身を投げた。それ以来、この淵のそばで鉈を手放すと生き物のように淵に滑り込み、やがて「鉈を返せ、鉈を返してくれ」、「違う、違う、これではない」と泣き叫ぶ声が聞こえるとされ、ここでは鉈を手放すことを禁じられている。

『千種　西播奥地民俗資料緊急調査報告』（『日本民俗調査報告書集成　近畿の民俗　兵庫県編』収録）にある。

灘のマメダ［なだのまめだ］

兵庫県灘地方に伝わる。酒蔵に住み着いている猫ほどの大きさの動物で、一匹か二匹は住んでいないと良い酒が造れないとして崇《あが》められていた。老人が若い頃にはよく姿を見たという。

鷲尾三郎「豆狸の話」（『旅と伝説』3巻4号通巻28号）にあり、実際に筆者の今津（西宮市）の蔵の話を載せている。それによると夜中に蔵でザーッという大きな音がし、呑口から酒が零《こぼ》れたのではないかと思い行ってみると何もなく、戻るとまた大きな音がし、これが一晩中続いたという。酒を抜く音はマメダが口に筵《むしろ》をくわえて走る音で、呑をかちこむ（たたいて栓をする？）音は尾で桶《おけ》を打つ音だともいう。その他、今津町本町で実際にあったとされる話として、大正一四年（一九二五）から翌年にかけて半切《はんぎり》（盥《たらい》のようなもの）を転がす音や雨の音、下駄の音などをさせた話が紹介されている。

人に憑《つ》くこともあり、夏居（夏に酒を扱う人）が取り憑かれ三日三晩蔵の奥の桶に隠れていたが、四日目に引っ張り出された時には体に小さい瘤《こぶ》ができ走り回っていた。マメダは唾を吐きかけられたから憑いたのだと言って簡単には落ちなかったが、森助大明神として祀《まつ》ることを約束し、ようやく離れた。「森助」はこのマメダの名前だという。

また辰井隆「妖怪名彙《ようかいめいい》に寄す」(『民間伝承』5巻5号)によると神戸市灘区の水車新田に綿が転がってくる坂があり、これは灘のマメダのしわざだという。

ナナカマス〔ななかます〕

兵庫県竹野町(現・豊岡市)に伝わる。奥須井に四国から遊びに来ていた姫が、ナナカマスという海で村の若者のいたずらで死んだ。以来、そこを通る船に「伊予(愛媛県)や讃岐《さぬき》(香川県)の者なれど、今は住む住むなかます」と哀れな声で歌う亡霊が現れるという。

明治頃、浜須井の平兵衛という人が隣の重左と漁に出てナナカマスまで戻って来ると、亡霊が船に取りすがって例の歌を歌った。必死に舟を漕《こ》ぎ家に帰って大戸を閉めると、追ってきた亡霊が大戸を爪を立ててガリガリと掻き、平兵衛は高熱を出してしばらく寝込んだ。その爪跡は長く語り草となったという。

『但馬海岸地区民俗資料緊急調査報告』(『日本民俗調査報告書集成　近畿の民俗　兵庫県編』収録)にある。

ナナメ〔ななめ〕

兵庫県竹野町(現・豊岡市)奥竹野に伝わる。川口にいるヤツメウナギのようなもので、これが笛《ふえ》を吹いて山へ登るのを岡という屋号の武士が殺し、桶《おけ》に入れると七桶半あった。その後、岡は衰えたという。また河内では、ナナメと山奥にいる蛇は夫婦だったともいう。

『民俗採訪』昭和38年度号にある。

関連は不明だが、家を建てるとよくないなどとされる特定の場所を縄目あるいはナナメという伝承は兵庫・岡山・四国など各地にある。『兵庫県の秘境』によると養父《やぶ》町《ちょう》(現・養父市)で、家を建てると不幸が続く、あるいは音や声がするといった土地を「ナナメ筋」、建てた家を「ナナメ屋敷」と呼んでいる。『佐用町史　中巻』によると佐用町では「縄目」あるいは「魔筋」といい、家を建てない、転ぶと病気になるなどという。ある人が縄目の上の山の小屋で夜に便所に行ったところ、上から毛が生えた大きな手がのぞき、驚いて上を向くと下からコンコンと音がし、下を向くとまた手がのぞくといった怪異があったという。またある人は、縄目を通りかかって二人の子どもに声をかけたところ一つ目であったという。

なべかつぎ

兵庫県社町《やしろちょう》(現・加東市)上鴨川に伝わる。夕方から夜にかけて狸《たぬき》が人を化かし、鍋をかぶせたように目の前が真っ暗になる。昭和の初め頃まで出たという。『上鴨川の民俗』にある。

また、『みのりの民話集１００』では加

東市秋津に伝わる「鍋かぶり」が紹介されている。夜に竹藪《たけやぶ》に現れるとされるもので、江戸時代にその話を聞いていた古家村の巳之助という人がここを通ると、急に灯が消え、いきなり白いずんべらぼうが川から立ち上がり、逃げようにも動けず気を失ったという。

沼島女郎［ぬしまじょろう］

沼島（兵庫県南あわじ市）に伝わる。元弘の乱（一三三一～一三三三）の頃、沼島のお水の浦に伝馬船に乗った炊《かし》ぎの少年と一人の姫が流れ着いた。姫の話によると、姫は後醍醐《ごだいご》天皇の第一皇子である一宮尊良《たかよし》親王の妻の一宮御息所《みやすどころ》だという。尊良親王は悪人に土佐国（高知県）畑に流されたので、御息所は親王に会うため秦武文《はたのたけぶん》とともに大物浦《だいもつうら》（兵庫県尼崎市）から船を出してもらった。ところが、その船は松浦五郎の海賊船《かいぞくせん》で、五郎は秦武文を酔いつぶし御息所とともに海へ出た。しかし鳴門（徳島県）で船が渦《うず》に巻き込まれ進めなくなり、自害した秦武文の亡霊が現れ、船に乗り合わせた山伏が「御息所を放さねば命はないぞ」と言ったので、伝馬船に乗せられ放り出されたのだった。やがて戦が終わり御息所は京に帰ることになるが、毎日海が荒れ船を出すことができなかった。祈禱師《きとうし》に聞くと沼島の竜神が別れを惜しんでいるのだということで、御息所は「私はこのような醜い女です」と醜い女の絵を描いて海に流した。この絵は魚になったとされ、沼島女郎、カンガリ、沼島オコゼなどと呼ばれている。

また、御息所がお礼にと残した鉄漿《かね》を船のみよしに塗ると大漁になるため「沼島の墨みよし」と呼ばれたという。他に、御息所を最初に見つけたおさがという賢い娘は、御息所に付いていき横萩（藤原）豊成の妻になったという話や、御息所と一緒に漂着した少年は京で橋本修理の名を賜《たまわ》ったという話もある。

『淡路常盤草　巻8』、『郷土の民話　淡路編』、『日本伝説大系　第8巻』などにあるが、一宮御息所が尊良親王を追って淡路の小島に流れ着く話自体は『太平記』をはじめ広く知られる。また『日本の民話14　大阪篇　兵庫篇』や『日本の伝説43　兵庫の伝説』では、姫が去る際に村人のために描いた自画像を村人が似ていないからと捨てたのが沼島女郎になったとしている。

布引の滝の竜宮城［ぬのびきのたきのりゅうぐうじょう］

『源平盛衰記』にある。

平重盛が布引の滝（兵庫県神戸市）に遊覧に来た際、「底の深さが知りたい、誰か泳ぎにたけた剛の者はあるか」と聞くと、備前国（岡山県）の難波六郎経俊が名乗り出た。

経俊は二尺八寸（約八四センチ）の秘蔵の太刀を脇に挟んで潜ると、四、五丈（約一二～一五メートル）ほどで底にあった御殿の棟の上に落ちたが、その際、腰から上には水があり腰から下には水がなかった。

庭に降りて見ると、東は春で霞《かすみ》がたち、梅に鶯《うぐいす》が鳴き、藤の花が咲き、南は夏で杜《かき》若《つばた》、菖蒲《しょうぶ》、卯《う》の花が生え、ホトトギスが鳴き、蛍《ほたる》が飛び、蟬《せみ》が鳴き、西は秋で萩、おみなえし、ススキが生え、鹿が鳴き、ムササビが飛び、紅葉は濃く、虫の声が聞こえ、北は冬で木々が枯れ、雪が深く、氷柱《つらら》ができていた。そして庭には金銀の砂に瑠《る》璃《り》や琥珀《こはく》の橋、瑪瑙《めのう》の立石に珊瑚《さんご》の礎《いしずえ》、真珠の立砂が四面を飾る、豪華絢爛《けんらん》たる屋敷だった。機《はた》を織る音がするので中に入ると、三〇歳ほどの高さ八尺（約二・四メートル）もありそうな女が経俊に目もくれずにおり、経俊が「ここはどこか、何者の住《すみ》処《か》」と聞くと、女は「これは布引の滝壺の底、竜宮城なり。あやしくも来《きた》る者かな」と言った。

驚いた経俊が戻り重盛に説明をすると、滝を黒雲が覆い、雷が鳴り、大雨が降り、雷光で目も開けられないほどになった。経俊は「私は雷に打たれ死ぬでしょう。近くにいらっしゃると万一のことがあるかもしれないのでお離れになって御覧なされ」と言い、重盛が二町（約二一八メートル）ほど離れて見ていると、黒雲が経俊を引き回し、雷の鳴る音や何かがぶつかるような音がした。やがて空が晴れ近づいて見ると、経俊は引き裂かれてうつ伏せに倒れて死んでおり、太刀には血がついており、猫の足のようなものが切り落とされていた。

猫石［ねこいし］

兵庫県志方町（現・加古川市）西志方に伝わる。山中から姫路に伝わる荒神谷にはよく追いはぎが出たが、いつの頃からか悪人が待ち伏せしていると道端の石から猫の声がするようになり、危険を察知して引き返すことができるようになった。この石は猫石と呼ばれ、「行こうか戻ろか荒神谷は、猫が鳴いたら後戻り、聞くも恐ろし荒神谷は、猫が鳴いたら後戻り」と俗謡に歌われた。現在はこの石は存在していないという。

『郷土の民話　東播編』にある。

ネズミがムス［ねずみがむす］

兵庫県竹野町（現・豊岡市）奥竹野に伝わる。桑野本で、晩にうなされ、目を開けようとするも動けず、言葉も発せなかったが、「ムセカエタ」と言うと鼠《ねずみ》が布団の上で死んだ。これをネズミがムスといい、鼠が仇討《あだう》ちに襲って来たのだという。

『民俗採訪』昭和38年度号にある。

ノボセ山［のぼせやま］

兵庫県伊丹市に伝わる。昆陽池の北堤下の田の中にある美しい松の森で、ここに行くとフーイと言ってこけて死ぬとされ、「ノボセ山」、「ノボセ塚ネブリ山」、「ネブル塚」などと呼ばれている。

辰井隆「妖恠名彙《ようかいめいい》に寄す」（『民間伝承』5巻5号）にある。

【は】

灰の宮［はいのみや］

兵庫県養父市《やぶし》大屋町に伝わる。昔、横行にある平家の落人《おちうど》の六軒屋敷の本家である藤原熊蔵という人の家に、家系図があった。ある時、不思議な火事が起きて家系図が半焼し、その後も不思議な火事が計六回続いた。系図が焼けるまでは火事が続くのだと噂になり、村人から頼まれ熊蔵は系図を大きな榎《えのき》の根元の岩陰で焼き、そこに宮を建てた。この宮は「灰の宮」、「灰の塚」、「灰の神様」などと呼ばれ崇《あが》められたという。『西谷子供風土記　伝説編』にある。

『関宮町史資料集5』によると、この藤原家はみてが城の下の淵《ふち》に身を投げて死んだ平家の姫を祀《まつ》った六人の子孫だとされている。姫が身を投げた淵は「姫が淵」と呼ばれ、こちらにも、この辺りを汚すと山が荒れる、あるいは雨の日の午後に姫が岩の上に立ってむせび泣く声が聞こえるなどの話が伝わっている。

白馬の半左衛門［はくばのはんざえもん］

兵庫県多紀町（現・丹波篠山市《たんばささやまし》）に伝わる。享保年間（一七一六〜一七三六）、福住に白井半左衛門という庄屋がいた。半左衛門は頭が良く、剛直で自分が良いと思ったことはすぐに実行する人で、天候が悪く米ができない農民たちのため川の上流から溝を掘って家々の前に流す工事を始めた。しかし大庄屋がそれについて勝手なことをしたと篠山藩に訴えたため、半左衛門は奉行所から死罪を申し渡された。半左衛門は死ぬ際に「わが一念は今に見ておれ、災害のあった時に思い知るであろう」と語り、実際にそれから一七年後の寛延元年（一七四八）七月、家が五二軒焼けた大火の際に、猛火の中を白馬にまたがった半左衛門を見たという人が何人も出て騒ぎになった。この供養塔は現在も禅昌寺に残っている。

『郷土の民話　丹有編』にある。

化物屋敷［ばけものやしき］

兵庫県尼崎市に伝わる。開明町にある屋敷跡は、浄瑠璃《じょうるり》などで有名な「崇禅師馬場の仇討《あだうち》」で生田伝八郎に加勢した武士の屋敷跡だが、生田伝八郎に騙《だま》し討ちをされた遠城治左衛門、安藤喜八郎兄弟の怨霊《おんりょう》によって化け物屋敷となっており、いろいろと怪しいことがあるという。これは尼崎出身の年配の人ならば知らない人はいないほど有名で、それを信じない豪胆な人が住んでみても二、三日で逃げだしたという。

角田政治「お化け屋敷」（『みちしるべ』

2号）にある。

畠の竜［はたけのりゅう］

『異説まちまち』（『日本随筆大成 第1期 第17巻』収録）にある。

姫路（兵庫県）で夏に土用干しをしていると、空が曇り、夕立が降りそうだったので干したものを取り入れたが、その際に屋敷の裏の畑の中に赤くひらひらするものがあった。急いで取り入れたので毛氈《もうせん》を落としたのだろうと思い一人が向かうと、何かが光ったように見えた。見ると毛氈だと思っていたのは紅の舌で、光ったのは目であり、その人は驚いて屋敷に駆け入って倒れた。そのうち風雨が激しくなり、畑の脇から竜が天に上った。そして強い風で雨戸が剝《は》がされ、残らず塀に吹き付けられていた。

八畳間の八人［はちじょうまのはちにん］

兵庫県佐用郡（現・佐用町）に伝わる。

八畳間に八人が足を中に頭を外にして、円のように寝た場合、どこから数えても九人になるとされ避けられたという。

弱法師「散木談」（『兵庫県民俗資料』7号）にある。

ハナオリババ［はなおりばば］

兵庫県山南町（現・丹波市）に伝わる。「花折バーバー」とも。五月八日、竿《さお》の先にシキビ、アカバナ（ツツジ）、シャクナゲなどの花を挿し、横の台の上に一枝ずつ折ったものを並べその上に米を撒き、シキビの葉で茶碗《ちゃわん》の水を振りかけながら「虫けらに噛まれませんように」と言うハナオリという行事があるが、この日に山に行くとハナオリババが出るので行ってはいけないという。

『岡本・金屋の民俗』にある。

鼻黒［はなくろ］

兵庫県篠山町《ささやまちょう》（現・丹波篠山市）に伝わる。梅の小路の橋から川沿いに小川町までの川ン丁という所に出る怪物で、鼻の頭が黒いという。

『多紀郷土史考 下巻』にあり、篠山の怪談七不思議のひとつとしている。また同書では関連して、王地山の開帳などでは「砂持せん者鼻黒じゃ」とさかんに言われたとされている。これは『大阪伝承地誌集成』によると、大阪府大阪市の玉造神社の砂持ち行事（川の土砂を運んで神社の土地を平坦にする）の際、商い以外に関心がない傘《かさ》屋《や》の息子を、近所の若い衆が砂持ちならば来るだろうと連れだそうとするも動かず、墨を投げつけると鼻が黒くなったのが始まりとされている。

婆々岩［ばばいわ］

兵庫県西脇市鹿野町に伝わる。上鴨川村と下比延村の間の峠《とうげ》の御所谷にある岩で、鴨川の人は不動岩と呼んでいる。下比延村では旧四月八日に山に入ってはいけないとされているが、その日に入った若者がこの岩の辺りで樒《しきみ》が多く生えているのを見つけ切っていると、にわかに空が曇り、木々が激しく動き、岩陰から髪を振り乱した老婆が現れ「こっちゃ来い、こっちゃ来い」と言いながら踊り狂った。若者は逃げ帰り、三日三晩寝込んだという。

『みのりの民話集１００』にある。

美女池［ひじょ いけ］

兵庫県南淡町（現・南あわじ市）北阿万に伝わる。稲田南村の谷に上の池、下の池という二つの池があり、潮崎に住んでいる大蛇が池の洞窟を通ってきて暮らしていた。ある夏の朝早く、盆の樒《しきみ》を採りに来た農民がこの池のほとりに差し掛かると、池の中からきれいな服を着た美女が現れたので驚いて帰った。このことは噂になったが、その後娘を見た者はいなかった。次の年の夏、庄屋が下男を連れ盆の樒を取りに行った際に美女が現れ、再度噂になった。以来、この池は美女池と呼ばれ、その後もちょくちょく美女を見た人がいたという。またある法師はこれについて、大蛇が竜になる際に川に一〇〇〇年、池に一〇〇〇年、海に一〇〇〇年の修行をするが、退屈しのぎに人を驚かせたのだろうと語ったという。

『郷土の民話　淡路編』にある。

ひだるぼう

「ひだる神」とも。山などで人を空腹にして動けなくさせるものとして兵庫県内各地に伝わる。近畿地方ではダリ、ダルなどと呼ばれることが多いが、『47都道府県・妖怪伝承百科』によるとヒダルガミという名称は摂津（大阪府・兵庫県）、但馬《たじま》（兵庫県）地域および奈良県で聞かれるものだとしている。

辰井隆「兵庫県川辺郡・武庫郡・神戸市の食物」（『旅と伝説』9巻1号通巻97号）によると兵庫県西宮市柏堂では、鳶林寺《えんりんじ》の奥の船坂へ行く小暗峠《とうげ》を越える際、峠の上の休み場の近くを流れる川の水を飲むと必ずひだるぼうが取り憑《つ》いて動けなくなるが、弁当のご飯をたくさん食べると治るという。これは織田信長に敗れた武田信玄が鳶林寺から奥へ逃げ込んで餓死したので、その亡念であるという。鳶林寺には武田信玄とその家来のものとされる墓がある。また、ひだるぼうの中には「ままよんでくれ」と言うものもいるという。

美婦人［びふじん］

『黄華堂医話』（『続日本随筆大成10』収録）に皆川淇園《きえん》が播磨国《はりまのくに》（兵庫県）の人から聞いた話としてある。

播磨国明石の家中の石巻郷右衛門頓入という人は、首に疔《ちょう》ができ必ず死ぬ病であると多くの医者に言われていたが、豪の者であったため「きやつに命を取られるよりは」と自ら刀で疔を切り捨てると、しばらくして傷も治り命も助かった。

この郷右衛門が二〇歳ほどの時、ある夕方、部屋の前に急に泉が湧き、池の中に蓮の花や菱藻《ひしも》が多く生え、船などが行き来し、船の中に四、五人の美婦人が毛氈《もうせん》の敷かれた高欄の上で宴をしていた。これが四、五日続くと、美婦人は次第に郷右衛門に近づき、部屋に入り夜にも去らず、それを郷右衛門はただ何となく人に知られないかとだけ心配していた。

郷右衛門は日に日にやせ衰え、顔も青ざめ一日中部屋にこもって思い悩んでいた。父母が理由を聞いたが固く答えず、医者も何の病気か分からないので、友人に質問させたり父母が責め詰《なじ》ったり怒ったり悲しんだりすると、郷右衛門はついにこのことを語った。

人々は驚き怪しみ、命の危険があるので早く他の家に移ったほうがよいということで友人の家に半月ほどいると、怪事はなくなり病気も快復した。

火を吹き消す唐獅子［ひをふきけすからじし］

兵庫県篠山町《ささやまちょう》（現・丹波篠山市）に伝わる。文化四年（一八〇七）、立町に大火事があり、尊宝寺が焼失したが山門だけは焼けなかった。これは山門に彫られた唐獅子の彫刻が火を吹き消したためだという。

『篠山町百年史』にある。

船坂の大岩［ふなさかのおおいし］

兵庫県船坂村（現・上郡町）にある、長さ三〇尺（約九メートル）、高さ九尺（約二・七メートル）余りの黒い滑らかな大岩で、「老ヶ石」ともいう。昔、この石を割ろうと石工が鑿《のみ》をふるうと突然石が真っ二つに割れ、石工をその中に飲み込んでもとの形に戻ったという。現在でも割れ目や鑿の跡があるといい、「血の石」とも呼ばれている。

また昔は子どもが上を走り回って遊んだりしていたが、近年急に信仰が起こり、「大岩龍大神」と書かれた祠《ほこら》が上に建てられてこの石の主が大蛇（みーさん）とされ、注連縄《しめなわ》が巻かれ、赤い玉垣で囲われ、触ると必ず身を害すと伝えられるといった立て札が立てられているという。

鷲尾正久「船坂の大岩」（『近畿民俗』1巻3号）、『山口村誌』にある。

平家の幽霊［へいけのゆうれい］

能の『船弁慶』に登場する（『謡曲集』、『謡曲大観』、『謡曲叢書』）。

讒言《ざんげん》で源頼朝に追われた源義経が西国に向かい大物浦《だいもつうら》（兵庫県尼崎市）から船を出すと、嵐が起こり海上から平家一族の幽霊が現れた。そして平知盛の霊が義経たちを沈めようと薙刀《なぎなた》を振り、波を立てて悪風を吹きかけ、船は前後不覚に陥った。しかし義経は少しも騒がず、生きている人を相手にするかのように知盛と言葉を交わし戦った。弁慶は刀では対抗できないだろうとこれを押し隔て、数珠《じゅず》を揉《も》んで五大明王に祈り怨霊《おんりょう》を遠ざけ、さらに追いかけてくる幽霊を祈り退けつつ舟子と協力して漕《こ》ぎ渚《なぎさ》に船を寄せ、ついに平家の幽霊は引き潮に揺られ消えていく。

この原型とされる話は『義経記』にある。そこでは出港後に現れた黒雲を平家の死霊だとして弁慶が射ると掻き消えるが、その後死霊ではない本物の黒雲が現れ嵐になる。

本堂鳥［ほんどうとり］

兵庫県吉川町（現・三木市）福吉に伝わる。小屋寺の本堂を建てる際、梅雨の半ばに大工の棟梁《とうりょう》が倒れ、「本堂建てなー」と言って死んだ。妻や弟子が葬式の相談をしていると、青白い小鳥が棺《ひつぎ》の中から飛び出して本堂へ行き、棺の中は白装束だけになっていた。人々は、棟梁は鳥になって執念で出来具合を見に行ったのだと噂した。その後、梅雨の頃に毎年本堂の屋根の上で「本堂建てたか、ホンドウタテタカ」と鳴く鳥を本堂鳥と呼び、棟梁の魂が帰ってきたものとしている。

『郷土の民話　東播編』にある。

【ま】

負け嫌い稲荷［まけきらいいなり］

兵庫県篠山町《ささやまちょう》（現・丹波篠山市）に伝わる。文政三年（一八二〇）、江戸で各藩からお抱えの力士を集めた大会が例年通り開かれていたが、篠山藩主であり老中の青山忠裕（松平忠国の時代ともいう）はお抱えの力士の成績が悪く不機嫌だった。大会が開かれていたある日、篠山から「王地山平左衛門」と名乗る力士とその一行（波賀野山源之丞、飛ノ山三四郎、黒田山兵衛、曽地山右近、小田中山清五郎、周知山道観、頼尊又四郎、行事の金山源吾、頭取の高城市松）が現れ、圧勝した。力士たちはすぐに帰国したが追っても見つからず、後で聞くと城代家老は力士を出しておらず、そのような力士もいなかった。調べてみるとこれらの力士の四股名《しこな》は領内の稲荷の名前だとわかり、それぞれの稲荷に幟《のぼり》が奉納され、負け嫌い稲荷と呼ばれた。

『篠山町百年史』、『日本の民話14　大阪篇兵庫篇』、『郷土の民話　丹有編』、『日本の伝説43　兵庫の伝説』にある。

見越の入道〔みこしのにゅうどう〕

兵庫県篠山町《ささやまちょう》（現・丹波篠山市）に伝わる。篠山鳳鳴《ほうめい》高校の横の一本松を雨の降る夜に傘《かさ》をさして通ると、急に傘が重くなり、見ると大入道が後ろから傘を越してゲラゲラと笑うという。

『多紀郷土史考　下巻』にあり、篠山の怪談七不思議のひとつとしている。

ムエン〔むえん〕

兵庫県の奥播磨《おくはりま》に伝わる。春の明け方や夕方に不気味な声で「ムエーン、ムエーン」と鳴く鳥で、これが鳴くと無縁仏ができるという。

これはカワセミのことだといい、次のような昔話が伝わっている。昔、おしゃれだったが母親がいないひがみからか我儘《わがまま》で天邪鬼《あまのじゃく》な娘がおり、いつも父親の言うことの反対のことをしていた。父親は病気で死ぬ際、川に流してくれと頼んだが、娘は今回だけは逆にせず実際に川に流した。そのためムエンは川の上ばかり飛び、土に深い穴を掘るのだという。

池田和生「百日晒など―奥播の無縁仏」（『西郊民俗』13号）にある。

亡者市〔もうじゃいち〕

兵庫県中町（現・多可町）間子《まこう》に伝わる間子の七不思議のひとつ。戎《えびす》神社の付近で行われる高田市という歳の市は、市が終わっても朝早く行くと人の声がするとされ亡者市とも呼ばれた。

『兵庫県むかしむかし　第一集』にある。

物をいう大魚〔ものをいうたいぎょ〕

兵庫県丹南町（現・丹波《たんば》篠山市《ささやまし》）に伝わる。昔、当野の山の上の池に主の大魚が住んでいた。ある時、村の若者がこれを捕らえた帰り道に友達に出会い、友達に「どこへ行く」と聞かれると、若者が答える前に大魚が「当野の榧《かや》の木へ味噌汁を吸いに行く」と答えたという。

『郷土の民話　丹有編』にある。

【や】

八つ目いたち［やつめいたち］

兵庫県姫路市北条に伝わる。昔、北条と三宅の八の宮の間にあった藪《やぶ》に怪物がいて、毎年男女一人ずつの人身御供《ひとみごくう》を要求しており、それを怠ると田畑が荒らされた。ある年、三野という虚無僧《こむそう》が話を聞いて怪物と戦って退治し、翌朝見てみるとそれは八つ目（頭が八つあるともいう）の大イタチだった。その虚無僧がやがてこの村で亡くなった際に建てられた塚が豊穣天満宮近くにある虚無僧塚だという。三宅の天満神社はこのイタチを祀《まつ》ったため八ノ宮とも呼ばれ、また北条の天満神社ではかつて「八ツ目イタチ」と書いた的を弓で射る儀式が正月に行われていた。

『姫路市史　第15巻　上』、『郷土の民話　中播編』、『はりま伝説　夢物語』にある。

似たものとして、『郷土の民話　丹有編』によると丹南町（現・丹波篠山市）犬飼村の大年神社には、鎮平犬《ちんぺいけん》という犬が人身御供をとる「三眼の大狸」を退治した話がある。

ヤバタの大鯉［やばたのおおごい］

兵庫県西脇市黒田庄町船町に伝わる。篠《ささ》山《やま》川と佐治川の合流する深い渕《ふち》に山が迫ったヤバタ（山端）という細い道は、危険であり自殺の名所にもなっていた。この渕にはめったに姿を現さないものの、人を食う畳一畳ほどの大鯉が住むとされていた。しかし八月二四日の盆には姿を現すが人に害を加えないとされ、若者たちは見物に行っていた。その背中にはその年そこで死んだ人の魂が乗り、一斉に西に向かって礼拝していたという。

『みのりの民話集１００』にある。

八岐大蛇［やまたのおろち］

神話に登場する八岐大蛇に関連した伝承が兵庫県内にいくつかある。

『但馬海岸地区民俗資料緊急調査報告』（『日本民族調査報告書集成　近畿の民俗　兵庫県編』収録）によると新温泉町諸寄《もろよ》では、雨乞《あまご》いや豊漁の神として信仰されている奥諸寄の石竜は、出雲（島根県）の八岐大蛇の頭（もしくは尾、目玉だともいう）が飛んできたのを祀《まつ》ったものだという。

『郷土の民話　西播編』によると上郡町では、船坂の落地《おろち》はかつて大蛇村と呼ばれており、湖の中に八岐大蛇が住んでいたといわれ、出雲の八岐大蛇の神話は実際にはここで起きた話だと信じられているという。

雪女郎〔ゆきじょろう〕

雪女のこと。兵庫県養父町《やぶちょう》（現・養父市）では雪女郎が滑ると雪崩《なだれ》が起きるといわれていた。道の上では、雪女郎が「もう滑ろうか」、「待て待て、この下は破れ心経が通るので、あれが通ってから滑ろう」と会話したという。破れ心経とは忘れて一部飛ばしたり間違えたりした般若心経のことで、このようなものであっても夜に道を通る時に唱えると効果があるとされた。

『聴く語る創る』12号にある。

雪ふり坊主〔ゆきふりぼうず〕

兵庫県竹野町（現・豊岡市）床瀬に伝わる。出石に乱暴な托鉢《たくはつ》の僧がいて、その僧が通ると仏の祟りで雪が降るのだという。

『民俗採訪』昭和38年度号にある。

また『日本の伝説43　兵庫の伝説』によると、かつて矢次山の奈佐谷に福成寺があったが、住職が矢次山を見捨て出石に移ったため、福成寺の僧が奈佐谷へ行くと必ず雪が降り、夏は雹《ひょう》が降るという。

ゆるぎ橋〔ゆるぎばし〕

兵庫県丹南町（現・丹波篠山市《たんばささやまし》）にある、丁の田の小川に架かる土橋。かつてこの小川の近くには隠れ里があり、川に白い水が流れてくることがあった。ある時、貧しいが心の正しい若者がこの橋を通ろうとすると、一人の少女が立っていた。「お前は誰や」と聞くと姿が消え、橋が揺れ動き出した。若者は落ち着いて橋を渡り、その後お金がどんどんたまり長者になったという。

『郷土の民話　丹有編』にある。

四人小僧〔よったりこぞう〕

兵庫県稲美町に伝わる。昔、野村（加古川市）の近くに四匹の古狸《ふるだぬき》がいたが、村に家が四軒しかなく、さらに人々は家から遠くにも行かないので、会うこともなく退屈していた。狸はそれぞれの芸で通る人を脅かしていたが、ある時四匹一緒に化けることにした。村人たちはそれまでは化かされた時の対処法を知っていたが、四人の小坊主を見ると驚いて逃げ帰り、四人小僧と呼んで恐れ、夕方にはその道を通らなくなった。その後、村人は祠《ほこら》を建て、化け物を祀《まつ》り、季節の作物を供えるようになったという。

『郷土の民話　東播編』にある。同書では、野村を開いた四人の戸主が野野大神宮で話し合いなどをしていたのを、そこを通る旅人が恐ろしそうに語ったのが伝えられたのかもしれないとしている。

夜泣き榎〔よなきえのき〕

兵庫県篠山町《ささやまちょう》（現・丹波篠山市）に伝わる。特に雨の夜などに、観音橋の傍らにある榎の下を通ると、悲しい声を出して泣くという。現在は切られて存在していない。

『多紀郷土史考　下巻』にあり、篠山の怪談七不思議のひとつとしている。

呼び出し［よびだし］

兵庫県北淡町（現・淡路市）富島に伝わる。夜に来るもので、名前を一度だけ呼ばれるとそれは呼び出しだという。これはどこに連れて行かれるかわからない恐ろしいものなので、外に出てはいけないと戒《いまし》められた。

『北淡町誌』にある。

【ら】

龍馬神［りゅうばしん］

兵庫県宝塚市波豆の普明寺に伝わる。『当寺駒頭之来由』によると、次のような由来が伝わっている。康保四年（九六七）の冬、源義仲がこの地で猟をした際、夜中に美女が枕元で泣いて名前を呼び、自分は東方の竜の滝に住む竜女であるが大蛇が住《すみ》処《か》を奪おうとするので助けを乞《こ》うと述べた。義仲は一度は断るも、竜が自分の乗る両角の馬を差し出したので承諾した。義仲が住吉明神に参詣《さんけい》すると神殿が振動して鏑《かぶら》矢《や》が授けられ、これを持ち竜の馬に乗ると水に潜ることも空を翔《かけ》ることも自由にでき、大蛇を退治することができた。その後、馬が死んだので塚に葬ってその地を駒坂と呼び、馬の頭を臣下の仲光が普明寺に奉納したという。

また『普明寺縁起』によると、義仲の馬を埋めた駒塚から普明寺に夜な夜な光が差し、住職の沙門玉岩という人が供養のため山で読経していると、夜中に雷のように山が鳴り、竜馬の骨が土の中から現れたという。同書ではこれを竜馬神と名付け、武功、豊作、雨乞《あまご》い、子孫繁栄と叶わぬことはないとしている。この骨を利用しての雨乞いは明治一五年（一八八二）、大正一五年（一九二六）、昭和二三年（一九四八）にも、神戸市長や大阪府知事の依頼で行われたという。

高谷重夫「竜馬の頭蓋骨―宝塚市波豆の雨乞習俗」（『近畿民俗』64号）にまとまっており、『斉諧俗談』（『日本随筆大成　第1期　第19巻』収録）にも記述がみられる。

『郷土の民話　阪神編』によると川西市で

は、多田に館を構えた源満仲が角の生えた天馬を娘に化けた観音からもらった話が伝わっている。満仲の死後に多田の聖山に放たれたが、長い尾を引きずるのを見かねて家臣が尾を上げてやると野生の馬に食い殺されたという。その後、馬を葬った所を駒塚、近くの滝を駒が滝と呼んだが、駒塚は以後も多田に異変があると夜な夜な光を出して伝えるという。

六甲山の魔物 ［ろっこうさんのまもの］

兵庫県神戸市有馬町に伝わる。夜の六甲山では恐ろしい魔物が通る人や牛を食うという。仕方なく通る場合、法道仙人に仕えていた行者の子孫である唐櫃《からびつ》の四鬼という家から火縄をもらっていくという。ある時、唐櫃の留吉という若者が六甲山から帰って来ないので母親が探しに行くと、留吉を黒い二つ三つもの影が「ウフフ、ウフフ」と奇妙な声を上げて取り囲んでいた。母親が火縄を振り回して駆け寄ると、魔物の影は大声をあげて転びながら山の中へ逃げていったという。また、御影の乾物屋の仁兵衛という人は、火縄をもらっておけと勧められるも刀を持っているからと断り、翌朝山道で死んでいたのが発見されたという。

『郷土の民話　神戸編』、『有野町誌』、『日本の民話14　大阪篇　兵庫篇』にある。

また柏原夫佐子「おばあさんから聞いた話―兵庫県尼崎の民俗」（『近畿民俗』55号）によると尼崎市では、有馬へ湯治に行って死んだ人を帰す場合、戸板に乗せず、背負って話しかけながら山を越したという。これは六甲山に鬼がいて、死人だと置いて行けと言われるからだという。

【わ】

綿ぼろ ［わたぼろ］

「綿ぶく」などとも呼ばれ、足にまとわりつくものとして兵庫県内各地に伝わる。『兵庫県むかしむかし　第一集』によると、加古川市石守村には以下のような話がある。嘉永元年（一八四八）の嵐が吹き肌寒い日の夕方、堂の前の力石に旅人が腰かけて死んで以来、毎年の亥《い》の子の頃に堂の前に「綿ぶく」が転ぶという。またこの前の年に、波止淵で夜な夜な赤子の鳴き声がするなどとされ、誰かがおろした子どもだなどと噂もされた。そのためか、綿ぶくについても、堂の前に赤子の顔のような綿ぶくがころころふらふらと転び出てきたともされている。その後、佐右衛門という庄屋が村人たちに法華経一万字を一つ一つの石に書かせて埋め、その上に石塔を建てて供養してからは綿ぶくも赤子の声も出なくなったという。

『民話の炉ばた—彦八はなしなど』によると佐用町には、山裾《やますそ》や道端で、夜に「綿ぼろ」（古いふとん綿の塊）や「槌《つち》の子」（木綿機《もめんばた》に使う紡錘車《ぼうすいしゃ》）が出て、通る人の足元にまとわりつくとされた場所が何か所かあった。そういった所には石地蔵が祀《まつ》られたという。

このように槌の子と呼ばれる例もいくつかあり、『千種町史』によると千種町（現・宍粟市《しそうし》）では、「ツチノコ」に足を取られて一晩動けなかったという話がある。池田和生「百日晒など—奥播の無縁仏」（『西郊民俗』13号）によると奥播磨《おくはりま》では、恨みを残して死んだ魂は「槌の子」となり、夜道を歩く人の足を取るとされている。この時、足を取られた人は動くことも声を出すこともできず、朝までその場に立ちすくむしかないという。

『続むかしばなしひがしうら』によると東浦町（現・淡路市）では、戎ノ丁《えびすのちょう》と高塚の間の「やけのすじ」という道に「綿ボッさん」が出るとされた。これは闇夜にうすぼんやりと綿が固まったように白く見え、ふわふわと飛んでいるもので、見たという噂が広まり人々に恐れられたため祠《ほこら》を建てて祀ると出なくなったという。

奈良県

【あ】

逢火塚［あうひづか］

若草山山麓の野上神社付近（奈良県奈良市）にあった塚。

『南都名所集』にはその昔、伴寺（または永隆寺。大伴安麻呂が創建した大伴氏の氏寺）より石淵寺（奈良・平安時代の僧侶・勤操《ごんぞう》が創建した寺）へと通う、法師と稚児の話が記載されている。それによると、逢火塚は彼らの〝しるし〟であるという。

『奈良名所八重桜』では、東大寺の花衣という稚児に恋した岩淵寺の円通という僧がその思いが募って亡くなり、それを知った稚児も自害し、ここに葬られたことが記されている。円通の墓から夜な夜な炎が燃え上がり、この稚児の塚へ通うとこの塚から炎が出て行き逢ったという。

そのほか『奈良坊目拙解』には伴寺の法師が岩淵寺の伊王殿という美童と無理心中し、これが両寺の争いの原因となり、互いに放火し合い伴寺と岩淵寺が同時に滅亡したと記されている。

あから

奈良県天理市岩屋町の山奥に住むという不思議な獣。基本的には人前に姿を見せない。たった一日で石上《いそのかみ》、上総《かんさ》、喜殿、六条、八条、額田部《ぬかたべ》（現・大和郡山市）と広範囲の野のものを台無しにするほど荒らしてまわる。その正体は大きなイノシシであるとも言われる。旧暦の一一月一日に出没した。岩屋から額田部の地域では毎年同月同日は仕事を休み「あから」の頭を祀《まつ》る行事を行う。この祭りは、いのことも呼ぶ。岩屋ではあからが朝現れたことを受け、朝から酒を飲み仕事を休む。石上から下の村では昼から休む。『増補版 大和の伝説』、『天理市史』、『てんりの昔ばなし』などにある。

油掛け地蔵［あぶらかけじぞう］

クサ（皮膚病の総称）の平癒や、子授けに関する信仰を集める地蔵。奈良県奈良市と川西町とにある。

奈良市の地蔵は岩井川に大洪水があった時、どこかから流されてきたものを信仰心の深い老人が引き上げた。信仰心が浅いものは引き上げられなかった。この老人に、この地蔵尊に毎日種油をかけて拝むと子が授かるというお告げがあり、その通りにすると子が授かったという。

また川西町の地蔵は大永三年（一五二三）の造立とされる。嘉永三年（一八五〇）には堂が大破し、再建されている。古くからこの地蔵にかけられた油を具合の悪い人が体に塗ると治るという信仰がある。

聖徳太子にまつわる話もあり、太子が飛鳥から斑鳩《いかるが》へ向かう途中この辺りで休息したとされる。太子が西に向かって「南無阿弥陀仏」と唱えたところ、空中に地蔵が現れた。そこでその像を彫って、この場所に安置したともいう。水難に見舞われやすい地であり、地蔵が水に浸かることを嘆《なげ》いた太子がこの地蔵に油をかければ水に浸からないとしたことに由来するともする。『増補版 大和の伝説』、『川西町史 本文編』などにある。

アブリ魚［あぶりうお］

奈良県都祁《つげ》村（現・奈良市）の深江川という川にいる、腹の両側を火で焙《あぶ》ったような模様を持つ魚。昔、子どもたちが大勢でこの魚を取って道端で焼いていると、弘法大師が通った。子どもたちにお金を渡してこの魚を買い取り川へ放った。すると半焼けの魚は生き返り、嬉しそうに泳ぎまわったという。模様はその時に焼かれてできたあとだとされる。

室生村三本松（現・宇陀市）の鎌倉の滝にも背に焼けあとのような斑点を持つ小魚が住んでいる。ヤケバイと呼び、採る者は誰もいない。『増補版 大和の伝説』などにある。

尼が池の主［あまがいけのぬし］

奈良県奈良市中筋町の、通称米市場と称する所の付近にある小さい沼。昔このほとりに一軒の尼寺があった。その寺にいた若い尼のひとりがある武士と不義に陥った。そのことを恥じて尼はこの池に身を投げた。身は蛇と化して、池の主になったという。

明治の終わり頃下男がその家のヨミノ木から尼が池のそばにある藤の木に一匹の大蛇がぶら下がっているのを見て、気が遠くなり三日間ほど気絶していた。そこで池のそばに石碑を建て名僧を招き、護摩を焚いてもらったところ、一匹の大蛇が現れた。その後は再び現れなかったという。『増補版 大和の伝説』などにある。

天降石［あまふるいし］

奈良県大沢村（現・宇陀市）に、落雷とともに落ちてきた石。天保七年（一八三六）二月九日のこと、黒く光を放つ重さ六貫匁《かんめ》（約二二キロ）くらいの石が大音とともに落ちてきた。時の人はこれを饑饉《ききん》石と言った。明治八年（一八七五）に奈良博覧会に出品するも、同一五年ごろ灰と化したという。『菟《う》田《た》野《の》町史』にある。

雨を降らす鏡［あめをふらすかがみ］

忍辱山《にんにくせん》円成寺（奈良県奈良市）の奥、高《たか》竈《かまど》神社に祀《まつ》られている鏡。神社の前には小さな井戸があり、日照りが続くと村人たちは、この井戸の水をさらって中に沈めてある鏡を取り出し、日光に当て、村人全員で拝む。そののちもと通りに井戸に沈めると、雨が降ると言われている。『奈良県史13 民俗 下』にある。

伊勢福［いせふく］

和州（奈良県）上総郡（添上郡か）の伊勢福どのという生き神のこと。

上総郡に太郎左衛門という百姓がいて一人娘を持っていたが、この娘が伊勢福といい後に神となる。娘が一七歳の時に近くの林で洗濯物をしていたところ、家に帰るや「私は神である。早く家の中を清め、生臭物を絶ち身心を清潔に保つように。三種の智と六種の神通力を得て、芥《あくた》ひと粒見落とすことなく世間を見渡そう。何でも尋ねたいことがあれば尋ねよ。特に病に侵されて憂いている者があれば、たちまちに治そう」と言った。親たちはこれは神が乗り移ったのだと家のほとりに舎を作って伊勢福を置いた。

伊勢福どののもとには、京、大坂、堺（大阪府）や各地から身分関係なく人々が訪れた。伊勢福どのは目が見えない、腰が悪い、耳が聞こえない、背むし、疝気《せんき》、中《ちゅう》風《ふう》などに悩む者たちの患部を切開して、護符を押し込んでたちどころに治した。そうして三年の月日が経ったある日のこと。太郎左衛門は「伊勢福は毎晩夜明け前に森に行っては百桶の水垢離《みずごり》をする。見てはならないと制するので今まで見なかったが、今夜は」と後を付けた。すると狐が一〇〇から二〇〇匹ほどが一か所に固まって頷《うなず》き合っていた。太郎左衛門はこれを見て驚き「これまでの伊勢福は狐が憑《つ》いて為していた術に違いない。今までそうとも知らないで」と帰るところを切り捨てんとした。頭の禿《は》げた狐が帰ろうとしたので長刀《なぎなた》で殺すと、それは娘の伊勢福だった。

これまでに治ったという病人は皆狐であり、本当の病人は我が手に余ると追い返していたのだった。しかしながら伊勢福どのがお守りをかけた子どもに、疱瘡《ほうそう》にかかった者はひとりもいない。お守りで顔や体を拭って回すと、疱瘡が軽く済むのだから不思議だったという。

『義残後覚』（『江戸怪談集 上』収録）にある。

一寸法師みたいな人［いっすんぼうしみたいなひと］

奈良県川上村に出る、一寸法師のように小さい人。塩谷の男が毎晩、吉野に通っていた。するとある日のこと、後ろから小さい人がひょこひょこ付いてくるようになった。大迫谷という谷で見る。その小さい人はしまいには大きな手を頭の上に出して、男の名前を言った。ビックリして男は死んでしまったという。『奈良県吉野郡昔話集』にある。

一刀石［いっとうせき］

奈良県奈良市柳生《やぎゅう》の岩戸谷にある大岩。一〇メートル四方ほどで、二つに分かれている。室町時代末期の剣術家・上泉信綱に一本取られた柳生宗厳《むねよし》が鍛錬のため、夜な夜なこの谷で天狗《てんぐ》と試合をしたという。ある時宗厳が天狗を切り捨てたかと思うと岩が二つに割れていたとする。『増補版 大和の伝説』や『奈良市史 民俗編』などにある。この岩は実在し（二〇二二年三月現在）、漫画『鬼滅の刃』に登場する岩とそのビジュアルが酷似していることから多くの観光客が押し寄せている。

一本足［いっぽんあし］

　奈良県川上村以南で広く聞かれる、一本足の化け物。一本だたら、鬼とも称される。**怪物**もその一種か。**一つだたら**（和歌山県）、**笹馬**（三重県）も参照。

　伯母ヶ峰峠《とうげ》（川上村・上北山村）のものが特に有名。『増補版 大和の伝説』、『奈良県史13 民俗 下』などでは以下のように記載される。昔、天ヶ瀬（上北山村）の射馬兵庫という武士が毎日犬をつれて山狩りをしていると、伯母ヶ峰峠の奥深く入った所で犬がけたたましく吠えた。これは熊笹が背中に生えた猪《いのしし》が現れたためで、撃って退治した（片方の足を撃ったとも）。数日後、湯の峰温泉（和歌山県本宮町。また兵庫県神戸市の有馬温泉とも）に足を痛めた野武士が現れた。「静かな離れを貸してくれ。寝ている時は誰も来てはならないし決して覗くな」と言う。宿の主人がその武士の履物を片付けに出ると、草履《ぞうり》は藤蔓《ふじづる》で作られており人間のものとは思えない形をしていた。あまりの不思議さに主人が部屋を覗くと、座敷いっぱいに背に熊笹の生えた怪物が寝ている。夜が明けると武士は「姿を見られては仕方がない。わしは兵庫に討《う》たれた伯母ヶ峰の猪笹王《いざさおう》の亡霊だ。兵庫は特に恐ろしくないが、彼の持つ溝筒の鉄砲と犬は邪魔になる。それらを手に入れたいので何とかしてくれ」と話した。その後、役所から兵庫に使者を立てたりしたが聞き入れられなかった。

　そののち猪笹王の亡霊が一本足の鬼と化して伯母ヶ峰に現れ旅人を取るようになったので、東熊野街道はさびれてしまった。丹誠上人が地蔵尊を作り経堂塚に経文を埋めると、再び人が戻ってくるようになる。ただし果ての二十日（一二月二〇日）だけは行動の制限をしないため、この日は厄日《やくび》とされた。また、溝筒の鉄砲は天ヶ瀬の社に祀《まつ》られているという。

　『川上村民俗調査報告書』には、川上村では一二月八日に一本足が出るとある。同村では『川上村昔ばなし』に、やんちゃをする子どもを誡《いまし》めるために、暮れの二十日になると洞が峰の向こうから「ひゅうひゅうどんどん」といって一本足のたたらが一跨《ひとまた》ぎでやって来て悪いことをすれば連れて行くという。

　そのほか伯母ヶ峰には、泣く子も黙る怪物一本足の老婆の話もある（『増補版 大和の伝説』より）。

　果ての二十日について、東吉野村では昔重罪人が処刑された日だとする。「ハテノハツカか日の九日か　出たら素直に帰れない」と、この日に山に入ると魔物が出て人を食い殺す、鬼が出る、伯母ヶ峰には一本足の化け物が現れるという。『東吉野村史 通史編』にある。

また、果ての二十日に伯母ヶ峰に出るのは源義経が打ち捨てた一本足もしくは三本足の馬だとする場合も多く、『増補版 大和の伝説』、『入之波地区民俗資料調査報告書』、「奈良県吉野郡大塔村の昔話（下）」（『昔話—研究と資料』15号）、『奈良県吉野町民間説話報告書』、『東吉野の民話』、『下北山村の昔話』、『川上村の昔話』、『西吉野村の昔話』などにみえる。

『十津川の民俗 下』には、玉置山（十津川村）でヒトクサイという化け物に会い「人臭い、人臭い」と言ってやって来たのを狼にかくまってもらい助かったが、このヒトクサイは一本足であったという話が記載される（『十津川村の昔話』では「一本だたら」とする）。

岩神様［いわがみさま］

栄山寺（奈良県五條市）がある小島という集落の地盤は、全部ひとつの岩からなっているという。この岩塊の持ち主が、岩神様。岩を取ることは神様が嫌う。小島の人であれば何の祟りもないが、余所者《よそもの》が岩を取ると祟りがあって病人や死人が出て、家が没落する。集落の中ほどに岩神様を祀《まつ》って敬っているという。『奈良県史13 民俗 下』などにある。『増補版 大和の伝説』では、岩神様の使者は白い蛇であるという。

受取地蔵［うけとりじぞう］

死者の魂を受け取り、浄土へと送る奈良県天理市の地蔵。『奈良県史7 石像美術』によれば、建長五年（一二五三）、鎌倉時代の作とされ、現存している（二〇二二年三月現在）。地蔵の足元には石が二つ転がっているが、これらは棺《ひつぎ》を置くためのものであるという。地蔵の視線の先には埋墓が見え、地蔵前で埋葬するための儀式を済ませた後、その埋墓に死体を埋葬したと言われる。『意外な歴史の謎を発見！奈良の「隠れ名所」』にある。筆者が受取地蔵近くにある永照寺の住職に話を聞いたところによると、棺桶を持ち死者がこの世に戻らないよう受取地蔵の周りを三周させ埋墓に葬っていたという。

牛鬼［うしおに］

若草山《わかくさやま》（奈良県奈良市）の山焼きを行わなければ、牛鬼が出る。このため正月丑《うし》の日に火を放っていたが、近年は元旦より三日と経たずに放火するようになったと『南都年中行事』にある。また若草山焼き公式サイトでは（二〇二二年三月現在）牛鬼でなく幽霊が出るとしている。

現在山上に鶯塚《うぐいすづか》という古墳があるが、またの名を牛墓（牛が塚）という。『奈良名所八重桜』に、若草山にある牛が塚は大仏再興の時に大木を引いた牛を埋める所だと伝わっている、と記されている。『大和の古墳を歩く』ではこの塚は、大仏殿あるいは二月堂の用材を引いた牛を葬った場所であり、貴人を葬った「大人墓《うし》」をあらわしているとしている。

牛鬼滝［うしおにたき］

奈良県十津川村川津の人里から離れた、小黒谷の上流にある滝。滝壺《たきつぼ》の広さは八畳敷くらい、滝の高さは一〇メートルくらいある。もしこの滝を穢《けが》すと滝のヌシの怒りに触れて雷光雷鳴し、必ず危険な状態に陥るという。『増補版　大和の伝説』にある。『十津川郷の昔話　二集』の「滝の主（**猫又の滝**）」にも「中原川の牛鬼滝」と出てくる。

また野迫川村には牛鬼淵と呼ばれる所がある。池津川から中津川に行く間の川筋に雨乞淵《あまごいぶち》という淵があるが、その下流にあたる。昔中津川で飼牛を見失った人があり、いろいろと探してこの淵まで来ると、その牛がもう一方の岩の上にいたという。全く牛が行けるような場所ではないので牛の鬼だったのだろうと、この名が付いたと言われる。『増補版　大和の伝説』にある。

牛の宮［うしのみや］

奈良県片桐村（現・大和郡山市《やまとこおりやまし》）にある牛を葬った塚。東西一三メートル、南北一〇メートルの円墳で、以前は堀もあったが、今はない。昔ある百姓家が六年の約束でひとりの小僧を雇った。小僧はよく主人に仕えたが、約束半分の三年で病んで死んだ。その後主人の夢枕に小僧が現れ、約束の年期の残りは明日、伯楽（牛馬の仲買人）の引いて来る牛で補って欲しいと言った。翌日夢の通りの時刻にやって来たので買い取ると、他の牛の数倍働く。そして三年経つと何もないのに急死した。主人が悲しみ塚を築いて葬ったのが、この牛の宮であるとする。『増補版　大和の伝説』などにある。

この牛の宮は実在し（二〇二一年三月現在）、脇には池之内町自治会による案内板が立っている。案内板では、小僧の霊が牛になったと説明している。毎年五月五日、一六歳になる男の子がいる家庭では農業をつとめるといって、団子を町内中の子どもたちに昼食に振舞う習慣であるとも記されている。前日に案内を受けた者は日の出前までに酒、わかめ、ざこなどを供えに宮に詣でることになっているという。また森を荒らしたり、木々の枝を折った者には不幸があると伝えられているとある。

筆者が役場に問い合わせてみたところ、確かに五月五日に祭りが行われているという。その時の状況に合わせ（子どもがいないなど）、一応形式には則《のっと》る形で実施しているそう。

おうてくれ地蔵［おうてくれじぞう］

奈良県三宅村伴堂《ともんど》（現・三宅町）にある地蔵。石見《いわみ》を東へ行くと道の北側に古池がある。東に行くと道の南側に新池があり、この新池の東におうてくれ地蔵があるという。二基立っていて、南側が青石で立像、北側が座像となっている。もとは古池の東側にあったが今の所へ移した。

川東村今里（現・田原本町）に三人の若者がいた。酒を飲んで夜帰って来ると女の人に「負うてくれ」と言われた。女の言葉に従い今里まで背負って帰り、家に入りおろすと地蔵であったという話。背負ってあげた側が怒ってその地蔵を責め立てたところ、そばでタヌキが震えていたのでタヌキの仕業かもしれないという。乾健治「おうてくれ地蔵」（『近畿民俗』15号通巻23号）にある。

おうてくれ婆［おうてくればば］

負うてくれと要求する老婆のこと。

高田十郎『大和習俗百話』では興福寺（奈良県奈良市）境内、北円堂に夜出るとする。言われた通りに背負うと、頭からかぶりつかれることがあるという。また同寺三重塔内に棲《す》みついているのか、三遍回って石を投げつけると出て来るという。

『奈良市民間説話調査報告書』には、鼓阪《つざか》小学校（奈良市）の裏門を出たところに神社があり、そこを走って通らなければおうてくれ婆が出るとある。

そのほか丹波市豊田（現・天理市）から岩屋ヶ谷へ越す山道の峠に石舟という場所がある。昔ここに石棺があったのでそう呼ばれる。ここにも、おうてくれ婆が出る。『増補版 大和の伝説』、乾健治「おうてくれ地蔵」（『近畿民俗』15号通巻23号）などにある。

お亀［おかめ］

奈良県曽爾《そに》村太郎路のお亀が池に住むもの。昔お亀という美人は毎朝、亀山の池（瓢箪池《ひょうたんいけ》）から引いている井戸水を鏡にして見る（または直接亀山の池へ行く）のを日課にしていた。家の軒先には毎朝、湿った草履《ぞうり》が捨ててあった。子どもが生まれると役目は終えたと子を残して、亀山の池へ行ってしまった。泣く子を抱え夫が池へ行くと、乳を飲ませて水中に隠れた。翌日また行くと、もう来ないようにと言われた。しかし子があまりに泣くので再び池へ向かうと、大蛇が現れ大口を開いて迫って来た。夫は逃げ帰ったが、病気になって死んでしまったという。

蛇が大口を開けて飲もうとした場所をオオクチ、蛇が舌を出して立っていた所をタテボリ、夫が逃げる途中で清水で一服した所をミズノミと呼ぶ。

またお亀が池には人魚の話もある。昔ひとりの武士がお亀が池を通ると、女が子どもを抱いて向こうから来た。武士は女の頼みを聞いて、女が池で水浴びをする間子どもを抱いて池端に立っていた。女が出て来るのが遅いので池の中を見ると、半身が魚の女が水中深く消えてしまったという。抱いていた子どもは冷たい石になっていた。『増補版 大和の伝説』などにある。

このほか『曽爾村史』には、大蛇は山火事になった際に焼け死んだ、子どもにお亀という名は付けない、池の鯉を釣ったところ病気になったので祟りであるとして返しに来た、という話もある。

また念仏寺（同村山柏）に、追われていると逃げ込んできた美しい姫があり、哀れに思った僧が鐘楼の釣鐘の中に隠した話もある。大蛇がやって来て釣鐘の周りを何重にも蛇体で巻いてはほどこうとしなかったが、僧正の法力に負けたのか、お亀が池に帰って行ったという。

お菊虫［おきくむし］

奈良県当麻《たいま》村竹之内（現・葛城市）にある、櫛屋《くしや》の娘が殺された妄念により化した虫のこと。

竹之内に櫛屋が住んでいたが、家が貧しかったのでその娘のお菊が郷倉へ忍び込み米を盗もうとした。しかしながら村人に見つかってしまい逃げて油喜の家の前の榧《かや》の中に隠れたところを突き殺されてしまった。それ以降、毎年春先その殺された当日より、この地から川下へかけて蛍のような光を放つ虫が一面に現れるようになったという。その地より上流にいることはない。その虫をお菊虫と呼び、櫛の形をしている。『増補版 大和の伝説』にある。

おこり石［おこりいし］

慈明寺（奈良県橿原市《かしはらし》）の本堂西にある石。この石に手を触れたり上ったりするとオコリ（マラリア）にかかるという。もし触れてオコリになった時は、すぐさま寺に祀《まつ》ってある十一面観音に願をかけ謝罪すると治してくれるという。高さ二尺（約六〇センチ）、直径四尺（約一・二メートル）くらいの亀のような格好で中央がくぼんで穴があいているという。『橿原市史』などにある。

おじゃり石［おじゃりいし］

奈良県桜井市笠千森の奥垣内にある石。自然に磨かれた碁石《ごいし》のような、小さい石がたくさん出る所がある。この石を拾って持ち帰ると腹痛が起こると言われる。どうしても欲しい時は持って帰る石の数だけ他の石を持って行き、そこに置けばよい。小夫《おぶ》の綱掛から朝昼夜と霧が毎日三回立ち上って、このおじゃり石の出る所まで来て、またもとの小夫まで戻っていくのだという。この霧で石が磨かれるのだと信じられている。『桜井市史』などにある。

白粉婆［おしろいばば］

『綜合日本民俗語彙《ごい》』では奈良県十津川村流域で、鏡をじゃらじゃら引きずって来るものであるとする。

『日本の伝説13 奈良の伝説』には、長谷寺（桜井市）の白粉婆について記載がある。天文六年（一五三七）のこと、長谷寺での話。五六世の座主《ざす》である弘深上人が、寺の本尊である十一面観音菩薩《ぼさつ》の姿を大きな絵に描いて穏やかな世にしたいと思い立った。絵の描ける僧が全国から集い、仕事が始まった。寺の米倉に食料がない状態だったが、白い着物に赤いたすきをかけた、輝くように美しく見える娘が不思議な力を使ってひと粒の米を桶いっぱいに変えてみせた。娘は観音の化身であったのだ。僧たちは顔を見ようとしたがあまりの神々しさに、ありがたさで胸がいっぱいになったという。その者は顔に白粉を塗り娘のようであったが、実際は僧たちへ食事を用意する苦労のおかげでしわだらけの顔になった老婆であった。長谷寺境内の、白粉婆の堂にはこのお婆さんが祀《まつ》られているとする。

事実、同寺には白粉を塗った賓頭盧《びんずる》像があり、この像を白粉婆と呼ぶこともある。筆者が聞き取りを行ったところによれば、寺に隣接する白河という地域に像に白粉をつける「一箱べったり」という行事があった。現在長谷寺に納められている賓頭盧像は、もとはこの地域にあったもので行事に使われていたと思われる。

鬼がらの森・鬼がらの木
[おにがらのもり・おにがらのき]

鳥見山《とみやま》（奈良県桜井市・宇陀市）のふもとにある森と木。鳥見山のふもとを東に行けば昔、大きな森と杉の木があった。毎夜ここに青い灯がともり、付近の人々はこの灯を見て恐れ戸を固く締めた。夜中一二時頃になると村中の牛がみな鳴き始め、翌朝恐る恐るご飯を与えに行くと牛は骨になって森の大木に掛かっていた。そこで森を鬼がらの森、木を鬼がらの木といって恐れているという。『増補版 大和の伝説』などにある。

鬼の俎・鬼の雪隠
[おにのまないた・おにのせっちん]

奈良県明日香村平田（実際には野口）にある石で、鬼が攫《さら》った人を乗せて食った場所と、用を足した場所であるという。その昔、後ろの山に鬼がいて人や獣を襲っていた。鬼は通行人を目にすると霧を降らせて歩き迷わせ取ったとして、霧が峰の地名が付いたという。この地域では子どもが泣いていると「鬼の俎に連れて行って鬼に食わせてやろうか」と嚇《おど》す。『増補版 大和の伝説』などにある。『明日香村の大字に伝わるはなし』にもあるが、実際は飛鳥時代の古墳の石室とされる。

【か】

怪物［かいぶつ］

夜な夜な奈良県上北山村の河合に現れては、人や作物に危害を加えるもの。皿のような目をしている。河合はもと、西山という地域から人々が移ってきた場所。西山には宗介という猟師がいたが、この宗介は河合を開拓し、怪物退治をも試みた。宗介が鉛の弾丸六発と鉄の弾丸一発を手に怪物とやり合うも弾ははじき返され、あわや負けるかと思われた。最後の一発を撃った途端に天地鳴動し怪物は頭を射抜かれ死んでしまった。そばには大きな鉄鍋が割れ散っていたため、この怪物を葬った場所を鍋割塚と呼ぶ。おそらく怪物はこの鍋を被って弾丸を防いだのだろう。『増補版 大和の伝説』や『奈良県史13 民俗 下』にある。『奈良県吉野郡昔話集』では宗介は大平となっている。塚は現在（二〇二二年三月）も西山観音（上北山村河合）近くに存在する。この辺りは**一本足**の化け物の話が盛んに聞かれる地域でもある。

帰れ松［かえれまつ］

高取城（現・奈良県高取町）二の門の遺構である、子島（子嶋）にある松。昔ここに高僧（ホウシュウという名だともいう）が住んでいて、毎日寺内の老松を伝って天に上り、神様と遊んでいた。ある年の大洪水で老松も押し流され、僧が困って「松の木よ帰れ」と呼ぶと、松の木が水の流れに逆行して帰ってきて、もとの場所に収まったという。『奈良県史13 民俗 下』にある。『増補版 大和の伝説』によれば返り松、かいれ松ともいうとする。

カカシ［かかし］

奈良県天川村に伝わる。昔、木が生い茂って昼でも薄暗い寂しい場所で人を驚かすカカシがいた。昼夜問わず驚かす。言い伝えによれば、ある夜急用ができて人が松明を持ってここを通るとカカシが出てきた。怖くなり持っていた松明をカカシの顔ににじり付けるとカカシは笑ったままだった。松明を投げ出して家まで逃げ帰ったが、カカシは笑ったまま追いかけてきた。以降、その場所は「火人平《かじんだいら》」と呼ばれるようになったという。『天川村ガイドブック』にある。

鏡池の魚［かがみいけのさかな］

東大寺（奈良県奈良市）中門前の鏡池の魚を盗もうとすると、池の東北にあたる大仏殿東回廊の東外の細長い溝から赤と青の火の玉が現れて、頭の上をグルグル回るという。三回ほど火の玉が回り、悪心を翻《ひるがえ》したという人もある。高田十郎『大和習俗百話』にある。この池には**馬魚**が住むともされる。

額塚［がくづか］

興福寺（奈良県奈良市）の南大門跡西、現在（二〇二二年三月）の南円堂前手水屋《ちょうずや》の後ろにある塚。天平宝字八年（七六四）、南大門の芝生に大きな穴ができて水が噴出した。占者《せんしゃ》にみせると、南大門に月輪山という額が掛かっていて、月輪は水に縁のあるものなのでこれを降ろすようにと言った。その通りにすると水は収まり、この額を埋めた場所が今の額塚であるという。『増補版 大和の伝説』にある。

また春日大社南門前にも額塚と呼ばれる所がある。南門がまだ鳥居だった頃、その鳥居に「正一位鹿嶋大明神」の額が掲げてあったが、宝亀三年（七七二）に落雷のために落ちた。祭神の名を門に掲げたのが神《しん》慮《りょ》に沿わないのだろうと、額をその落ちた所に埋めた場所のことをいう。『奈良市史 民俗編』にある。

元興寺［がごぜ］

元興寺（当時は飛鳥地方にあった。もと元興寺のこと）境内に出没した鬼。『日本霊異記』「雷の憙《むがしび》を得て子を生ましめ強き力在る縁」には以下のような話が掲載されている。敏達天皇の時代、尾張国愛智郡（愛知県名古屋市）の里に一人の農夫がいた。雨宿りのため木の下に隠れていると雷が鳴り渡ったので、手にしていた鉄の杖《つえ》を振り上げた。すると**雷**が農夫の前に落ちてきて小さい子どもの姿になったので突こうとしたところ、「殺さないでくれ。子どもを授けることで礼とするので、私のために楠《くすのき》の水槽を作り水を入れ竹の葉を浮かべてくれ」と答えた。その通りに拵《こしら》えると雷は近寄ってはいけないと農夫を水槽から遠ざけ、天に昇って行った。その後生まれた子どもの頭には蛇が二巻き巻付いていて頭と尻尾が後頭部に垂れていた。

その子が大きくなり一〇余りになった頃、朝廷に力の強い人がいるということで、力比べをして遥かに勝ってみせた。その後、子は元興寺の童子となった。その頃寺の鐘つき堂で夜毎死人が出る事件が起きていた。子は、僧たちに自分がその災いを止めてみせることを申し出た。鐘堂の四隅に四つの灯を置き、四隅に待機させた四人の者に、自分が鬼を捕まえたらば一斉に灯を覆っている蓋《ふた》を取るように伝えた、そうして自身も戸の所に隠れた。真夜中頃、鬼がやって来て童子がいるのを覗き見ては一度引いて行った。しかし深夜になると入って来たので、童子は鬼の髪の毛を捕まえて引き寄せた。鬼は外に逃げようとし、待機させていた四人はうろたえて灯の蓋を開けることができない。童子は抵抗する鬼を引きずりながら、四隅を回って蓋を開けた。夜明け、鬼はすっかり髪を引きはがされ逃げて行った。翌日鬼の血の跡をたどると、寺の悪い奴を埋めた街路の辻にたどり着いた。鬼はその霊鬼であることが明らかとなった。鬼の髪は寺宝として保管されている。

その後童子は優婆塞《うばそく》となり元興寺に住み続けた。寺の田が朝廷の王たちの邪魔により干上がりそうになっていたのを、その怪力でもって水が入るようにした。そこで寺の僧は、優婆塞から僧となるよう儀式を執り行い道場法師と名付けたという。

『わかる!元興寺』にあるように、この鬼の髪は現存していない。なお、『霊異記』の段階では鬼に対しガゴゼという名は付いていない。

奈良県内では『奈良市史 民俗編』や『奈良市民間説話調査報告書』などに見られるが、現代でも子どもがいたずらをするとガンゴ、ガンゴウが出て来ると言って驚かせる。林羅山は『梅村載筆』(『日本随筆大成 第1期 第1巻』収録)で子どもを脅しすかす時、顔を怒らせてガゴゼと言うのはどういう訳か、元興寺とかけているのだとして、元興寺とガゴゼとを結びつけている。この説は江戸時代に広く知られるところとなり、狩野派の化物尽くし絵巻と呼ばれる絵巻群(『妖怪図巻』収録)や鳥山石《せき》燕《えん》『画図百鬼夜行』には「元興寺《がごぜ》」として描かれている。

しかし柳田國男は「妖怪古意」でガゴゼと元興寺の関連性を否定(『定本柳田國男集 第4巻』)。ガゴゼは「噛もうぞ」が語源だと推測する。そのほかガゴゼという語について、解釈の変遷は山田昇平「「ガゴゼ」は奈良のことばなのか?」(『奈良の文学とことば』)に詳しい。

かっぱ

奈良県内ではガタロ、ゴウラ、カワゾウ、ガワゾラ、川太郎などと呼ばれ広い地域でその話が聞かれる。

奈良県大塔村(現・奈良県五條市)の『奈良県大塔村史』によれば、蒲生家の祐《すけ》玄《くろ》という人が便所に入っていると落ち穴から尻を撫でるものがあり、祐玄は持っていた刀でその手を切り落としたという。すると美しい娘が自分の手なので返してほしいと謝ってきた。素直に返すと、再びやってきた娘の手は元通りになっている。理由を聞くと、切傷の特効薬を持っているという。お礼として、その妙薬の作り方を伝授し去って行った。秘薬は「蒲生錦草祐玄湯」の名で伝えられているという。

ここまではよくある話だが、実際にその薬が販売されていたことが興味深い。聞くところによると、この祐玄は大塔の辻堂にある浄称寺の出と伝わっており、実際に寺で薬を販売していたという。薬のパッケージについては『奈良大塔村史』で確認できる。

また後に薬事法の関係などで「蒲生錦草」は販売権を譲渡。「辻堂錦草」の名で売られるようになる。近年まで販売されていたが、こちらも現在(二〇二二年三月)は生産停止している。大塔郷土館・歴史の蔵にて「川太郎遺方 辻堂金草 復元湯」と書かれた、当時販売用に使用されていたであろう看板を確認することができる。

カマイタチ［かまいたち］

姿なく竜巻とともに現れ、人に鋭利な鎌でえぐったような三日月型の傷をつける。傷跡からは血が出ない。出没地域周辺ではカマエタチ、カマイッタチなどと呼ぶ。

『野迫川村史』には奈良県同村弓手原にて中上サトさんが足を噛まれたとある。筆者が中上さんの親戚に聞き取りをしたところ、この地域では子どもを怖がらせるためだろう、「悪さをするとカマイッタチに食われるぞ」と言うこともあるという。

そのほか『こうだに誌』には、川上村では子どもたちが原因不明の怪我をするとそれは、かまいたちに食われたのだといった、とある。

神隠し［かみかくし］

子供が姿を消すこと。澤田四郎作「神隠しの事例」（『民族』1巻4号）によれば奈良県香芝市ほか、県内各地で聞かれる話であるという。狐に入られた、または狐の悪戯《いたずら》であるなど、往々にして狐が原因とする。

また御霊神社（奈良市）の狛犬は、神隠しにあわないように、家出人や悪所通いの足が止まるようにと願掛けするとよいと伝わっている。筆者が神社に聞き取りを行ったところ、祈り紐を結ぶ人たちの姿が現在（二〇二二年三月）も見られるという。実際に行方知らずだった子どもが帰ってきたと話す参拝者もいるとのこと。

雷［かみなり］

雷にまつわる話は奈良県内各地にある。雷の話が地名となっている場合もある。『日本霊異記』上巻第一「雷《いかずち》を捉ふる縁《えに》」などにある雷丘（明日香村）もそのひとつ。雄略天皇の近侍《きんじ》に小子部栖軽《ちいさこべのすがる》という者がおり、ある日勅命に従って雷神を捕えた。その捉えた所が雷丘であるという。

また『増補版 大和の伝説』には秋篠寺（奈良市）の「かみなり石」について記載がある。昔ここに雷が落ちたので、雷のへそをとってしまった。それ以来この付近には落ちないことを約束させたという。このほか東明寺（大和郡山市《やまとこおりやまし》）に落ちてきた雷のへその話、また宝樹寺（香芝市）には落ちてきた雷を捉えたとする井戸の話などがある。いずれも実在する。（二〇二二年三月現在）

カモノマクレ

奈良県天理市嘉幡町《かばたちょう》のある風呂屋では、幽霊や人魂、**砂かけ**坊主が出た。その風呂屋へ向かう夜道、カモノマクレが出る。急に大空が暗くなって急降下するような鋭い音が体を包まんばかりに襲ってきては、そのまま遠のいてしまう現象を指す。鳥の大群がこのような行動をするといい、マクレは転がるの意なのでカモの大群が大空から落ちてくることなのだろう。保仙純剛「民俗聴書　ばば里の記」（『民間伝承』31巻1号通巻276号）にある。

奇異石［きいし（きいせき）］

持って上がれば願いが叶い、上がらなければ願いが叶わない石。かつて北向荒神（奈良県奈良市）にあったと言われる。『奈良名所八重桜』にある。『奈良坊目拙解』によれば、同荒神は丑《うし》の刻参りが行われていた場所として知られる。現在（二〇二二年三月）はない。

きくま虫［きくまむし］

奈良県二上村（現・香芝市）穴虫東にある。昔、穴虫に木熊《きくま》（喜久間とも）という者がいた。馬場の畑の大根を盗んだので村人は彼（女であるともいわれる）を捕らえて見せしめのため、生きながらに穴に埋めた。木熊は首だけ出して「死んだら虫になって馬場の大根を食い荒らしてやる」と言って息絶えた。以来馬場には大根の虫が多い。この虫をきくま虫と呼ぶ。また穴虫東には「菊ま松」という松の話がある。菊松という人が馬場村にあり、畑荒らしをして村人を苦しめていた。捉えて処分をするにあたり、庄屋の命で首から下は全部土に埋めて頭だけ出して置くようにした。菊松は「罪のため仕方がないが、ここに松を一本植えてほしい。枝は北の墓のほうへ伸びないように。庄屋の子孫は七代ぼんくら続きにしてやる」と言った。この松を菊ま松と呼ぶ。『二上村史』、『増補版　大和の伝説』などにある。

北林の狸［きたばやしのたぬき］

奈良県真菅《ますげ》村（現・橿原《かしはら》市《し》）曽我の豪家、北林家に長らく住んでいた狸。ある晩、この家で小豆飯の炊き残りを鍋において寝た。夜中主人が目を覚ますと二匹の狸がたくさんの子を連れ小豆飯を食べさせていた。狸の食糧がないのだろうとその翌晩からは、良い食べものを作って出しておくと、翌朝にはすっかりなくなっていた。ある夜、家に泥棒が入り、金を出さぬと殺すと脅した。すると裏から二人の大力士が入って来て泥棒を大声で怒鳴りつけた。泥棒は逃げ去り、家人が礼を言って頭を下げると誰もいなかった。不思議に思いながら寝ると夢に狸が出て来て、いつも良いものをいただいているご恩返しにお助けしたと言った。以降、北林一家はますます丁寧に狸を扱ったという。『増補版　大和の伝説』などにある。この北林家は現在（二〇二二年三月）も存在する。

狐塚［きつねづか］

狐に何かしら関わりのある塚。奈良県奈良市、天理市、高取町などでみられる。奈良市古市町ではこの地が耕作に不便なので持ち主が開墾しようとしたという。しかし、夜中西のほうに見慣れぬ火が見えたため見に行ったまま帰ってこなかった。狐の仕業だろうと、そう呼ばれている。

　また天理市豊田町では、開墾目的で塚を掘り崩すと、中から宝物が出た。その晩荒々しく家の門を叩く音がし、出てみるが誰もいない。閉めるとまた叩く。これを繰り返しているうちに、その人は首が曲がって動かなくなった。宝物をもとの通りに埋めると、やがて首は戻ったという。こちらは古狐の仕業とのこと。

　そして高取町には二つの狐塚がある。ひとつは奥手に、もうひとつは向手にある。奥手には軸物が、向手には金銀財宝が埋まっている。掘れば祟りがあり、触れた者はいない。向手の狐が鳴けば、村に子どもが生まれたり嫁入りがある。奥手の狐が鳴けば、人が死ぬ。『増補版 大和の伝説』、『奈良市史 民俗編』などにある。

狐の提灯［きつねのちょうちん］

奈良県曽爾《そに》村塩井のネブト（念仏堂）では、春の暖かい日の夕暮れと冬の夜に狐が騙《だま》して提灯行列をするという。ひとつ出る、ふたつ出る、みっつ出る、一列に並んで上下に動いて登っていく。その時、狐が人のそばで手を振って合図をしたことがある。すると、その人は騙されて首をつって死んでしまったという。『曽爾村史』にある。

　河合町の広瀬神社の東側、もと葛城川堤にときどきキツネの提灯が出たという。日も暮れて保田のほうから帰ってくるとき、広瀬神社のほうを見ると堤にポツンと提灯がひとつ、こちらへ来るともなく向こうへ行くでもなく不思議なものであるという。『河合町郷土風土記』にある。『河合町史』によれば広瀬神社の境内にはキツネが住んでおり、鶏を獲って帰っては土を掘り埋めておき、日を経てから掘り出して食べていた。一の鳥居手前には日の丸大明神があってそこに穴があったという。このほか狐の提灯については、県内各地に話がある。全国的にも広く聞かれる。

木の子［きのこ］

『諸国怪談実記』（「春名忠成自序「諸国怪談実記」より」（『旅と伝説』11巻4号通巻124号）収録）に播州《ばんしゅう》（兵庫県）から吉野（奈良県）に働きに行った者が見聞きした話としてある。木の子は三、四歳の子どものようなもので、木の葉を身に着けている。影のように姿があるのかないのか定まっておらず、山で働く者は昼食を取られ難儀するため、木の子を棒で追い散らすという。柳田國男『山島民譚集』（柳田國男『柳田國男全集2』収録）にも引かれているが、こちらは出典を『扶桑怪談実記』としている。

　高橋文太郎『山と人と生活』によれば、奈良県上北山村付近ではクサビラという小児形の怪物を信じているとする。重さは七、八貫（約二六～三〇キロ）。子供が麦《むぎ》藁帽《わらぼう》をかぶったような形をしていて、楢《なら》の木の根返しの場所などに現れる。夜は青い光を放ち人々を驚かせるが、恐ろしいものではないという。

吉備塚［きびづか］

吉備真備《きびのまきび》の墓といわれる塚。奈良教育大学（奈良県奈良市）構内に現在（二〇二二年三月）もある。『奈良市史 民俗編』には、校庭内にクヌギの木が数本立っているのが吉備塚であるという。触れば祟りがあるとされる。

梅木春和「吉備塚縁起―南都における陰陽師の伝承」（『まほろば』12号）には教育大ができる以前、明治四〇年頃の話が記載されている。当時この地は陸軍歩兵三八連隊のものであり、取り去ろうとすると白蛇が出てきて塚を掘っていた者は発熱し蛇のような挙動をするようになったという。祈《き》禱《とう》の末快復したというが、作業は中止となった。その後何度も兵隊が崩そうとするも、みな原因不明の病気になったり死んだりした。

実際に近年発掘調査に携わった研究者に筆者が聞き取りをしたところ、当時は何も変事は起こらなかったが、後に調査を手伝った学生が自転車で塚前を走っていると軽い事故で怪我したと話していた。

麒麟［きりん］

奈良県宇陀郡榛原《はいばら》町（現・宇陀市）の仏隆寺の茶臼《ちゃうす》から飛び出すもの。この茶臼は弘法大師が唐から帰朝の時、唐の徳宗帝から茶の実とともに贈られたのを仏隆寺に留めたものであるという。

寛文年間（一六六一～一六七三）に宇陀郡の松山城主・織田長頼公が別荘を建て茶の湯を催した時に、寺から臼を借受けた。いくら催促しても惜しんで返さないでいると城中で毎夜、鹿のような獣が出て鳴き騒ぎ、室の内外を駆け回っては器物を破損するようになる。獣の正体は麒麟だった。立腹した長頼公が臼を取って庭石に投げつけ、ようやく仏隆寺に帰ってきたという。金で修理された損傷が現在（二〇二二年三月）も見られるが、この時のものといわれている。『増補版 大和の伝説』などにある。

金の鶏［きんのにわとり］

金の鶏が特定の場所に埋められている話は、全国に広く伝わる。奈良県にも数多い。『増補版 大和の伝説』にもまとめて数十か所掲載されている。例えば奈良県御杖《みつえ》村では、桃俣《もものまた》の春日神社の向かいに位置するおぐら山中に石棺があり、その中には金色の鶏が納めてあるという。元旦に鶏が鳴くが、その声を聞いた者は死ぬと村の人は言う。

くつな石［くつないし］

奈良県明日香村阪田にある石。石の割れ目から黄色い蛇《くつな》が姿を現すということで、その名が付いた。旱天《かんてん》の時は付近の百姓たちが雨乞《あまご》いのために集まり経を読むと、蛇が現れて雨を降らす。ある時、山から木を運ぶ際に石が邪魔になり石屋に頼んで割らせると中から血が滲《にじ》み、石屋は三日目に死んでしまったという。『増補版　大和の伝説』にある。

また『繋―明日香村の大字に伝わるはなし』では、阪田でこのくつな石はべんてんさんと呼ぶとする。毎年この地域ではべんてんさんの日（七月二一日）に集まり、山に向かって神酒などを供え、般若心経を唱えることになっている。

蜘蛛火［くもび］

奈良県纒向《まきむく》村（現・桜井市）近辺に出るという怪火。数百の蜘蛛が一塊の火となって空を飛行し、人がこれに近づく時はたちまちその火に当たって命をとられると恐れられているという。井上円了『おばけの正体』（『井上円了・妖怪学全集　第5巻』収録）にある。

空路宮山［くろくやま］

奈良県天理市萱生《かよう》にある山。空路宮山とも、天神山とも呼ぶ。国に変事がある時、この山が鳴動するという。日露戦争の時にも鳴動し、見物人が多く集まり露店まで出たという。『天理市史』にある。

源九郎狐［げんくろうぎつね］

洞泉寺（奈良県大和郡山市《やまとこおりやまし》）の源九郎稲荷に祀《まつ》られる狐。『増補版　大和の伝説』では郡山城の殿様の使いであり、徳川・豊臣の合戦の時諜報員《ちょうほういん》として活躍したとする。徳川方に有利な情報をもたらしたが、ついに豊臣方のために毒殺された。殿様は不憫《ふびん》に思って寺に祀ったのだとする。

『奈良県史13　民俗　下』では、童謡に「大和の大和の源九郎さん遊びましょう」とあるほど人々に親しまれているとする。浄瑠璃や歌舞伎の演目『義経千本桜』に出て来る狐忠信はこの稲荷の化身であり、義経を訪ねて吉野山中をさまよう静御前を、家来に化けた白狐が案内した。義経はこの稲荷を信仰し、奥州に下る時に源九郎の名を与えたという。

なお現在（二〇二二年三月）はコロナウイルスの影響で中止だが、同市の「春の大和郡山お城まつり」では、白狐面をつけた子供行列が練り歩く白狐渡御が行われる。

また駒井保夫『郷土の伝説』には、源九郎狐が城下で買い物をした話が載っている。柳町三丁目の交差点にロンドン寺子屋というパン屋があり、昔は果物屋で、さらに前は綿帽子屋だったという。ある日、この綿帽子屋に一人の男が綿帽子を買いに来た。「お代は年末洞泉寺の源九郎さんの社《やしろ》で払います」と言って綿帽子を持って帰った。年末になり源九郎稲荷へ行くと狐が一族を連れて現れ、全員そろいの綿帽子をかぶり、代金を支払ってくれたという。

そのほか『奈良県の民話』では五條市の宇野峠《とうげ》に、『東吉野の民話』では東吉野村の三尾にも源九郎がいたとする。東吉野村のものは、大和郡山市の源九郎と騙《だま》し合いをした話が載っている。

小狐丸［こぎつねまる］

石上《いそのかみ》神宮（奈良県天理市）の神宝のひとつである剣。維新前に古墳の盗掘が流行した頃、この剣を持って行くと祟りがないといって、一時盗賊たちの手に渡り魔除けに使われた。その後、ある殿さまの手に渡ったが尋常のものでないと、もとの石上に返されることになる。この剣を抜くと、子狐の走る姿が現れる。

またこの剣は菅田の森（大和郡山市《やまとこおりやまし》）で乳が出なくて困っている子狐を助けた夫人が、その礼としてもらったものであるともいう。夫人は狐の助力により、この剣で**嫁取り橋**の大蛇を退治。布留《ふる》明神（石上神宮）に奉納した。『増補版 大和の伝説』、『奈良県史13 民俗 下』にある。

子育て幽霊［こそだてゆうれい］

身持ち（妊婦）のまま亡くなり埋葬された女性がその状態のまま子を産み、死後も子を育てるため飴や餅《もち》を買いに来るという。全国で広く聞かれ、奈良県内でも各地に伝わる。

『奈良県史13 民俗 下』には、あめ餅を求める妙齢の美人の話が載っている。奈良県室生村田口（現・宇陀市）の不動が滝の上に茶店があり不動が滝の茶店と呼ばれていたがある日のこと、女がやって来てあめ餅を求めた。主人は怪しんで何処から来たかと尋ねたところ、女は無言のまま店を出たという。後をつけてみると滝壺に到り、女は壺の中に姿を消してしまった。それから後はこの店ははやらなくなってしまった。子供の有無については書かれていない。

木魂［こだま］

『大和周遊誌』によると吉城川（奈良県奈良市）の南四辻にある塚で、昔日曜星《にちようせい》を祀《まつ》っていた古跡とする。小さな社《やしろ》があったが破壊された。この跡にのぼって北に向かい木魂と呼ぶとはなはだ奇妙な響きがするので木魂塚というのだという。

また『奈良坊目拙解』では、この塚は武蔵塚といって、木魅《こだま》の名所であるとする。

そのほか『増補版 大和の伝説』によれば、詳しい謂《いわ》れはわからないが、この塚辺りで大仏殿のほうを向いて「オーイ」と呼ぶと大仏のほうからオーイとこだまが返って来るという。

ことこと地蔵［ことことじぞう］

奈良県船倉村松山（現・高取町）にある

地蔵。その昔、この地は断首《だんしゅ》場であり、夜な夜な亡霊が出ては人が通るとコトコトと嫌な音をさせた。亡霊を弔《とむら》うために地蔵堂を建て、ことこと地蔵と呼ばれるようになる。若嫁が通る時は、地蔵を縄で縛ることになっているという。『増補版 大和の伝説』にある。筆者が聞き取りを行ったところによると、現在（二〇二二年三月）でも嫁入り時や若嫁はこの地蔵前を通ることを避けるとのこと。

子取り［ことり］

奈良県川上村では夕暮れかけから闇になって行く間のことを、まぐれという。このまぐれまで子どもが外で遊んでいると、魔物に連れて行かれるとか、子取りに取られるといわれる。台風はまぐれが怖いともいう。『こうだに誌』にある。

こんにゃく橋［こんにゃくばし］

奈良県天理市稲場町の橋。こんにゃくのことで喧嘩をした夫婦があり、それがために死んだ女が口にこんにゃくを咥《くわ》え、亡霊となって出没する。稲葉の孫兵衛という麹《こうじ》屋《や》が、ある夜の帰り道、この幽霊に出会ったため念仏を唱えると九九遍目に消え失せたという。『増補版 大和の伝説』、『天理市史』などにある。筆者が地元の方に聞き取りを行ったところによれば、現在（二〇二一年）もそれらしき橋は存在している。

このほか『桜井の昔語り』では、何でそう言うのかわからないが、そう呼ばれる橋が川合にあるという。また歩くとぐにゃぐにゃするという理由からこんにゃく橋と称される沈下橋が全国的に存在する。奈良県内にも同様の理由で、そう呼ばれるものが数か所ある。

【さ】

猿塚［さるつか］

采女《うねめ》神社（奈良県奈良市）の隅にあったといわれる塚。今はない。弘法大師が興福寺に住んでいた時、猿の像を作り院内に安置したところ、夜毎その猿が猿沢池をまわったため、猿塚と呼ぶようになったという。または大師が興福寺の松院に住んでいた時、大師に仕えていた猿が死んだので大師が葬った塚を後の人がそう呼ぶようになったともいう。『奈良市史 民俗編』にある。

三の丸蛙［さんのまるがえる］

郡山城（奈良県大和郡山市《やまとこおりやまし》）の三の丸に出るカエル。約二〜三ミリと、とても小さい。どこからともなく何万と出てくる。これは昔斬首《ざんしゅ》の刑にあった人の妄念《もうねん》だとも言われる。『増補版 大和の伝説』にある。

また駒井保夫『郷土の伝説』によれば大量のカエルは、郡山高校（同市）にも出るという。三の丸蛙かどうかは不明。運動クラブの合宿で聞かれた話だが、学校の保健館の南側、小さな丘の周辺には水もないのにカエルの大群が出る。これは城で死んだ侍の妄念と言われているという。

七人ジョウゲ［しちにんじょうげ］

奈良県東吉野村では遠い山へ入って仕事をする時は、小屋を建てて寝泊りをするジョウゲを行う。しかし七人でジョウゲをするものではない。七人で山に入ると何か事故が起こる。もしどうしても七人ジョウゲしなければならない場合は、紙に仮の適当な顔と名前を書いて貼り付けておき、他の人と同じように三度の食事を供えるようにする。

同村には次のような話がある。昔、大豆村の人が七人でジョウゲをすると激しい雨風が数日続いた。ある夜ひとりが外の様子を身に出かけたが帰ってこないので、次のひとりが探しに行ったがその人も帰ってこない。ついに六人が外の様子を見に出かけたまま、帰ってこなかった。最後のひとりが外を覗くと、小屋の前をごうごうと水が流れており、命からがら逃げ帰ったと『東吉野村史 通史編』にある。

七人旅の不祥［しちにんたびのふしょう］

奈良県十津川村榎谷周辺で、七人組の旅人が飢餓《きが》のために死んだ。以来、七人連れでこの辺りを通るものがあると怨霊《おんりょう》にとり憑《つ》かれて死んでしまう。現在もこの辺りの人々が旅行する場合に頭数が七つになればひとり増やして一行八人にするとか、ひとり減らして六人にするとかする。『増補版 大和の伝説』にある。

ジャンジャン火［じゃんじゃんび］

じゃんじゃんと音を立てて現れる怪火。奈良県奈良市法華寺町の一条通北側にセンダンの古木が残っているが、昔野原の中にこの木が茂っていた頃、南のほうの高橋堤にあったセンダンの木との両方からジャンジャン火が出て合戦したのだという。高橋堤のアイガエシの藪《やぶ》の西で雨が降る夜は決まって出た。長い尾を引いた青い火の玉でよく見ると火の中に年輩の男の顔が映る。奈良時代に恨みをのんで死んだ公卿《くぎょう》の怨霊だと伝わる。この火を見たために熱を出して死んだ人もいる。『奈良県史13 民俗 下』にある。

同じく奈良市の、大安寺に出るじゃんじゃん火は田植中の兄が投げた苗が生田伝八郎という男に当たり、男は兄を殺害したがその仇《かたき》を弟が討《う》ち、兄弟の魂が火の玉になったものという。「大阪民俗談話会記録」（『旅と伝説』8巻5号通巻89号）にある。

またこんな話もある。大和郡山《やまとこおりやま》城主・豊臣秀長の家老の倅《せがれ》・亀井式部が美雪という百姓娘と恋に落ち、打合橋（奈良市）で逢引を重ねた。それが武家の法度《はっと》にふれたので、六月七日の夜に、式部の望みにより思い出深い打合橋で斬首《ざんしゅ》された。橋の下に飛んだ首を抱いて美雪も自害したという。

以来毎年六月七日の夜には、ふたつの大きな人玉が東西から打合橋に飛来し、ジャンジャンと音を立ててもつれ合い舞った。その慰霊のため、毎年六月七日夜、橋のたもとで「ジャンジャン火迎へ」が行われる。町と村から選ばれた若い男女二〇人ずつが、橋の中ほどに設けられた音頭櫓《やぐら》の周りを笛太鼓の囃子《はやし》と音頭の唄にあわせて踊る。松田重治「大和のジャンジャン火迎へ」（『民俗芸術』1巻第7号）にある。

そのほか天理市藤井では、十市山から毎年ジャンジャン火が出るという。十市城は信貴山城の松永久秀に攻め落とされ、十市城主は信貴山を睨《にら》みつけて切腹した。それから、たらいほどの大火の玉がジャンジャンうなって西の山に向かって飛ぶようになったという。田井庄の首切地蔵の所で、ジャンジャン火に出会った武士は刀で斬りまくって石地蔵の首まで斬ったが、結局黒焦げになって死んだと『天理市史』にある。

この天理市藤井では十市城から西へ飛ぶこの火を、ジャンジャン火またはザンネン火と呼ぶとする。十市山にはゴロという、ゴロリとした太いものがいるが、これが夜ジャンジャン火になるのではないかともいう。ゴロの太さと長さは同じくらいで目と鼻もなく、人を見ると飛んでくる。『増補版 大和の伝説』にみえる。

ジャンジャン火の別名について、高座（奈良市、奈良と京都の県境）では源五郎火と呼ぶともいう。これは木津の市坂にいた源五郎という力の強い無法者から来ているという。『奈良阪町史』にある。

酒呑童子〔しゅてんどうじ〕

酒呑童子（京都府）が稚児《ちご》の頃、白毫寺《びゃくごうじ》（奈良県奈良市）にいたという。付近の山で新しい死体を見つけ、稚児は切り取り寺に持ち帰り師の僧に食べさせた。稚児がたびたび肉を持ち帰るので怪しいと、僧が跡を付けると稚児は奈良の町に出て人を襲っていた。僧は稚児を詰問し縛って寺の南の山に捨てた。ここを稚児坂と呼ぶ。

また白毫寺の住職の子どもについて、次のような話がある。成長するにしたがい牙が生え、角が生えてきたというのだ。食べものも日ごとに荒くなり、獣同様になった。世間体を気にして追い出された子どもは、大江山に入り込み酒呑童子となったという。『増補版 大和の伝説』にある。

小便地蔵〔しょうべんじぞう〕

奈良県御所《ごせ》市新田口の地蔵を俗にそう呼

ぶ。小便に関連する悩みに霊験あらたかであるという。もと字地蔵という所にあったものをここに移した。後に一度山の入口へ移したが、村に伝染病が流行したので地蔵の祟《たた》りだといってもとの場所に返した。『御所市史』にある。

シングリマクリ［しんぐりまくり］

奈良県山添村の八王子神社には、高い石段がある。この石段に出るという怪しいもの。シングリとは竹で編んだ魚を入れる籠のことで、そのシングリの中に子どもが入れられてまくられる（転がされる）。子どもたちは悪戯《いたずら》をすると「シングリマクリがやって来るぞ」と言って脅される。また同村のカンノ谷はシングリマクリが池の水を飲むために、上の山から転げ降りて来る。『やまぞえ双書2　村の語りべ』などにある。

そのほか室生村小原（現・宇陀市《うだし》）には、シングリマクリと呼ばれる崖がある。これは昔、貧乏人が子どもの養育に困って子どもをシングリに入れて落とした所だという『増補版　大和の伝説』にある。

砂かけ［すなかけ］

砂をかけ（まく）るもの。中でもスナカケババが有名だろう。『大和昔譚』ではスナカケババについて、人寂しい森の陰、神社の陰を通れば砂をバラバラふりかけて驚かすという。その姿を見た人はいないとする。

奈良県内では坊主、キツネ、タヌキ、ネコ、ムササビなども砂をかける。天理市別所では、夜遅くなると萩村の藪《やぶ》から砂かけ坊主が出るという。『天理市史』にある。

同じく砂かけ坊主と称されるものが、河合町にもある。こちらはタヌキの仕業であると『河合町郷土風土記』にある。『東吉野の民話』によると同村鷲家谷でもタヌキが砂をまくという。

また東安堵《ひがしあんど》南方（現・安堵町）の極楽寺は昔無住で、冬にはキツネやタヌキがよく鳴いていたが、この寺にも砂かけ坊主、そして**高坊主**が現れては人を驚かせたという。『安堵町史』にある。

そのほか吉野町柳別所ではムササビが砂をまく。『奈良県吉野町民間説話報告書』にみえる。

ズンゴエ地蔵［ずんごえじぞう］

奈良県丹波市町（現・天理市）にある地蔵。これといった原因や理由もなく焼ける小堂に納められている。焼けるたびに堂はより大きく建て替えられる。堂の前の溝に橋が架かっているが、人が渡りかけると橋が見えなくなり溝に落ちるという。ただし、ひとりも濡れた者はいない。またこの場所で、若者が美しい女を見て抱きつくとひいらぎ（いばら）の木であったなどという。これらは堂のそばの小佐明神の使い狐のせいではないかなどと言われる。『増補版　大和の伝説』などにある。

前鬼後鬼 [ぜんきごき]

役小角《えんのおづぬ》（役行者）が従えていた鬼たち。『続日本紀』文武三年五月丁丑《ひのとうし》条では、役小角が鬼神を使役し水を汲ませ薪《たきぎ》を採っていた旨が記載されている。また『日本霊異記』上巻第二十八「修持孔雀王咒法得異験力以現作仙飛天縁」では吉野（奈良県）の金峯山と葛城山との間に橋を架けるよう命じている。

このほか県内にはゆかりの地が数か所存在する。『拾芥抄《しゅうがいしょう》』諸寺部に「鬼取役行者捕鬼二人置之」とあるように、生駒山中には鬼取町という地名がある。

また下北山村には前鬼という地名が残る。ここではかつて前鬼後鬼の子孫とされる五鬼熊（行者坊）、五鬼継（森本坊）、五鬼童（不動坊）、五鬼上（中之坊）、五鬼助（小仲坊）の五家がそれぞれ宿坊を営み、修験者の奥駆入道の先達を務めていた。修験道廃止令が布告されたことに伴い順に去って行き、五鬼助家のみが残る。『下北山村史』には五鬼助義价さん（前鬼の五郎さん）の話が掲載されている。現在（二〇二二年三月）はその甥《おい》である五鬼助義之さんが宿坊を営み、訪れる修験者たちを迎え入れている。

袖の松 [そでのまつ]

奈良県忍海《おしみ》村（現・葛城市）野口にあった松。高さ一五メートルあまり、四方枝幅一五メートルあまり、軒回り五メートル、幾百千歳過ぎるか知らない老松。樹幹朽ちて空虚となっていたが大正一二年（一九二三）四月一二日強風のため倒壊、今ではその面影はない。當麻寺《たいまでら》の中将姫が蓮糸曼荼《まんだ》羅《ら》を織る時、角刺宮跡の鏡の池に蓮茎を得んと神に祈り、その成功におよんで植えたという。元弘の役の際、野口村の脇田に潜伏していた脇屋義助が、擁護を角刺宮に祈って植えたともいう。

古来神と崇《あが》め注連縄《しめなわ》を張り、春季に角刺宮と同日に祭典を行ってきた。霊験あらたかで、祈れば必ず験あり、触れると必ず祟りがあるとされる。『増補版 大和の伝説』にある。

【た】

高坊主［たかぼうず］

背の大きな坊主の姿をした化け物。主に狸《たぬき》などが化けたものであるという。『増補版 大和の伝説』によると、奈良県郡山町《こおりやまちょう》（現・大和郡山市）では五左衛門坊という狸が高坊主になって人を悩ましていた。ある夜、武士の前に高さは二メートルばかり、目も口もない卵のような怪物が現れたという。騒がない武士に苛立《いらだ》って高坊主はさらに大きくなった。これでもかと膨れていくうちに、狸は腹が裂けて死んでしまった。郡山劇場裏のカドへの狸も高坊主になるという。

「奈良県橿原市《かしはらし》・耳成の民話（下）」（『昔話—研究と資料』26号）には高坊主に出会った人の話が多く掲載されており、狸が化けるものとされている。また『天理市史』では天理市豊田の畠地蔵の所で、背の高い白衣の坊主が出るが、これは高坊主であるとする。『奈良県吉野町民間説話報告書』でも狸が化けるものとして白坊主や大入道などを挙げている。

『黒滝村史』によれば、黒滝村のあちこちの山道で高坊主が現れる。杉や檜《ひのき》と同じくらいの背丈《せたけ》がある巨人で、一つ目小僧だという。村内で有名なのは赤岩の高坊主で、次のような話がある。

夜になって村人が通ると赤岩には決まって、高坊主が出る。赤滝にいた度胸のある男がこの道を通ると、案の定高坊主が立ちふさがった。すると高坊主は男に向かって「七年前にここで木で打たれて死んだ木こりの弥助です。若い日の報いか行く所に行けず迷っている。私の家族にお経のひとつでもあげてくれるよう頼んでほしい。そのことを頼みたくて、毎夜出ていたのだ。私の姿を見るとみな逃げてしまい、近頃は誰一人通る人がいなくなった」と話した。言い終わると高坊主は消えてしまい、瀬音が聞こえてきた。男は倒れ、三日三晩寝込んだ。そののち弥助の家族が供養を行うと、高坊主は現れなくなったという。

そのほか、杖《つえ》で地べたを払うと高坊主は消えるともいう。（『奈良県吉野町民間説話報告書』より）

たたり石［たたりいし］

奈良県奈良市内侍原町《なしはらちょう》にある、触れると病気になるとか死ぬとかいう石。

大きな蛇が住み付いていた内侍原家では夏になると蛇が庭木を荒らすため、若衆がその蛇を殺した。内侍原家は春日神社に仕える家柄。祟りがあってはいけないと大蛇を埋め、その上に自然石を置いて蛇塚とした。すると椿《つばき》の木が生えて赤い花を咲かせるようになり、その頃には内侍原家は衰え、ついに屋敷を残すだけになってしまった。後に、石に触れると良くないことが起こると人々から恐れられるようになる。昭和のはじめ、この場所にあった銭湯・戎湯《えびすゆ》の三助がこの石に触れて三日目に死んだ。またこの土地の裁縫学校長の家の雉《きじ》がこの石に触れてコロリと死んだ。『奈良市史 民俗編』にある。

魂火［たまび］

奈良県陵西《おかにし》村（現・大和高田市）南市場の南方、東西に走った県道の路側に、非常に古い大樹がある。昔、ふたりの親友があって、ひとりがこの木で首を吊って死に、他のひとりが大字尺度の墓地で死んだ。それから後、雨の夜には必ずこのふたりの魂火がそれぞれ死んだ場所から現れて、その中間辺りで何か話し合ってしばらくすると両方へ別れて帰るという。『増補版 大和の伝説』にある。

また奈良市大安寺では「可愛い可愛いとカラス鳴き悪い、どこの可愛い子が死ぬのやら」といって、カラスがよく鳴いたらきっと誰かが死ぬという。この鳴き声は死ぬ家の人には聞えないものだという。死人の出る家にはきっと誰か血のつながりがある者が魂火を見る。『奈良県史12 民俗 上』にある。

たんだの椿［たんだのつばき］

奈良県香芝市平野にある椿。その昔、平野の庄屋の屋敷の、本屋へ向かうまでの道のかたわらに大きな椿が生えており、毎年見事な花をいっぱい咲かせた。屋敷には若い娘がいるが、誰も姿を見たことがない。娘は重い病気であるとの噂が立ち、比例するようにして椿の木が枯れ始める。主人は気味悪がって椿を根元から切り倒させた。娘の病気がどうなったかはわからないが、平野千軒と呼ばれ栄えていた村は廃《すた》れていった。それから年月が経ち、椿の木が育った。例の椿の若芽だろうと椿の木の根元に小さな祠《ほこら》が建てられた。今でも椿の枝を折った者は、決まって大変な腹痛が起こるという。『香芝の民話 たんだの椿』にある。

また『香芝町史』の「七つ石」の項にもたんだの椿の名がみえる。しかしここでは、それ以上の記述はない。七つ石は割ろうとすると病気になり、死ぬという。

茅萱池のどじょう［ちがやいけのどじょう］

奈良県天理市福住の氷室神社に、茅萱池という小さい池がある。池には奇妙に長い芽が生えている。『元要記』には茅萩池とある。この池の中にはドジョウが多く、これをとると腹痛が起こるのだという。『天理市史』にある。

血の出る木［ちのでるき］

奈良県上北山村北和田の氏神の神社の境内に生える神木に、根元は一本で先が杉と檜《ひのき》に分かれている一株がある。昔からその木に傷をつけると赤い血が出て、傷つけた者は病気になって死んだという。

　また五ケ谷村（現・奈良市）では、筒井順昭が金閣と同じ堂を建てようと楠《くすのき》の一枚板を諸国に探させた。すると、米谷山に大きな楠があることが知れたので、家老の島左近や家来の赤根半六らに伐《き》りにやらせた、米谷村寿福寺の僧は伐ってはならないと反対した。無理に斧《おの》を振るうと木から血が出て、大勢の家来が木から落ちて傷ついたという。この木は神木で三輪明神の杉の根が通っていたのだという。『増補版　大和の伝説』にある。

血の出る礎石［ちのでるそせき］

　大安寺（奈良県奈良市、『増補版　大和の伝説』より）や薬師寺（同市、『奈良県史13 民俗　下』）の、塔の礎石から血が出るという。その昔、礎石を秘密裡に金にしようと考えた石工が夜、西塔の心礎を割りかけた。最後にもう少しというところで、石の中から真っ赤な血が噴き出した。石工は病みついて死んでしまったという。

　また榛原町《はいばらちょう》（現・宇陀市《うだし》）の農民が畑を耕している最中、大きな石が畑の中にあることを苦に思い石をのけようと鍬《くわ》で打つと、大量の血が流れた。打つのをやめると血は止まった。以降は誰も手を触れなかったという。『増補版　大和の伝説』にある。

土蜘蛛［つちぐも］

『古事記』や『日本書紀』などにもみられる。各風土記にもその名があり、各地土着の土蜘蛛の記述がみられる。朝廷に従わない者たちのことを、そう呼んでいた。『日本書紀』の「神武即位前紀」では、大和（奈良県）は葛城の土蜘蛛は身が短く手足が長いとしており、同「景行紀」では石窟に住み皇命に従わなかったと書かれている。

　一言主神社（奈良県御所市《ごせし》）には境内に土蜘蛛塚がある。『増補版　大和の伝説』では、これは神武天皇がカツラで網を作って土蜘蛛を捕り、これを頭と胴と脚とに切り、別々に今の神社境内地に埋め、その上に巨石を据え置いたものとする。また高天彦神社（同市）辺りは、土蜘蛛たちが住んでいた場所であるとする。サルチ（猿伐）という所から矢を放ち、討《う》ち平らげた。その時討ち取った蜘蛛を高天彦神社の傍らに埋め、蜘蛛塚としたという。蜘蛛の窟は神社前の並木の東方にある。

『御所市史』ではこの高天彦の土蜘蛛は、一〇〇〇本の足を持つ大きなものであるとする。

　このほか大和郡山市《やまとこおりやまし》外川町にも土蜘蛛の話がある。この外川では毎年一回若い娘を人身供養せねばならなかった。村の人々が嘆き悲しんでいると、六部が村にやって来た。六部は、サンという犬を連れて人身供養をおこなった場所に出かけたが、そこにいたのは年老いた土蜘蛛であった。サンは蜘蛛を噛み殺したが蜘蛛の毒爪のために倒れてしまう。今も田の中に犬塚がある。六部の墓も常福寺境内に立つ。『増補版　大和の伝説』にある。

ツチノコ［つちのこ］

松谷みよ子『現代民話考9』にいくつか話がある。例えば奈良県御杖《みつえ》村では、あるおじいさんがイロラという所のとびこえ（飛び越せる程度の小さな溝）で、つちんこに出会った。つちんこは低い所から高いところへまくれる（転がる）こともできる。石を投げると真っ赤な大口をあける。見た者は死ぬと言われるがおじいさんは死ななかった。また同村では、つちんこは叩くと裂けるという。

また『奈良県吉野町民間説話報告書』によれば吉野町の吉野山、矢治峠《とうげ》などでもツチノコの話が聞かれるという。シーシーシーシー鳴いて腹が赤く、舌は長く山椒《さんしょう》の匂いがする。短くて当たったら怪我をするという。

剣塚［つるぎづか］

東大寺（奈良県奈良市）勧進所内にあるとする塚。奈良時代、辛国《からくに》行者が良弁《ろうべん》と法力争いをした結果、行者は良弁に屈した。その行者の剣を納めた場所で、東大寺に怪事があれば鳴動するという。『南都名所集』にある。

天下塚［てんかづか］

奈良県御所《ごせ》市東寺田町の南外れ、満願寺の南の高い台地に建つ塚。大きさは一畝《せ》ほどで、木がなくきれいな芝という。そこの草を刈ったり、土を取ったりすると腹痛になる。牛などでも、その草を食べると腹痛になる。高貴な人を葬った場所であるともされる。『増補版　大和の伝説』にある。

また『いにしえの御所を尋ねて―民話・伝説・わらべうた編』には、塚の立つ田を「ふじ田」と呼び、真夜中にこの辺りを歩くと赤子の鳴き声が聞こえるとある。

天狗［てんぐ］

天狗にまつわる話は奈良県内各地にみられる。天狗はもともと凶事などを知らせる流星であると言われるが『大乗院寺社雑事記』の寛正六年（一四六五）九月一三日には、夜「天狗流星一」があり天下が振動した旨が記載される。

また天狗杉と呼ばれ、天狗が棲んでいたとする杉の木も少なくない。例えば山添村の神野山の杉の木。この山はかつて天狗が住む杉の木が一本生えているだけで、禿《は》げ山だったという。一方青葉山（三重県）は緑豊かだった。神野山、青葉山にはそれぞれ天狗が住んでいて仲が悪く喧嘩ばかりしていた。ある時ものを投げ合う喧嘩をはじめ、気が付くと青葉山はもとの草木や岩がなくなり禿げ山になっていた。神野山には飛んできた岩で鍋倉渓ができて草木が生い茂ったという。

同村大塩には、天狗に飛行の術を学んだ者もいる。他惣治という男が蛍を追うと神野山の頂にいたのは天狗だった。その天狗の弟子となり修行を積み、六里（約二三・五キロ）先の奈良の町にでもひと飛びであったという。いずれも『やまぞえ双書2　村の語りべ』にある。

そのほか、曽爾《そに》村の長野の坊主岩に天狗の踊り場があり、天狗が来ては踊っていたという。『曽爾村史』にある。

野迫川村の北今西から半里上った家では、格三という人が風呂から上がって庭に出た時、天狗が現れて摘ままれて連れていかれてしまった。夜が明けるまで連れられて、カスタニという家の後ろの大きな松の木に殺され引っ掛けられていたという。『野迫川村史』にある。

飛ぶ鐘［とぶかね］

貝ケ平山（奈良県奈良市、桜井市、宇陀市の間辺り）に月の輪といって、草木の茂る山腹に黄褐色の輪影が現れて年とともに移動している。昔の人が不思議に思って掘ってみると、この地から堺の海へ飛んだ鐘が故郷懐かしく飛び戻り地中に埋もれていたのだという。以降は恐れて誰も手を付けなくなった。『奈良県史13　民俗　下』にある。

飛ぶ鉢（お椀）［とぶはち（おわん）］

『信貴山縁起』にある。信濃（長野県）から出て東大寺（奈良県奈良市）で受戒《じゅかい》した命蓮《みょうれん》が夢告で信貴山（平群町《へぐりちょう》）に上り修行し、鉢を飛ばすなどして供物を得るなどしていた。供物を怠っていた山崎の長者のもとにも鉢を飛ばし、その鉢に校倉《あぜくら》造りの倉が乗って、倉ごと信貴山にいる命蓮の所まで飛んで来たという。

また奈良県十津川村の果無《はてなし》に飛ぶ椀の話がある。果無谷の果無滝から月に一回、昼過ぎくらいになると「ウウーン」という音をかすかに立ててお椀が飛んで来るという。同じ家に続けて飛んで来ることはない。椀はまるで目が付いているように、目当ての家の人が外で働いていても家の中にいても、必ずその人の目の前に止まる。お椀を受け取った人は、その中に麦飯や粟飯《あわめし》をてんこ盛りにつぐ。漬物があればそれも付ける。すると椀は「ウウーン」と果無滝へ帰っていく。

ある時椀はマヤゴエ（牛の糞《ふん》）を出している男の前に止まった。男は忙しいのに面倒だと、お椀の中に糞を放り込んだ。椀はいつものように滝へと帰ったが、二度と飛んで来なかったという。『十津川郷の昔話　二集』にある。

泥かけ地蔵［どろかけじぞう］

奈良県桜井市橋本にある。醍醐天皇の御代、延喜六年（九〇六）に橋本の青木山に青木千坊を建立されたが、その境内に祀《まつ》られた皮膚病に霊験のある地蔵のこと。

ある年の夏、この千坊が大火でなくなり、地蔵尊は境内の用水地に沈められた。

後に里人が掘り起こし、池の傍らに再興したという。当時地方で天然痘《てんねんとう》が流行したが、この里人だけは誰も病にかからなかった。そこで隣町の吉備から地蔵を借りに来た。池の尻までは動かせたがそこからは動かなかったので、もとの場所に運ぶと動くようになった。また村人がこのような辺鄙《へんぴ》な場所では参詣に不便だと、街道のほうまで移そうとしたがやはり動かなかった。

動かない地蔵であるのに、その後二度も池中に沈んだ。これは不思議、きっと池の泥が好きなのだという話になった。皮膚病の人はお詣りをして、満願の日まで地蔵の体の自分の病む所と同じ場所に池の泥を塗ると、その病を治してくれるという。『増補版　大和の伝説』にある。

また天理市にも泥かけ地蔵と呼ばれる地蔵がある。八軒屋の北川にある槌屋《つちや》の地蔵をいい、前の川に流れていたもの。体の痛みのある所と同じ場所へ拳大の泥を付けて祈願する。治ると取る。『天理市史』にある。

【な】

中根小僧

［なかねこぞう］

奈良県下北山村池峯と下桑原との間、中根峠《とうげ》という峠に出るもの。池峯の龍光寺という曹洞宗の寺に天然和尚という五〇歳余りの高僧があった。ある年の正月一五日、天然和尚が下桑原からの帰り道、中根峠を通ると何かが寄って来る気配がする。音はだんだんと大きくなり近づいて来る。大きな木でも倒れるような恐ろしい声を出して足音の主は立ち止まった。和尚の前には、顔一面にぼうぼうと毛の生えた、二本の足と二つの手を持つ、雲突くばかりの大きな怪物が立っていた。和尚は怪物をにらみ、長い毛でおおわれた右の腕を掴んだ。

和尚は「わしだからよかったが、他の人間であれば危害を加えているだろう。命は助けてやるが、今後人間に手出しができないよう峠の上に封じ込めてやる」といって呪文をとなえた。そして峠の頂に石地蔵を建て、封じ込めてしまった。この地蔵は中根地蔵と呼ばれ和尚の存命中は毎年正月二四日に、地蔵の前で祈禱祭《きとうさい》を行った。

やがて祭も絶え地蔵もどこかへ行ったが、大正一五年（一九二六）の夏の夕方、下桑原の小西熊市という男が中根峠付近で大男に出会った。長い毛をムシャムシャと生やしていた。驚いたのか、大男はもと来た道を引き返した。熊市は大声で呼びつつ追いかけたが下桑原のトンネル付近で姿を見失う。和尚が封じ込めてくれた地蔵を粗末にしたからだと、村人は直ちに中根峠頂上とトンネル口とに地蔵尊を再興し、毎年正月二四日に祭典を行うようになった。『増補版　大和の伝説』にある。

また『下北山村史』では中根小僧は狸《たぬき》であるとしている。

筆者の聞き取りによれば、中根峠を含む道は近年まで生活道として活用されていたとのこと。地蔵についても確かに今もあるという。

啼き燈籠［なきどうろう］

元興寺（奈良県奈良市）境内にある石灯籠。延元年間（一三三六～一三四〇）に造立のものという。延享年間（一七四四～一七四八）に京都の下村某が、請い受けて京都に持ち帰ったところ、夜毎南都を向いて帰りたいと泣くので再び元興寺に戻した。『増補版　大和の伝説』にある。現在もこの燈籠は境内にある。

七ツ塚［ななつづか］

奈良県奈良市の七ツ塚からはタマヒが七つ出る。昼でも出る。見ると熱が出るとされ、これは身ごもった女が殺されて埋められたもので、その怨みで火の玉になるのだという。「大阪民俗談話会記録」（『旅と伝説』8巻5号通巻89号）にある。

ナンジ［なんじ］

奈良県川上村における禁地。『奈良県綜合文化調査報告書　吉野川流域』によれば、同村全域にあるという。祟りのある場所で、その祟りを鎮めるためナンジには小《しょう》祠《し》が置かれる。祠には弁天が祀《まつ》られていることが多い。

また『大滝ダム関係地民俗資料緊急調査報告書』などでは、一でクラガイト（大迫）、二でナメキ（下多古）、三でサカナカ（北和田）、四でイツボウ（上多古）といって、この四つのナンジが有名であるとする。順番は格の順で、大迫と下多古のナンジがよく祟る。クラガイトと呼ばれる大迫のナンジは、十二社神社の載る尾根の裾《すそ》近くにある。昔はこの辺りの木を伐《き》れば血が出るとして、その近くで伐採する際は必ず洗米や塩やお神酒《みき》を持って祀ったとする。

そのほか『吉野の民俗誌』では、下多古のナンジは昔その辺りに橋があり、大勢で坊主を殺したら、その祟りで人が流れて仕方がなく祀った場所であるとする。現在（二〇二二年三月）も国道一六九号線沿いに法華経塔が建っているが、これは大滝ダム建設により水没した宝篋《ほうきょう》印塔跡を、同地区内に移設したもの。

肉付の面［にくづきのめん］

奈良県奈良市の奈良豆比古《ならづひこ》神社の翁面《おきなめん》。昔京都にひとりの病人があった。その人は北山十八間戸に入り、阿閦如来《あしゅくにょらい》を信仰していた。ある時、京から使いの者が来て「この面をかぶってお帰りください」と言って、ひとつの面を差し出した。その面をかぶり北に向かい、奈良坂まで行ったところが今まで病で醜かった顔の肉がすっかり面について取れてしまい、もとのきれいな顔になった。その面が今の奈良坂のご神体の翁面であるという。『増補版 大和の伝説』にある。

また『奈良市民間説話調査報告書』には、金春《こんぱる》（流の人）が奈良豆比古神社の翁面（肉付きの面）を借りて行って偽物の面とすり替えた話が掲載されている。金春は能楽の流派のひとつで奈良と京都との境に、金春塚があったとする。面をすり替えた金春は殺されてしまったという。

鶏石［にわとりいし］

鶏を殺し埋めた場所。奈良県月ヶ瀬村（現・奈良市）と南山城村（京都府）との間で境界を決める際に、村代表の双方の神主が正月の朝一番、鶏の鳴き声で馬に乗り行き会った所を境界とすることに決めた。月ヶ瀬村の神主は馬が早く歩くように調教し、いちばん早く鳴く鶏を屋敷に入れ、えさをやって正月を待った。そして正月の朝、ドンドンと戸を叩くので起きてみると南山城村の神主が「一番鶏が鳴いたのでやって来たが、お主と会えずここまで来てしまった。約束通りここが境界だ」と言う。

月ヶ瀬村の神主は、南山城村の神主の馬の手綱をとり、無理矢理押し戻し、上山家のはずれを境界とした。今でもそこを「やりば」と呼んでいる。月ヶ瀬村の神主は怒り、鶏を集めて殺してしまった。今でも正月の早朝、鶏の鳴き声が聞こえると言われている。阿部奈南・進藤秀樹・垣崎仁志「月ヶ瀬村の伝説と世間話」（『昔話―研究と資料第』29号）にある。

鶏の鳴き声をきっかけに落ち合った場所を境界とする話は山添村（『やまぞえ双書2 村の語りべ』）ほか、全国にある。

塗りつぶしの絵馬［ぬりつぶしのえま］

長谷寺（奈良県桜井市）の絵馬。ある人が寺に弁慶と牛若丸の五条大橋のシーンを描いた絵馬を奉納した。以来、夜になると剣戟《けんげき》の音が聞こえてくるようになった。僧が音のする場所へ忍び寄ると、絵馬の姿そっくりの弁慶と牛若丸が争っていたという。翌朝、絵馬を墨で塗りつぶした。すると音は聞こえなくなった。墨がはげるとまた音がはじまるので、毎年一度この絵馬を塗りつぶすことにしたという。『増補版 大和の伝説』にある。

また山添村の神波多《かんはた》神社にも、絵が飛び出す話がある。とある旅絵師が、一宿の礼に何かを描き残そうとしつつも何も描かないまま一〇日が過ぎた。村人たちは居候の偽絵師と噂した。ある夜、絵師は神波多神社の境内を歩いていて何かを感じたのか神殿の裏に回り半時白壁に向かって座禅を組んだ。人が寝静まった丑満《うしみつ》、たくましい一頭の牛を描いた。その翌日絵師は黙って去って行く。

稲が実る頃稲穂が何者かにもぎ取られた。村人が番をしていると、恐ろしい怪物が稲田を食い荒らしているのが発見される。正体は一頭の雄牛。旅絵師が書いた牛が夜な夜な抜け出していたのだった。そこで旅絵師を連れ戻し、牛の傍らに松を一本書き添え綱でつないでもらった。旅絵師は狩野元信だったという。『やまぞえ双書2　村の語りべ』にある。

猫坂 ［ねこざか］

転んだら猫になるから気を付けろといわれる坂。奈良県山添村の中峰山、天王参りの参道、一の鳥居を過ぎた松並木の坂道をネコ坂と言う。どのような経緯でそう言われるのかはわからないが、今もってネコになった人はいない。『やまぞえ双書2　村の語りべ』にある。また同村の医者に筆者が聞き取りをしたところ、過去のカルテを振り返ってみたようだが、転んでネコになったという記述はなかったという。

また東大寺（奈良市）大仏殿から二月堂へ向かう途中の階段は境内案内板によると猫段と呼ばれ、こちらも転ぶと猫になるとされる。

猫又の滝 ［ねこまたのたき］

奈良県十津川村折立大谷にある滝の名称。この滝には主が住んでいるという。『十津川郷の昔話』によれば尻尾が二つある猫が、その辺りに住んでいたことから付けられたという。

また炭焼きがこの滝の近くで炭焼き小屋を建て、酒に酔って「オーイ猫又、いるなら出てこい」と何度も叫んだ。すると小屋の周りを猫の鳴き声が取り巻き、次第に高くなっていった。男が一心に謝ると鳴き声は消えたが、夜が明けるまで眠れなかったなどという話もある。

その他、『十津川郷の昔話　二集』には、おばさんがいかだを組む藤かずらを猫又の滝近くまで切りに行った話がある。帰宅し夕飯を食べていると、おばさんは急に体をぶるぶる震わせて立ち上がる動作をし始めた。熱を測ると少し高かったので寝かせておいた。翌朝様子を見ると今度は両足を立ててお尻を横にぶるぶると振っている。夫が神様に見てもらうと「猫又の主である大蛇が日向ぼっこをしていたところにおばさんが石を転がり落としたため、尻尾に傷ができ、そこにたかっているハエを追い払う動作が恨みとして出ているのだ。早く猫又の滝へ酒と米・塩を持って謝りに行きなさい」とのことだった。夫がその通りにするとおばさんはもとに戻ったという。

同書によると、**牛鬼滝**なども含めた滝の主である竜の中でも最も偉いのが猫又の竜であり、正月の朝には東の空から錦の雲が滝の上に飛んでくるという話もあるという。

「ねこまた（猫胯）」については古く『明月記』（『冷泉家時雨亭叢書　別巻四　翻刻　明月記三』収録）に記録がある。これによれば奈良に出没し一夜にして七～八人を喰らうという。目は猫のごとく体は犬のように長いという。尻尾の形状については、ここには記録にない。十津川村の話とは関係がないと考えらえる。

野槌［のづち］

槌の形をしたもの。『古事記』上巻にはカヤノヒメノカミの別名として「野椎神《のづちのかみ》」が出て来るが、これは野の精霊といった意味だろうか。『沙石集』巻五（三）「学生畜類に生たる事」には学僧が野槌に生まれ変わった話が記載されている。これによれば、野槌はめったに目にしない獣であり、山奥に稀《まれ》にいるという。形は大きく目鼻手足のないもので、ただ口ばかりがあるもので人を取って食らう。

また『和漢三才図会《ずえ》』では、深山の岩穴の中にいるものとする。野槌蛇と呼び、直径は五寸（約一五センチ）、長さは三尺（約九〇センチ）で、尾は尖《とが》らず槌の柄のないものに似ており、吉野郡（奈良県吉野町）の山中を流れる菜摘川の清明が滝の辺りで時たま見ることができるとする。口は大きく人の足を噛む。凄い速度で追いかけてくるが、坂を上るときはきわめて遅い。それゆえ、もし出会うことがあれば急に高いところへ上ると良いとする。

林宏「奥吉野の蛇と民俗」（『近畿民俗』44号）では、十津川村での話をいくつか挙げている。玉置山から南へ下った大森辻の近くのミズノミで太いノヅチが上からまくってきた（転がってきた）という。これを見た人はビックリして二～三年患った末に、天理教の信者となったという。

上葛川の東のタマという高原では、笹内鶴吉老の愛犬がノヅチを採ったことがある。これは直径が約三寸（約九センチ）、長さは約二尺（約六〇センチ）。上葛川の古老たちによれば、ノヅチは普通径一寸五分（約四・五センチ）ばかりで長さは短く、白ざれた（白っぽい）ような色をしていて、ごろごろとまくれて来るが危険な存在ではないという。また西川の天上森にはノーヅチがいるほか、宇宮原対岸の大八には大八太郎と呼ばれるノーヅチがいるという。

【は】

馬魚［ばぎょ］

内山永久寺本堂池（現・奈良県天理市）にいた魚のこと。後醍醐天皇が都を落ちのび、吉野へ向かっていたところ内山永久寺にたどり着く。その時に乗っていた馬が本堂池のほとりで倒れてしまう。追いかけてきた赤松円心の馬がしきりに鳴いており、これに応じて天皇の馬も大いに鳴こうとした。円心に悟られまいと、天皇の従者は馬の首を切って池に投げた。馬は池に落ちて沈んで小魚と化し、それを馬魚と呼ぶ。天皇の馬の亡魂《ぼうこん》が馬魚になったともいう。後に石上《いそのかみ》神宮（天理市）の池、東大寺（奈良市）大仏池の鏡池に移された。この魚はワタカではないかとして、県指定の天然記念物にもなっている。『天理市史』にある。

また草を食うので馬魚と呼ばれるのだと『増補版 大和の伝説』にある。筆者が石上神宮宮司に話を聞いたところ、池にいる魚は実際に草を食っていると話していた。『てんりの昔ばなし』では馬の顔をした魚であるとする。

蜂の宮［はちのみや］

東大寺（奈良県奈良市）三月堂の北、厨《ず》子《し》に祀《まつ》る執金剛神のこと。将門平定の祈願をしたところ、像の石鎊《いしかざり》が大蜂となり像からもたくさんの蜂が出て平将門を刺殺したとも将門を苦しめたといわれる。また祈願を行っている時突然この像が姿を消し、ちょうど将門の乱を平定した頃に戻ったともいう。『南都名所集』にある。

ひだる神［ひだるがみ］

奈良県内ではダリ、ダニ、ダル、ダラシ、イザリカミ（高田十郎『大和習俗百話』）などとも呼ばれる、人に空腹をもたらす憑《つ》きもの。何かひと口、食べ物を口に入れたり、手のひらに米という字を書いて嘗めるなどすると良い。

柳田國男「ひだる神のこと」（『民族』1巻1号）、大藤時彦「ヒダル神」（『民間伝承』9巻1号通巻91号）、小島知夫也「ひだる神のこと」（『旅と伝説』4巻8号通巻44号）にもあるように「ひだる神」の名で呼ばれる例が多い。

『室生の民俗』では、室生寺（現・奈良県宇陀市《うだし》）の参拝道に当たる仏隆寺越にひだる神のとり憑く場所があり、そこに供養塔が立っているという。そして染田から小原へ抜ける昔の伊勢道（同市）に松ヶ峠《とうげ》という峠路があるが、そこには昔から白ボウズが出るという。供養塔が立っていて「逆修云々」の文字が見える。白ボウズはヒダル神が零落したものではないかとする。

また『うた野の昔ばなし』では、佐倉峠（宇陀市）の頂上から鷲家（東吉野村）のほうへ一町（約一〇九メートル）ほど下った所にいるとする。夜の明けきらぬ朝、旅人の鼻先にガキ腹を突き出して「お前はめし食ったか」と問いかける。「食った」と応えると襲い掛かって来て旅人の腹を引き裂いて胃袋の中に残っている飯粒を食べるのだという。

そのほか『東吉野の民話』にもひだる神についての報告は数多いが、特徴的なのは「ひだる地蔵」と呼ばれる地蔵だろうか。『東吉野村史 通史編』によると佐倉峠の登り口に祀《まつ》られており、峠を越える人々がとり憑かれないようにとのこと。筆者の聞き取りによれば、地蔵前を通る国道一六六号線ではかつて交通事故が多かったが、地蔵が建てられてから減ったという。地元の人には交通安全の地蔵としても親しまれている模様。

人の如くな者［ひとのごとくなもの］

春日の一の鳥居（奈良県奈良市）辺りに、夜入れば、七尺（約二・一メートル）ばかりの髪の長い「人の如くな者」が現れ、追いかけると逃げる。これは野馬がたけているものだろう。『嘉良喜随筆』（『日本随筆大成　第1期　第21巻』収録）にある。

ひょうたん石［ひょうたんいし］

奈良県曽爾《そに》村の葛にある石。小山の狭い所に道が通っていて、その真ん中にある。人々はこの石には神が宿っていると、触らず避けて通る。また祟りがあるといって誰も割らない。しかしある時、農道を通そうとして割ってしまいその人たちは病んでしまった。傍らに道祖神《どうそじん》が祀《まつ》ってあるという。『曽爾村史』にある。

ぴんぴん橋［ぴんぴんばし］

奈良県真菅《ますげ》村（現・橿原市《かしはらし》）の五井から今井への里道の小川に架かる橋。渡ろうとすると、ぴんぴんと音がする。その昔、ひとりの盲女が三味線を弾いてこの橋を渡ろうとしたところ、落ちて死んだ。それ以来、ここを通ろうとする者がいると川の中で三味線の音がするという。音が止めば手をたたくと、またその音がする。これは盲女の妄念だろうと言われる。『増補版　大和の伝説』などにある。現在この橋はない。

藤原広嗣［ふじわらのひろつぐ］

奈良時代の僧侶・玄昉《げんぼう》に恨みを持つ藤原広嗣は怨霊《おんりょう》となり、玄昉の身体をバラバラに引き裂いて地上に落としたという話がある。玄昉の弟子たちがその身体を拾い集めて頭を祀《まつ》った場所が、頭塔であるという話がある。奈良県奈良市高畑町に現在（二〇二一年三月）も存在する。また肘塚《かいのつか》町はその肘《ひじ》を埋めた所で、眉《まゆ》と目を埋めたのが大豆山《まめやま》町であるともいう。『南都名所集』、『奈良坊目拙解』などにある。

ベトベトさん［べとべとさん］

奈良県宇陀《うだ》郡（現・宇陀市）にある。ひとり道を行く時誰か人が後をつけて来るような、足音を覚えることがある。このような時は、自分が道の側に立って「べとべとさん先にお越し」と言葉をかけて歩けば足音は聞こえなくなるという。伊達市太郎「大和宇陀郡地方俗信」（『民俗学』2巻5号）にある。

『うた野の昔ばなし』では冬の夜、北西風の吹き出す頃に多く現れるとする。

蛇塚［へびづか］

奈良県奈良市は西九条町の倭文《しとり》神社のほとりにある塚。村では古くから毎年倭文神社の例祭に子どもを供えることになっていたが、供えた子どもはいつも帰ってこなかった。

ある年六郎という若者が身代わりになろうと宵宮の夜宮の森に置いた棺《ひつぎ》に入り夜更けを待った。するとその場に大蛇が現れたので、これを殺した。村人は宮の西側に頭を北側に尾を埋めて竜頭寺と名付けた。

この寺は現在はないが、尾を埋めた塚だけは残っている。西九条では秋祭に小麦藁《わら》で五メートルもある大蛇を作り、町内を担ぎ歩いたうえで神社の境内に納める。一〇月一六日の祭典の際、これに点火する。祭当日の神饌《しんせん》にも、里芋の茎で作った蛇を供える。『奈良市史　民俗編』にある。「蛇祭」は現在（二〇二二年三月）も行われている。

蛇女房［へびにょうぼう］

蛇が美女に化けて男の妻になるも正体を見破られ、そのまま姿を消すという話が一般的。子どもが泣いたら嘗《な》めさせるよう、自らの目をくり抜き男に渡す。奈良県曽爾《そに》村の**お亀**もこの蛇女房譚《たん》のひとつだろう。

川上村では人間が川の淵《ふち》で顔を映して頭の毛を梳《す》いていると蛇に取り憑《つ》かれた。川の淵で顔を映して化粧をしていたから蛇体に懸想《けそう》されたとする。そのまま蛇の嫁になり川に沈んだものの、陸の上に子どもをひとり、残してきてしまった。川から出てきては乳をやっていたが、続かないので自分の目の玉を抉《えぐ》ってこの玉を母と思うようにと旦那に言づける。子どもが夜泣きするとその目を見せるようにすると、子どもは泣き止み立派な人になったという。『川上村の昔話』にある。

このほか**清姫**（和歌山県）の話とくっ付いたタイプもある。女の正体に気付いた男が逃げると女が追いかけるので日高郡（和歌山県）のお寺に逃げ、釣り鐘の中に入ると、鐘の周囲を女が巻いて溶かしてしまったという話が『下北山村の昔話』や『十津川村の昔話』などにある。

蛇婿［へびむこ］

蛇が男になって人間の娘に求婚するという内容の昔話群の総称。一般的に「苧環《おだまき》型」、「水乞《みずこい》型」、「蛙報恩型」に大別される。奈良県では「苧環型」が多いだろうか。これは、夜中に娘のもとに見知らぬ若い男が通ってくることを怪しんだ親が、男の着物に糸を通した針を刺すように娘に言う。男が帰ったあと糸をたどると蛇の住処に到り、蛇の親子の会話を聞き、娘に宿った蛇の子を堕ろす方法を知るといった内容。三輪山伝説（『古事記』中つ巻　崇神天皇）などと呼ばれるもの。

『野迫川村の昔話』によると、同村の娘は堕ろさず、たらい三杯の蛇の子を生んだという。また『川上村の昔話』では蛇に食べられそうな蛙をかわいそうに思ったおばあさんが、蛙を助けてもらう代わりに娘を差し出す話がある。そのため男の姿で娘のもとに来るようになるが、結果おばあさんらに焼かれて死んでしまう。こうした芋環型の話が、桜井市以南には多くみられる。

ホイホイ火［ほいほいび］

奈良県柳本町（現・天理市）柳本に伝わる。十市遠忠が松永久秀に攻められ憤死したが、その遺恨が十市城跡に残っているという。今にも雨が降りそうな夏の晩に、この城跡に向かってホイホイと二度三度叫ぶと城跡のほうから火の玉がものすごく飛んでくる。そしてジャンジャンとうなりを立てて消え失せる。これを見た者は二、三日熱にうかされるので村人はホイホイ火と言って恐ろしがっている。

纏向《まきむく》村（現・桜井市）では、山上に遠忠の恨みが残っているとして「オーイ」と呼びかけると、ジャンジャンと音を立てて火の玉が大きくなりながら追いかけて来るという。呼んだ者を焼き殺してしまい、これをホイホイ火と呼ぶ。ある時ひとりの武士が火を退治に行ったが、かぶとに噛みつかれて死んでしまった。またある相撲《すもう》取りも行ったが、体一面蜘蛛《くも》の糸のようなものに巻かれて死んでしまった。『増補版 大和の伝説』などにある。『奈良県史13 民俗下』によれば天理市の藤井・田井庄にも少し話を違えて伝わっているという。

ホウソウ地蔵［ほうそうじぞう］

芳徳寺（奈良県奈良市）の西、川の向こうの小径を上ると崖っぷちの石に地蔵尊が刻んである。ホウソウ地蔵と呼ばれる。昔、疱瘡《ほうそう》が流行したとき、村人たちがこの地蔵に願をかけるとたちどころに治ったところからその名が生まれたという。『奈良県史13 民俗 下』などにある。

【ま】

まごさ火［まごさび］

奈良県菟田野町《うたのちょう》（現・宇陀市）に伝わる怪火。同町岩崎では毎年、田植え時の雨の降る晩にまごさ火が出た。大きさは提灯ぐらい。その火は古市場、浅古から向崎付近にかけて、行ったり来たり往復して揺れ走る。昔、孫三郎という人が石子詰（中近世の頃の処刑の一つで罪人を生きながら穴に入れ小石を詰めて圧殺したという）にあったので、その怨みが現れたものであるという。祠《ほこら》を建てて祀《まつ》っている。『菟田野町史』にある。

まだいこ

天気が悪くなってきた夕方など、高い木や山の原などでトントンと太鼓の音がしだし、だんだんと激しくなる。よく聞こうとするとたちまち他の木や山へ遠ざかってしまう。これをマダイコという。高田十郎『大和習俗百話』にある。

まんが淵［まんがぶち］

奈良県榛原町《はいばらちょう》牧村（現・宇陀市《うだし》）にある淵。ある農民が田を耕していると急に牛が鳴いて暴れ出し、ついに人も牛もこのまんが淵に落ちて死んだ。その後もこの淵には多くの人が落ちて死ぬので、村人は高僧に頼みこの淵の屏風岩《びょうぶいわ》に一メートルあまりの地蔵像を彫ってもらったところ何も起こらなくなった。旱魃《かんばつ》の時にはこの像に雨乞《あまご》いをする。

また平群村《へぐりむら》（現・平群町）椣原《しではら》にも、まんが淵と呼ばれる滝壺がある。椣原の百姓がまんぐわ（馬鍬《まぐわ》）に付いた泥を洗っていると連れていた牛が奇声を放ってまんぐわとともに水中に没した。村人の助けで牛は引き上げたが、骨と皮になっていた。淵の主の怒りに触れたのだとする。『増補版 大和の伝説』にある。

平群町のまんが淵前にある看板は「まぐわ淵（通称・まんが淵）」となっていて、河童が引き込んだのではないかと書いている。『県民だより奈良』（第58話、二〇一七年六月号）でも淵の主はガタロ（かっぱ）であるとしている。

三つ足の蛙［みつあしのかえる］

三室山（奈良県斑鳩町《いかるがちょう》）に昔からいる、三つ足の蛙。一匹だけいる。この蛙が鳴きだすとその年の蛙が鳴き始めるという。三室山の蛙は全国の蛙の先駆けをして鳴くのだという。『増補版 大和の伝説』にある。

三本足の蛙は福蛙とされ、中国などで造形にしばしば使用されている（『ものと人間の文化史64 蛙』）。陀羅尼助《だらにすけ》本舗（藤井利三郎薬房）には三本足の蛙の木彫があり、同店の登録商標になっている。吉野村の池のほとりにいた三本足の蛙を捕まえて七日七夜煎《せん》じて病人に使用すれば生き返るという神仏のお告げを見た祖先が、製造し始めたなどと伝わる。

この蛙と関係あるかは確かでないが、『奈良県吉野町民間説話報告書』によれば、吉野町のとある店にある蛙は人には絶対見せてはいけないという。それでも見たいという人があって無理に見せてもらうと、一人は怪我をし、一人は子どもが亡くなったという。

面塚［めんづか］

奈良県川西町結崎にある、能面が降ってきたという場所。昔、この集落に結崎清次という能楽師がいた。観世流の元祖だという。京都で御前演能のあった時、清次は糸井神社に日参してその成功を祈ったという。ある日の夢に天から能面とネギ一束が降ってきた。その夢に教えられてこの塚を作ると、やはりそこに面《おもて》とネギが落ちていた。清次はその面を被って出演し首尾よく大役を果たす。『増補版　大和の伝説』などにある。『川西町史』には、観世と結崎の関係については面塚が建てられている他は、村に残る伝承がないとある。

　また関連する話として、以下のようなものがある。同町には、かつて女神だった女が住んでいた。元の国に戻ろうとしても、女の身では戻ることができなかった。そのため能面を作り、被って男となり帰国した。そのおり急に空かき曇り雷雨となった。村人は皆逃げ帰り、雨が晴れるのを待ち野に出ると、能面とネギが一束落ちていたという。村人は女神のお告げであるとしてネギを畑に栽培するとよく育った。結崎ネブカ・結崎ネギとして大和国中に広まったとする。『奈良県史13　民俗　下』などにある。

　このほか面が落ちてきた話は田原本町にもある。同町西竹田に姓を金春《こんぱる》という、猿楽師が住んでいた。ある日、天から十六という面（一六枚とも）が落ちた。十六という面は若い美しい公達をあらわしたもの。面を付けると気が狂ったようになるので、金春の息子は能楽師として家を継ぐことを諦め、面をご神体として祀《まつ》った。これが十六面の市杵島《いちきしま》神社と言われ、面作りは大網と富本に住んでいたという。ちなみに金春の屋敷に家を建てると良くないといって、誰も屋敷に利用しない。『平野村史』にある。

【や】

山姥［やまんば］

　主に山中で登場する化け物で、全国に伝わる。奈良県十津川村の上湯下では、ある時藤市という丸太切りが木を伐《き》っていた。ちょうどその下で山姥の子どもがトンボ採りに夢中になっていた。そのことを知らない藤市は丸太を勢いよく転がしてしまい、山姥の子どもを殺してしまう。山姥は大地を踏み鳴らし木々を引き裂いて怒り悲しみ、子どもの仇《かたき》を討《う》つために地鳴りを起こしながら向かって来た。逃げる藤市を見つけた山姥は、右足を西のおうじの峠《とうげ》の岩へ、左足をしだの森に踏ん張って大石を両手で持ち上げ藤市目掛けて投げつけた。藤市はどうなったかわからないが、影も形もなかった。以降、下湯坂を上った所を「とういち」と呼ぶ。『十津川郷の昔話』にある。

田村吉永「大和宇智郡の鬼筋」（『民族と歴史』2巻3号）によると榛原《はいばら》（宇陀市《うだし》）に笹楽という地域があり、その中の上岡という家の付近の山中に、ひとりの山姥がいたという。ある時山姥が粽《ちまき》を食べて茅《かや》で唇を切ったので、粽を作れば祟りがあると笹楽一帯では粽を作らなくなったという。菱《ひし》餅《もち》についても山姥が角で喉をついたので、こちらも作らないという。

また『曽爾《そに》村史』によれば、曽爾村には「ヤマンバ」という大きな石があるとのこと。縄のたすきをかけたような筋目があり、ここから山姥が出たという。

幽霊松［ゆうれいまつ］

奈良県奈良市法蓮町に、淡海公という小山がある。これは聖武天皇陵の陪塚《ばいちょう》のひとつで、頂に奇態な恰好で立つ枯れた松の大木がある。これが幽霊松と呼ばれる。山の西北麓には鴻の池があり溺死人を出す。

昔その松に止まっていた鳩が猟師によって撃たれたが、これはある幽霊が形を変えたものだった。そこから体に障害が残り、もとの形にかえれないので人に祟るようになったという。もし人が山の付近に行って幽霊松が風でギイギイと鳴り出す音が聞こえると、鴻の池の水面がすっかり青畳になる。足を進めると、ズブズブと水に落ち入ってしまう。

また松永弾正が織田信長に滅ぼされた時、その夫人が鴻の池に身を投げ大蛇と化して池の主となったのだという話もある。『増補版　大和の伝説』にある。

雪ん子［ゆきんこ］

奈良県広陵町にある話。子のない夫婦が子どもがほしいと神に願をかけると、雪の夜、見知らぬ女が来て女の子を渡して去って行った。夫婦は神から授かった子であるとして雪子と名付ける。雪子は風呂嫌いだったが、女の子だということで無理に入れた。母親が見に行くと姿が見えず泡が二、三浮いているだけだった。

また同町には、お宮で願をかけると雪の日、お宮の前に子が捨ててあったという話もある。夏は全く外出せず、祭の晩友だちに無理に松明の上を飛ばされたところ、大きな雪煙とともに姿を消したという。『日本昔話通観　第15巻　三重・滋賀・大阪・奈良・和歌山』にある。

ヨメアナ［よめあな］

奈良県御杖《みつえ》村の菅野の曽爾《そに》谷口にある洞

穴。膳椀《ぜんわん》などの食器が必要な時は、夕方この穴に向かって頼んでおくと翌朝そろって出ている。使用済みのものは、またそこに返しておけばよい。ある横着な人が借り出したまま返さなかったので、食器は出てこなくなった。『増補版 大和の伝説』にある。『御杖村史』では村の嫁だけが知っている秘密の穴であるとする。

嫁取り地蔵［よめとりじぞう］

奈良県山添村の中之庄のナノキシにある摩崖仏《まがいぶつ》の地蔵。昔、中之庄へ輿《こし》入れの行列があり、この地蔵付近までやってきた。すると突然お嫁さんの姿が消えてなくなるということが、続いて起こった。これは地蔵が独り者であるからだとして、お嫁さんの像を一体追刻した。そして夫婦地蔵として供養すると、それからは花嫁の姿が消えることはなくなったという。『やまぞえ双書2 村の語りべ』にある。

嫁取り橋［よめとりばし］

嫁入り道中は通っていけないとされる橋。全国にある。奈良県筒井村（現・大和《やまと》郡山市《こおりやまし》）には一軒の茶屋があったが、ここに「こまの」という娘がいた。毎日のようにここを通って大阪へ向かう美男の飛脚を恋い慕っていた。ある日こまのは飛脚を無理に宿に泊まらせた。夜が更けると娘は異様な姿をして飛脚の部屋に忍び込んだので、飛脚は驚いて逃げ出した。彼は親の病を治すため、三年間女と関係しないことを誓っていたのだった。男は東へ走ること数百メートル、大きな淵《ふち》の所に来たのでその横にある一本の松に登った。娘は脱ぎ捨ててあった一足の下駄を見て、続いて月の光で男の姿が映った池の中を見る。娘は水中に飛び込み、大蛇となった。

大蛇になった「こまの」はその後、女を見れば男を他人に取られることを恐れ殺した。ある時、駕籠《かご》に乗った花嫁が通りかかり、急に雨が降ってきたので駕籠を木陰におき籠かきが村へ雨具を借りに走った。籠かきが戻ると花嫁の姿がなく、大蛇が雨を降らせ女を取ったのだろうといわれた。淵の前の小川にかかった橋を、嫁取り橋と呼ぶ。

この「こまの墓」が同市八条町にある。八条の庄屋にいた乳母は、庄屋の子供とともに親を亡くした子狐を育てていた。ある時藩主の命で庄屋は嫁取り橋の大蛇を退治せねばならぬことになり、狐が今までの恩返しにと石上《いそのかみ》神宮の神劔《しんけん》を借り出し退治したのだという。ズタズタに切られた蛇の尾を拾って、村の北方に埋めたものが墓であると『増補版 大和の伝説』などにある。

また『奈良県史13 民俗 下』では天理市の布留《ふる》にいた夫人が菅田の森（大和郡山市）で子狐を助け、その礼として狐が夫人に刀を贈ったとする。この刀はのちの宝剣**小狐丸**であり、この剣で大蛇を退治したという。

【ら】

竜［りゅう］

川や沼、穴などに棲《す》まうもの。水の守り神ともされ、奈良県内各地に話が伝わる。『今昔物語集』巻一三第三三「竜聞法華経読誦依持者語降雨死語」には、大安寺（奈良市）の南の竜苑寺にいた一匹の竜の話が記載されている。同寺の僧は長年法華経を読誦しており、その経の講義と読経に心を打たれた竜は人の姿に身を変え連日拝聴していた。僧と竜はお互いの心内を理解し合い、親交を結ぶ。ある時、国で旱魃《かんばつ》により日照りが続いたことを受け、天皇が僧に対し竜に頼んで雨を降らせるように命じた。その話を聞いた竜は自らの命をなげうって三日間雨を降らせた。竜の死後はその死体を探し出すよう僧に頼み、その場所というのが平群《へぐり》の郡《こおり》（現・生駒市および生駒郡一帯）の西の山の上にある池。そのほか三か所であるという。事後、その死体を言われた通りに探し出した僧は、死体を埋めてその上に寺を建てた。それが竜海寺であるとする。残りの三か所にもみな寺を建てた。

同じ系統の話は県内にいくつもある。例えば龍腹寺（奈良市）について。ここではその昔大旱魃があり、村人が集まり僧を呼んで雨乞《あまご》いをした。僧は法華経を読み祈禱《きとう》をすると、人々がみな帰って行った後、竜宮の竜がひとりの老翁と現れた。そして僧に向かって「竜女成仏の文が心肝に徹した。礼に雨を差し上げることはお安い御用だが元来小竜の身なので大竜の許しを得ずに雨を降らせると命をとられる。しかし人々の気の毒な有様を見るのは忍びないので我が身を捨てて雨を降らせよう」と言い終わったかと思うと、黒雲が下がり老翁は空に隠れてしまった。そして村人は雨に喜んだ。やがて雨が晴れるとすさまじい物音とともに何かが天から落ちてきたので見るとひとつの竜が三つに切られて死んでいる。村人はかの小竜の志を悲しんで、その死体を三か所に葬り、菩提《ぼだい》を弔《とむら》うために三つの寺を建てた。これを龍頭寺《りゅうずじ》、龍尾寺、龍腹寺と名付けた。龍腹寺は、その腹を葬った跡であるとされる。五條市北山町などにも似た話がある。

このように人のために働く竜もいるが、人を襲うものもある。

奈良市は芝屋の池に住んでいた一頭の竜はときどき池から出て村人を取って食った。村人たちは竜を退治することにした。そこへ武士が通りかかり退治してやろうと言う。池の真ん中へ矢を射るとたちまち雷電すさまじい大暴風雨となって一頭の竜が池の中から躍り出してきた。武士は剣を抜いて竜に切りかかり、竜は武士をつかんで空へ上った。しばらくすると真っ赤な雨が降り、切られた竜の死体が落ちてきた。武士の姿は見えなかった。竜の死骸を落ちてきたところに埋め、龍象寺を建立する。退治した武士は春日明神の化身であるなどという。

そのほか地名の起源となっている場合もある。桜井市和田の一部に龍野という垣内があり、昔霧の深い日に和田の神社で大きな音がするので村人が出てみると、霧の中を竜が昇っていくのが見えた。それが今の龍野の堂山に降りたことから、龍野と呼ぶのだという。『増補版　大和の伝説』などにある。

竜神の使いのうなぎ

［りゅうじんのつかいのうなぎ］

飛鳥川の上流、畑の谷間に滝がかかっている。高さ九メートル、幅二メートルであるという。その滝壺は男淵《おぶち》（奈良県明日香村）と呼ばれ、竜神がいるといわれる。ある年、畑の某がこの淵にいるウナギを毒を流して多く捕り、腹を割いて料理して岡村へ売りに出た。帰ってみるとその父がウナギ料理の出刃包丁で割腹し、血染めになって死んでいた。このウナギは、竜神の使いであったという。これから男淵に手を付ける者は誰もなくなった。『増補版　大和の伝説』にある。

【わ】

破石

［わりいし］

奈良県奈良市下高畑町にある石。吉備真《きびのま》備《び》が柿本人麿に会うためにここを通り、その度毎にこの石に腰を掛けて休んだという。ここに家を建てると町内に火事が起こるという。一説には藤原氏と吉備氏との領地の境界石とも言われており、この石に触れると病気になるという。『奈良市史　民俗編』にある。現在（二〇二二年三月）破石は人家内にあるが、町内で火事が起こったという話は聞かない。

和歌山県

【あ】

アオボウズ［あおぼうず］

和歌山県南部川村（現・みなべ町）広野に伝わる。ある山に青くて大きい坊主であるアオボウズが出るとされ、「火の玉飛んだらアオボウズ出る」と言った。『南部川の民俗　和歌山県日高郡南部川村旧高城・清川村』（『日本民俗調査報告書集成　近畿の民俗　和歌山県編』収録）にある。

関連は不明だが、『読みがたり　和歌山のむかし話』には金谷町（現・有田川町）に伝わる「青入道」についての話がある。昔、井戸の上の惣七という漁師がいた。ある日、みょっけの谷という大きな杉が多く生えている所で銃を構えていると「惣七、惣七、こっちゃむけ」という声がし、奈良の大仏ほどの青入道がにかにかと笑っていた。「惣七、惣七、どないした」、「わしらをズドンと撃ってみよ、撃たなければ通るぞよ、通るぞよ」と背中を向けて通ったが、恐怖で立ち上がることもできなかったという。

赤岩の魔物［あかいわのまもの］

和歌山県御坊市《ごぼうし》に伝わる。岩内の川岸の赤岩という大きな岩の下には魔物が住んでおり、人や船を丸呑みしていたが、いつしかスズキという魚に変わったという。

『御坊市史　第2巻』にある。

あげの橋の怪［あげのばしのかい］

和歌山県花園村（現・かつらぎ町）中南に伝わる。昔、あげの橋の本橋と小橋とあるうちの小橋の上には、丸太のような太い足をのせて笑っている大入道がいた。通る人は「ごめんよ」と言ってその足をまたいで通り、すると入道は通る間「アッハッハッハッハッ」と山をゆするような笑い声で笑ったという。

『中南拾遺　巻2』にある。

小豆とぎ［あずきとぎ］

小豆をとぐような音を出すものとして全国に伝わる。

『伊都の伝説』によると、和歌山県かつらぎ町天野のオタケ藪《やぶ》にいた小豆とぎは、藪の近くを通ると必ず「小豆もろたが、もちの米ほしよ」という声がし、クッシャ、クッシャと力いっぱいに小豆をとぐような音を立てたという。

アナグマ［あなぐま］

和歌山県西牟《む》婁《ろ》郡では、アナグマのこと

を「メダヌキ」、「ツチカイ」、「ノーボー」というと南方熊楠《みなかたくまぐす》『南方随筆』（『南方熊楠選集　第3巻』収録）にある。これは女に化けるとされるが、上秋津村（現・田辺市）では、行儀をわきまえずに木に登ったり枝にぶら下がったり、娘らしからぬことばかりするのですぐにばれるという。

『南部川の民俗　和歌山県日高郡南部川村旧高城・清川村』（『日本民俗調査報告書集成　近畿の民俗　和歌山県編』収録）によると、南部町（現・みなべ町）嶋之瀬では、狸《たぬき》には「ノボ狸」、「アナ狸」の二種類がいて、人を化かすのはノボだとしているが、これは先述のアナグマだろう。

　また同じく南部町大橋で、ツチカイは三重県朝日町に出るものとして伝わる。雪や雨の降った日、山の中で六、七歳の子どもの足跡をつけるもので、赤い毛が背中まで伸びているという。

天邪鬼［あまんじゃく］

和歌山県串本町に伝わる。昔、海が荒れると紀伊大島に渡ることができなくなるため、農民（漁師、弘法大師だともいう）が祈ると、神に橋杭《はしぐい》を一夜のうちに作るよう言われた。しかし天邪鬼（海神ともいう）が鶏の鳴きまねをして邪魔をしたため橋が完成しなかった。それが現在の橋杭岩だという。また、これを哀れに思った神は、大島まで七色の橋（虹）をかけることがあるという。

『紀の国ふるさと民話』、『伝説の熊野』、『日本の伝説39　紀州の伝説』などにある。

　地名の由来となる天邪鬼の話は全国にあり、和歌山県内では『清水町誌　下巻　別冊』に清水町（現・有田川町）城山に伝わる話がある。昔、弘法大師が高野山を定める前、遠井に四八谷あれば霊地を開こうとし、遠井谷の長方形の石に算盤《そろばん》を置いて数えた。しかしどうしても一谷足りず、弘法大師は村を去った。これは一谷を天邪鬼が隠したとされ、祇園谷の奥にある谷がそれだという。また、算盤の跡がついた石は勘定石と呼ばれた。

奇しき蛇［あやしきへび］

『蒹葭堂《けんかどう》雑録』（『日本随筆大成　第1期第14巻』収録）にある。

　宝暦五年（一七五五）の夏に有田郡湯浅（和歌山県湯浅町）で捕らえられたもので、形は蛇に似て色は黒く、体は肥え、気勢盛んで、長さ六尺三寸（約一・九メートル）、周り七寸（約二一センチ）、二本の足があり、指は針鼠《はりねずみ》のようで、尾の先には角のような尖《とが》った針があり、舌は獣のようだったという。同書では、『本草綱目』に千歳蛇という四足のものがあるが、二足の蛇は載っておらず珍しいとしている。

一本足［いっぽんあし］

和歌山県御坊市《ごぼうし》に伝わる。昔、八幡山には一本足の化け物がいて、夜遅く山道を通ると目の前ににょきっとひげのはえた足が現れた。また、ある夜豪胆な旅の男がこれに出会って通り過ぎようとすると、足が伸びて背丈《せたけ》よりも大きくなり、男を谷へ蹴り落した。これは天狗の悪戯《いたずら》だという。『紀伊日高民話伝説集』、『御坊市史　第2巻』にある。

似たものとして『初島町誌』によると初島町（現・有田市）には次のような話がある。椒浜《はじかみはま》のある豪胆な男は、毎日箕島《みのしま》方面に仕事行き酒を飲んで帰っていたが、その際に浜筋の墓地の前で深夜「やい、鬼でも何でも出てこい、ひねりつぶしてくれるわ」と必ず怒鳴っていた。ある夜同様にすると、生臭いにおいがして、目の前に火のように熱い毛だらけの鬼の足が突き出てきた。男は逃げ帰り、豪胆を自慢しなくなったという。

一本足駄［いっぽんあしだ］

和歌山県中辺路町《なかへじちょう》（現・田辺市）に伝わる。薄く雪が降り積もった朝に、七、八歳の子どものような足跡を点々とつけるもので、姿を見た人はいないという。七、八歳の子どもくらいの大きさの「かしらんぼ」（**カシャンボ**）という山の獣だとする人もいる。

『民話と文学』7号、『熊野・中辺路の民話』にある。

糸繰り婆［いとくりばばあ］

和歌山県和歌山市、御坊市《ごぼうし》に伝わる。『和歌山市の民話　資料集　下巻』によると和歌山市葵町では、小野町の水門神社の松の木の上に出るもので、夜にギィギィと糸を繰っているとされる。木の下を通ってこれと顔を合わせると、「わあ」と言って大きな声でゲラゲラと笑い、糸の玉になって飛んで行ったという。

『紀伊日高民話伝説集』によると御坊市では次のような話が伝わる。藤井から小松原へ行く細い松並木の道の、藤吉田の近くの神の木と呼ばれる森の中で、夜更けに白髪の老婆が一人ビービーと糸繰り車を回しているとして恐れられたという。

犬もどりの面［いぬもどりのめん］

和歌山県九度山町に伝わる。昔、丹生川村の人々が雨乞《あまご》いのため、河根の宮から天下り面（天から降ってきたという面）を借りた。しかし持ち帰り箱を開けると面はなく、引き返してみると、面は河根と丹生川の境から犬になって帰っていた。それ以来、この場所は犬もどりと呼ばれているという。

『九度山町史』、『改訂九度山町史　民俗文化財編』にある。

岩かじり［いわかじり］

和歌山県古座川町に伝わる。昔、古座の隣の太地町には岩を食う魔物がおり、奇岩の多い古座を狙い下流から食い荒らしていった。しかし相瀬の一枚岩まで来たところで犬に襲われ、犬が苦手だった魔物は逃げ去った。そのため牡丹《ぼたん》岩・虫喰い岩はこの魔物に食い荒らされたが、一枚岩から上流の渓谷は荒らされなかったのだという。

『日本の伝説39　紀州の伝説』や『日本の民話32　紀州・美濃篇』にある。また和歌山県のホームページで公開されている『癒しの国の妖しのものがたり』によると、四月中旬と八月中旬の夕方にはこの犬の形をした山影が一枚岩に映るという。

陰陽狐［いんにょうぎつね］

和歌山県花園村（現・かつらぎ町）中南に伝わる。昔、中西のある男があげの山に仕事に行っていると、狐が坂道を登ってきて、柳の葉を取って烏帽子《えぼし》や着物や袴《はかま》に変え、陰陽師《おんみょうじ》に化けた。男は感心しながら働き、夕方に仕事が終わって帰ると、陰陽師が家に来て泊まっていた。そこで男はいきなり襟《えり》をつかんで「おのれ狐の分際でよくも人に化けて来ておるな、さあ正体現せ」と散々に打ち庭に突き出したので、陰陽師は仕方なく上西で泊めてもらった。男が思い返すと、以前、道端に眠っている狐に石を投げて驚かしたので、意趣返しにわざと化けるところを見せて男を酷《ひど》い目に遭わせたのだろうということだった。

『中南拾遺　巻2』にある。

浮島の森の大蛇［うきしまのもりのだいじゃ］

和歌山県新宮市浮島町の沼に浮かぶ浮島の森に関する伝説。昔、おいのという美しい娘が浮島の森に父親とともに柴刈りに入り、昼飯時に箸《はし》の代わりに森のアカメガシワの枝を使おうと奥深くへ入っていた。帰りが遅いので父親が探しに行くと、沼の主の大蛇が蛇の穴においのを引きずりこんでいた。

この話は上田秋成『雨月物語』の「蛇性の淫」のモデルにもなっているとされるほか、「おいの見たけりゃ藺《い》の沢へおいで、おいの藺の沢の蛇のがまへ」と俗謡にも歌われている。

『南紀の俚俗《りぞく》』（『日本民俗誌集成　第15巻』収録）、『日本の伝説39　紀州の伝説』や村上健司『日本妖怪散歩』に詳しい。

牛鬼［うしおに］

和歌山県内には牛鬼が出たとされる土地が多く存在する。

すさみ町では、周参見《すさみ》川上流の琴《こと》の滝の牛鬼が人の影を食べるとされる。影を食べられた人は死ぬが、この牛鬼は酒好きであり酒を持ってきた人の影は食べないため、村人は正月には酒を供えに行くという。

古座町（現・串本町）では、ある若い猟

師が重畳山《かさねやま》で笛《ふえ》を吹いていた時、そこに現れた美しい娘を牛鬼だと見破って鉄砲で撃ち殺したものの、それ以降気が狂ったという。

古座川町では次のような話がある。三尾川の淵《ふち》を又之助という男の子が通りかかった時、娘に化けた牛鬼から食べ物をくれと言われ弁当を与えた。その後、又之助が大水の際に川の中に落ちたが、この娘が牛鬼の姿となって救い、娘は真っ赤な血の泡を流しながら溶けていった。牛鬼は人を助けると生きていけないのだという。

和歌山県内のこれらの牛鬼の話は『日本の伝説39　紀州の伝説』、『和歌山の研究　第5巻』、和田寛『紀州おばけ話』などにまとめられている。

また変わったものでは、『桃山の民話』に次のような話がある。桃山町（現・紀の川市）の大年神社の前の沼では、大きな泥鰌《どじょう》が牛鬼になって人を脅かしていた。これを能木《あたぎ》某という人が退治し、そこを能木前と呼ぶようになったという。

歌唱わずの滝［うたうたわずのたき］

和歌山県田辺市の武住《ぶじゅう》川上流の鳥木にある滝。昔、若い女の巡礼が歌を歌いながら身を投げたとされ、この滝のそばで歌を歌うと若い娘が現れて滝の中に引き込まれるという。

『日本の伝説39　紀州の伝説』、『熊野中辺《なかへ》路《じ》伝説　下』にある。

『熊野・本宮の民話』では、巡礼は歌っている最中に盗賊《とうぞく》に切り殺されたとなっており、その死体はうしろ谷のがまの滝の二番《にばん》渕《ぶち》に通じる穴に吸い込まれ、浮いてこなかったとされる。また、武住の蔭地野という人が供養に詩歌をうたうと、笈摺《おいずり》を背負い、その上にすげ笠を載せ、錫杖《しゃくじょう》をついた女の巡礼が滝の中から現れたので、南無阿弥陀仏と唱えながら逃げ出したという。

浦火［うらび］

和歌山県美浜町和田に伝わる怪火で、難破した船の霊だという。実際に出会った人の話によると、夜中に浦火が「杓《しゃく》くれ杓くれ」と言って追いかけてきたが、お宮の正面まで逃げると消えたという。

また、三尾のほうから尾の先のほうへ火の玉が飛ぶのを「浦渡しの火飛ばよ」と呼んでおり、これは天気の変わり目に出るのではないかと考えられている。

『美浜町史　下巻』にある。

エセレンボー［えせれんぼー］

和歌山県すさみ町に伝わる。稲積島の洞窟にいたという鳥とも獣ともつかない怪物で、悪さをするという。

ある時、二人の釣り人が魚を釣っていると、奇妙な叫び声がして釣った魚が消えた。エセレンボーの仕業だからと放っておこうとするも、山のほうでは同じ声がして石が転がり木を投げたりしているうえ、キイキイと笑い罵《ののし》る声がし、その後一匹も釣ることができなかった。「エセレンボーって何だ、ありゃ狸《たぬき》じゃないか」と不平を言いながら帰ると、翌朝には十数匹の狸が死んで波に揺れていた。稲積島の弁財天は四足獣が嫌いなためこの島には四足獣《しそくじゅう》は住めないことになっており、正体不明であるエセレンボーは許されていたのだが、釣り人の言葉で狸だとわかり怒りに触れたのだという。

『伝説の熊野』にある。また『大辺路《おおへじ》～日置川・すさみの民話』によると、この島に繁茂しているオオタニワタリという植物のことも「エセレンボ」と呼んでいるという。

大きな手［おおきなて］

昔、和歌山県広川町津木の男が鹿ヶ瀬《ししがせ》峠《とうげ》に猪《いのしし》を撃ちに行ったが、その日はなぜか一頭も取れず、引き返そうとすると雨が降り道に迷ってしまった。

山の中で崩れた小屋を見つけ入ると、一人の老婆が火を焚いていた。火に当たっていると、老婆の手が薪《たきぎ》を入れるたびに大きくなり、やがて背丈《せたけ》ほどの大きさになった。

男は悲鳴を上げ、ふもとの農家に逃げ込んだ。そこにいたかまどに薪《まき》をくべていた若い娘にその話をすると、娘は「その婆さんの手はこれくらいでしたか」と自分の手を見せた。すると手がだんだん大きくなり、婆さんの手よりも大きくなった。

『民話と文学』第7号にあり、『読みがたり　和歌山のむかし話』には同様の話が金谷町（現・有田川町）の井戸の上の惣七という男の話としてある。

俗に再度の怪などと分類される話だが、再度の怪に分類される話は他にも和歌山県内にいくつかある。

『紀州日高地方の民話』や『川辺町史　第2巻』によると、川辺町（現・日高川町）に次のような話がある。昔、ある人が峠で、道端に座って煙草を吸っている異様に大きな目の男を見た。さらに登っていき、道端に座って煙草を吸っていた別の男にそのことを話すと、「こんな目か」と大きな目でにらんだという。

『紀ノ川の民話　伊都篇』によると、かつらぎ町滝では次のような話がある。雨の夜、ある人が、大勢の人が火を焚いて当たっていたので当たらせてもらうと、風が吹いて着物がめくれた瞬間全員の膝小僧《ひざこぞう》に人間の顔があった。別の所に行ってまた火に当たらせてもらい、その話をすると「こんな顔やったか」と言われ、再び全員の膝小僧に顔があったという。

大滝の怪［おおたきのかい］

和歌山県花園村（現・かつらぎ町）中南に伝わる。昼間、新子から帰ってきた人が、大滝の岩の上で二つくらいの全裸の女の子が自分の体を触っていたのを見たという。

『中南拾遺　巻2』にある。

大風呂敷の怪［おおふろしきのかい］

和歌山県清水町（現・有田川町）五郷に伝わる。昔、北野川村の常助という男が、日高郡から二沢村へ女中に来ていた女に惚《ほ》れ、日高へ帰った女に山を越えて会いに行っていた。ある夜、南谷の久保の峠《たわ》という所を通っていると、大きな一反風呂敷が落ちていた。それを踏むと粘りついて両足が離れなくなり、助けを呼ぶと大男の坊主が二人現れた。大坊主は風呂敷の四隅を持ち上げ常助を包み込み、「大物が取れてよかった」などと言いながら包みを竹竿《たけざお》につるして走り出し、いきなり傍らの藪《やぶ》の中へ放り込んだ。夜明けに気づくとそこは昨夜の久保の峠だったという。

『清水町誌　下巻　別冊』にある。

オギャアナキ［おぎゃあなき］

四国を中心として、子どもの声を出すものとして伝わる。

『紀州龍神の民話』によると、和歌山県龍神村（現・田辺市）柳瀬下では河童《かっぱ》だという、川で鳴くのがオギャアナキ、山で鳴くのがばんどり（ムササビ）だとしている。甲斐ノ川では「オヤ泣き」と呼び、川で「オヤオヤ、オヤオヤー」と赤ん坊のように泣くのだという。

おさと転べ［おさところべ］

和歌山県古座川町相瀬に伝わる。昔、紙素（和紙の原料）刈りに行ったおさとという女が弓崎神社の近くにある石に突き刺さって死んだ。それ以来その石を「おさと転べ」と呼び、そこを通るとおさとがぐいぐいと呼びに来るので、妊婦は通ってはいけないという。

『古座川町史　民俗編』にある。

おしょぶ池の大蛇［おしょぶいけのだいじゃ］

和歌山県九度山町の慈尊院にある青ずんだ池には、大蛇が住んでいたという。昔、おしょぶという美人な娘が、毎朝そこを通って裁縫を習いに行っていた。ある朝、池におしょぶが昔から欲しいと思っていたきれいな帯が浮いていた。しかしそれは大蛇が化けたもので、取ろうとしたおしょぶは池に入って死んだ。その後、家族が泣きながら池の淵《ふち》で「いっぺん顔を見たい」と言うと、大蛇がおしょぶをくわえて顔を出したともいう。

それ以来、その池はおしょぶ池と呼ばれ、針を池に入れると裁縫が上手になるといわれている。

『紀の国ふるさと民話』、『紀ノ川の民話　伊都篇』、『九度山町史』などにある。また、『紀州ばなし』での和歌山市の話者の話では、おしょぶは自分を産んだ時に目を悪くした母親のために勝利寺の観音に日参していたことになっている。

お砂鬼 ［おすなおに］

和歌山県本宮町（現・田辺市）に伝わる。昔、ある家にお砂という女中がいた。毎晩人が寝静まるとどこかに出かけていくので、家の者がつけていくと、淵《ふち》の中に姿を隠した。そこで「お砂、出てこい」と大声で叫んだところ、お砂は一二本の角をはやした鬼のような姿で出てきたので慌てて逃げかえったという。

お砂はその後家には帰らず、この淵に住み、水浴びに来る子どもを底に引きずりこんだという。

『和歌山の研究　第5巻』にある。

おでんの火 ［おでんのひ］

和歌山県北富田村（現・白浜町）に伝わる。昔、保呂の屋敷に奉公していたおでんという娘がいた。おでんは働いて間もなく妊娠したが、誰も夫を知らず、家が迷惑するとして主人に追い出された。おでんは僅《わず》かな手回り品を風呂敷に包んで去り、富田川に身を投げた。それ以来、雨の静かに降る晩などに、保呂の街道に火がさまようという。

郷土民話研究会編『郷土』第一集や『伝説の熊野』にある。『上富田の文化伝承』では「おごんの火」とされており、どちらかが誤植の可能性もある。

踊り坊主 ［おどりぼうず］

和歌山県本宮町（現・田辺市）湯川に伝わる。岩神峠《とうげ》で歌をうたうとどこからともなく現れ、狂ったように浮かれ踊るという。

『和歌山の研究　第5巻』にある。

大人 ［おびと］

和歌山県各地で巨人のことを指す言葉。各地に大人が作ったとされる山、川、湖などがある。

清水町（現・有田川町／『清水町誌　下巻　別冊』）、古座川町（『古座川町史　民俗編』）、南部川村（現・みなべ町／『上南部誌』）、田辺市上秋津（『伝説の熊野』）には石についた大人の足跡の事例があり、『熊野中辺路伝説　下巻』にも中辺路町（現・田辺市）内の大人の足跡と呼ばれる池が多数紹介されている。

『紀ノ川の民話　伊都篇』や『改訂九度山町史　民俗文化財編』によると、九度山町九度山では「オブト」あるいは「おうとどん」と呼んでおり、九度山中学校正門辺りと雨引山に足を置いて紀ノ川の水を飲んだとされ、その足跡がそれぞれ池になっているという。

似た話は『和歌山市の民話　資料集　下巻』にも和歌山市新庄に伝わるものとしてあり、新庄の北山と南山を股《また》にかけ紀ノ川で顔を洗ったとされ、その足跡が山頂にあるという。

【か】

カシマンボウ ［かしまんぼう］

和歌山県龍神村（現・田辺市）柳瀬下に伝わる。こうし森と呼ばれる所に出たもので、人間の皮をむいてかしま（逆）にするとされ恐れられた。

『紀州龍神の民話』にある。**カシャンボ**のことを「かしらんぼう」とよぶ地方があるが、そこから連想された妖怪だろうか。

カシャンボ ［かしゃんぼ］

和歌山県内各地に伝わる河童《かっぱ》のようなもの。夏は川にいて「ゴウラ」と呼ばれ、冬は山にいてカシャンボと呼ばれる、とされることが多い。

『紀州龍神の民話』によると龍神村（現・田辺市）では、狸《たぬき》のようなもの、猿のようなもの、正体は天狗《てんぐ》などとさまざまに言われている。また『龍神村誌　下巻』や『紀州ばなし』によると、赤毛で牙が鋭く眼光の怪しく輝く怪物だとされる。猟師に撃たれ片手を失ったために暴れ、「手を返せ」と悲鳴を響かせつむじ風を起こすので、山の木の葉が裏返り白く見える時は「手一つさま、手を返します、手を返します」と言って山に祈り米や団子を山に投げるという。

山田角人「河童の話二つ」（『郷土研究』3巻11号）によると、日高郡の某家の玄関の衝立には、麒麟《きりん》のような体に人のような顔をした動物が描かれているが、これがカシャンボだと家の人に語られたという。また、河童はこの地方では「ドンガス」といいカシャンボとは別物だという。

『紀州日高地方の民話』、『南部川の民俗　和歌山県日高郡南部川村旧高城・清川村』（『日本民俗調査報告書集成　近畿の民俗　和歌山県編』収録）、『南部町史　通史編　第3巻』によると、南部川村（現・みなべ町）では、カシャンボは山姥《やまんば》のことだとしている。乳房が大きく、山を登るときは乳房を肩に担いで登るが下りが大変なので、出会ったら山を下って逃げなければならないという。この話は『田並夜話　増補版』によると串本町田並にもあるが、そちらでは山姥とは別物だが混同されたのだとしている。

南方熊楠《みなかたくまぐす》『南方随筆』（『南方熊楠選集　第3巻』収録）によると、川に住み、夜に厩《うまや》に入って牛馬を悩ますものだとされる。明治四〇年（一九〇七）五月に万呂村（現・田辺市）で、毎晩牛小屋に入ってよだれを牛に粘りつけて病気にしていたので、灰をまいておくと水かきのある足跡がついていたという。

かたびん

和歌山県高野町東富貴に伝わる。何百年も前に村に住んでいた幻《まぼろし》の存在で、名前を聞いただけでも気色の悪い奴だという。ある時、村の若者二人が噂を聞いて森の中へ入った。そして真夜中頃になると、本殿の裏側の一本杉のほうから奇妙な音がした。見ると白い手拭いを姉さん被りにして赤い襷《たすき》をかけ、目は皿のように大きく、口は狐のようにとがり、白い牙が光る人が、一生懸命に何かを洗っていた。小豆を洗う音を立てて、それに合わせ「助さ五条行きや、砂糖頼む、明日はおうちの餅《もち》つきだ。しるこぜんざい、あんこ餅、お砂糖どっさり要りまする。助さ五条行きや、砂糖頼む、ジャンガリコ、ジャンガリコ」と歌っていたのだった。やがてその人は、片手に茶瓶《ちゃびん》、片手に包丁を持って去っていったという。

『高野町昔ばなし』にある。

嘉平火 ［かへいび］

和歌山県西富田村（現・白浜町）に伝わる。新田《しんでん》の堤に毎年田植えがすむ頃に現れるという怪火で、新田を開いた嘉平の霊が見回りに来るのだといい、後に墓が建てられた。

『牟婁《むろ》口碑集』にある。

『白浜町誌　本編　上巻』では才野の共同墓地の墓と観福寺過去帳の記録から、嘉平とは明治二〇年（一八八七）に没した栄村の嘉田良穂居士、俗名を嘉平次という人物だとしている。

髪とき島 ［かみときじま］

和歌山県串本町に伝わる。昔、樫野のある娘が近所の厳格な庄屋の息子と恋仲になった。しかし父親の庄屋は身分違いだとして聞き入れず、島の対岸の高ヶ原から嫁を迎え入れた。娘はその後行方不明となり、海金剛の磯部の岩に櫛《くし》だけが残されていた。

娘のことが人々から忘れられた頃、庄屋の息子が隣の男と海金剛のみのわの磯へ釣りへ行くと、大岩の上で何丈もの長い髪をした例の娘が髪をといており、こちらを見てニタッと笑った。驚いて逃げ他の若者たちに話して再度来てみると、そこには誰もいなかった。それ以来、この島は髪とき島と呼ばれるようになったという。

『串本町民話伝説集』にある。そこでは娘の名前は「お浪」とされ、これは適当につけた人名だと書かれているが、『日本の伝説39　紀州の伝説』にも同名で書かれている。

カミナリ ［かみなり］

『南部川の民俗　和歌山県日高郡南部川村旧高城・清川村』（『日本民俗調査報告書集成　近畿の民俗　和歌山県編』収録）によると、和歌山県南部川村（現・みなべ町）東神野川では雷が鳴るのは鼠《ねずみ》のせいだという。竹竿《たけざお》の先に鎌をつけておくとそこにひっかかる、あるいは雷の翌日血がついているとされ、これを「カミナリイタチ」と呼んでいる。

『清水町誌　下巻　別冊』や『近畿民俗』66、67、68号によると、清水村（現・有田川町）では、雷には「イガミナリ」（火ガミナリ）と「ミズガミナリ」の二種類があるとされる。イガミナリは宮に落ちた時に木を爪でひっかいて天に昇った後があるという。また、ミズガミナリは清水橋を渡った所の家に落ち、スノコの下に入った、また一説には地面に沿って家に入り仏壇の前の破風《はふ》を通って天に昇ったといい、狐に似て大きな尾をひきずっていたという。

鬼女の面［きじょのめん］

和歌山県かつらぎ町中志賀に伝わる。

昔、志賀若木の里から花園梁瀬《やなせ》に奉公に出された若者が、働き者で気前が良く娘たちの評判になっていた。ある夜、若者の夢に鬼人が現れ、「私は遍照寺土蔵の鬼女『次郎面』である。六一年ごとに奉納される仏の舞の脇役で一晩出る以外は土蔵に閉じ込められ悲しい日々を送っているので、私を盗み、志賀で毎年正月一〇日に観音堂で奉納されるという般若《はんにゃ》の舞に参加させてほしい」と涙ながらに言った。そこで若者は面を盗んだが、その途中で追手に囲まれた。すると「私を後ろにかぶれ」と面から声がし、その形相に追手が立ちすくんだすきに若者は逃れ、大隆寺に面を奉納した。

しかし時が経つと面は仏の舞の主役である鬼男「太郎面」が恋しくなり、寺の裏の井戸に身を投げた。以来、鬼女が寺の縁に現れてすすり泣くようになり、月の明るい夜には寺の障子に姿を映したという。

この井戸は鬼井戸と呼ばれ恐れられたが、現在は埋め立てられ保育園となっている。また、仏の舞の鬼女の面は現在も欠けたままだという。

『伊都の伝説』にある。

鬼面墓［きめんばか］

和歌山県和歌山市小倉に伝わる、小倉の七不思議のひとつに数えられる。金谷に作右衛門という金満家の酒屋がいた。人づきあいが悪く近所の人から嫌われており、死後に光徳寺（光恩寺ともいう）で墓を建てると、注文もしていないのに墓の額に鬼の顔が彫ってあった。この墓の鬼の角は削っても後から伸びてきたという。

また、この寺の釣鐘は作右衛門を弔《とむら》うために奉納されたもので、毎日朝昼夕に四八回ずつこの鐘の鳴っている間、死者は苦しみから免れるという。

逸木清流「紀州小倉の俗譚」（『郷土研究』3巻9号）、『紀州民俗誌』（『日本民俗誌集成　第15巻』収録）、和田寛『紀州おばけ話』にある。

兄弟ヶ淵の火［きょうだいがぶちのひ］

和歌山県和歌山市に伝わる。水軒の北の端の兄弟ヶ淵に出るという火で、二つになったり四つになったりしながら堤防の上を飛び回る。また、「おーいおーい」と大声で叫ぶと呼ばれたほうに飛んで来て、五、六メートル手前で見えなくなり、後ろのほうに現れて飛び去ったという。昔この堤防から落ちて死んだ、小さな子どもを背負った子の魂だという。

和田寛『紀州おばけ話』、『紀州ばなし』にある。また『和歌山の研究　第5巻』では「兄弟が淵のヨロク火」となっている。

清姫［きよひめ］

和歌山県日高川町にある道成寺の伝説に登場する女性で、説話のほか、能の『道成寺』や歌舞伎、浄瑠璃《じょうるり》あるいは地元の伝説として広く知られる。

『道成寺縁起』あるいは一般的に知られる話は次の通りである。延長六年（九二八）八月、奥州（東北地方）から熊野詣《もうで》に来た安珍という僧が、紀伊国真砂《まさご》（和歌山県田辺市）の清水庄司の家に泊まり、娘の清姫に一目《ひとめ》惚《ぼ》れされる（浄瑠璃などでは幼かった頃に「大きくなったら自分の妻にする」と言っていたことになっている）。清姫が引き下がらないので、安珍は帰りにもう一度寄ると嘘をつく。その後、裏切られたと知った清姫は口から火を吐いて安珍を追い、日高川を越えると蛇体となり、道成寺で安珍が隠れた鐘を七巻半して安珍を焼き殺した。

この話の原型は『大日本法華経験記』や『今昔物語集』にあるが、この時点では安珍・清姫という固有名詞は登場しておらず、能の『道成寺』においても名前は定められてない。安珍の名前は『元亨釈書』（ただし『賢学草子』では賢学となっている）、清姫の名前はさらに後になって浄瑠璃『道成寺現在蛇鱗《うろこ》』や『日高川入相《いりあい》花王《ざくら》』、歌舞伎『京鹿子娘道成寺』などで登場するようになる。

また県内では清姫にまつわる伝説地も多くあり、例えば『紀伊日高民話伝説集』によると南部町（現・みなべ町）では清姫が赤い炎を吐きながら登った坂が赤坂と呼ばれ、『伝説の熊野』では栗栖川《くりすがわ》村（現・田辺市）に清姫の生家跡や、清姫が安珍を探して登り枝を捻《ひね》ったとされる杉の木があると紹介されている。

津名道代『清姫は語る』、『日本伝奇伝説大事典』、『日本架空伝承人名事典』、『日本伝説大系　第9巻』などに詳しい。

九鬼［くき］

和歌山県本宮町（現・田辺市）九鬼に伝わる。昔、八木尾（かつては八鬼尾と書かれていたとされる）に、毎夜九匹の鬼が出て人々を悩ませた。そこで永春という郷士が鬼の大将を除いた八匹の鬼の尾を切って退治し、オドリヤマに連れてきて酒盛りをし、この地に雷を落とさないこと、蛭《ひる》が人に食いつかないようにすることの二点を約束させた。以来ここを九鬼と呼び、また、現在でも八木尾には八つの鬼の塚があり、永春家には鬼の尾を切った刀を埋めた所に守護神を祀《まつ》っているという。

『熊野の民俗　和歌山県本宮町』にある。

国主淵の大蛇［くにしのふちのだいじゃ］

和歌山県紀の川市貴志に伝わる。昔、貴志川の国主淵《くにしのぶち》に大蛇が住み、村の娘を人身《ひとみ》御供《ごくう》に要求するので、村人は毎年四月三日に大飯を沈めるようにした。これが昭和九年（一九三四）まで行われていた大国主神社の大盛飯祭の由来だという。

また、文禄元年（一五九二）五月、大旱《だいかん》魃《ばつ》が発生した際、村人はこの淵の水を頼りにしていたが、淵の西の竜宮に通じているという洞穴に大木が挟まっていた。土地の豪士・橋口隼人《はやと》の家臣、桜井刑部という老人は、やがて淵が枯れることを心配し、橋口家の名刀・村雲をかかえて淵に飛び込み大木を切りつけた。すると大木と見えたのは蛇で、洞穴から水がほとばしり、雨が降り出した。刑部が大蛇と戦っていると、水中に怪物のような生き面がいくつか現れ動き回った。そして刑部は名刀は奪われたものの、鬼の面、三番叟《さんばそう》の面、翁《おきな》の面の三つの面を捕らえた。

この面は橋口家の者が被って能を舞うと雨が降るが、他の者が被ると面の精気にあたって病んだ。しかし十河《そごう》源左衛門という者がこの面をつけて舞い終えたので、時の領主である徳川侯より面を与えられたという。

これらの面は現在でも橋口隼人の子孫の家に二つ、十河源左衛門の子孫の家にひとつ残されている。

『貴志の谷昔話集』、『紀州民俗誌』（『日本民俗誌集成　第15巻』収録）、『日本の伝説39　紀州の伝説』、『紀の国ふるさと民話』、『貴志川町史　第3巻』などにある。

グレバエの妖怪［ぐればえのようかい］

和歌山県日高町に伝わる。田杭の磯にグレバエという所があり、ここに出る妖怪は海老になったり魚になったりして人を騙《だま》したという。また、洗い米を捧げると妖怪は無事に海を通したとされるが、今でも漁師はこの辺りの海に潜るのを嫌うという。

四〇年ほど前、大阪の女が身を投げて死体がこの磯に浮いたが、土地の者は化け物が出たと近づかなかったので死体は二〇日ほど発見されなかったという。

『紀伊日高民話伝説集』にある。

鯉ヶ淵の鯉［こいがふちのこい］

和歌山県岩出町（現・岩出市）に伝わる。昔、貴志川と紀ノ川が合流する辺りの鯉ヶ淵と呼ばれる淵に大きな鯉がいた。ある時それを聞いた殿様が、右藤という庄屋に、その鯉を食べるため生け捕りにするよう命じた。淵に網を入れる前日、庄屋の家に美しい娘が現れ鯉を捕らえるのを止めるようお願いしたが、殿様が一度言い出したら聞かないことを告げると、娘は諦めて出された草餅《くさもち》（小麦と餅米で作るボロソ餅だという話もある）を食べて帰っていった。翌日、村人たちが鯉を捕まえ料理しようとすると、中から草餅が出てきた。鯉の化身が娘に化けて命乞《いのちご》いをしたことを知った殿様は鯉を食べるのをやめ、村人は川岸に鯉の死体を埋め、木を植えたという。ここは鯉ヶ森と呼ばれていたが、この木は現在は切られ、畑になっている。

『岩出町誌』、『紀州民俗誌』（『日本民俗誌集成　第15巻』収録）、『紀の国ふるさと民話』、和田寛『紀州おばけ話』にある。

コサメ小女郎［こさめこじょろう］

和歌山県龍神村（現・田辺市）に伝わるもので、小又川の「西の河《こう》」という谷の滝の下のおえがうら淵《ふち》に現れるとされる。何百年と生きたコサメ（アメノウオ）で、美女に化けては一緒に泳ごうと人を誘い、水中に引き込んで食べたという。「おえがうら」は「泳ごう」の意味である。

ある時、コサメ小女郎は小四郎という男に、「七年飼い続けた鵜《う》と槙《まき》の手松明《てたいまつ》を持って淵に入られるとそれには敵わない」とうっかり漏らした。小四郎がそのようにしてみると、鵜はコサメをくわえることはできなかったが、くちばしで目をえぐって仕留めた。翌日、死んで浮かび上がっていたコサメの腹を裂くと、木こりの鉈《なた》が七本入っていたという。

以上は南方熊楠《みなかたくまぐす》『南方閑話』（『南方熊楠選集　第3巻』収録）にある話だが、『南紀土俗資料』では「コサメ小次郎」となっており、武士に撃たれて死んだ小次郎という人の亡霊が、コサメという魚になって多くの人を捕えて食ったという。

また『龍神村誌　下巻』や『紀州龍神の民話』によると、平家の残党である白瀧仙人の弟子の小二郎左衛門安綱という人物が、仙術を悪用して人に危害を加えたため白瀧仙人に殺され、「コサメ小二郎」になったのだという。これは淵の底から「泳ごう、泳ごう」と人を誘い、それを聞いた人は失神したように淵に飛び込み食われるので、「泳ごう淵」と呼ばれたという。こちらは白瀧仙人の助言により、やはり鵜によって退治されている。

また、『南部川の民俗　和歌山県日高郡南部川村旧高城・清川村』（『日本民俗調査報告書集成　近畿の民俗　和歌山県編』収録）によると、南部川村（現・みなべ町）では熊野川町（現・新宮市）の七日巻きという淵での出来事となっている。

名前はついていないものの、コサメが怪をなす昔話は他にも県内に多数確認できる。

ゴトミソ［ごとみそ］

和歌山県田辺市新庄町で、跡の浦から名喜里に行く道中にあるという、新庄の七不思議のひとつ。「ゴタンダのゴトミソ」と言われるが、知っている人が少なく、詳細は不明である。ある老人の話によると、五反田という財産のある家に五斗《と》の味噌桶《みそおけ》か五斗ほどの味噌の山が置かれていたのではないかとしている。

郷土民話研究会編『郷土』第一集にある。

小広王子［こびろおうじ］

和歌山県田辺市の小広峠《とうげ》にまつわる伝説。小広峠とは吼比狼峠であり、旅人や山で働く村人を野獣や魔物から守った狼《おおかみ》の一群がいたという。

昔、母を亡くし病気の父を支える兄妹が村の物知りから、峠の小広王子は一生に一度だけどんな願いも叶える神だということを聞いた。そこで父親の病気平癒を願うと、夢に神が現れて岩上坂に生えている黄色の花を煎《せん》じて飲むよう告げ、その通りにしたところすぐに快復した。

それを聞いた都からの旅の男が、病気の母のためにと偽《いつわ》り、金の成る木を願った。すると社殿の奥から、夜が明けたら社《やしろ》の前の石段の右側を見るようにと声が聞こえ、次の日には黄金の実がなった木が生えていた。旅の男は風呂敷で木を隠し、周りの村人に「俺は神様を騙《だま》して金の成る木を授かったのだ、一目だけ拝ませてやろう」と言った。だが風呂敷を開けると黄金の実はわらじになっており、男が神をののしって社殿の中に石を投げると、村人の前で男の髪の毛は木の葉になり、男は一本の木となったという。

『日本の伝説39　紀州の伝説』にある。

コヤブシ［こやぶし］

和歌山県田辺市新庄町で、跡の浦から名喜里に行く道中にあるという、新庄の七不思議のひとつ。中山城跡の一角の岩山で、かつて武士のこもる小屋があったと考えられているコヤブシという所の山道に、目、口、鼻のないのっぺり頭の女の化け物が出るという。

郷土民話研究会編『郷土』第一集にある。

【さ】

酒屋淵の大蛇［さかやぶちのだいじゃ］

和歌山県南部川村（現・みなべ町）大橋に伝わる。昔、酒屋という家の人が淵に斧《おの》を落としてしまい、水中に潜って拾いに行った。すると老婆が現れたので「斧を拾いに来た」と言うと、老婆はきれいな斧を見せた。「それではない」と言うと老婆は「お前は正直だ、本当の斧と、この斧をやる」と二つの斧をくれた。そして老婆は自分が大蛇であることを告げ、若い者が帰るとうるさいから早く帰れと言った。帰ると服がなくなっており、さらに三年の月日が経っていたが、斧を売ることで何代にもわたって裕福になったという。

『南部川の民俗　和歌山県日高郡南部川村旧高城・清川村』（『日本民俗調査報告書集成　近畿の民俗　和歌山県編』収録）にある。

サンタツ［さんたつ］

和歌山県かつらぎ町に伝わる鼬《いたち》のようなもの。

『中南拾遺　巻2』によると花園村（現・かつらぎ町）中南では、実際に見た人は少ないとされているが、見た人の話によると、猫より大きく犬より小さく、野兎《のうさぎ》色の毛で、鼬のように細長く、くねくねと不格好に緩慢に歩行していたという。また、「さんたつなすびきり」という言葉が伝わっており、茄子《なす》を食べるのではないかとされている。

高瀬敏彦「紀州伊都郡俗信」（『郷土研究』4巻1号）によると見好村（現・かつらぎ町）では、深山に住む魔物、あるいは鼬の類だとされ、猫に似て尾が長く、ときどき畑の茄子を取りに来るという。

三面の狐［さんめんのきつね］

和歌山県橋本市の葛原家に伝わる。後二条天皇の頃（一三〇一～一三〇八）に、葛原氏の祖が、宮中の紫宸殿《ししんでん》の上に現れて怪をなした三面の狐を退治したといい、その尾が残っている。その尾は、長さは八寸（約二四センチ）、四角の棒状で一二関節からなり、淡褐色で毛は生えていないという。

『橋本市史　下巻』にある。

鹿ヶ瀬峠の骸骨［ししがせとうげのがいこつ］

『元亨釈書』にある。

和歌山県日高町と広川町の間にある鹿ヶ瀬峠で、昔、円善という僧が熊野へ行く途中に死んだ。その後、壱叡《いちえい》という僧が熊野へ行こうとしてここで野宿したところ、夜にどこからか法華経を唱える美しい声が聞こえ、よく聞くと一巻を読み終えるごとに礼拝し読み進めているようで、それが夜明けまで続いた。

　朝になって見てみると、骸骨に衣をつけたように苔《こけ》がついており、口の中には紅蓮の舌が残っていた。この理由を知ろうともう一度野宿した壱叡が明け方に骸骨に尋ねると、「私はもと叡山（滋賀県大津市）東塔院の某という者で、法華経六万部を読誦《どくじゅ》しようと誓ったが半ばで死に、願力によって今も読誦し続けている。もう残りは少なく、誓いを果たしたならば兜卒《とそつ》の内院に生まれることになっている」と言った。その翌年、壱叡がこの峠を越した時には骸骨はもうなかったという。

　『日本霊異記』では同様の話が永興禅師の話としてある。

獅子舞岩［ししまいいわ］

　和歌山県田辺市神子浜の田んぼの中にあった獅子舞の形をした岩。阿波（徳島県）から流れ着いたもので、雨の降る晩には「阿波に帰りたい、阿波に帰りたい」としくしく泣いたという。海兵団兵舎を作る際に破壊されて、現在は残っていない。

　郷土民話研究会編『郷土』第一集、『牟《む》婁《ろ》口碑集』、『伝説の熊野』にある。

磁石［じしゃく］

　和歌山県本宮町（田辺市）請川にあったという石。鍬《くわ》や鋤《すき》を吸い寄せるので、それらを持っている場合この道は避けられていた。ある人が牛を引いてこの石の前を通ると、石は黒い牛を鉄と間違え吸い付けた。鍬や鋤で引き離そうとするも、それらも吸い付けたので、仕方なく祐川寺の和尚《おしょう》に話すと、和尚は石に「お前が今吸い付けたのは鉄じゃなくて牛だ、もし離さないなら鉄《てつ》如意《にょい》で打ち砕く」といった意味の内容の言葉を唱えた。すると牛が起き上がり、鍬や鋤も剥《は》がれ落ちた。それ以来、石は自身を恥じ、鍬や鋤を見てもまた牛が騙《だま》すのかと思い、鉄を吸い付けないただの石になったという。

　『南紀熊野の説話』に、丹羽塾で紀伊藩（和歌山県・三重県）の儒者である崖順輔という人が語った話としてある。

しばすべり

　和歌山県の山奥に住み着いていた優しい鼬《いたち》の妖怪で、人間の姿で里にやってきては、土地の人と半日も話をしたこともあるという。

　『世界の妖怪全《オール》百科』にある。

　『圓山町怪談倶楽部　シバスベリ』では、『世界の妖怪全《オール》百科』の共著者である竹内義和が父親から聞いた話として紹介している。それによると有田の山奥に住む小動物で、猿よりも少し小さくリスの三倍程度の大きさで、人を化かすとされる。化ける際は死者と同じ姿になり、その人の名前を呼ぶとスーッと消えるが、これを引き留めてはいけないという。また山口敏太郎『怪談・呪い神』にも竹内義和が父親から聞いた話としてあるが、こちらでは名前が「さるすべり」とされている。

蛇形石 [じゃがたいし]

和歌山県田辺市中辺路町《なかへじちょう》道湯川にある石。昔、豊臣軍との戦に敗北し逃れてきた湯川直春が、この地で強盗に襲われた。格闘の末組み伏せたが刀がなく困っていると、空から蛇の形をした剣が降ってきて無事に刺し殺すことができた。その剣が石になったものの一部が蛇形地蔵の背にある蛇形石だという。

『南紀の俚俗』（『日本民俗誌集成　第15巻』収録）、『日本の伝説39　紀州の伝説』などにある。『熊野中辺路伝説　下』によると、これは海藻の化石だという。

蛇身の女 [じゃしんのおんな]

『新著聞集』（『日本随筆大成　第2期　第5巻』収録）にある。

日高郡（和歌山県）の真名古庄司（**清姫**の父親）が住んでいた村の者は蛇の子孫だといい、隣村の人とは結婚しない。そしてこの村の中では昔から現在に至るまで、蛇身の女が一人ずつ必ず産まれている。その容姿は一〇〇〇人に一人の美しさで、髪は身の丈《たけ》以上で地面につき、梅雨に入るとこの髪が特に粘《ねば》り、とりもちを塗ったようになり、もつれて櫛《くし》も通らない。その後、梅雨が明けて付近の川で髪を洗うとたちまちさっぱりし、はらはらと分かれるという。

また、この村の中でも蛇身の女と連れ合う男はいないという。

三味胴の狐 [しゃみどうのきつね]

和歌山県田辺市に伝わる。明治二四年（一八九一）、一人の遍路が伏見稲荷（京都府京都市）から飯綱（管狐《くだぎつね》）を授けてもらったのを、江川に住む老婆が銭《ぜに》を出して譲り受けた。老婆はお糸という名前だが、この地方には女性全員に仇名《しこな》をつける風習があり、お糸は顔が三味線の胴に似ていることから三味胴と呼ばれていた。

管狐は「管から出してくれ」と言い、出ても食事を与えられなかったので、近隣の人々に取り憑《つ》いた。狐に子が増えるにしたがって取り憑かれる人が多くなり、憑かれた人は「わしは三味胴の狐だ」と言い、命を落とす人も複数いた。また、ハツカネズミくらいの大きさで溝などを走るところを見たという人もいた。かつては三味胴の狐と恐れられたが、お糸が死んでからは次第にうわさがなくなり、その後は縁者が祠《ほこら》を立てお崎稲荷として祀《まつ》っているという。

田本仁七「三味胴の狐」（『郷土研究』1巻10号）にある。

住持ヶ池の大蛇

［じゅうじがいけのだいじゃ］

和歌山県岩出市に伝わる。康和年間（一〇九九～一一〇四）、西坂本の室家右兵衛という豪家に、桂という美人の娘がいた。桂はひどい縮れ毛だったが、住持ヶ池の水をつけると不思議と梳《す》けるため、乳母のお豊は毎日手桶《ておけ》に水を汲んでいた。

桂はやがて和泉（大阪府）の大原源蔵高広という侍に嫁ぐことになったが、その行列が住持ヶ池のそばを通ると、空が曇り風雨が吹き付け、雨が止むと桂の姿が消えていた。池の蛇に魅入られたのだということで、以来、住持ヶ池は住蛇ヶ池とも呼ばれ、「さんさ坂本室家の娘、嫁に行くかよ住蛇池」と民謡にも歌われている。

『紀州民俗誌』（『日本民俗誌集成　第15巻』収録）、『紀の国ふるさと民話』、『紀州ばなし』などにあるが、『貴志の谷昔話集』、『岩出町誌』、『日本の伝説39　紀州の伝説』などには加えてこの話の前日譚《たん》が掲載されている。

小野小町に言い寄ってこの地にやってきた深草少将が、小町に騙《だま》されたことを知って怒りで蛇となり小町を呪い殺そうとした。小町は美しさに驕《おご》って人を裏切った罪を詫《わ》び、自分の生まれ変わりの娘が生まれたらその子を差し上げると言って、湯屋谷王子社のほとりの小野寺で死んだ。室家右兵衛はこの小野小町の墓が子宝に霊験あらたかであるという話を聞いて参り、それによって産まれた娘が桂だという。

十七曲りの怪

［じゅうななまがりのかい］

和歌山県日高町に伝わる。昔、上志賀の川瀬六右衛門という大庄屋が、使い走りに短刀を渡し、衣奈の上山という家に手紙を持っていくよう言った。使いがしばらく行くと、向こうから立派な葬式の行列がやって来た。自分を騙《だま》しに来たのだと気づいた使いが松の木に登って見ていると、行列は松の根っこに来て駕籠《かご》を置き、そこから大入道が現れ登ってきた。使いが刀で切りつけると山も裂けるような大声がし、行列も姿を消した。

さらに行くと由良の開山と衣奈の間の音坂で、峠《とうげ》の両側の岩がパタンパタンと閉じたり開いたりしていた。使いは「お上の御用じゃ」と叫んで一気に駆け抜け上山の家に転がり込んだが、そのまま気を失い翌朝まで目を覚まさなかったという。

『紀伊日高民話伝説集』にある。

猩々の女

［しょうじょうのおんな］

和歌山県田辺町（現・田辺市）に伝わる。昔、元町天神崎の立戸の浜で、ある笛《ふえ》の巧みな若者が笛を吹いていると、美しい娘が現れ聞きほれていた。女は「私は海の世界に住む猩々《しょうじょう》の女です、貴方の笛にあこがれて女に姿を変えてきました」と言った。若者は女の望みを聞いて演奏し、女はその礼に餌《えさ》がなくても釣れる釣道具として、釣り針に髪の毛をつけたものを渡し姿を消した。その針を使うと鯖《さば》、鯛《たい》、鰹《かつお》などが思うように釣れたという。

男が初めに釣った釣り場が猩々という名前で現在も残っており、後に釣り針は西富田村堅田浦の八幡神社に寄進された。

『牟《む》婁《ろ》口碑集』『熊野中辺路伝説　下』にある。

女郎淵の鰻［じょろうぶちのうなぎ］

和歌山県上富田町田熊にある女郎淵に関する伝承。

郷土民話研究会編『郷土』第一集によると、この淵のほとりで祈ると、鉢巻をした鰻が黒い岩肌をかけのぼり、やがて雨が降るという。現在でもこの雨乞《あまご》いをすることがあり、小さな祠《ほこら》が建っているとある。

『上富田町史　第4巻』によると、昔は慈道院がここで雨乞いをしたが、現在も藁《わら》で作った蛇を供えると雨が降る、首に輪の入った鰻が滝を上がると雨が降るなどとされている。また、富田川の栗山の淵と繋《つな》がっており、女郎淵に供えた神酒の膳《ぜん》がそちらから出たという。

白髪婆［しらがばば］

和歌山県岩田村（現・上富田町）に伝わるもので、子どもを脅す時には、「白髪婆が来て連れていかれるぞ」と言った。白髪の老婆で、この世のものとは思えぬ姿をしているとされ、村に出て来ては赤ん坊をさらい、小屋には赤ん坊の手足があったという。

郷土民話研究会編『郷土』第一集にある。

白長様［しろながさま］

和歌山県有田川町二川の温川《ぬるみ》の道から谷を少し登ったくさぎ藪《やぶ》という所に白長淵《ぶち》があり、白い大きな蛇が出るという。

温川では蛇の祟りで頭がおかしくなる者がちょくちょく出るという噂だったが、実際に蛇の絵を描いたり蛇の真似をして転げまわったりする者が出て騒ぎになった。祟りを恐れ仕事もせず祠《ほこら》を建てようとする者と耳を貸さない者で村は二分したが、しばらくして巫女《みこ》が訪ねて来て呪術したところ、白長の魂が乗り移った。巫女は去り際に「来年までに祠を建てないと大変なことになる、来年の今頃もう一度来る」と言ったが、巫女はその後来ず問題も特に起きず、今ではほとんどの人は気にしていないという。

郷土民話研究会編『郷土』第一集にあるが、ごく新しい話で関係者も実在していると書かれている。

師走狐［しわすきつね］

和歌山県中芳養村《なかはやむら》（現・田辺市）に伝わる。

境では、村の人が死ぬたびに老狐が池の藻《も》を被って袈裟《けさ》にし、和尚《おしょう》に化けて墓地のそばの池を歩いたという。また毎年師走には正月まで日が少ないという意味で「日がない、日がない」と鳴くので、師走狐と言われたという。

また、昔狐が十二支に入れてほしいと頼んだが、十三支では月を数えられないので拒否され、新年が近づくと悲しんで鳴く、これを師走狐というのだともされる。さらに、豊作の兆しなので「師走狐は捕まえても泣かせ」という諺《ことわざ》もあるという。

南方熊楠《みなかたくまぐす》『南方随筆』（『南方熊楠選集　第3巻』収録）にある。

また『桃山の民話』によると桃山町（現・紀の川市）粉河《こかわ》・風市《かざし》では、一二月に鶏や兎《うさぎ》を狙って里へ下りてくる狐を師走狐と呼んでいる。

甚左火［じんざび］

和歌山県和歌山市小豆島に伝わる。田植えが済んだ晩に弘西の北のほうでゆらゆらする火を甚左火と呼んでおり、かつて水の取り合いで喧嘩し殺された農民の恨みで火が出るのだという。

『和歌山市の民話　資料集　上巻』にある。

杉の坊［すぎのぼう］

『新著聞集』（『日本随筆大成　第2期　第5巻』収録）にある。

由良（和歌山県由良町）の法灯寺（現在の興国寺）は七堂伽藍《がらん》のある大きな寺だったが、たびたび火災にあうため茅《かや》で仮の庵《いおり》を建てていた。ある時僧が来て「この寺は何度建てても火事になる。それは開山した法燈国師の字が『水去り火登る』と書くからだ。ただしもう一度建てる気があるならば私が建てましょう。それもやがて焼失しますが、護摩堂《ごまどう》一棟は残ります」と語った。住職は願ってもないことだと快諾《かいだく》し、僧にどこの者か尋ねると、上州（群馬県）赤城山の杉の坊だと名乗った。

そのお礼のため二人の僧を赤城山に使わせると、杉の坊のことを聞かれた里の人は「そのお方は大天狗《だいてんぐ》でいらっしゃいます」と舌を震わせ恐れた。使いの僧は勤めを果たさずには帰れないので険しい山によじ登ると、現れた山伏二人に案内され、ついて行くと金銀珠玉の宮殿楼閣があり、珊瑚《さんご》の梯子《はしご》をわたり、瑪瑙《めのう》の階段を上り、杉の坊のもとへ着いた。杉の坊は「来年いついつの頃、住職も里へ下って里の人も夜は火を消し、人を通してはならない」と言い、その眼差しは金色に光り、鼻は高く、恐ろしいことこの上なかった。先の山伏二人が送ると言うので目を閉じると、山伏は肩に付き、二刻（約四時間）ほど空を飛んでいるような感覚になり、足がついたので目を開くと山伏はおらず法灯寺の庭に立っていた。その後、約束の日、数十万人の声と木を挽《ひ》く音や手斧《ておの》や槌《つち》の音がし、七堂伽藍が建てられた。その後火災にあったが護摩堂は問題なく今に残っているという。

銭筒ごかし［ぜにづつごかし］

和歌山県高野町に伝わる。夕方以降、宝蔵院の観音堂の前の鬱蒼《うっそう》とした所を通ると、誰もいないのに「ドシャーン」、「ゴソーン」と大きな音がする。これを「銭筒ごかし」といい、それを恐れ晩になるとその道を通る人は少なかったという。『高野・花園の民話』にある。

洗濯婆さん 〔せんたくばあさん〕

和歌山県御坊市《ごぼうし》に伝わる。昔、日高川の中州だった財部の出島に平井という大地主がいた。家は没落したが、屋敷跡から毎晩夜中に婆さんが出て来て洗濯をし、同時に奥のほうからチーンチーンと鉦《かね》をたたく音が聞こえ恐れられたという。『御坊市史　第2巻』にある。

千人壺の火 〔せんにんつぼのひ〕

和歌山県南部町（現・みなべ町）に伝わる。八丁田圃《たんぼ》の辺りで千人壺（死体を多く入れる壺。『和歌山の研究　第5巻』では滝壺とされているが誤りだろう）から火の玉が飛ぶという。

昔、南部川奥の窮民がこの辺りに来て米を乞《こ》うたが見向きもされず、この壺に飛び込んで餓死した。そのため小雨の降る夜などに陰火となってふらふら飛び回るのだという。

現在はこの壺は道路によって半分切り取られ、笹《ささ》に覆い隠されている。『南紀土俗資料』、『伝説の熊野』、『上南部誌』にある。

底主人 〔そこおず〕

和歌山県龍神村（現・田辺市）山地郷・福井に伝わる。おもに夏の夜、雨が降っていないのに突然川が赤く濁《にご》り、川底に幅二メートル、長さ一キロほどの白茶けた帯状の跡が残るというもので、これは龍神の赤壺と呼ばれる所から出てきた川の主の蛇体が通ったのだという。日高川水力発電所のダム建築前は跡をよく見かけたといい、川が濁っている時に魚を捕りに行っても一匹も取れないとされる。

『龍神村誌　下巻』や『紀州龍神の民話』にある。『龍神村誌　下巻』ではさらに底主人は川の主の巨人で、頭は人間で下半身が蛇であるとしている。

底なしの井 〔そこなしのい〕

御坊《ごぼう》（和歌山県御坊市）から和田（美浜町）への路傍に深い井戸があった。これを掘る時、いくら掘り下げても水が出ないから不思議がっていると、突然藁《わら》が現れ、その下から「上の国の奴ら何をするか、そりゃ我々の屋根の藁じゃ」と叫び声がした。人々は驚いて掘るのを中止したという。

道成寺（日高川町）の井戸についても同じ話があり、どちらも『南紀土俗資料』に記されている。

【た】

大力女［だいりきおんな］

和歌山県川辺町（現・日高川町）和佐に伝わる。昔、松瀬と和佐の境の北裏谷という所に住んでいた女で、自分が好きな男をよくさらったという。その際は、風呂に入っているところへ来て風呂ごと持っていったという。

『紀州日高地方の民話』、『川辺町史　第2巻』にある。

鷹の巣の化け物［たかのすのばけもの］

和歌山県和歌山市雑賀崎《さいがざき》に伝わる。畑で芋《いも》を掘り、日が暗くなったので芋を頭に載せて運ぼうとすると、「やっとこせー」と載せてくれる化け物がいたという。

『和歌山市の民話　資料集　下巻』にある。

竹藪の怪物［たけやぶのかいぶつ］

和歌山県龍神村（現・田辺市）に伝わる。昔、夜に下山路の日裏にある竹藪の前を通ると、人間とも何ともわからない黒い化け物が現れ、目の前を通り過ぎて人々を脅かしていた。村人が竹藪を切ると、数日して竹藪のあった辺りから、何とも言えない不気味な唸《うな》り声が一日中聞こえたという。

『紀伊日高民話伝説集』にある。和田寛『紀州おばけ話』では「藪お化け」と名付けられ、人の前に立ちふさがったり尻を撫《な》でたりしたとされるほか、唸り声が三日三晩続いたなど、細かい違いがある。

谷尻坊［たにじりぼう］

和歌山県請川村（現・田辺市）に伝わる。谷尻という所で漁をすると現れるとても背の高い坊主で、これを見るとその場で気絶卒倒し、家に帰りついても高熱を発し重病になるという。

南方熊楠《みなかたくまぐす》稿・岡本清造編『紀州俗伝資料断片集』（『岳父・南方熊楠』収録）にある。

魂の入れ替わり［たましいのいれかわり］

和歌山県田辺市本宮町野竹に伝わる。元文年間（一七三六～四一）、野竹に住む、弥七郎という真面目で気の弱い七〇歳になる老人が、病気になり悶《もだ》え苦しんだ。家族は必死になってかわるがわる名前を呼び、数日後には病気が治ったが、大酒を飲み大きな声を出すようになり、近江（滋賀県）の木地師の使うような言葉を話し、記憶もなくなっていた。一方で近くの山に住む木地師の弥七郎という男がおり、そちらは気の弱い男になっていた。家族が名前を呼んだので魂が間違って入ったのだろうと人々は話したという。野竹には木地師弥七郎とされるお花地蔵が現存している。

『紀伊続風土記』、『日本の伝説39　紀州の伝説』にある。

だれ岩［だれいわ］

和歌山県日高町に伝わる。原谷奥の鹿《しし》ヶ《が》瀬峠《せとうげ》にかかる旧熊野街道の左手にだれ岩というものがあり、もし旅人がこれによりかかって休むと、岩が背中に吸い付いてどんなにもがいても離れないという。

『紀伊日高民話伝説集』にある。

乳房が大きくなる山女［ちぶさがおおきくなるやまおんな］

和歌山県北山村に伝わる。昔、山仕事の人々が山小屋に泊まっていると、晩に気持ち悪いほどの美人がやってきて、土間に向かって座って動かなかった。やがて女は乳房をはだけて引っ張りだし、すると乳房が次第に伸びていった。その時、今度はみっともない男が来て女の隣に座り、一時間ほど睨《にら》み合うと、女は「乳を全部伸ばせばお前達に被せ、命はないはずだった」と言って逃げ出した。男は良い神で、弘法大師をいつも念ずる人がその場に一人いたために助かったのだという。

『奥熊野・北山村の民俗誌　100の話で語る村の今昔』にある。

茶ん袋［ちゃんぶくろ］

和歌山県印南町《いなみちょう》に伝わる。滝の口ひじ松にある印南川の橋免《はしんど》橋の近くの深い淵《ふち》で、膨れ上がって張った茶袋が浮いたり沈んだりしたという。滝の口古部ヶ原の淵尻《ぶちんじり》の印南川の曲がり角では、人が通ると淵の南側の絶壁の上からふわりふわりと宙を迷いながら飛んだり、淵に沈んだり、また途中から上の山へ戻ったりしたという。

また、印南川の支流である椿原の柳井畑川でも、夕方になると茶袋が現れて流れを上ったり下ったりしたといい、ここを通る子供は「堂山のおこげ（柳井畑逢母の堂山に出るというお化け）椿原の茶ん袋」と歌って押し合いながら、一列になって家に急いだという。

『紀伊日高民話伝説集』にある。また和田寛『紀州おばけ話』では、空中を飛んで人の顔にはりついたり雫《しずく》を落としながら山の上へ飛び去ったりしたとされている。

土蜘蛛［つちぐも］

和歌山県貴志川町（現・紀の川市）の北にある白岩谷に関する伝説。ここには大きな石が多くあり、すべて血のように赤い斑点があるが、これは坂上田村麻呂が土蜘蛛を退治した際に血で染まったからだといい、蜘蛛血石と呼ばれている。また土蜘蛛は高幡山の洞穴に住んでいたとされる。この土蜘蛛とは山賊《さんぞく》のことだともいう。
田村麻呂は片目竹（片方のみに枝が出ている竹）で土蜘蛛を退治する弓を作ろうと猿川村に行ったが、そこに片目竹はなかった。その後、夢で丸栖《まるす》村の川辺にあることを知り、藤の森で不思議にも水中に竹を見つけこれで弓を作った。この土蜘蛛は尼《あま》が好きだったので、田村麻呂は尼を置いて出てきたところを射殺した。この時、尼を置いた所を尼寺、土蜘蛛が死んだ所を追い詰め谷、とどめの太刀を洗った所を太刀洗い井戸と呼んだ。その後田村麻呂は村の娘を娶《めと》り、この地方に田村姓が多いのはこのためだともいう。

『紀州民俗誌』（『日本民俗誌集成　第15巻』収録）、『貴志の谷昔話集』、『貴志川町史　第3巻』にあり、古くは『紀伊国名所図会』、『本朝国語』（『京都大学蔵大物本稀書集成　第8巻』収録）にも蜘蛛の血に染まった石の記述がある。

『紀の国ふるさと民話』では「大怪獣クモゴン」となっているが、同様に田村麻呂の土蜘蛛退治の話がある。こちらでは蜘蛛がいたのは和歌山市楠本《くすもと》の大きな楠の木だとされ、また田村麻呂が退治の際に、太陽にもう少し沈むのを待ってくれと頼むと、沈みかけた太陽が再び輝き蜘蛛を退治することができたので、ここを日延村と呼んだとしている。

土ほり［つちほり］

和歌山県日高町久志のとある家で、夕方になると家の奥の間の片隅から片隅へ土が飛んだという。話を聞いて見に行った近所の人の話では、どこからともなく土が飛んだとしている。そのため家の人は毎朝掃除をした土をふごに入れて捨てに行っていたが、半年ほど経つと起きなくなったという。『日高町史　下巻』に五〇年ほど前の話としてある。

つぼ姫さま［つぼひめさま］

和歌山県田辺市の小学校に伝わるもので、昭和五〇年（一九七五）頃聞いた話としてある。田辺城でかつて、城の姫が殺され壺《つぼ》に入れて埋められた（殺された理由は複数伝わる）。その壺の埋められた場所は現在では小学校の便所のとある個室の下であり、入ると祟りがある、下から手が出る、「助けて」と声がするなどと噂された。松谷みよ子『現代民話考7』にある。

庭前樹落信士［ていぜんじゅらくしんじ］

和歌山県すさみ町に伝わる。徳川末期、江住から（深谷の宮ノ口からともいう）魚を売りに来る男があり、ある日大谷の知行平の二人のばくち打ちの兄弟に魚を売った。兄弟は籠一杯の魚を買うといったが、魚一匹分として聞いた値段を籠一杯の値段だと難癖をつけ、魚を踏みにじった。魚屋は臨川寺に行くと、和尚《おしょう》に「木の柿を好きなだけあげるから魚代の代わりにするがよい」と言われ喜んで取るも、足を踏み外して落ちて死んだ。和尚は墓を建て「庭前樹落信士」と刻んだ。一八六七年八月六日のことだという。

それから一〇年後、兄弟の兄は子どもを連れての四国参りの途中で死亡した。弟は兄の妻と結婚し子どもを殺したが、その後も妻は子どもを見ているような話しぶりで噛み合わなかった（真相を聞いた妻は発狂して行方不明になったともいう）。弟は子どもの霊だとして心咎《とが》め、山に働きに出たが、谷底に落ちて死んだ。

今でも子どもを脅す際は「久吉（ばくち打ちの弟の名前）みたいに足が額について死ぬぞ」という。

郷土民話研究会編『郷土』第一集、『すさみ町誌　下巻』にある。

天蓋藪 ［てんがいやぶ］

和歌山県貴志川町（現・紀の川市）丸栖《まるす》に伝わる。昔、丸栖の北山に住む人が夜遅く帰る途中、竹藪の近くで二匹の大きな鯉《こい》がはねていた。捕まえようとしても逃げられたので、網を取って来ようと帰ろうとすると、竹藪の中から葬式の時に使う天蓋が飛び出してきて頭の上を回り始めた。驚いて近所で店をやっている老夫婦の家に飛び込んでそのことを話すと、狐のいたずらだと言われ家まで送ってもらった。それ以来、ここを天蓋藪というようになったという。

『貴志の谷昔話集』にある。

天狗の鈴の音 ［てんぐのすずのおと］

和歌山県三舞町（現・白浜町）口ヶ谷で、田植え仕事の泥足を洗いに日置川に行った金子徳兵衛という人が行方不明になった。夜に村の人が探しに行くと、徳兵衛は大きな木の上にひっかかって唸《うな》っていた。それ以来、徳兵衛は働き者だったのに全く仕事をしなくなり、当日のことを聞いても「知らん」と答えて気味悪く笑うだけで、夕方にはふらふらと出ていき、昼は寝てばかりいた。

ある日、徳兵衛は「天狗殿が通られるあの鈴の音を……」と叫んだ。庄屋はおかしくなったかと憐《あわ》れんだが、ある日実際に鈴の音を聞き、村人にも次々と音を聞いたという者が出た。

人を騒がすということで役人が徳兵衛を探すと、徳兵衛は大樹の下で両手を合わせて座っており、尋ねようとすると「鈴の音だ、天狗様がお怒りだ」と叫び、人々の耳に鈴の音が響いた。

その後、徳兵衛が八九歳で死亡するまで、さまざまな話が語られた。徳兵衛が天狗からもらったという水は稲の害虫駆除に効果があったとか、数十日行方不明になったかと思うと帰ってきて「天狗様に連れられて東京や大阪を見物した」と言ったなどとされ、また徳兵衛の家の庭には天狗の足跡をまつる祠《ほこら》があり、お祭りや餅投《もちな》げが行われている。

郷土民話研究会編『郷土』第一集、『牟《む》婁《ろ》口碑集』、『伝説の熊野』、『ひきがわのむかしばなし』、『大辺路〜日置川・すさみの民話』にある。

テンツルベ［てんつるべ］

和歌山県田辺市新庄町で、跡の浦から名喜里に行く道中にあるという、新庄の七不思議のひとつ。天狗《てんぐ》が住んでいると言われる岩の下道を通ると天から釣瓶《つるべ》が落ちてくるとされ、テング岩のテンツルベと言われている。

郷土民話研究会編『郷土』第一集にある。

【な】

ナカド坊主［なかどぼうず］

和歌山県花園村（現・かつらぎ町）中南で、中道《なかど》という所に現れるとされる妖怪。『中南拾遺　巻2』には「なかどぼさん」として載っている。僧の姿で頭に釜を被り、石を投げると釜にあたってクワーンと音がしたという。

『高野・花園の民話』では、夜道で砂をまく、あるいは太い柿の木の所に現れるとされている。

和田寛『紀州おばけ話』では、頭に釜を被り、小さな体に坊さんのような黒い衣を着たもので、棕櫚《しゅろ》山の茂みから道に飛び出してきて通る人をからかった、怖さ半分面白さ半分のものだったという。また、これに石を投げるとカタツムリのように体を釜の中にすくめたという。

投頭巾狐［なげずきんぎつね］

和歌山県和歌山市に伝わる。東高松の高松寺の四〇〇メートルほど南に高松の根上がり松という老松が並んでいたが、ここに美女に化けて投頭巾を放って男を誘う狐が出て、この誘いにのると、精気を抜き取られ散々な悪戯《いたずら》をされたという。ある時、関戸に住む関加茂四郎という武士がこれをこらしめようと、石造りの男根を持ち、誘いに乗ると見せかけてそれを突き立てた。投頭巾は「関加茂四郎のいちもつは石魔羅《いしまら》、石魔羅」といって逃げ出した。この石造りの男根は少し前まで関家の家宝として秘蔵されていたという。

その後、明治四二年（一九〇九）、再び

投頭巾の活動が噂になった。夕方電車を走らせているといきなり女が飛び込み、止まってみると何もいないが、網棚の折詰などが消えているという。そのほか電車の故障、脱線、転覆などが続いたので、大正末に鉄道会社の社員が金を出し合って高松寺の境内に投頭巾稲荷社を建てたという。

これらの話は『日本の伝説39　紀州の伝説』、『紀の国ふるさと民話』、『和歌山市の民話　資料集　下巻』、和田寛『紀州おばけ話』などにあるが、投頭巾については他にもさまざまな話が伝わっている。

『紀州民俗誌』（『日本民俗誌集成　第15巻』収録）や『和歌山の研究　第5巻』には、投頭巾が**源九郎狐**（奈良県）と化け比べをした話がある。大名行列に化けると言って騙《だま》し、源九郎が本物の大名行列に捕まったところを、雲蓋院の和尚《おしょう》に化けて助け出したという。また『紀州ばなし』には、投頭巾が塀やヘチマに化けて人を騙した話がある。

七つ頭の蛇［ななつあたまのへび］

和歌山県龍神村（現・田辺市）大熊に伝わる。小又川の奥の七ツ釜という所の岩に、七つの頭の蛇がいたのを釣り人が見たという。胴もさほど大きくなく、長くもないものだったという。

『紀州龍神の民話』にある。

名も知れぬもの［なもしれぬもの］

『宿直草《とのいぐさ》』（『近世奇談集成1』等収録）にある。

日高郡（和歌山県）の猟師が一人で山に行き鹿笛《しかぶえ》を吹くと、すすきの中を何かが歩いて来て、笛を吹くたびにそれに従ってきた。鉄砲を構えて待っていると七、八間（約一二・七～一四・五メートル）ほどの所に、顔の幅三尺（約九〇センチ）、口の幅も三尺、広く長い紅の舌を持ち、高さはわずか一尺五寸（約四五センチ）の生物が正面から向かってきた。呑まれると思い鉄砲を撃つと、その生物は谷に転び落ちた。その形は意外と短いものであった。その日は恐ろしかったので正体を見ずに帰り、翌日友人とともに見てみると、大きなヒキガエルのようなものだが、体に鱗《うろこ》と二尺四、五寸（約七二～七五センチ）の尾があり、腹は蛇腹の正体不明のものだった。身や皮も特に役に立つものではなく、一尺（約三〇センチ）ほどの鱗を取り置いたという。

難船の亡霊［なんせんのぼうれい］

和歌山県三尾村（現・美浜町）の豪家の娘が嫁ぐことになり、その衣装を準備するため大阪に行った。しかし買った大量の荷物を船へ積んで帰る途中、比井（日高町）の中出磯の辺りに差しかかった時に、空が曇り波が逆巻き船が沈んでしまった。その後、ある人が大晦日の夜に歩いていると、ねじり鉢巻きに裸体で、「えんやさ、えんやさ」と櫓《ろ》を押してくる者があった。それは間違いなく難破した者たちで、顔かたちから眉毛《まゆげ》まではっきりと見えたという。

『南紀土俗資料』にある。

肉吸い ［にくすい］

和歌山県田辺町（現・田辺市）に伝わる。若い美女の姿で、人に触って肉を吸い取るという。昔、東牟婁《むろ》郡焼尾の源蔵という狩人が果無《はてなし》山に行くと、狼《おおかみ》に袖《そで》を引っぱって止められ、見ると一八、九の美しい娘がホーホーと笑いながら「源蔵、火を貸せ」と言ってきた。妖怪かと思ったがその時は何事もなく去り、その後また二丈（約六メートル）ほどの背の高い怪物にあったので南無阿弥陀仏の弾丸（魔除けの弾）で撃つと、大きな音がして倒れ白骨のみが残っていた。

また、北山村葛川郵便局のある脚夫が寺垣内（奈良県下北山村）から笠捨という峠《とうげ》までの東山の背を夜に歩いていたところ、一八、九の若い美女がホーホーと言いながら後ろから近付いてきた。火縄を打ち付けると女は引き返した。脚夫が恐ろしいから仕事を辞めると言ったので、給料を増やし拳銃を持たせるようになったが、その後は何もなかったという。

南方熊楠《みなかたくまぐす》『南方随筆』（『南方熊楠選集第3巻』収録）にある。また肉吸いとは書かれていないが、後者は同じ笠捨の話として奈良県十津川村にも伝わっており『十津川郷の昔話』に記されている。なお関連は不明だが、『百鬼夜講化物語』（『百鬼繚乱』収録）にも肉吸いという女性の姿の怪物の絵が見られる。

人魚になった浜の娘 ［にんぎょになったはまのむすめ］

和歌山県南部町（現・みなべ市）に伝わる。元禄（一六八八～一七〇四）あるいは寛政年間（一七八九～一八〇一）、田尾源十郎という豪家の子に弥三郎という子どもがおり、体が弱かったため両親に勧められ南部の浜や鹿島で毎日釣りをしていた。鹿島に渡る際は藤太という老人がお供をしていたが、お清という娘が代わりをすることもあり、やがて弥三郎とお清は恋仲になった。それに怒った源十郎は弥三郎を軟禁したが、弥三郎はある夜思い余って家を出て、同じ思いだったお清と浜で出会った。そして二人は船を出し、二人で人魚になって永久にこの渚《なぎさ》を守ろうと海に身を投げた。そのすぐ後から、「行ったら見てこい南部の鹿島、根から生えたか浮島か」と俗謡に歌われるようになったという。

『伝説の熊野』にある。

野火 ［のび］

野火の伝承は全国にあるが、和歌山県日高町では入山の深毛によく出るものとされ、次のように伝わっている。

ある人が風のない雨模様の闇夜にここの道を通っていると、東のほうから蛍火《ほたるび》のようなものが見えた。それはだんだん近づいて来るにつれ大きくなり、ついに直径三メートルほどになった。腰を抜かしてその場に座りこみ一心に念仏を唱えると、まただんだん小さくなって西のほうへ飛んで行った。

　またある気の強い人が出会った際、同様に野火が前まで来て大きくなったのを、さしていた傘《かさ》でたたくと、野火は急に散らばって傘いっぱい火の玉だらけになった。その人はさすがに肝をつぶし、傘を放り出して逃げ出したという。

『日高町史　下巻』にある。

【は】

白鳥女房［はくちょうにょうぼう］

　和歌山県和歌山市にある白鳥の関跡に関する伝説。

　昔、雄ノ山峠《とうげ》の南に住む一人の若者が、矢が刺さった白鳥を助けた。その夜、若者の家に傷を負った娘が訪ねてきて、何日も手当てをしているうちに二人は夫婦になった。その後、村では弓での猟が流行りだしたが、若者が弓が欲しいものだと愚痴《ぐち》を言っていると、ある朝娘はいなくなり枕元に立派な弓が置いてあった。しかし素人である若者は弓を使って獲物をとることができず、弓を捨てると弓は急に白鳥になって飛んで行った。若者が白鳥を追うと関の所で娘に変わり、泣きながら別れを告げて再び白鳥になり飛び去った。それ以来この関は白鳥の関と呼ばれたという。

『日本の伝説39　紀州の伝説』、『紀の国ふるさと民話』にある。

　この原型となったと思われる話は『今昔物語集』にある。

　昔、ある所に男が美しい妻と暮らしていたが、ある夜妻が男の夢に出て「私は遠くへ行かなければなりません、せめて形見の品を置いていきます」と言い、目が覚めると妻はおらず弓が置いてあった。その後、弓は白い鳥となって紀伊国（和歌山県・三重県）の山に飛び、追っていくと妻になった。男は怪しく思い引き返し、「あさもよひ紀の川ゆすりゆく水のいつさやむさやいるさやむさや」と歌を詠んだ。

『詞林采葉抄』（『万葉集叢書　第10輯』収録）にも『今昔物語集』と同様の話があるが、男が住んでいたのは河内国（大阪府）、妻の正体は雄ノ山の関守の持っていた弓の変化《へんげ》だとしている。

八幡の河童鬼っ子［はちまんのかっぱおにっこ］

和歌山県清水町（現・有田川町）八幡に伝わる。昔、あらむきにいた大人びた兄と可愛い妹の兄妹河童で、夕暮れになると樫木平に来て可愛がられていた。二人は魚や徳利《とっくり》や蓮《はす》の花などをさげて仲良く歩いていたり、峠《とうげ》を通る人をいろいろな顔に化けてからかったりしていた。また、兄河童は知恵者で、城の侍と問答してよく相手をやりこめるが、負けると変化《へんげ》の術を見せるので人々は面白がった。ある時、侍が鬼の人形を見せるとそれにうまく化け、以降は気に入って一本角で大きい目の可愛らしい鬼によくなっていたという。

その後、城が移った後も二人はついていき、八幡では宮の手伝いをし、祭事の際には二人を一目見ようと遠くからも人が来たといい、二人の死後には樫木平の川端に供養碑が作られたという。

『清水町誌　下巻　別冊』にある。

脛巾脱ぎ［はばきぬぎ］

和歌山県花園村（現・かつらぎ町）中南に伝わる。ある棕櫚《しゅろ》山となっている所を夜に通ると、ハバキ（旅行や作業の際に脛《すね》に巻く布、脚絆《きゃはん》）をこれにはぎ取られるという。

『中南拾遺　巻2』にある。

原見坂の美女［はらみざかのびじょ］

『紀伊国名所図会《ずえ》』にある。

慶長年間（一五九六～一六一五）、浅野家に渋谷文治郎という二三歳の侍がいた。ある日文次郎は原見坂（和歌山県和歌山市）を通った時、崩れかけた二つの五輪塔に花を供えた。それから数日後、姫に仕えるという娘が姫の恋文を持って来た。文次郎とその部下の儀介は、旧暦の四月一六日に原見坂で姫と会う約束をし、行ってみると屋敷の中で姫が待っていた。それから毎夜出かける文治郎を、父の森右衛門が怪しんで後をつけさせると、原見坂で文治郎たちの姿が消えた。文治郎は外出を禁じられるも、ついに抜け出して姫に会うと、姫は結婚を控えて若くして死んだ畠山政長の娘の仙之前であり、文次郎は細川勝元の次男であり結婚相手の右衛門佐政行の生まれ変わりだったと語り、屋敷とともに姿を消した。その後、五輪塔の下から仙之前と侍従の墓と白骨がみつかり、興国寺に葬られたという。

ハリダイコ［はりだいこ］

和歌山県田辺市新庄町で、跡の浦から名喜里に行く道中にあるという、新庄の七不思議のひとつ。ハリマの谷と呼ばれる所から不気味に太鼓を鳴らしながら化け物が出てくるとされ、イヤン谷のハリダイコと言われている。

郷土民話研究会編『郷土』第一集にある。

春子稲荷［はるこいなり］

和歌山県和歌山市の紀三井《きみい》寺に関する伝説。豊臣秀吉が紀三井寺に攻めてきた際、寺を預かる法橋徳順の子の平太夫の恋人であり観音堂の神官の娘でもある春子が、本堂にこもって般若心経を唱えはじめ、しばらく経つと本堂から一匹の白狐が飛び出していった。その二日後、教壇の上に血と泥にまみれた豊臣からの書状が置いてあり、紀三井寺には攻め込まないことが書かれていた。春子が白狐になって敵の大将に頼んだと人々は噂し、春子稲荷として紀三井寺に祀《まつ》ったという。

『伝説と稗史《はいし》　上方篇1』、『日本の伝説39　紀州の伝説』、『紀の国ふるさと民話』にある。

一つだたら［ひとつだたら］

山にいる一つ目一本足の怪物で、果ての二十日（一二月二〇日）に出るとして和歌山県、奈良県、三重県に伝わる。

『三川村郷土誌』、『那智《なち》勝浦町史　下巻』、『熊野中辺路《なかへじ》伝説　下』には次のような話がある。和歌山県那智村、色川村（いずれも現・那智勝浦町）、瀧本村（現・新宮市）にかけて、大雲取小雲取の山の中から一つだたらが現れていた。退治を頼まれた合川村（現・田辺市）小瀬の刑部左右衛門が三年間怪物を探し求め、ついにある暴風雨の夜、轟音《ごうおん》とともに身の丈《たけ》一丈（約三メートル）の怪物が現れた。四七本の矢を射たが怪物は倒れず、「もはや弓も尽きた、我の体を汝《なんじ》に与えよう」と言うと、怪物が寄ってきたので刀で喉を突き刺した。逃げた怪物の血の跡をたどると岩窟に着いたので、刑部は瀕死《ひんし》の怪物を刺し殺した。この功績で刑部は那智山林の一部を永久に与えられ、その後遺言で御墨付が三村に保存された。これは『熊野伝記』によれば源平時代のことだが、延命寺の位牌《いはい》は永享七年（一四三五）となっているのでその頃だともいう。また、『紀伊続風土記』ではここで退治された一つだたらは盗賊《とうぞく》だとしている。

さらに『日本の伝説32　伊勢・志摩の伝説』によると、明治一八年（一八八五）、政府がこの山林を取り上げようとした際、裁判で御墨付の権利が認められたという。

『熊野の民俗　和歌山県本宮町』によると本宮町（現・田辺市）では、山にいる一つ目一本足で、果ての二十日に現れ、飛ぶように走るという。また、この日は罪人の処刑日だともされ、その祟りだともいう。

『熊野・本宮の民話』によると一本だたらは「おおめき」とも呼び、大声でおめかれる（叫ばれる）が、その際におめき負けると連れていかれるという。同書では他に一本だたらについて、鉄砲で撃たれ海に飛び込んで死んだ話、「こんな顔だったか」と脅かした話などが掲載されている。

『清水町誌　下巻　別冊』によると清水町（現・有田川町）城山では、果ての二十日に人の生き血を吸うといい、この日に遠出すると戻ってこられないという。また「果ての二十日、身をきらず」といい、キラズ（おから）を食べたり、この日に風呂に入らないとフルツク（梟《ふくろう》）になるという。

源義経の馬が足を失いこれになったという話もあり、和歌山県内の資料では『中京民俗』15号、『南紀の俚俗』（『日本民俗誌集成　第15巻』収録）、『紀州ばなし』、『奥熊野・北山村の民俗誌　１００の話で語る村の今昔』などに見られる。また似たものとして、南方熊楠《みなかたくまぐす》稿・岡本清造編『紀州俗伝資料断片集』（『岳父・南方熊楠』収録）によると請川村（現・田辺市）では、恋川という所の淵《ふち》は毎月三〇日の夜には通る人がおらず、もし通ると三本足の白馬が出るという。

一本足（奈良県）、**笹馬**（三重県）も参照。

一つ目狸［ひとつめだぬき］

和歌山県白浜町に伝わる。富田高瀬から袋谷へ行く人見坂は、富田平野が一目で見渡せることから一目坂とも呼ばれていた。昔、ここに一つ目の狸がおり、怒れば怒るほど目が大きくなると恐れられていた。ある日、目の不自由な人がそこを通ったところ一つ目狸が出てきてだんだんと目を大きくして脅かしたが、目が不自由なので「何だそれくらい」と驚くことがなく、ついに狸は目をむき出して死んだ。以来、ここを一目坂と呼ぶようになったという。

『伝説の熊野』、『日本の民話32　紀州篇　美濃篇』、『白浜町誌　本編　上巻』などにある。

兵生の松若［ひょうぜのまつわか］

和歌山県兵生村（現・田辺市）にいたと伝えられる男。若い頃に家を出て行方不明になったが、数百年後に鬼のような姿になって炭焼き小屋に現れ、鹿や猪《いのしし》に塗って食べるためにと塩をもらっていった。そして「国に難がある時は安堵《あんど》が峰に登って我の名を三度呼べ、千人力で助けてやろう」と言ったという。松若の住んでいたという洞窟も実在し、人々は恐れて夜は出歩かず、子どもが泣く時は「松若が来るぞ」と脅したという。

『牟婁《むろ》口碑集』によると右の話は『璞屋《ぼくおく》随筆』にあるが、他の本にも松若の記述がある。

『熊野・中辺路《なかへじ》の民話』では、源氏が攻めてきた際に名前を呼ぶと、風が吹くばかりで助けは来なかったが、源氏はなぜか引き返していったという。

さらに『伝説の熊野』では、豊臣秀吉が攻めてきた際に湯川氏を助けようと松丸太をもって参戦し、銃も槍《やり》も効かなかったといい、「事ある時は兵生に来りて我を呼べ、我は幾百年を経るも死せず、病まず、老いず」と言ったという。

また『熊野中辺路伝説　下』によると、奈良県十津川村上湯川では、山や畑のものを鍬《くわ》を使わず手で掘ることを「松若掘り」というとある。

『南部川の民俗　和歌山県日高郡南部川村旧高城・清川村』（『日本民俗調査報告書集成　近畿の民俗　和歌山県編』収録）によると、南部川村（現・みなべ町）大橋には「まつばか」という名前で伝わり、「自分は北海道へ行くが、大変な出来事が起きてわしの力が必要になったら、まつばか峠《とうげ》で『来い』と呼べば戻ってくる」と言ったことになっている。『熊野の民俗　和歌山県本宮町』では、徴兵で日露戦争に行ったがいくら撃たれても弾が当たらなかったという話があり、「北海道へ行く」もそれを指したものだろう。

ヒョッタンコロコロ［ひょったんころころ］

和歌山県花園村（現・かつらぎ町）久木では、子どもが悪さをやめない時や泣き止まない時などに、「そんなことしとったらヒョッタンコロコロが噛みに来るぞ」あるいは「連れに来るぞ」などと言って恐ろしい恰好をして脅した。ヒョッタンコロコロは狐や狼《おおかみ》のように実在するわけではなく、架空の恐ろしい獣だという。

『高野・花園の民話』にある。

吹上の小女郎［ふきあげのこじょろう］

和歌山県串本町に伝わる。吹上という所で、潮岬の青年が串本の女のもとへ通うのを邪魔する妖怪だという。

中村亮雄「紀州西牟婁《むろ》郡採訪雑記（四）」（『ひでばち』8号）にある。これによると他に「ホリカワノシコンボー」、「タニノオショブ」、「マキザキノショーザエモン」という妖怪が紹介されているが、性別と出現場所のみで詳細は書かれていない。

蛇渕［へびぶち］

和歌山県清水町（現・有田川町）城山の境川口にあった深い淵。昔、近くの男が枝を整えようとして鉈《なた》を淵の中に落とし、拾おうと飛び込んだ後、八日経った朝に出て来た。男は「この淵の底に棚があってつい眠り込んでしまったが、ちっとも苦しくなかった」と平気な顔で言ったという。

『清水町誌　下巻　別冊』にある。

ほうずきの目［ほうずきのめ］

和歌山県田辺市本宮町渡瀬に伝わる。昔、山奥で炭焼きが四歳くらいの子どもと暮らしていた。子どもがむずかるので「そんなにむずかってばかりいては、山から何か出てきて連れていかれる」と子どもを脅していたが、ある日忙しかったためむずかる子どもを放っておくと、小屋で得体のしれないものが子どもをさらおうとしていた。父親が「子ども返せ」と言うと、ほおずきのような真っ赤な目で振り返り、「もう悪さをしないから許してくれ」と何回も叫ぶ子どもをさらって山の峰へ消えた。翌朝村人と山狩りをしたが手掛かりはなく、奥山に住む狒々《ひひ》だったのだろうと言われた。

『熊野・本宮の民話』にある。

ホオカムリ［ほおかむり］

和歌山県田辺市新庄町で、跡の浦から名喜里に行く道中にあるという、新庄の七不思議のひとつ。かつて東光寺の祠《ほこら》があった所から頬かむりをした化け物が出るとされ、ホコラン谷のホオカムリと言われている。

郷土民話研究会編『郷土』第一集にある。

仏の舞の化物［ほとけのまいのばけもの］

和歌山県清水町（現・有田川町）安諦《あで》に伝わる。元禄一〇年（一六九七）、井谷村の庄屋の上野作左衛門が寺社のことで板尾村と問題を起こし、役所に呼び出され、庄屋役召し上げ、家財耕地没収、郡外追放となった。実際にはこれは年貢のことが原因だったといい、向かいの山で「年貢が下がるぞー」と作左衛門の声がしてから作左衛門がいなくなったのだという。

それ以降、井谷の宝亀寺で行われている仏の舞という踊りが終わると、必ず化け物が出て帰る者を追いかけたという。若者たちは「仏の霊を慰めているのだから化け物など出るはずない」と続けていたが、踊り子が気味悪くなっていつのまにか帰ってしまい、見物人も減って行われなくなった。衣装や道具は花園（かつらぎ町）の梁瀬に売られたが、そこでもやはり仏の舞が終わると化け物が出たという。

『清水町誌　下巻　別冊』にある。

【ま】

枕がえし［まくらがえし］

和歌山県龍神村（現・田辺市）に伝わる。昔、小又川に生えていたヒノキの大木を、七人の木こりが伐《き》った。しかしこの木は伐っても伐っても夜中にはもとに戻っており、夜中見ていると、七人の僧が木屑《きくず》を集めてもとに戻していた。そこである人が木屑を燃やすことを提案したが、その夜、七人が寝ていると、夜中に僧が現れ鼻をねじって枕を返した。炊夫だけは許されたが、翌朝見ると他の木こりは全員死んでいた。以来ここは枕かえしの壇と呼ばれている。

東の河《こう》の谷の大ジャという所を舞台とする同様の話もあり、そちらではヒノキを切った九人のうち炊夫以外の八人がねじり殺されていたという。

『南紀土俗資料』、南方熊楠《みなかたくまぐす》『南方閑話』(『南方熊楠選集　第3巻』収録)、『伝説の熊野』、『紀州龍神の民話』、『龍神村誌　下巻』、松谷みよ子『現代民話考9』にある。

待テヨーの石 [まてよーのいし]

高野山(和歌山県高野町)にあった石。夜中にこの石の前を通ると「待テヨー、待テヨー」と声を出して転がってきて人を押しつぶしたとされる。石は後に掘り起こされ弘法大師九五四回忌の記念碑になったという。

『和歌山の研究　第5巻』にある。

関連は不明だが、『高野町昔ばなし』では高野町南に伝わる話として、高野山への参道で「河太郎」が「待てよ、待てよ」と声をかけて滝壺《たきつぼ》に引き込むのを弘法大師が石に封じ込めたという話がある。

御影の淵の鯰 [みかげのふちのなまず]

和歌山県田辺市に伝わる。昔、会津川の上流にある御影の淵では、鯰が大入道に化けて夜更けにここを通る人を引き込むとされていた。田辺城の侍が何人も退治に行ったが帰って来た者はおらず、ある知恵者の侍が退治しに行くことになった。行くと侍の三倍ほどの大入道が現れたので、侍が俵《たわら》に用意した米ぬかを一〇俵ほど投げつけると、大入道は倒れた。夜が明けて調べてみると、それは五メートルの大きな鯰で、米ぬかによって水分を取られて乾いて死んでいたという。

『紀の国ふるさと民話』、『読みがたり　和歌山のむかし話』、『熊野中辺路伝説　下』にある。

身ごもった男 [みごもったおとこ]

和歌山県清水町(現・有田川町)八幡に伝わる。昔、湯子川のはずれの庚申渕の近くに、湯川小町と呼ばれるほど美しい娘がいた。ある若者が清水に買い物に来たこの娘を偶然見つけ、後を追って庚申渕まで来て強引に言い寄ったが、娘に肘鉄砲《ひじでっぽう》をくらわされ逆上し、刀で切りつけ、娘は淵に沈んだ。

我に返った若者が返り血を洗おうとすると、若者は身ごもっており、日に日に子供が大きくなっていったが産むことができず苦しんだ。若者が再び庚申淵に来ると、水面には娘の恨めしそうな顔が勝ち誇ったようにけらけらと笑い、若者を淵の中に引きずり込んだという。

『清水町誌　下巻　別冊』にある。

みじん

和歌山県美山村（現・日高川町）に伝わる。昔、継母《ままはは》にいつも無理なことを言いつけられる子どもがおり、ある日片道二里（約七・九キロ）の山で薪《たきぎ》を五束取ってくるように言われた。子どもは四往復したところで力尽きたため、継母は怒ってその子を火の中へ投げ込み、その灰を粉微塵《こなみじん》にして野原に撒いた。それ以来、山へ入ると小さな虫が体中に噛みつき仕事がしにくいことがあるといい、子供の魂の悲しみがみじんという虫に変わったのだとされた。

『紀州日高地方の民話』にある。

蜈蚣の玉［むかでのたま］

和歌山県御坊市《ごぼうし》名田町楠井の玉屋と呼ばれる家にある玉。何代か前、五島列島（長崎県）の船乗りであった玉屋の主が航海をしていると、賄夫《まかないふ》に天狗《てんぐ》が乗り移り「俺が大事にしていた三つの玉のうちひとつをお前の屋敷に落とした。玉は女手にわたり子供がおもちゃにしているが、家宝として祀《まつ》るがよかろう」と言った。帰ると実際にその玉があり、この旧暦の正月一〇日には毎年玉祭りをするようになったという。

玉を収めた箱には安永七年（一七七八）五月一〇日と記されており、「蜈蚣之玉虫王　大きなるつぼと奈り　黄白きもの也夜中文字見ゆる程光有者也　水晶のごとく寿く物なり」とある。

『紀伊日高民話伝説集』にある。

無間の鐘［むげんのかね］

これを撞《つ》くと現世で利益を得られる代わりに地獄に落ちるとされている鐘のことで、全国に伝わる。

『広川町誌　下巻』によると和歌山県広川町では、家の仏壇の阿弥陀仏を油で煮て、絶え間なく鉦《かね》を叩いて祈り、川の向きが変わるまでとか、正月に餅《もち》を搗《つ》かないなどのおおよそ不可能な誓いを立てると、家がどっと栄えるという。ただし、これをすると子孫七代までの富を独り占めするため、いずれ家は絶えるとされる。また、誓いを破ると、例えば先の例では水路を引いたり餅を搗いたりすると、稲も餅も蛭《ひる》に代わり、富も子孫も絶えるという。特定の家を指して「あの家はムゲンさんだから」などと呼んだ。

『南部川の民俗　和歌山県日高郡南部川村旧高城・清川村』（『日本民俗調査報告書集成　近畿の民俗　和歌山県編』収録）によると、南部川村（現・みなべ町）では、無間の鐘はシチサコという土と水で作り、中にエビス・ダイコクを入れて焼くもので、その時に大きい音がしたら願いが叶うとされる。正月に餅を搗かない、死後に狼《おおかみ》に死体を与えるといった条件で金持ちになった人がいるという。また『南紀土俗資料』によると、みなべ町東吉田の上城の田んぼに蛭が多いのは、無間の鐘をついた者がいたので正月一五日に炊く小豆粥《あずきがゆ》が蛭になり、田んぼに捨てたためだとされている。

『熊野中辺路《なかへじ》伝説　下』によると大塔村（現・田辺市）和田では無間の鐘をついた家は餅をつかないという話に加え、鐘は三人でつかねばならず、一人は分限者になるが一人は難病で一人は物乞《ものご》いになる、あるいは二人は金持ちになるが一人は極貧になるといい、「主の命なら無限の鐘もつかにゃなるまい泣く泣くも」と歌われている。

眼塗り［めぬり］

和歌山県高野町富貴に伝わる。「めんぬり」とも。大和（奈良県）の国との境にある両国橋や、ドングリヶ丘などに現れ、これに取りつかれると何かを目に塗られたように前が全く見えなくなるとされ恐れられた。

ある時、大和から帰る人が両国橋を通った際、急に霧がフワァーとかかったかと思うと、目隠しされたように前が全く見えなくなった。この時、自分の足元は見えなかったが空の星は見えている状態だった。村の年寄りに言われていた通り、「油揚げ三枚、帰ったら食べさす」と言うと、霧が晴れ目が見えるようになったという。

『高野・花園の民話』、『高野町昔ばなし』にある。

茂吉火［もきちび］

和歌山県和歌山市井辺・秋月に伝わる。津秦《つわだ》の薬徳寺を再建する際、大勢の人で胴《どう》突《づ》き（地固めや杭打ちに使用する道具）をしていると、振舞われた酒で酔ったのか、茂吉という人が足を踏み外し、石と一緒に穴の中へ突きこまれた。それ以来、初夏の生ぬるい風が吹く晩にはその霊が火の玉となって現れるといわれ、茂吉火と呼ばれた。実際に見た人は多く存在し、ある人の話では、周りの田んぼを走り回り、止まったかと思うと大きくなって燃え上がり、その周りを僧たちが踊りまわっていたという。

また、茂吉の死については次のような異説もある。胴突きの際、人柱を募るも誰もなろうとする人がいないので、その場で着物に横つぎがある者を人柱とすることに決まり、一人だけ着物の裾《すそ》に小さい横つぎがあった茂吉が選ばれた。これは着物は縞《しま》を横になるよう当てて繕ってはいけないという戒めだという。

『和歌山市の民話　資料集　下巻』にある。

モクリコクリ［もくりこくり］

南方熊楠《みなかたくまぐす》『続南方随筆』（『南方熊楠選集　第4巻』収録）では、和歌山県田辺周辺の話として、三月三日に山に入るか五月五日に海に入るとモクリコクリが出るとある。これはかつて異国から攻めてきて敗北した者の霊だという。また、麦畑の中で高くなったり低くなったりするともいい、神子浜（田辺市）ではイタチのような小さな動物で、夜に麦畑に入る者の尻を抜くとされる。

『日高町史　下巻』によると日高町では、端午《たんご》の節句の夜に「むっくりこっくり」が来るので菖蒲《しょうぶ》を屋根に上げて神棚にも供え魔除けとするとされている。同じく日高町で、むっくりこっくりは吉原のかせ家という代官屋敷から出るもので、密航してきた外国人が多くここで処刑され入山に埋められたので、その亡霊が暗い夜に入山から代官屋敷まで火の玉になって飛んで来るといわれている。子どもが悪いことをするとむっくりこっくりが来ると叱《しか》ったという。

『紀州日高地方の民話』によると由良町では次のような話が伝わる。昔、衣奈のもっくりさんという男が飯を食べない嫁を欲しがると、こっくりさんという女が嫁に来たが、屋根から覗くと髪をほどいて頭に空いた大きな口で飯を食べていた。男は「怖いな、怖いな」と言って逃げ、女は「悪いな、悪いな」と言って追いかけた。男が萱《かや》、菖蒲《しょうぶ》、よもぎの生えている所へ入ると女はどこかへ行ったので、それ以来「もっくり・こっくり」が入ってこないように家の前に萱、菖蒲、よもぎを立てるようになったという。

南方熊楠が引いている『和漢三才図会《ずえ》』、あるいはその他にも『籠耳』（『新編稀書複製会叢書　第3巻』収録）や『嬉遊笑覧』などでは、子どもを脅す言葉として「むくりこくりの鬼」が載っており、元寇に関連付け「蒙古高句麗《もうここうくり》」「蒙古国裏」の意味だとしている。

もりとうさん

和歌山県大塔村（現・田辺市）に伝わる。合川に住む大蛇で、年に一度、六月丑《うし》の日に日置川を下って海へ行くという。これが川を下る際は、姿を見られるのが嫌で大雨になり川が濁《にご》るため、この日は川へ行かないよう言われている。田野井にはこれを実際に見た人がおり、鯨《くじら》の背中のようなものがピカピカ光り、ときどき大きく見えたり、体をくねらせたりしながら流れていったという。また、戻って来る際は人間の姿になって歩いて来るとされ恐れられた。『ひきがわのむかしばなし』、『紀の国ふるさと民話』にある。『和歌山の研究　第5巻』には「モリトオ」とあり、川を下る日以前に川で泳ぐと河童に尻を抜かれるという。

漏奴 ［もるど］

和歌山県高野町富貴に伝わる。どうやっても退治できない怪物で、「この世の中で虎《とら》や狼《おおかみ》よりももるどおとろし」と言われる。

ある長雨が続いた年、天井が急に激しく揺れ始め、タコのような怪物が現れた。怪物は天井裏をニョロニョロと這《は》い、ひとつの目は天をにらみ、もうひとつの目は地をにらみ、手足の先からは水を吐いた。さらに一匹だけではなく、部屋の中、土間、軒の入り口と数えきれないほど現れたので、家の者は恐ろしさのあまり肩を寄せ合いガタガタと震えていたが、雨が止むと退散していったという。

『高野・花園の民話』、『高野町昔ばなし』にある話だが、一般的には「もるど」は雨漏りのことで、その話を端から聞いていた狼などが怪物と勘違いする「古屋の漏」と呼ばれる話が全国にある。

【や】

山もり［やまもり］

和歌山県日高郡や有田郡の深山にいるとされる虫。イモリやヤモリ、トカゲのような形だが大きさがヤモリの二倍はあり、古い石垣や大木の根穴に住み、木の上で鳴くという。江戸時代の終わり頃、藩の勘定奉行から、この虫を見聞きしたものは申し出るようにと通達があったという。

『清水町誌　下巻　別冊』にある。

山姥女房［やまんばにょうぼ］

和歌山県花園村（現・かつらぎ町）中南に伝わる。ある働き者の男が嫁を欲しいと考えていたところ、ある日の夕方に若い旅の女が宿を借りに来た。女は一日中積極的に家事をしたので、男は女に嫁になるよう頼み祝言を挙げた。男は仕事に集中できるようになり、ますます身代が増えていったが、女がご飯をほとんど食べないにも関わらず、蔵の米がどんどん減っていった。怪しんだ男はある日、出かけるふりをして天井裏で様子を見た。すると女は一〇人前ほどの米を炊いて握り飯を作り、それを頭の上に載せると、そこに大きな口ができて握り飯を食べた。さらに女が右肩、胸、腹と握り飯を当てると、どこでも大きな口が出て握り飯を食べた。女が山姥であることに気付いた男は考えた末に「わしは用事があって天井に上ったが降りられないので梯子《はしご》をかけてくれ」と言い、山姥は一瞬しまったという顔をしたが、その後大きな桶《おけ》を頭の上に上げ男に入るよう促《うなが》した。男を桶に入れた山姥はそれを頭上に載せたまま山の奥に入っていくが、男は道中で榊《さかき》の枝にぶら下がり助かった。男が山姥の後を付けていくと、山姥は大きな岩窟で「子どもらよ、ごちそう持ってきたぞ」と叫び、奥から大勢の子どもが出そうになったので男は慌てて逃げかえった。

『中南拾遺　巻2』にある。俗に「飯食わぬ女房」などと呼ばれる話で全国に伝わるが、一般的には飯を食べる場面で口が後頭部や頭上にひとつあったとするものがほとんどで、このように複数箇所に口が存在するのは珍しい。

幽霊長持［ゆうれいながもち］

和歌山県川辺町（現・日高川町）に伝わる。昔、上入野の少し離れた家に一人の親不孝な息子がおり、年老いて体の弱った父親を長持に押し込め餓死させた。その後、夜に長持からパンパンと鉄砲を撃つような音が聞こえるようになり、怪しい影が現れ、家の人は逃げ出した。息子は音が鳴る晩には近所の人に来てもらうことにし、村人が鍬《くわ》や鉄砲を持って警戒したが怪異は収まらなかった。ある夜、またも影があちこちの壁に現れたかと思うと、息子は「あっ痛い」と叫んで死んだという。

またある話によると、仲の悪い姉妹の姉が長持に頭を入れている際、妹が蓋《ふた》のつっかえ棒を外し姉は頭を打たれて死んだため、その幽霊が長持からパンパンと音を立てて出るという。

この長持は栄林寺の箱火鉢になったともいうが、現存はしていない。

『紀州日高地方の民話』、『川辺町史　第2巻』にある。

湯川直春の亡霊［ゆかわなおはるのぼうれい］

和歌山県日高町に伝わる。豊臣秀吉に敗れた湯川直春は、「朝日さす夕日かがやくその下に黄金千両後の世のため」と人々に伝えられているように、上志賀瀬山舞鶴城の近くに刀剣や軍用金を埋めてあったので、それが気になって亡霊として現れるという。旧暦の一二月二五日の闇夜、家来を従えて亀山城（御坊市《ごぼうし》）を出て、入山の五花の峠《とうげ》を越えて不毛を横切り、谷口の所に出て、あらすから蓮池の北側を通って中志賀久志を過ぎ、舞鶴城へ向かうとされる。

蓮池の北に住む人の話では、馬の蹄《ひづめ》や鎧《よろい》の擦れる音や話し声も聞こえ、その姿は暗闇でもはっきりと見えるが、家の近くに来ると消え、しばらくすると向こうのほうへ進んでいったという。また、瀬山に着くとひとつの蛍火《ほたるび》になり、捕まえようと近づくと消えるという。

また、夏の夕べには、湯川一族の怨霊《おんりょう》が火の玉となって亀山城から入山に向かい西川ぞいに、湯川氏が玉置氏に敗れた下志賀の城山という山のほうへ飛ぶという。その際も馬のいななきや蹄の音、刀の打ち合う音が低く聞こえるという。

以上は『日高町史　下巻』にあるが、亀山城から出る武士の幽霊の話は『御坊市史　第2巻』や『美浜町史　下巻』などにもある。

『南紀土俗資料』によると、御坊市にある湯川家の位牌《いはい》を安置している日高別院の境内のねじれた柏槇《びゃくしん》の木は、城から出た亡魂の陰火がやって来たことでねじれだしたのだという。『御坊市史　第2巻』によると、この木は枯れたため昭和四三年（一九六八）に取り払われ、現在は残っていない。

ユキンボ［ゆきんぼ］

和歌山県見好村（現・かつらぎ町）に伝わる。雪の降り積もった夜、子どものような姿をして一本足で飛び歩く。朝に木の下などに円形のくぼみができるのはこの足跡だという。

高瀬敏彦「紀州伊都郡俗信」（『郷土研究』4巻1号）にある。

与平穴［よへいあな］

和歌山県白浜町に伝わる。昔、与平という男が富田川の大岩に座って淵《ふち》の穴で釣りをしていたところ、大きな鯉《こい》が水面に現れた。与平がそれを追って水中にもぐったところ、美しい姫が現れ、「ここは人間の来る所ではない、今度お前の姿を見たら許すことはできない」と告げた。岩の上に戻った与平は落ち着くため一服すると、借り物の煙管《きせる》を落としてしまった。煙管の持ち主に伝えたところ、一番大事な品なのでどうしても取りに行けと言われ、持ち主に縄を結び付けられ仕方なく再度穴に入った。いつまでも戻らない与平にしびれをきらした持ち主が縄を手繰ると、与平はすでに死んでおり、それ以来ここを与平穴と呼ぶようになった。

郷土民話研究会編『郷土』第一集や『伝説の熊野』にある。和田寛『紀州おばけ話』ではこの姫は「川姫」とされている。

『白浜町誌　本編　上巻』では、与平は殿様のために鯉を取って来る際に穴の中で姫に会い、その後、殿様からもう一匹取って来るように言われ、拒否すれば殺されるので仕方なくもぐり死んだという異説を紹介している。また同書ではこれに関連し、『万代記』にある、元禄一二年（一六九九）旧正月一九日に田辺領主の安藤直名が富田で鯉を取った記録を引いている。

竜門山の竜［りゅうもんざんのりゅう］

和歌山県紀の川市の高幡山の**土蜘蛛**の伝説に登場する竜。天平四年（七三二）、藤原房前《ふささき》が土蜘蛛を退治しに来た際、竜門山の塵無《ちりな》し池から頭が九つある竜が現れ、口から火を吹き土蜘蛛を焼き殺した。明治の初め頃までは、この池に肥《こえ》を投げ込むと雨が降るとされ雨乞《あまご》いに使われたという。『紀州民俗誌』（『日本民俗誌集成　第15巻』収録）、『日本の伝説39　紀州の伝説』にある。

ロクロウ［ろくろう］

和歌山県在住の妖怪絵師のｓｅｌ氏が昔聞いた話としてある。小学校にロクロウという怪人が現れるという噂があり、その見た目はテレビ番組『できるかな』のノッポさんを若くしたような風貌《ふうぼう》で、パンタロンにチューリップ帽をかぶり、かなりの二枚目だという。ロクロウは夕方になると学校に入ってきてタイヤを半分埋めた遊具の上に腰を下ろし、ラジカセを抱えて学校帰りの子どもを待ち、子どもを捕まえると無理やりラジカセの音を聞かせる。そのため子どもたちは夕方になると「ロクロウが出るから帰ろう」と言って逃げるように帰宅したという。

山口敏太郎『本当にいる日本の「現代妖怪」図鑑』にある。

近畿広域

【あ】

足半［あしなか］

足半草履《ぞうり》（長さの短い草履で、川で漁をする際などに使う）が変化したもの。

『丹後の民話　第一集　いかがのはなし』、『おおみやの民話』によると、京都府大宮町（現・京丹後市）五十河《いかが》では次のように伝わる。高山の足半が淵《ふち》という所は、昔から野間の味土野の農民が岩滝に行く際に、牛に米や野菜をつけて鈴を鳴らしながら来て、足半草履を新しい草履や草鞋《わらじ》に履き替える所だった。その際、足半を「そうれ主になれ」といって淵に投げ込んだので、ある時は大きな蛇、ある時は緋鯉《ひごい》や真鯉になって見えたという。

　南方熊楠稿・岡本清造編『紀州俗伝資料断片集』（『岳父・南方熊楠』収録）によると和歌山県請川村（現・田辺市）では次のように伝わる。本宮川のメウジャ淵《ぶち》という所へ月夜に鮎《あゆ》を取りに行くと現れる怪物で、これが水中に立っている人のそばから川上に向かって鯔《いな》飛びに飛ぶと、鮎が全く取れないという。

送り雀［おくりすずめ］

和歌山県・奈良県に伝わる。夜雀ともいい、夜中の山道で人の後ろからチチチチと鳴きながら付いてくる。これは送り狼《おおかみ》がいることを知らせているともいう。

『南紀土俗資料』、『熊野・本宮の民話』、『紀州龍神の民話』、『大辺路《おおへじ》～日置川・すさみの民話』、『東吉野の民話』、比較民話研究会「奈良県吉野郡大塔村の昔話（下）」（『昔話―研究と資料』15号）など多くの資料にある。『東吉野の民話』では、ここでいう雀とはホオジロのことであるとしている。

【か】

片輪車〔かたわぐるま〕

『諸国百物語』（『百物語怪談集成』等収録）にある。

昔、京の東洞院に片輪車という化け物が毎夜現れ南から北へ上っており、日が暮れると人々は皆恐れて通行しなくなった。ある人の女房がこれを見たいと思い、夜に格子から覗いた。すると、夜中すぎに下京のほうから音がし、引く牛も人もいない車の輪が回って来て、引き裂かれた人の足を提げていた。女房が驚き恐れると、片輪車は「そこの女房、我を見るより家の中に入って汝《なんじ》の子を見よ」と言った。女房が恐ろしく思い中に走り入ると、三歳になる子どもが肩から股《また》まで引き裂かれ、引き裂かれた足はどこかへ消えていた。片輪車が提げていたのは女房の子の足であった。挿絵では、中央に男の首が付いた車輪が足をくわえている様子が描かれている。

また、『諸国里人談』（『日本随筆大成　第2期　第24巻』収録）には次のような話がある。

寛文年間（一六六一～一六七三）、近江国（滋賀県）甲賀郡に片輪車というものがあり、深夜に車の音を立てて通った。どこからどこへ行くのかも知れず、偶然これに出会った人はすぐに気絶するため、夜が更けると通る人はおらず、町中は門を閉めて静まっていた。また、これを嘲《あざけ》りからかうと、外から罵《ののし》る声がし「祟ってやる」などと言うので、人々は恐れ声も出さなかった。ある人の女房はこれを見たいと思い、音が聞こえた時に覗き見ると、引く人もいない車の片輪に美女が乗っており、門の前に車を止め「我を見るよりも汝の子を見よ」と言った。寝床に入ると、二歳になる子どもが行方不明になっており、女房は嘆き悲しんだ。翌朝、女房が「罪科《つみとが》は我にこそあれ小車のやるかたわかぬ子をばかくしそ」と詠んで戸に張っておくと、その夜片輪車が寝床で高らかにこの歌を詠みあげ「優しい人だ、ならば子を返そう。我は人に見られてはもうここにはいられない」と言い、その後は来なくなったという。

『朝野雑載』、『譚海《たんかい》』にもほぼ同様の話があるが、『譚海』は舞台が信州（長野県）某村となっている。また、『善知《うとう》安方忠義伝』、『兎園小説』など他にも片輪車の名前が挙がる書物はいくつかあり、鳥山石燕《せきえん》『今昔画図続百鬼』の「輪入道」など片輪車の影響を受けたと思われる絵も多い。

片輪車の原型として考えられるものとして、『当代記』の慶長一一年（一六〇六）の項によると「やぶれ車」という変化《へんげ》の物が京にあるとしている。車が通る音がするが姿は見えず、過去にも現れたことがあったが、過去・今回ともに凶兆だという。また先述の話中に登場する和歌については、『誰我身の上』、『匂ひ袋』、『海録』などに紹介される「君にとがなやうらみはせまじ、やぶれ車でわがわるい」という小歌との関連が指摘されている。

今井秀和「片輪車という小歌——妖怪の母体としての言語」（『日本文学研究』46号）、今井秀和「妖怪図像の変遷——「片輪車」を中心に」（『妖怪文化の伝統と創造』）などに詳しい。

桂男［かつらおとこ］

竹原春泉『絵本百物語』では月の中の隈《くま》を桂男といい、長く見ている者を招いて命を縮めるとしているが、同様の話はいくつか伝わっている。

『郷土の民話　中播編』によると、兵庫県姫路市田寺では次のような話がある。昔、気立ての良い娘がある青年と恋仲になったが、両親に交際を反対された。庭で泣きながら月を見ると、月に虹《にじ》の輪ができ、美しくにっこりと笑っているように見えた。娘が笑い返すと男が月のそばから手招きしながら現れ、二人は月の中に入っていった。男は月に住む仙人の「かづら男」であった。以来、月の輪の中に赤い星が見えると村人は「かづら男が見えるぞ、また娘を誘い出しに来るぞ」と注意しあい、「お月長いとて眺めな女、かづら男に招かれな」と歌われた。

『綜合日本民俗語彙《ごい》』では、和歌山県下里町（現・那《な》智《ち》勝浦町《かつうらちょう》）に伝わるものとして桂男が載っており、満月でない時に月を見ていると桂男に誘われるという。

首つらんか［くびつらんか］

『二上村史』によると奈良県二上村（現・香芝市）関屋には次のような話がある。昔、東のある村の豪農の使者が関屋の下池の前まで来ると、柳の所で「首つらんか首つらんか」と声がした。使者は「帰りに首吊るから、先に使いの用事を果たしてくるから」と約束し、用事のある家に向かった。使者がその家で用事を済ませ帰ろうとすると、赤飯ができたからと呼び止められたため、赤飯をいただいて家を出た。その後首吊りを誘われた場所まで戻ってくると、他の人がすでに首を吊っていた。難を逃れたのは赤飯のおかげであり、それ以来ここでは家を出る時に赤飯があれば見逃さないという。

『ふるさとのむかしばなし——久美浜町の昔話』によると、京都府久美浜町（現・京丹後市）市野々にも同様に次のような話がある。飛脚《ひきゃく》の男が手紙を届ける途中に便所に行くと、天井のほうから「首つれ、おもしれえぞ、首つれ、おもしれえぞ」と声がした。飛脚はそんなに面白いなら吊ってみようと思いかけたが、「手紙を届けてからでなくては首吊るわけにはいかない。戻りに首吊るから待て」と言って出ていき、手紙を届けた帰りに再び首を吊るために戻ってきた。すると便所には一人の男が首を吊っており、飛脚は首吊りとはこんなに恐ろしいことかと思ってやめて戻ってきたという。

ケンナイド［けんないど］

京都府黒田村（現・京都市）に伝わる。厄介者《やっかいもの》、予期せず現れ寝食の世話をしなければならない他人のことで、囲炉裏《いろり》の火がブウーブウーと吹くとケンナイドが来る前兆だといって火を消す。

仲上治一「ケンナイド」（『民間伝承』4巻5号）にある。

柳田國男『厄介及び居候』（『定本柳田國男集　第15巻』）によると、大阪府北河内郡では灯火に丁子《ちょうじ》が結ぶ（灯心が球になる「丁子頭《ちょうじがしら》」のこと）とケンナイドが来ると言い、また箸《はし》で茶碗《ちゃわん》をたたくとケンナイドが来るとする地方もあるという。

こんにゃく坊［こんにゃくぼう］

和歌山県または奈良県の山間部に伝わる。昔、とある山奥の家に僧が現れ（きれいな娘などとする話もある）、風呂を借りに来た。僧が毎日「灰汁《あく》は入ってないだろうね」と確かめるので、ある日こっそり灰汁を入れてみると、風呂いっぱいのこんにゃく玉が浮かんでいたという。

『紀の国ふるさと民話』、『十津川郷の昔話第二集』など多くの資料にある。和田寛『紀州おばけ話』によると、和歌山県花園村（現・かつらぎ町）では本物の坊さんに見破られる、和歌山県美山村（現・日高川町）では女が灰に入り自らこんにゃくになってお礼をする、といったバリエーションがあるという。

【さ】

酒うるうば［さけうるうば］

『遊京漫録』、『ききのまにまに』にある（柴田宵曲編『奇談異聞辞典』収録）。

文政三年（一八二〇）四月はじめ頃から、京のあらゆる家で「上酒有」という三文字を紙の切れ端に書いて門に貼るようになった。これは賤《いや》しい老婆が酒を売り歩くことがあり、もしその酒を買うと悪い病気になり、仮に買わなくとも門の所にいるとよくないだろうとのことで、この老婆が来ないよう貼ったのだという。

これは難波（大阪府）から来た噂で、老

婆が来ると痘瘡《とうそう》になるとされ門に赤い紙を貼っていたが、京では単に疫病として伝わり白い紙を貼るようになったのだという。

また『嘉永七寅歳中珍事末代噺種』には当年（一八五四）の大坂の流行物に「上酒婆々」が入っており、『嘉永七甲寅年中珍事咄』には「上酒うりのばば　人々もっぱらのうわさ」とある（村上紀夫・笹方政紀「霊《モノ》ガタリの系譜」（『幽』20号））。

笹方政紀「近世疫病神と妖怪―甘酒婆の全国的展開から」（『御影史学論集』37号）では、紙を貼る風習が兵庫・灘目・長田（兵庫県）辺りから大坂へ伝播《でんぱ》したとする『摂陽奇観』の記述から、張札は酒屋の宣伝が転化したものとしている。また、酒を売る女を見ると病気になるという噂の報告自体は、『無題筆記』の宝暦九年（一七五九）七月下旬の安芸《あき》（広島県）での記述が今のところ最も古いという。こちらでは難を逃れるためには南天、笹《ささ》、松の葉を釣り置くとしており、張札を貼る例としては『遊京漫録』が最も古いようである。

【た】

飛乗物［とびのりもの］

井原西鶴『西鶴諸国ばなし』にある。

寛永二年（一六二五）のはじめ、摂津国池田（大阪府池田市）の呉服神社の近くにある衣掛松《きぬかけまつ》の下に女乗物（引き戸のついた駕籠《かご》）があった。柴刈りの子どもが見つけ、町の人々が戸を開けてみると、二二、三歳の京風の上品な美人が乗っていた。女は黒髪の先を金の平元結《ひらもとゆい》で結び、白い肌着の上に菊と桐の刺繡《ししゅう》が一面にある小袖《こそで》を着て、小蔓《こづる》という舶来の金襴《きんらん》の帯を締め、薄い練絹《ねりぎぬ》の被衣《かずき》をかぶり、前には秋の野を描いた東山時代の蒔絵《まきえ》の硯箱《すずりばこ》の蓋《ふた》を置き、その中には御所落雁《らくがん》や煎《い》った榧《かや》の実や菓子が盛ってあり、そばには剃刀《かみそり》が置いてあった。

人々がさまざまに尋ねるが返事をせず、皆は何となく恐ろしかったので一度は逃げ帰った。その後、相談して村まで下ろそうと再度山に向かうと、乗物は瀬川（大阪府箕面市《みのおし》）の砂地に移っていた。その後、四、五人の土地の馬方が口説くも取り合わず、手籠めにしようとすると、女の体の左右から蛇の頭が出て食いついた。馬方は目がくらみ気を失い、その年中難病を患った。

その後、芥川（大阪府高槻市）や松尾神社（京都府京都市）、丹波の山などに行ったともされ、乗っているのも八〇歳余りの翁《おきな》とも顔が二つとも目も鼻もない老婆とも言われた。また噂を知らない旅人の肩に乗物の棒が乗り離れず、重さは感じないが少し行くと疲れて足も立たなくなった。桂川の久我縄手《こがなわて》（京都府京都市）の飛乗物というのもこれで、慶安年間（一六四八～一六五二）までは現れていたという。

【な】

鵺の亡心 ［ぬえのぼうしん］

能の『鵺』に登場する（『謡曲集』、『謡曲大観』、『謡曲叢書』）。

旅の僧が熊野三社に詣《もう》でた後、京に行く途中、摂津国芦屋で夜な夜な光物がやって来るという堂に泊まった。すると埋れ木のようなうつほ舟に乗った異様な舟人がやって来て、船の中で妄執だけが残る身の上を嘆いた。僧が名を尋ねると、舟人は源頼政に退治された怪物鵺（**鵺**（京都府））の亡霊だと語った。鵺はうつほ舟で淀川に流されここに流れ着いたのだという。僧が読経すると鵺は怪物の姿になり、僧に感謝と懺《ざん》悔《げ》を述べ、月明かりとともに海の底に沈んでいく。

村上健司『日本妖怪散歩』などによると、兵庫県芦屋市と大阪府大阪市都島区にそれぞれ鵺の死体が漂着したという伝説があり、どちらも鵺塚が建てられている。

ぬし

家を守る蛇として伝わる。

『近江竜王町の昔話』によると滋賀県竜王町では、大きい家にはぬしという尾の切れた蛇がいて、めったに姿を現さないが、その家が落ち目になるといつの間にかいなくなるという。

『よもやまばなし』によると兵庫県養父町《やぶちょう》（現・養父市）にもぬしと呼ばれる家の主の片目の蛇（青大将）が三、四〇年前からいて、いじめたり追い払ったりはせず、皮を見つけても触らないようにしたという。

【は】

鼻釣り ［はなつり］

鼻を引っかけるものとして伝わる。

『伊都の伝説』によると、和歌山県かつらぎ町天野では、いたずらをした子供の鼻をひっかけに来るものだという。

『やまぞえ双書2　村の語りべ』によると奈良県山添村では、毛原の東出と中出の間の地獄谷という深い谷に出るとされる。この谷を越えるには一度は谷底まで下らなければならず、村の子供たちが日が暮れるのを忘れて遊んで、この谷を越える時には真っ暗になっていた。そのため親は「あの谷には恐ろしい鼻釣りがいて、通る人の鼻をカギで引っかけるので、暗くなる前に帰らなければならない」と脅し、子供たちは谷を越える際は昼でも怖々通ったという。

【ま】

水ひょろ［みずひょろ］

アカショウビンのこと。「水ひょうろ」、「水よろ」、「水乞鳥《みずこいどり》」とも言う。

昔、母親と二人で暮らす娘がいたが、母親が病気になり、死ぬ間際に水を欲しがった。しかし娘は水を汲む際に水に映った自身の美しい姿に夢中になり、戻ってきた頃には母親はすでに死んでいた。その娘が鳥になって「水ひょろ、水ひょろ」と鳴くのだという。

全国でも和歌山県内と奈良県で特に多く記録されている昔話であり、『紀の国ふるさと民話』、『読みがたり　和歌山のむかし話』、『読みがたり　奈良のむかし話』、『奈良県吉野郡昔話集』など多くの資料にある。

目まじない［めまじない］

和歌山県や奈良県に伝わる虫。

『紀州日高地方の民話』によると、和歌山県美山村（現・日高川町）では次のように語られる。昔、ある大きな農家に美しく心の優しい働き者の嫁がいたが、姑《しゅうとめ》にいじめられていた。嫁は風邪をひいても働かされていたためやがて死に、そのため家は忙しくなったが、姑が野良で働くと、小さい虫が嫁の声で恨み言を言い、目に飛び込んで邪魔をするようになった。現在でも、野良仕事をする際に目に入って邪魔をする虫のことを目まじないといい、この嫁の化身だとされている。

また『熊野・本宮の民話』によると和歌山県田辺市本宮町では、姑が「嫁のすることと目につかん」と言ったので、「化けて目についたる」とこの虫になったのだとい、この虫の頭が赤いのは嫁が化粧をしているからだという。

『十津川郷の昔話　第二集』によると奈良県十津川村でも同様に、姑が「目に見えるほどもはかどらん」などと言っていたために、目まじないは「これでも見えませぬか」と目の周りを飛ぶのだとしている。

【や】

妖刀免職丸
［ようとうめんしょくまる］

『伊勢新聞』昭和十八年（一九四三）一月二十二日号（湯本豪一編『昭和戦前期怪異妖怪記事資料集成　下』収録）に、三重共同貯蓄銀行監査役の語った話としてある。

　かつて三重県警に妖刀・免職丸というサーベルがあり、これを持つといらいらしてどうしても抜いてみたくなり、抜くべきでない時に抜いて処罰を受けたりするとされ蔵の中に納められた。その後、手入れをするのが面倒なので払い下げられ行方知れずとなったが、後に大津事件（滋賀県の大津でロシア皇太子が斬りつけられた事件）を起こした津田三蔵が事件の際になぜかこの刀を持っており、大津事件の一因はこの刀の祟りであったという。

COLUMN 03

奈良の河童の妙薬について

河童が持つという薬の話が、各地に伝わることはご存じだろう。奈良県の五條市（旧大塔村）などでも「辻堂錦草」「蒲生錦草祐玄湯」と呼ばれる河童ゆかりの薬の話が聞かれる。興味深い点は、実際に近年までその薬が売られていたという点だ。筆者が販売を請け負っていた方の親族に聞き取りをしたところ、紀伊半島大水害（二〇一一年）前までは流通していた記憶があるとのことだった。

桂皮や丁子《ちょうじ》など数種類の生薬をブレンドしたもので、煎《せん》じて飲むタイプの薬だったという。外傷や神経痛、風邪など何にでも効く万能薬扱いだったようだ。

大塔郷土館（五條市大塔町阪本）には、現在（二〇二二年三月）も薬を販売するために掲げられていた看板が残っている。

また『入之波《しおのは》地区民俗資料調査報告書』に見えるように、川上村の入之波では河童を捕まえた辻本家という特定の家に、河童が授けた秘伝があったという。それはヤマイモを流しの土間でこすり、出来物のできかけに貼れば効くというもので塗布薬のようなものだろう。

こちらは先の「辻堂錦草」と違い、一家庭でのお話。実在していたか定かでなかったが、筆者が村人に聞いたところ「確かにそのような薬があった」という証言を得られた。しかも話にあるように辻本家に限定されるのでなく、近隣住民は求めれば分けてもらうことができたという。

成分の詳細や、いつ頃まで存在していたかなどは残念ながらわからなかった。しかしながら奈良県内に少なくとも二例、河童ゆかりの薬が今から遠くない時代に実在し愛用されていたことを知ることができたのは興味深い。

その他

（伝承との関連が薄い絵画・芸能など）

【あ】

異眼入道［いがんにゅうどう］

國松良康氏所蔵の化物尽くし絵巻に描かれている。

東大寺（奈良県奈良市）の行者が吉野（奈良県）で道に迷い、一つの庵《いおり》に着いた。その主人の僧は眼が闇夜でも日中のようになるほど光り、自ら異眼入道と名乗り、その声は四、五町（約四三六～五四五メートル）を響かせた。高さは二丈（約六メートル）ほど、猪《いのしし》、鹿、山犬などを積み置いて焼き鳥でも食べるかのように食べていたが、出家者なので人に災いをなすことはなかったという。

描かれた姿は他の化物尽くし絵巻では「見越入道」とされることが多い形である。

木場貴俊「〈研究ノート〉国際日本文化研究センター所蔵『諸国妖怪図巻』をめぐって―いわゆる「化物尽くし絵巻」に関する一考察」（『日本研究』60号）に詳しい。

牛かわず［うしかわず］

國松良康氏所蔵の化物尽くし絵巻に描かれている。

山城国の山の辺りの血洗が池（京都府京都市山科区御陵血洗町か）から出るもので、長さ九尺（約二・七メートル）、人を多く食い、牛かわずというものだと老人が語ったという。

描かれた姿は他の化物尽くし絵巻では「わいら」とされることが多い形である。

木場貴俊「〈研究ノート〉国際日本文化研究センター所蔵『諸国妖怪図巻』をめぐって―いわゆる「化物尽くし絵巻」に関する一考察」（『日本研究』60号）に詳しい。

迂詐の精［うそのせい］

『好色敗毒散』（『新編日本古典文学全集65 浮世草子集』収録）にある。

有無庵《うむあん》という世捨て人は土佐国（高知県）の高知で仕官していたが、俗世を煩《わずら》わしいと考え大和国の當麻《たいま》山（奈良県新庄市）のふもとの庵《いおり》に気ままに住んでいた。

ある時有無庵は世間の人が恋慕う色町を一度見たいと考え、ふらっと大坂の新町に行った。有無庵は気の向くまま見回り、夜は端の住吉屋の軒下で袖《そで》を敷いてまどろんでいた。

寅《とら》の刻頃、枕元に多くの足音がしたので見ると、白髪の老人が水衣《みずごろも》に花色（薄藍《うすあい》色）の熨斗目《のしめ》をつけ舞扇を持ち、中入り前の太夫のような格好で、一面に並んだ人間の形ではない者たちに指図をしていた。

有無庵が老人に「この有様はどういうことでしょう、まずあなたは何者でしょう」

と聞くと、老人は微笑み「そもそも物が多く集まる所には気が形を結び精霊が生じる。今ここに現れたものはこの遊郭で取り扱う物の精である。あなたは類稀《たぐいまれ》な道を悟った人なので、仏道と縁を結ぶためすべて語り聞かせましょう」と言った。そして老人自身は秦《しん》の始皇帝の時代から一〇〇〇年を経た「松の精」であり「まつ」という言葉が積もって形を現したもの、目鼻もない雪のような真っ白な大入道は「延紙《のべがみ》の精」、禿《かむろ》に真っ赤な口だけあるのは「紅猪口《べにちょく》の精」、盥《たらい》のような形で手だけが動き烏のように黒いのは「鉄醤《おはぐろ》の精」、裾《すそ》のちぎれた花色のときわけ（袷《あわせ》を単衣にした衣）を着たのは「籾茎《もみくき》（女郎の食事である粗末な大根の漬物）の精」、色は何とも判別できず形はぬらりひょんとして鯰《なまず》に目口のないようなのは「迂詐の精」だと語った。その他「酒の精」、「吸物の精」、「伽羅《きゃら》の精」、「餐《やきもち》の精」、「平髻《ひらもとゆい》の精」、「櫛《くし》の精」、「下紐《ゆぐ》の精」、「茶漬の精」と非常に妙な形をしていた。

有無庵が「またはるか向こうに丁銀一〇貫目入りの箱が二〇〇ほど、少なくとも二〇〇〇貫目はあるように見えるのは、この里の繁盛による分限者《ぶげんしゃ》の精か」と聞くと、老人は「いやいやそれは思い違い、あれは女郎全ての『借銭《しゃくせん》（借金）の精』である」と答えた。

この話に登場する「迂詐の精」の挿絵は、「うそのせいれい」として狩野派の化物尽くし絵巻と呼ばれる絵巻群の一つ『化物絵巻』（『妖怪図巻』収録）にも描かれている。

おさかべの一族［おさかべのいちぞく］

『諸国妖怪図巻』に描かれている。

播磨国《はりまのくに》（兵庫県）姫路の城下に出るもので、名前は不明、ある時は女になりある時は男になり、また鬼にも化けるとされ、おさかべの一族と呼ぶとされている（**刑部姫**（兵庫県）も参照）。

直接の関連は不明だが、『諸国妖怪図巻』と類似点が多い國松良康氏所蔵の化物尽くし絵巻では、名前は書かれていないものの同じ絵に次のような話がつけられている。

姫路城下の七、八歳の町人の子どもが行方不明になった。隣の住人の話によると、友達のような者が裏の竹垣の辺りに招き寄せ、敷革のようなものを裾《すそ》より広げ、子どもを包んで腹をたたいて帰ったという。

どちらも絵巻に描かれた姿は、他の化物尽くし絵巻では「野狐」とされることが多い形である。

木場貴俊「〈研究ノート〉国際日本文化研究センター所蔵『諸国妖怪図巻』をめぐって――いわゆる「化物尽くし絵巻」に関する一考察」（『日本研究』60号）に詳しい。

【か】

蚊の精［かのせい］

狂言の『蚊相撲《かずもう》』に登場する（『能狂言』）。

天下が統一され平和になった世間で相撲がはやり、ある大名が大勢の相撲取りを召し抱えようとする。そこに江州（滋賀県）守山の蚊の精が、相撲取りになりすまし人に近づいて血を吸おうと都にやって来る。大名は奇妙な顔だと思いつつも、相撲どころとして知られる守山の出身と聞いて自ら相撲を取る。蚊の精は羽を広げたりくちばしを長くしたりと不思議な相撲を取り、それを見た大名は、守山が蚊の名所で人ほどの大きさの蚊が相撲取りになり人の血を吸ったという話を思い出す。大名は一度は負けたものの、蚊の精に負けるのは癪《しゃく》だと一計を案じ、蚊ならば風を嫌がるだろうと取り組み中に扇がせ、くちばしを抜いて勝利する。

小雨坊［こさめぼう］

鳥山石燕《せきえん》『今昔百鬼拾遺』（鳥山石燕、稲田篤信編、田中直日編『画図百鬼夜行』収録）にある。

僧のような姿で描かれており、雨のそぼ降る夜、大峰・葛城山中（ともに奈良県）を徘徊《はいかい》して斎料《ときりょう》を乞《こ》うとしている。

【さ】

佐伯友尾［さいきのともお］

勝川春英『異魔話武可誌《いまはむかし》』に「小はだ小平次」と書かれている絵について、十返舎一九『列国怪談聞書帖』（『十返舎一九集』収録）では「佐伯友尾」と改題しており、次のような話が付け加えられている。

昔、水尾帝（清和天皇）に仕えて和歌に優れた佐伯蔵人《くらんど》友尾という美男がいた。ある日、友尾が嵯峨《さが》の大沢池（京都府京都市）で釣りをして、籠が一杯になって帰ろうとすると、夕方の月が嵐山に昇り緑の池の水は光を湛《たた》えきらめき、えもいわれぬ様子だった。再度荷物を開け、盃《さかずき》をもって時間を忘れ楽しんでいると、小さな蛇が景色に夢中な友尾の足の指をくわえて池に引き込もうとしていた。従者が袖《そで》を引いて止めると、友尾は気づいたが、すでに半身は池の中にあった。友尾はやがて完全に引き込まれ、知らせを聞いた親が船を指揮して探すが、死体すら見つからなかった。

その後、友尾の親友の朴足《えたる》が日が落ちた後にここを通ると、目が大きく痩《やせ》せて蓮の葉をかぶり藻《も》を身にまとった男が池の上から呼んでいた。朴足は「友尾を引きこんだ妖怪め、我が手で打ち倒してやろう」と太刀に手をかけるが、男は「私が友尾である。かつて水神の娘に懸想されて池に引き込まれ夫婦となった。故郷を懐かしむ私の心を悟って妻は私のそばを離れることがないが、なぜか昨日から妻は広沢の池に行って私一人だ。貴方の通るのを待っていた」と魚籠《びく》を差し出し友尾の宿所に贈るよう言った。やがて池に波が立ち、友尾は妻が帰ったと言って池の中に入った。朴足が友尾の家で事情を話し魚籠を開けると、濡れた短冊に「池水も濁《にご》りてし世はうき草の手向にたにもあはずなりけり」と書かれていた。

歌を聞いて嘆いた父は再度船で捜索し、旱魃《かんばつ》で砂泥のみになった池の底に穴をあけ探っていると、大きく滑らかな岩に穴が開いて水を吸っていた。穴の中には小さい蛇が白骨の上にとぐろを巻いており、父がこれを敵として槍《やり》で刺そうとすると蛇は身をひるがえし雷雨をおこし龍神となって飛んで行った。愛宕山《あたごやま》の水尾の宇賀と書かれた祠《ほこら》は宇加女神（宇賀神）を祀《まつ》るとされるが、この大沢の蛇を祀るという説もあり、友尾という名前は年月とともに忘れられ割れた碑にのみ残っているという。

蛇体の女［じゃたいのおんな］

國松良康氏所蔵の化物尽くし絵巻や『怪奇談絵詞』に描かれているもので、蛇の体に女性の顔がついた形をしている。

大和国三笠山（奈良県奈良市）にて杣人《そまびと》六、七人がこれを見て、五人は即死、一人は走って山を下りて知人にこれを語ったが、三日以内に病気になり食事ができず死んだとしている。その長さは一〇丈（約三〇メートル）ほどで、顔は非常に美しかったという。

木場貴俊「〈研究ノート〉国際日本文化研究センター所蔵『諸国妖怪図巻』をめぐって―いわゆる「化物尽くし絵巻」に関する一考察」（『日本研究』60号）に詳しい。「蛇体の女」は『妖怪百物語絵巻』で付けられた名前。

西瓜のばけもの［すいかのばけもの］

与謝蕪村『蕪村妖怪絵巻』（『妖怪百物語絵巻』収録）にあるもので、西瓜の頭をした武士のような怪物に「大坂木津、西瓜のばけもの」と書かれている。

木津（大阪府大阪市）は西瓜の産地として知られていた。

すいこみ

南條武『妖怪ミステリー』にある。

一一〇〇年頃、難波（大阪府）のある金持ちの家の娘に美しい男が結婚を申し込みに来た。すると突然天井裏から大きな音が響き、鬼のような重い声で「その娘は俺が自分の妻にしようと思っていた娘だ」と言った。声は「命を取ろうか、顔を取ろうか」と問い、娘の親が「顔を」と言うと「ならば、吸うぞ、吸うぞ」と声がし、男は顔を手で押さえ苦しみだした。妖怪が消えて男の顔を見ると、目や口が顔の中央に吸い付けられ鼻の近くに集まっていた。

この話の大元となるのは『宇治拾遺物語』の次のような話である。

昔、博打《ばくち》打ちの子で目や鼻が一か所に寄ったような顔をした男がいた。両親はある長者の娘の母が婿《むこ》を探していることを聞き、「天の下の顔よし（天下の美男子）が婿になろうと言っている」と伝えた。婚礼の夜、男は装束を人に借り、月明かりで顔が見えないよう振る舞い、また長者は博打仲間を見て男の家の者と勘違いし、立派な家柄だと奥ゆかしく思った。

男は夜に娘のもとに通っていたが、ある時昼に行く必要が出て策を考えた。まず博打打ちの一人が夫婦の寝ている天井裏に入り踏み鳴らし、恐ろしげな声で「天の下の顔よし」と言った。その後の流れは『妖怪ミステリー』とほぼ同様で、男は鬼に顔を吸われたという体になる。

その後、男が「このような恐ろしい所に来たのが間違いだった」などと愚痴《ぐち》を言うと、長者は代わりにと宝を渡し、また男が「場所が悪いのではないか」と言うと、長者は他に立派な家を建てて住まわせた。

『宇治拾遺物語』のこの話は早川純夫『日本の妖怪』で大きくアレンジが加えられ、最終的に『妖怪ミステリー』に引き継がれ「すいこみ」となる。まず『日本の妖怪』では、本来記述のなかった家の場所を京のはずれ難波の近くとし、また男は「蟇《ひき》の少将」とあだ名されていたとしている。『妖怪ミステリー』ではさらに記述が変化し、先述の通り場所を「難波」、時代を「一一〇〇年頃」と確定しているほか、全てが男や両親の策略であったことを明かさない純粋な妖怪談としての構成となっている。

すじかぶろ

勝川春英『異《い》魔《ま》話《は》武《む》可《か》誌《し》』に「すじかぶろ」と書かれている絵について、十返舎一九『列国怪談聞書帖』（『十返舎一九集』収録）で次のような話が付け加えられている。

奈良の木辻（奈良県奈良市）に初めて遊郭ができた頃、浦島某という娼家で毎夜どこからともなく赤ん坊の泣き声がし、人々は怪しみ、噂が流れ客も少なくなった。

あるもの寂しい夜、廊下から赤ん坊の声が聞こえたので亭主が覗いてみると、異形の妖怪が禿《かむろ》に交じって座敷を見回り、酒や肴《さかな》の残ったものを食べ、どこへともなく立ち去っていった。夜が明けてみると、廊下も畳も妖怪の歩いた爪の跡で筋を引いて削られており、すじかぶろとして恐れられた。

亭主は怒り、「家業の妨げをなす妖怪、打ち殺して災いの根を絶つべし」と大勢に命じて、毎夜監視しある時この妖怪が出たところを忍び寄って倒し、大勢で打ち殺した。火をつけてみると、全身に鱗《うろこ》が生え目は光り口に牙があり、手足は爪が長く水かきがあり、顔は人のよう、前身は川獺《かわうそ》に似ていた。また、家の後ろの池に住んでいたらしく、半身は泥にまみれていた。

一九は『異物志』の赤ん坊のように泣く獣や『江戸砂子』の赤ん坊のように泣く四本足の魚を挙げ、すじかぶろもこのような種類の変じたものではないかとしている。

石虫［せきちゅう］

『姫国山海録』（『百鬼繚乱』収録）にある。

長さ五、六寸（約一五～一八センチ）、雪のような色で腹は淡紅色、鞍馬山《くらまやま》（京都府京都市）の火打石となる石の中にいて、石を貫いて食べるという。

描かれた形はEberhard Werner Happel『Relationes curiosæ, oder Denckwürdigkeiten der Welt』に見られる、石を食べるシャミールなどと呼ばれる虫によく似ている。

そばおしき

國松良康氏所蔵の化物尽くし絵巻に描かれている。

人の顔に飛びつき、羽で息をとめ筋で首を絞める、俗にそばおしきというものだろうとし、鞍馬《くらま》（京都府京都市）の山中で願行院という山伏を絞め殺し、血を吸っていたのを同所の者が見た様を記すとしている。「そばおしき」とは、むささびの異名。

描かれた姿は他の化物尽くし絵巻では「ふらり火」とされることが多い形であるが、全体が黒くなっている。

木場貴俊「〈研究ノート〉国際日本文化研究センター所蔵『諸国妖怪図巻』をめぐって――いわゆる「化物尽くし絵巻」に関する一考察」（『日本研究』60号）に詳しい。

#【た】

付喪神［つくもがみ］

『付喪神記』にある。

まず『付喪神記』では冒頭に『陰陽雑記』なる書物を引き、道具が一〇〇年を経ると魂を得て人を誑《たぶら》かし「付喪神」と呼ばれるため、煤払《すすばら》いでは古い道具を捨てるのだとしている。そして康保年間（九六四～九六八）、洛中洛外の家々から捨てられた古道具は恨めしく思い、化けて復讐することを決意する。数珠《じゅず》の「一連入道」は止めるが、手棒の「荒太郎」に打ちのめされ去り、古道具たちは古文書の「古文先生」から化け物になる方法を教わる。曰《いわ》く、節分の陰陽反転を待ち、命を捨て、造化の神の手に身をゆだねるとよいのだという。

節分の夜、化け物となった古道具たちは船岡山（京都府京都市）の後ろ、長坂の奥を本拠地とし酒宴をする。そしてこの山に変化《へんげ》大明神の社《やしろ》を建て祀《まつ》る。四月五日の夜中、化け物たちが祭礼行列をなして一条通りを進んでいると、時の関白に出くわす。関白の従者らは気絶したが関白は騒がず、化け物を睨《にら》むとお守りの尊勝《そんしょう》陀羅尼《だらに》から火が出て化け物を襲った。それを聞いた天皇は陀羅尼を書いた僧正に祈禱《きとう》させ、六日後、天皇の御所の上から護法童子が現れ、化け物の城に飛びたちまち降伏させた。

改心した化け物たちは、一連入道のもとで真言密教に帰依する。その後一連入道が一〇八歳で座したまま成仏した後、部屋が浄土の様相となり、化け物はますます信心する。そしてある時、一人の化け物が修行の気が緩まないようにとお互い別の深山幽谷で修行することを提案し、それぞれの化け物は行った先で悟りを開く。一切衆生悉《しっ》有仏性《うぶっしょう》などと言われるが、実際に物が成仏した例があるのは真言密教だけであると書かれ物語は終わる。

「付喪神」という語彙《ごい》については伊勢物語古註の一つである冷泉家流の『伊勢物語抄』などにある。そこでは『伊勢物語』で在原業平がある女について詠んだ「百年《ももとせ》に一年《ひととせ》足らぬつくも髪われを恋ふらし面影に見ゆ」の歌の説明として、次のように書かれる。

「つくもがみ」は**百鬼夜行**（京都府）である。『陰陽記』によると、狐狸《こり》などの動物は百年生きると人を誑かすので「属喪神」あるいは「夜行神」と呼び、九十九年目から変身するので「百年に一年足らぬつくもがみ」と言う。女は九十九歳ではないが、業平に心の苦しさを訴え喪を付けたので「付喪神」と言う。

また同じく冷泉家流の『伊勢物語奥秘書』では、家具が一〇〇年経つと変化して人を誑かし「つくも神」あるいは「百鬼夜行神」と呼ばれるとしている。

付喪神絵巻はこれらを引用しているようだが、ここに書かれた『陰陽記』あるいは『陰陽雑記』については、架空の書物である可能性が高いことが指摘されている。また、伊勢物語古註では「つくもがみ」という語の解釈について「藻《も》のような髪」とされる場合が多いが、中には「七夕」（『伊勢物語奥秘書』など）、「蜘蛛《くも》」（『増纂伊勢物語抄』）といった解釈がされる場合もあり（いずれも『伊勢物語古注釈大成　第1巻』収録）、先の「百鬼夜行」もその解釈の一つである。

そのためか、「付喪神」という語の使用例は付喪神絵巻を引いた本を除いて近年までほとんどなかったが、平成以降においては付喪神絵巻に限らない器物の妖怪の総称として「付喪神」が使用されるケースが多く見られるようになった。

田中貴子『百鬼夜行の見える都市』、塵塚りんす『『太平広記』の「精怪」譚《たん》から見た日本の器怪譚と『付喪神記』などに詳しい。

騰黄［とうこう］

『雲錦随筆』（『日本随筆大成　第1期　第3巻』収録）にある。

京のある身分の高い家には騰黄という神獣の図がある。その神獣の形は狐のようだが狐とは異なる。一説に、この獣は神代から日本に二〇〇〇年いて大陸に渡り、その際に黄帝がこれに乗って天下を巡り、それによって馬に乗ることをはじめて皆に教えたという。「黄帝八翼の竜に乗じて天下に遊ぶ」と俗に言われるのがこの騰黄のことだという。また、天皇即位の際に紫宸殿《ししんでん》に張る獣形帽額にも騰黄が描かれているとしている。

『雲錦随筆』では、最後に騰黄と黄帝について『軒轅本紀』での記述を引いている。

栂尾の怪人［とがのおのかいじん］

國松良康氏所蔵の化物尽くし絵巻に描かれている。

栂尾（京都府京都市）の山中を常に苦しい声で泣きながら通るもので、腰より上だけで空中を歩き、名前は不明、山海経《せんがいきょう》等にも見えないとしている。「栂尾」は「うめのを」と振り仮名があるが、誤りだろう。

描かれた姿は『百怪図巻』（『妖怪図巻』収録）の「夢のせいれい」と似ている。

木場貴俊「〈研究ノート〉国際日本文化研究センター所蔵『諸国妖怪図巻』をめぐって―いわゆる「化物尽くし絵巻」に関する一考察」（『日本研究』60号）に詳しい。

筆者命名。

【な】

凪の浦の鬼女［なぎのうらのきじょ］

勝川春英『異魔話武可誌《いまはむかし》』に「古家の怪」と書かれている絵について、十返舎一九『列国怪談聞書帖』（『十返舎一九集』収録）では「凪の浦の鬼女」と改題しており、次のような話が付け加えられている。

丹後国の峰山（京都府京丹後市）に篠田某という楽器の名人がおり、特に琴《こと》に優れていた。ある日、篠田が同国の凪の浦という所に遊行し、夕方の月が出る頃に帰ろうとすると、どこからともなく美しい琴の音が聞こえてきた。音のほうに行くと磯山の木に隠れた柴の庵《いおり》があり、異形の女が破れた装束と色あせた袴《はかま》を着て琴を弾いていた。女は弾き終わると「ああ嬉しい。私のこの秘曲を人に伝えず死んだ心残りで、人を長く待った。今ここに来た人に伝えることこそ幽玄の本質である」と言って灯を消して消えた。篠田が茫然と辺りを見ると庵も女もなく、琴の音が耳に残っていた。篠田はこの曲を伝え、代々この国で琴の名手となり、凪の浦は琴弾浜と呼ばれるようになった。

ぬっぽり坊主［ぬっぽりぼうず］

与謝蕪村『蕪村妖怪絵巻』（『妖怪百物語絵巻』収録）にある。

京の帷子《かたびら》が辻《つじ》に現れ、顔に目鼻はなく、目が一つだけ尻の穴の部分にあって稲妻のように光るという。

水木しげるの本では「尻目」と名付けられており（『妖怪世界遺産』）、以降その名前で紹介されることが多い。

野守の鬼［のもりのおに］

能の『野守』に登場する（『謡曲集』、『謡曲大観』、『謡曲叢書』）。

出羽（山形県）の羽黒山の山伏が大峰葛城（ともに奈良県）に入る途中、春日（奈良市）で謂《いわ》れのありそうな水を見つけ、野守（番人）の老人に由来を尋ねる。老人はこれは野守の鏡というもので、野守が姿を映すのでそう呼ばれるのだと語る。しかし同時に、本物の野守の鏡は鬼神の持っていた鏡で、昔この野に住んでいた鬼が昼は人間となって野を守り、夜は鬼となって塚に住んでいたのだともいう。また、和歌で野守の鏡と詠まれるのもこれで、御狩があった際に逃げた鷹が水面に映ったのを野守が見つけたことから詠まれたのだという（『奥義抄』などにある、雄略天皇の逸話）。山伏が水ではない本当の野守の鏡を見たいと言うと、野守は「私が持っているとお疑いですか。それは鬼神の持つ鏡なので見たら恐ろしく思われるでしょう。それはできませんので水のほうをご覧ください」と言って塚に入る。山伏が奇特に出会ったことに祈ると、鬼が鏡を持って現れ、鏡にはありとあらゆる世界が映し出される。そして鬼は「これこそ鬼神に横道を正す宝である。それ地獄に帰るぞ」と言って大地を踏み割り奈落の底に入っていく。

　また國松良康氏所蔵の化物尽くし絵巻では、他の化物尽くし絵巻で「うわん」とされることが多い絵について、大和国（奈良県）の石塚より現れるものだとし、諸所の深山の塚の中にもいると老人が語ったもので、俗に言う「野守鬼《のもりのおに》」であろうとしている。

　こちらは木場貴俊「〈研究ノート〉国際日本文化研究センター所蔵『諸国妖怪図巻』をめぐって―いわゆる「化物尽くし絵巻」に関する一考察」（『日本研究』60号）に詳しい。

【は】

花軍 [はないくさ]

能の『花軍』にある（『謡曲叢書』）。

京で生け花の競技会が催されることになり、その頭役が若い二人を連れて洛外の山々で花を摘んでいた。三人は伏見の深草（京都府京都市）で花を探そうと思い、夕方になって雨が降る中伏見に着くと、地元の人が「花の下草をお探しですか」と声をかけてきた。頭役が花のある所を聞くと、地元の人は「まず伏見の菊は翁草《おきなぐさ》と言って名高いものです。その他いろいろありますが、どれがよいでしょうか」と三人を案内する。

　そうして多くの花が咲く所に来ると、地元の人は「まず女郎花《おみなえし》を取って立てなされ」と言う。頭役は「これほど多くの美しい花があるのに、なぜ女郎花を一番にと仰るのですか」と言うが、地元の人は譲らない。そして頭役が「この地で有名な白菊のほうが先でしょう」と言うと、地元の人は「よろしい、承ってくださらぬのならば、女郎花に縁のある花々とともに白菊を打ち散らし恨みを晴らしましょう」と言って女郎花の姿となり、「今夜の月を待ちなされ、夢中の花軍で会いましょう」と言って消えた。

　やがて女郎花やそれに加勢する牡丹《ぼたん》など、さまざまな草花が現れ戦をする。しかしそこに翁草が進み出て「この度の戦は道理だが、私に免じて両軍ともやめなされ」と言い、和睦《わぼく》となる。翁草が馬から降りると両軍はともに酒宴をし、やがて翁草が皆を連れて帰り夜が明ける。

　御伽草子《おとぎぞうし》の『草木太平記』（『新釈日本文

学叢書　第2輯　第7巻』収録）も同様に、植物が戦をする話となっており、花いくさという言葉が作中で使われる。こちらは吉野（奈良県）の桜と恋仲になったススキとそれをよく思わない梅の木が発端となり、明石（兵庫県）の藻塩草《もしおぐさ》・宇治（京都府）の茶・難波（大阪府）の葦《あし》など有名な植物が近畿地方を舞台に草と木にそれぞれ分かれ戦をするという物語である。草勢は木勢を圧倒するが、楠木正成の奇襲で戦況は一変、最終的にススキは切腹、桜は出家し墨染の桜となる。

花軍とは、もとは華々しく戦うことの意味。

花の精［はなのせい］

能の『西行桜』に登場する（『謡曲集』、『謡曲大観』、『謡曲叢書』）。

西山の西行法師の庵《いおり》（俗説で勝持寺（京都府京都市）とされる）の一本の桜が盛りだということで、京から花見客が大勢訪れる。西行は桜を一人で静かに楽しもうと禁制にしていたが、無下に帰すわけにもいかず仕方なく中へ入れ、「花見んと群れつつ人の来るのみぞあたら桜のとがにはありける」と詠む。

夜になり皆で桜の下で寝ていると、朽ちた桜のうろから白髪の老人が現れ、「埋木《うもれぎ》の人知れぬ身と沈めども心の花は残りけるぞや」と詠む。老人は自身を夢中の翁《おきな》だと語り、「桜のとがとは何か」と西行に尋ねる。西行が「浮世を嫌い山に住んでいるのに人々が集まり煩《わずら》わしいと心を少し詠んだのだ」と言うと、老人は「恐れながら、浮世と見るのも山と見るのもただ人の心にある。非情草木の花に罪はない」と返す。西行は納得し老人に「そのような理屈をなす貴方は花木の精でしょうか」と聞くと、老人は「実は花の精だが、このように恥ずかしながら老木の桜である。心のない草木でも花実をつける時期は忘れない。草木国土悉皆《しっかい》成仏である」と語る。そして老人は桜の名所を次々と挙げて舞い、そうしているうちにやがて夜明けの鐘が鳴り、老人は名残を惜しむ。西行が夢から覚めると、花は散り老人は跡形もなかった。

作中の「花見んと〜」の歌は西行の歌として『玉葉集』や『山家集』にあるもの（もとは「花見にと」）。

びいがん御坊［びいがんごぼう］

もとは勝川春英『異魔話武可誌《いまはむかし》』に「びいがんこ坊」とあるもので、後に十返舎一九『列国怪談聞書帖』（『十返舎一九集』収録）で次のような話が付け加えられている。

天応年間（七八一〜七八二）、遣唐使の藤原葛野麻呂《かどのまろ》と石川道益が唐から弭已介牟《びいがん》という僧を招いた。弭已介牟は広徳博才で帝も深く帰依し、河州今木（大阪府岸和田市）に建てた寺には近所の人が慕って来てびいがん御坊と呼ばれた。しかし弭已介牟は藤原宗成と謀反《むほん》を企てた一味であると讒《ざん》言《げん》され、首を斬られた。その後、明清《みんせい》という弟子は無罪を上に訴え寺を継いだが、寺には眼の光が日月のような大法師が藪《やぶ》の中から現れ、通る人を驚かすようになった。さらにある夜、唯新という新しい僧はこの怪に驚かされ気を失って死んだ。

明清は「びいがんの霊だと世にいうが、我が師が執着の念をひくはずがない。狐狸《こり》の仕業に違いない」と人に命じて山中の狐狸の巣穴をすべて石で埋めた。するとその夜に枕元に狐が多く現れ、「我々は長年山中にいて一度も人を害したことはない。西の藪の古狸《ふるだぬき》が変化《へんげ》したものであり、その罪で我々の巣穴まで埋められたのは悲しいので、仲間で申し合わせて狸を打ち殺した。どうか我々の無実の罪をお許しください」と言ったところで目が覚めた。夜が明けると狸が首を絞められ死んでおり、明清は狐の巣穴を全て開いてやった。

ヒトムササビ［ひとむささび］

和歌山県で、二本足で歩く体長二メートルのムササビだという。『迫り来る!!霊界・魔界大百科』にあり、「天狗の正体か？」としている。

姫鬼［ひめおに］

狂言の『首引』に登場する（『能狂言』）。

西国に下っていた鎮西八郎為朝が京に上る途中、播磨国印南野《はりまのくにいなみの》（兵庫県稲美町周辺）で鬼に食われそうになる。為朝が命乞《いのちご》いをすると、鬼は喰初《くいぞめ》をしていない自分の姫に食われるのとどちらが良いかと問い、為朝は姫に食われることを選ぶ。姫が噛みつこうとすると為朝は扇で姫をたたき、姫は「ああ痛い痛い」と父親に訴えるが、為朝は扇が当たっただけだと言い張る。また為朝は姫を叱責《しっせき》するが、咳をしただけだと言い張る。そして為朝は姫鬼に、自分と勝負をして自分が勝てば見逃すように告げる。嫌がる姫鬼だったが父親に促《うなが》され腕押し（腕相撲）をすることになり、負けて「わらわの柔らかな手を無骨な手で擦りつけた」と父親に泣きつく。次に脛《すね》押し（足相撲）をすることになるも、やはり「わらわの柔らかなももへ毛の生えた足を擦りつけた」と泣きつく。最後に首引き（紐《ひも》を首にかけ引き合う）をすることになるが、父親は姫一人では敵わないと眷属《けんぞく》たちを呼び出し姫の味方をさせる。しかし為朝は眷属たちを相手に引き合い、父親が紐に手をかけようとすると扇でたたき、最後に眷属たちが引っ張った時に紐を外し、眷属たちが後ろに倒れたところで逃げ出す。

【ま】

真桑瓜のばけもの ［まくわうりのばけもの］

与謝蕪村『蕪村妖怪絵巻』（『妖怪百物語絵巻』収録）にあるもので、瓜の頭をした足軽のような怪物に「山城、駒のわたり、真桑瓜のばけもの」と書かれている。

狛村（京都府精華町）は真桑瓜の産地として知られる。

村上天皇の霊 ［むらかみてんのうのれい］

能の『絃上《げんじょう》』に登場する（『謡曲集』、『謡曲大観』）。

藤原師長《もろなが》は天下に知れた琵琶《びわ》の名人であったが、唐に行こうとする道すがら名所の月を眺めようと須磨の浦（兵庫県神戸市）にたどり着いた。そして師長が従者と塩屋（塩を焼く家）で宿を借りると、塩屋の主人の老人に琵琶の秘曲を聞きたいと頼まれた。しかし途中、村雨が降りひさしで激しく音を立てるので、師長は琵琶を弾くのをやめようとする。すると老人は妻に苫《とま》を用意させ、ひさしに被せて、琵琶と雨音の調子を合わせた。それに感心した師長が老夫婦に琵琶と琴《こと》を弾かせようとうながすと、老夫婦は実に面白い演奏をした。師長は「日本で琵琶の奥義を極め唐の様子を知ろうと思っていたが浅はかであった、このような人がいたとは」と演奏に夢中な老夫婦を横目に家を去る。

気づいた老夫婦に引き留められた師長が「一度京に帰り再度お訪ねしましょう、名前を仰ってください」と言うと、老人は「何を隠そう我々は絃上の主であった村上天皇と梨壺《なしつぼ》の女御である。そなたが唐に行くのを引き留めるため須磨の浦で夢にまみえたのだ。光源氏の夢のお告げの故事を思い出すがよい」と言い、かき消すようにいなくなった。

そして再び姿を現した村上天皇は海底の龍神に獅子丸という琵琶を持って来させ、八大龍馬を引き連れて師長に獅子丸を授ける。その後、師長は龍馬や村上天皇とともに演奏し、村上天皇は飛ぶ車に乗って天に昇る。そして師長は琵琶を持って馬に乗り京に帰る。

【や】

雪鬼［ゆきおに］

能の『雪鬼』に登場する（『新謡曲百番』、『謡曲叢書』）。

在原業平が交野《かたの》（大阪府）で狩りをしていた際、雪が降り日が暮れ、「いかにせん交野のみのの狩衣濡れぬ宿かす人しなければ」と詠んだ。そこに一人の女が現れ、宿を貸した。そうして二人は夫婦となり、業平は二人で都で暮らそうと誘った。しかし都に来て立春になると、女は心を悩ませ、顔はしぼみ、日の光に消えた。これは交野の雪鬼だった。雪鬼は雪が深い谷の岩間に凝り固まって女に化けるというもので、悪い鬼ではないという。後に旅の僧がこれと出会い弔《とむら》うが、そこで雪鬼は自分を鬼ではないと語っている。

夜這蜘蛛［よばいぐも］

もとは勝川春英『異魔話武可誌《いまはむかし》』に「夜這蜘」とあるもので、後に十返舎一九『列国怪談聞書帖』（『十返舎一九集』収録）で次のような話が付け加えられている。

天正年間（一五七三〜一五九二）、京の尾越の荘司という者には一人の娘がおり、化粧《けしょう》をせずとも美しく必ず見る者の心を動かしてきた。一五歳の夏頃から娘は病床に伏すようになり、両親もさまざまに手を尽くしたが効果がなく、さらに家の中で怪異があるという話だった。荘司がある夜こっそり見てみると病床に囁《ささや》く声がし、見ると美少年が娘のそばに座っており、娘はこの美少年に心を奪われていた。荘司が少年の帰るのを物陰から見ていると、少年は庭で異形に変わって縁の下に入り込んだ。妖怪の仕業であれば打ち殺すと祟りをなすかもしれないと考え病床の蚊帳《かや》の裾《すそ》を畳に縫い付けておくと、少年は蚊帳をめくろうとするができず、引き裂こうとしたところで荘司が後ろから刀で斬り、少年が怒って躍り上がったところをさらに斬りつけ殺した。明かりをつけてみると、それは年をとった大きな蜘蛛で、全身に針のような毛が生え、顔は偏平で目が光り、手は鉄を延ばしたように細長かった。妖怪の意識が蚊帳にいっていたため祟りは起きず、娘はしばらくして回復したという。

【ら】

鱗舐［りんしょう］

フリー百科事典サイト『Wikipedia』に二〇〇五年一二月から二〇一一年五月まで妖怪カテゴリとして掲載されていたもの。（掲載期間は削除依頼とそのＵＲＬに掲載されたoldidより確認）

堺《さかい》（大阪府）や近江《おうみ》（滋賀県）で伝えられている妖獣であり、姿は家庭用ゲーム『ポケットモンスター』に出てくる「ベロリンガ」に目・体つき・足が、「フーディン」に頭がよく似ているとしている。全長約２ｍ、体高１・１cm（原文ママ）、舌の長さは全長の５倍、重さは俵《たわら》76俵くらいで、性格はおとなしく、花を食べる。また、人の徳を見分けることもでき、徳の高い者は舐《な》められると三つ願いが叶うが、利己的な願いは叶えられない。腹黒い者は舐められると顔が鱗《うろこ》のようになってかゆくなり、そのかさぶたが剝《は》がれると物凄い激痛が走りついには死んでしまうとしている。

創作と思われるが、投稿者は「ケルピー」の記事のノートにおいて「俺はただ自分で書いている空想生物の図鑑から載せたものです。どこから調べたかと言うと、友人や身の回りの人から口伝いで聞きました」としている。

現在では記事は削除されているが、海外の百科事典サイトに転載されたり家庭用ゲーム『無双ＯＲＯＣＨＩ』シリーズのキャラクター名として使われたりなど他への影響がみられる。

五十音順索引

この索引は、本書収録の全怪異・妖怪を五十音順に配列したものである。

あ

か

た

な

は

ま

ら

わ

部類別索引

この索引は、本書収録の項目を部類別にまとめたものである。見出しは五十音順に配列してある。複数該当するものは重複して掲載してもいる。

異形・怪物

石

鼬（いたち）

井戸

犬

猪

牛

牛鬼

宇宙・星

馬

海・海辺

狼（おおかみ）

お多福

音・声

鬼

女

貝

蛙（かえる）

鏡

火事

学校

河童（かっぱ）

器物

五十音順
部類別
属性別

巨人

首

蜘蛛（くも）

クラゲ

子ども

魚

猿・狒々（ひひ）・猩々（しょうじょう）

鹿

爺（じじい）

地蔵

植物（木を除く）

僧

蛸（たこ）

狸（たぬき）

乳房

ツチノコ

火

比叡山（ひえいざん）

琵琶湖（びわこ）

蛇（へび）

便所

竜

椀（わん）・食器

属性別索引

この索引は、本書収録の項目のうち属性別にできるものをまとめたものである。関連する人物・作品での横のまとまりも、主なものをこちらに挙げた。

転んではいけない坂

最澄

坂上田村麻呂

下がりもの

辞書類

児童書

死に誘う

事物由来譚

自滅する狸

聖徳太子

新聞・瓦版

菅原道真

砂まき

説話集

戦国武将

俗信

注釈書

ついてくる

伝記

七不思議

年中行事・日付

化物絵

人が鳥になる

人が虫になる

おわりに

思えば私が近畿地方（京都）の大学への進学を決めたのは、「怪異妖怪の関連地を巡る機会が増えるかも」という安直な理由からでした。しかしいざ近くに住んでみると案外行かないもので、その後「国会図書館へのアクセスが良いほうがいい」というまた安直な理由で東京に就職してしまいます。そんな私がこうして機会をいただき、改めて近畿を巡ることになるとは分からないものです。

そうしてできた本巻、著者の立場で言うのも何ですが、これはあくまでスタートラインだと思っています。内容はほとんど他の本の引用であり、極端な話、参考文献を全部読めば誰でもこの程度の本は書けます（書けました）。その上で、読者の方々や世間の怪異妖怪への関心を高めることができたか、そして研究者やクリエイターの方々にはこれからどう活用されるか、そこが私の最も期待している部分でもあります。

最後になりますが、監修の朝里樹さん、共著者の木下昌美さん、イラストを提供いただいた東雲《しののめ》騎人《きじん》さん、笠間書院はじめ編集・制作に関わった全ての方々、有益なアドバイスをいただいた他巻著者の方々、参考文献の著者の方々、そして読者の皆様方には厚く御礼申し上げます。ありがとうございました。

御田鍬

「一〇〇〇年前から時が止まっている――」奈良県で暮らし始めて幾度となく、そう感じる瞬間がありました。そのことを今回ほど実感したことはありません。

県外出身の私の目には、奈良県民は変化を好まない性質を持っているようにうつります。古来より実在するものが此処其処《ここそこ》にあるのですから、年を経るほど保守的になるのは当然と言えるでしょう。今、文化財と呼ばれるものたちはそうした奈良県民の手により大切に守られ伝わるべくして伝わってきたのだと思います。

一方で、形のないものに対しての関心は薄いように感じられます。それはオバケについても当てはまることで、奈良県は他県と比べた際近年収集された新しい話が少ないように見受けられます。単に話が発生しなかったのか、それとも残っていないだけか。

本書でもお世話になった柳田國男や高田十郎、宮本常一に岡節三、林宏（敬称略）らが記録した話は多数あります。しかしここ十数年ほどはアヤシイモノゴトに対して関心と意識が向けられず、その時間は止まったままであると感じています。良い悪いという話ではなく、非常に奈良らしい特徴であるなと思う次第です。今後奈良にて、どういったオバケ譚が蒐集《しゅうしゅう》記録される（されない）のでしょうか。この事典が奈良の地に潜む彼らの姿を、また誰かが気に留める一助となっていれば嬉しいです。

木下昌美

- 上富田町史編さん委員会編『上富田町史　第 4 巻　史料編　下』1992 年、上富田町
- 森彦太郎編『南紀土俗資料』1974 年、名著出版
- 清水町誌編さん委員会編『清水町誌　下巻　別冊』1998 年、清水町
- 川辺町史編さん委員会編『川辺町史　第 2 巻　通史編　下』1991 年、川辺町
- 大塔村編『大塔村誌』1987 年、大塔村
- 中京大学郷土研究会編『中京民俗 15　北山村の民俗』1978 年、中京大学郷土研究会
- 中山浩・神坂次郎・松原右樹『日本の伝説 39　紀州の伝説』1979 年、角川書店
- 中西包夫編『貴志の谷昔話集』1952 年、貴志中学校
- 中津芳太郎編『紀州日高地方の民話』1985 年、御坊文化財研究会
- 中辺路町誌編さん委員会編『中辺路町誌　下巻』1990 年、中辺路町
- 津名道代『日本「国つ神」情念史 1　清姫は語る』2009 年、文理閣
- 徳山静子・赤座憲久編『日本の民話 32　紀州篇　美濃篇』1978 年、未来社
- 那須晴次『伝説の熊野』1930 年、郷土研究会
- 那智勝浦町史編さん委員会編『那智勝浦町史　下巻』1980 年、那智勝浦町
- 南部町史編さん委員会編『南部町史　通史編　第 3 巻』1996 年、南部町
- 日高地方公民館連絡協議会編『紀伊日高民話伝説集』1963 年、日高地方公民館連絡協議会
- 日高町史編集専門委員会議編『日高町史　下巻』1983 年、日高町教育委員会
- 日置川町同推教員連絡協議会編『ひきがわのむかしばなし』1983 年、日置川町同推教員連絡協議会
- 白浜町誌編さん委員会編『白浜町誌　本編　上巻』1986 年、白浜町
- 美浜町史編集委員会編『美浜町史　下巻』1991 年、美浜町
- 竜神村誌編さん委員会編『龍神村誌　下巻』1987 年、竜神村
- 鈴木裕範監修『奥熊野・北山村の民俗誌　100 の話で語る村の今昔』2013 年、北山村
- 和歌山県小学校教育研究会国語部会編著『読みがたり　和歌山のむかし話』2004 年、日本標準
- 和歌山県民話の会編『きのくに民話叢書 1　熊野・本宮の民話』1981 年、和歌山県民話の会
- 和歌山県民話の会編『きのくに民話叢書 2　紀ノ川の民話　伊都篇』1982 年、和歌山県民話の会
- 和歌山県民話の会編『きのくに民話叢書 3　和歌山市の民話　資料集　上巻』1983 年、和歌山県民話の会
- 和歌山県民話の会編『きのくに民話叢書 4　高野・花園の民話』1985 年、和歌山県民話の会
- 和歌山県民話の会編『きのくに民話叢書 5　紀州龍神の民話』1987 年、和歌山県民話の会
- 和歌山県民話の会編『きのくに民話叢書 6　大辺路～日置川・すさみの民話』1990 年、和歌山県民話の会
- 和歌山県民話の会編『きのくに民話叢書 7　桃山の民話』2002 年、和歌山県民話の会
- 和田寛『紀州おばけ話』1984 年、名著出版
- 大島暁雄・松崎憲三・宮本袈裟雄編『日本民俗調査報告書集成　近畿の民俗　和歌山県編』1995 年、三一書房

- 逸木清流（1915）「紀州小倉の俗譚」、『郷土研究』3 巻 9 号、pp.49-50、郷土研究社
- 高瀬敏彦（1916）「紀州伊都郡俗信」、『郷土研究』4 巻 1 号、pp.52-53、郷土研究社
- 中村亮雄（1958）「紀州西牟婁郡採訪雑記（四）」、『ひでばち』8 号、pp.12-15、ひでばち民俗談話会

校国語文化会
- 比較民話研究会（1987）「奈良県吉野郡大塔村の昔話（下）」、『昔話―研究と資料』15号、pp.156-182、昔話研究懇話会
- 比較民話研究会（1998）「奈良県橿原市・耳成の民話（下）」、『昔話―研究と資料』26号、pp.193-210、日本昔話学会
- 保仙純剛（1967）「民俗聴書　ばば里の記」、『民間伝承』31巻1号通巻276号、pp.30-35、六人社
- 林宏（1968）「奥吉野の蛇と民俗」、『近畿民俗』44号、pp.30-42、近畿民俗学会
- 澤田四郎作（1926）「神隠しの事例」、『民族』1巻4号、pp.189-195、民族発行所

【和歌山県】

- 『貴志川町史　第3巻　史料編2』1981年、貴志川町
- 『御坊市史　第2巻　通史編2』1981年、御坊市
- 『南方熊楠選集　第3巻　南方閑話・南方随筆』1984年、平凡社
- 『南方熊楠選集　第4巻　続南方随筆ほか』1984年、平凡社
- 『民話と文学7』1980年、民話と文学の会
- 『和歌山市の民話　資料集　下巻』1984年、和歌山市市長公室市民文化の課
- すさみ町誌編さん委員会編『すさみ町誌　下巻』1978年、すさみ町
- マエオカテツヤ『マエオカテツヤの和歌山妖怪大図鑑』2018年、ニュース和歌山
- 安藤精一編『和歌山の研究　第5巻　方言・民俗篇』1978年、清文堂出版
- 伊都地方国語教育研究会編『伊都の伝説』1981年、日本標準
- 伊藤慎吾・飯倉義之・広川英一郎『怪人熊楠、妖怪を語る』2019年、三弥井書店
- 岡本清造、飯倉照平・原田健一編『岳父・南方熊楠』1995年、平凡社
- 海堀臻爾『中南拾遺　巻2』1977年、海堀臻爾
- 笠松彬雄『紀州有田民俗誌』1927年、郷土研究社
- 岩出町誌編集委員会編『岩出町誌』1976年、岩出町
- 亀岡英治編・図案『田並夜話　増補版』1984年、亀岡英治
- 橋本市史編さん委員会編『橋本市史　下巻』1975年、橋本市
- 郷土民話研究会編『郷土　第一集』1955年、郷土民話研究会
- 近畿民俗学会編『熊野の民俗　和歌山県本宮町』1985年、初芝文庫
- 九度山町史編纂委員会編『改訂九度山町史　民俗文化財編』2004年、九度山町
- 九度山町史編纂委員会編『九度山町史』1965年、九度山町
- 串本町民話伝説委員会編『串本町民話伝説集』1969年、串本町公民館
- 熊野中辺路の民話編集委員会編『熊野・中辺路の民話』1980年、民話と文学の会
- 熊野路編さん委員会編『熊野中辺路伝説　下』1972年、熊野中辺路刊行会（西牟婁県事務所総務課内）
- 荊木淳己『紀の国ふるさと民話』1990年、燃焼社
- 古座川町史編纂委員会編『古座川町史　民俗編』2010年、古座川町
- 広川町誌編纂委員会編『広川町誌　下巻』1974年、広川町
- 高野町老人クラブ連合会編『高野町昔ばなし』1990年、高野町老人クラブ連合会
- 雑賀貞次郎『南紀熊野の説話』1934年、紀南の温泉社
- 山本真理子『紀州ばなし―方言つづりの民話集』1983年、名著出版
- 初島町誌編集委員会編『初島町誌』1962年、初島町教育委員会
- 上南部誌編纂委員会編『上南部誌』1963年、南部川村
- 上富田町高齢者生きがい活動推進協議会上富田町老人クラブ連合会編『上富田の文化伝承』1991年、上富田町高齢者生きがい活動推進協議会上富田町老人クラブ連合会

- 川西町史編集委員会編『川西町史 本文編』2004年、川西町
- 曽爾村史編集委員会『曽爾村史』1972年、曽爾村役場
- 倉田正邦他『室生の民俗』1966年
- 村井古道著、喜多野徳俊訳『南都年中行事』1979年、綜芸舎
- 村田昌三『奈良阪町史』1996年
- 大塔村史編集委員会編『奈良県大塔村史』1979年、大塔村役場
- 竹原威滋代表編『奈良市民間説話調査報告書』2004年、奈良教育大学教育学部
- 中谷順一編『こうだに誌』1986年、上谷区
- 鳥居武平『美術淵源　大和周遊誌　上』1898年、大和図書出版本舗
- 天川村・天川を学ぶ会編『改訂版　天川村ガイドブック』2017年、天川村
- 天理市史編纂委員会編『天理市史』1958年、天理市
- 菟田野町史編集委員会編『菟田野町史』1968年、菟田野町
- 東吉野村史編纂委員会編『東吉野村史 通史編』1992年、東吉野村教育委員会
- 奈良のむかし話研究会編著『読みがたり　奈良のむかし話』2004年、日本標準
- 奈良まほろばソムリエの会『意外な歴史の謎を発見！奈良の「隠れ名所」』2016年、実業之日本社
- 奈良県吉野郡川上村広報「かわかみ」編集委員会『川上村昔ばなし』2007年
- 奈良県教育委員会事務局文化財保存課編『十津川の民俗 下』1961年、十津川村役場
- 奈良県教育委員会事務局文化財保存課編『入之波地区民俗資料調査報告書』1968年、川上村
- 奈良県教育委員会編『奈良県文化財調査報告　第十四集　大滝ダム関係地民俗資料緊急調査報告書』1970年、奈良県教育委員会
- 奈良県教育委員会編『奈良県綜合文化調査報告書　吉野川流域』1954年、奈良県教育委員会
- 奈良県史編集委員会編『奈良県史7　石像美術』1984年、名著出版
- 奈良県史編集委員会編『奈良県史12　民俗　上』1986年、名著出版
- 奈良県史編集委員会編『奈良県史13　民俗　下』1988年、名著出版
- 奈良県童話連盟・高田十郎編『増補版　大和の伝説』1959年、大和史蹟研究会
- 奈良市史編集審議会編『奈良市史　民俗編』1968年、奈良市
- 日本児童文学者協会編『奈良県の民話　県別ふるさとの民話14』1979年、偕成社
- 平野村史編纂委員会編『平野村史』1962年、平野村史刊行会
- 明日香村文化協会編『繫―明日香村の大字に伝わるはなし』2019年、明日香村文化協会
- 木村博一編『下北山村史』1973年、下北山村役場
- 野迫川村史編集委員会『野迫川村史』1974年、野迫川村
- 林宏『吉野の民俗誌』1980年、文化出版局
- 鈴木知英子『香芝の民話　たんだの椿』1988年
- 櫻井龍彦『奈良県吉野町民間説話報告書』1997年、名古屋大学大学院国際開発研究科
- 澤田四郎作『大和昔譚』1931年
- 島本一編『奈良曝　巻2』1939年、大和国史會

- 阿部奈南・進藤秀樹・垣崎仁志（2001）「月ヶ瀬村の伝説と世間話」、『昔話―研究と資料』29号、pp.166-184、三弥井書店
- 伊達市太郎（1930）「大和宇陀郡地方俗信」、『民俗学』2巻5号、pp.337-339、民俗学会
- 乾健治（1954）「おうてくれ地蔵」、『近畿民俗』15号通巻23号、p.36、近畿民俗学会
- 松田重治（1928）「大和のジャンジャン火迎へ」、『民俗芸術』1巻第7号、p.55、民俗芸術の会
- 田村吉永（1919）「大和宇智郡の鬼筋」、『民族と歴史』2巻3号、pp.40-42、日本学術普及会
- 梅木春和（1968）「吉備塚縁起―南都における陰陽師の伝承」『まほろば』12号、pp.24-32、奈良県高等学

● 辰井隆（1936）「海に出た化物の話」、『近畿民俗』1巻2号、p.61、近畿民俗学会
● 辰井隆（1936）「兵庫県川辺郡・武庫郡・神戸市の食物」、『旅と伝説』9巻1号通巻97号、pp.52-55、三元社
● 池田和生（1960）「百日晒など―奥播の無縁仏」、『西郊民俗』13号、pp.49-51、西郊民俗談話会
● 柏原夫佐子（1972）「おばあさんから聞いた話―兵庫県尼崎の民俗」、『近畿民俗』55号、pp.34-51、近畿民俗学会
● 堀毛喜代江（1932）「でえか火」、『俚俗と民譚』1巻5号、pp.19-20、単美社
● 鷲尾三郎（1930）「豆狸の話」、『旅と伝説』3巻4号通巻28号、pp.43-44、三元社
● 鷲尾正久（1936）「船坂の大岩」、『近畿民俗』1巻3号、p.26、近畿民俗学会

【奈良県】

● 『てんりの昔ばなし』2005、天理市教育委員会
● 竹原威滋・丸山顕徳編『東吉野の民話』1992年、東吉野村教育委員会
● 池田末則編『二上村史』1956年、二上村教育委員会
● 安堵村史編集委員会編『安堵村史』1961年、安堵村役場
● 岡節三編『下北山村の昔話』1981年
● 岡節三編『十津川村の昔話』1980年
● 岡節三編『西吉野村の昔話』1978年
● 岡節三編『川上村の昔話』1980年
● 岡節三編『野迫川村の昔話』1979年
● 河合町史調査委員会編著『河合町史』1981年、河合町役場
● 奈良大学編『奈良の文学とことば　奈良大ブックレット08』2020年、ナカニシヤ出版
● 橿原市史編集委員会編『橿原市史』1962年、橿原市役所
● 岩井宏実・花岡大学『日本の伝説13　奈良の伝説』1976年、角川書店
● 吉川松志『河合町郷土風土記』1992年、河合町郷土を学ぶ会
● 吉野川紀の川源流物語森と水の源流館編『川上村民俗調査報告書』2008年、財団法人吉野川紀の川源流物語 森と水の源流館
● 駒井保夫『郷土の伝説』1980年
● 御所市ふるさと運動編集委員会編『いにしえの御所を尋ねて―民話・伝説・わらべうた編』1979年、御所市教育委員会
● 御所市史編纂委員会『御所市史』1965年、御所市役所
● 御杖村史調査委員会『御杖村史』1976年、御杖村役場
● 香芝町史調査委員会『香芝町史』1976年、香芝町役場
● 高田十郎『大和習俗百話』1973年、大淀文庫
● 国学院大学説話研究会編『奈良県吉野郡昔話集』1983年、国学院大学説話研究会
● 黒滝村史編纂委員会編『黒滝村史』1977年、黒滝村長辻村源衛門
● 桜井市史編纂委員会編『桜井市史 下巻』1979年、桜井市役所
● 山添村教育委員会編『やまぞえ双書2　村の語りべ』1996年、山添村
● 若城千晴『うた野の昔ばなし』1986年
● 元興寺・公益財団法人元興寺文化財研究所編『わかる！元興寺』2019年、ナカニシヤ出版
● 十津川村教育委員会編『十津川郷の昔話』1985年、第一法規出版
● 十津川村教育委員会編『十津川郷の昔話　二集』1989年、第一法規出版
● 小川勉編『桜井の昔語り』刊行年不明
● 森下惠介『大和の古墳を歩く』2020年、同成社

- 郷土の民話西播地区編集委員会編『郷土の民話　西播編』1972年、兵庫県学校厚生会
- 郷土の民話但馬地区編集委員会編『郷土の民話　但馬編』1972年、兵庫県学校厚生会
- 郷土の民話丹有地区編集委員会編『郷土の民話　丹有編』1972年、兵庫県学校厚生会
- 郷土の民話淡路地区編集委員会編『郷土の民話　淡路編』1973年、兵庫県学校厚生会
- 郷土の民話中播地区編集委員会編『郷土の民話　中播編』1972年、兵庫県学校厚生会
- 郷土の民話神戸地区編集委員会編『郷土の民話　神戸編』1973年、兵庫県学校厚生会
- 郷土の民話東播地区編集委員会編『郷土の民話　東播編』1972年、兵庫県学校厚生会
- 佐用町史編さん委員会編『佐用町史　中巻』1980年、佐用町
- 山口村誌編纂委員会編『山口村誌』1973年、山口村
- 篠山町史編集委員会編『篠山町百年史』1983年、兵庫県篠山町
- 埴岡真弓『はりま伝説　夢物語』2013年、神戸新聞総合出版センター
- 神戸市有野更生農業協同組合編『有野町誌』1988年、神戸市有野更生農業協同組合
- 神美村誌編纂委員会編『神美村誌』1957年、神美村
- 千種町史編纂委員会編『千種町史』1983年、千種町
- 村岡町誌編纂委員会編『村岡町誌　通史　下巻』1982年、村岡町
- 大屋町史編集委員会編『大屋町史　民俗編』2004年、大屋町
- 大屋町立西谷小学校編『西谷子供風土記　伝説編』1956年、大屋町立西谷小学校
- 大江篤編『尼崎百物語』2016年、神戸新聞総合出版センター
- 谷垣桂蔵『兵庫県の秘境』1965年、のじぎく文庫
- 仲野安雄『淡路常盤草　巻之8』1887年、広瀬永太郎
- 町誌編纂委員会編『北淡町誌』1975年、北淡町
- 東浦町老人クラブ連合会編『むかしばなしひがしうら』1998年、東浦町老人クラブ連合会
- 東浦町老人クラブ連合会編『続むかしばなしひがしうら』2003年、東浦町老人クラブ連合会
- 藤澤衛彦『日本伝説叢書　明石の巻』1918年、日本伝説叢書刊行会
- 日本民話の会編『聴く語る創る　12号』2005年、日本民話の会
- 畠田繁太郎『尼崎今昔物語』1937年、万有社
- 八鹿町教育委員会編『掃部狼婦物語—但馬宿南の狼伝承』1990年、八鹿町教育委員会
- 姫路市史編集専門委員会編『姫路市史　第15巻　上　別編　民俗編』1992年、姫路市
- 浜岡きみ子編『あわじの昔ばなし』1985年、神戸新聞出版センター
- 兵庫県小学校国語教育連盟編著『読みがたり　兵庫のむかし話』2004年、日本標準
- 兵庫県民俗研究会編『兵庫県民俗資料　上』1982年、国書刊行会
- 兵庫県民俗研究会編『兵庫県民俗資料　下』1982年、国書刊行会
- 養父町公民館編『よもやまばなし』1988年、養父町公民館
- 和歌森太郎編『淡路島の民俗』1964年、吉川弘文館
- 大島暁雄・松崎憲三・宮本袈裟雄編『日本民俗調査報告書集成　近畿の民俗　兵庫県編』1995年、三一書房

- 井上隆基（1967）「石にまつわる伝説（一）」、『播磨』67号、pp.30-33、西播史談会
- 角田政治（1972）「お化け屋敷」、『みちしるべ』2号、p.7、尼崎郷土史研究会
- 栗山一夫（1931）「峡の里の話」、『旅と伝説』4巻3号通巻37号、pp.35-39、三元社
- 高谷重夫（1975）「竜馬の頭蓋骨—宝塚市波豆の雨乞習俗」、『近畿民俗』64号、pp.47-48、近畿民俗学会
- 山田良隆（1938）「ゴメンバシ」、『民間伝承』4巻3号、p.7、民間伝承の会
- 児嶋博一（1932）「淡路の話（洲本町）」、『旅と伝説』5巻6号通巻54号、pp.25-26、三元社
- 小林楓村（1955）「郷土の伝説　其一」、『播磨』31号、pp.23-32、西播史談会
- 小林楓村（1967）「村の伝説」、『播磨』71号、pp.57-60、西播史談会

- 東口恵子『民話から見えたふるさと大東―見とこ聞いとこ歩いてみよう』2006年、遊タイム出版
- 富田林民話研究クラブ編著『富田林の民話　総集編』1999年、富田林民話研究クラブ
- 布施市史編纂委員会編『布施の民俗』1965年、布施市
- 峰尾格編『伝説の和泉　第1輯』1933年、西出書店
- 豊中市史編さん委員会編『新修豊中市史　第7巻　民俗』2003年、豊中市

- 加藤孜子（1990）「松原の民話と道の関係」、『近畿民俗』121号、pp.25-36、近畿民俗学会
- 岸田定雄（1936）「北摂の民間伝承」、『郷土研究上方』72号、pp.42-45、上方郷土研究会
- 岩泉千眞伎（1941）「伝説の池」、『郷土研究上方』128号、pp.22-23、上方郷土研究会
- 高谷重夫（1943）「牛神について」、『民間伝承』8巻12号、pp.14-18、民間伝承の会
- 山川隆平（1962）「船場怪談」、『民間伝承』26巻2号、pp.80-82、民間伝承の会
- 山田良隆（1938）「ダンジリキチベー」、『民間伝承』4巻3号、p.7、民間伝承の会
- 若尾五雄（1983）「踏鳥・踏鬼・脇土」、『近畿民俗』95号、pp.24-34、近畿民俗学会
- 宿久克己（1932）「童謡年中行事俗信」、『旅と伝説』5巻2号通巻50号、pp.34-45、三元社
- 松本壮吉（1941）「和泉は伝説の国」、『郷土研究上方』131号、pp.26-27、上方郷土研究会
- 川崎巨泉（1920）「和泉堺市白蔵主稲荷」、『郷土趣味』21号、pp.44-48、郷土趣味社
- 川崎巨泉（1933）「堺の怪談」、『郷土研究上方』33号、pp.16-17、上方郷土研究会
- 川鍋仁美（2012）「茨木童子研究」、『日本文学』108号、pp.77-90、東京女子大学
- 辰井隆（1937）「初夏の採集から」、『日本民俗』2巻10号、pp.27-28、日本民俗協会
- 辰野六白（1937）「浪華民俗雑談を読みて追憶」、『郷土研究上方』78号、pp.51-52、上方郷土研究会
- 島田福雄（1941）「摂北の「豊島」に伝説の井泉を訪ふ」、『郷土研究上方』128号、pp.18-21、上方郷土研究会
- 日垣明貫（1933）「大阪妖怪画談」、『郷土研究上方』33号、pp.3-43、上方郷土研究会
- 陵宵舎主人（1931）「塚巡り（三）」、『郷土研究上方』12号、pp.56-57、上方郷土研究会
- 澪つくし（2020）「大阪の白坊主（道の怪）」、『怪魅型』2号、pp.82-100、西日本化物・妖怪同好会
- 宮本常一（1936）「泉波有手漁業聞書」、『近畿民俗』1巻3号、pp.9-18、近畿民俗学会
- 仲上治一（1939）「ケンナイド」、『民間伝承』4巻5号、p.5、民間伝承の会

【兵庫県】

- 小栗栖健治、埴岡真弓編著『播磨の妖怪たち―「西播怪談実記」の世界』2001年、神戸新聞総合出版センター
- 『岡本・金屋の民俗　兵庫県氷上郡山南町』1988年、御影史学研究会山南町民俗調査団
- 『兵庫県むかしむかし　第1集　摂津・東播・丹波・淡路編』1974年、兵庫県老人会連合会
- 『兵庫県むかしむかし　第2集　西播・但馬編』1974年、兵庫県老人会連合会
- 『民俗採訪　昭和38年度号』1965年、國學院大學民俗学研究会
- グループふるさと編『柏原の民話とうた』1984年、グループふるさと
- みのり農業協同組合企画情報課編『みのりの民話集100』2010年、みのり農業協同組合企画情報課
- 安田清『五荘村史』1968年、五荘村史編集委員会
- 井口宗平『民話の炉ばた―彦八はなしなど』1966年、のぎじく文庫
- 奥田楽々斎『多紀郷土史考　下巻』1987年、臨川書店
- 関宮町編『関宮町史資料集5』1983年、関宮町教育委員会
- 宮崎修二朗・足立巻一『日本の伝説43　兵庫の伝説』1980年、角川書店
- 橋本政次編『姫路名所案内』1913年、橋本政次
- 郷土の民話阪神地区編集委員会編『郷土の民話　阪神編』1971年、兵庫県学校厚生会

- 香具屋彌平（1920）「狸の咄し」、『郷土趣味』17 号、pp.37-39、郷土趣味社
- 召南亭主人（1933）「祇園拾遺」、『郷土研究上方』28 号、pp.17-23、上方郷土研究会
- 西浦左門（1977）「山村の十二ヵ月ふるさと通信」、『あしなか』153 号、pp.1-20、山村民俗の会
- 西浦左門（1982）「丹波美山暮らしの歳時記」、『近畿民俗』91 号、pp.21-41、近畿民俗学会
- 西浦左門（1987）「丹波美山口碑集」、『近畿民俗』110 号、pp.15-25、近畿民俗学会
- 西浦左門（1994）「丹波美山の言葉と民俗」、『近畿民俗』136,137 号、pp.1-25、近畿民俗学会
- 西田利八（1937）「古都の伝説」、『旅と伝説』10 巻 12 号通巻 120 号、pp.59-60、三元社
- 田中勝雄（1936）「北桑の伝説」、『旅と伝説』9 巻 3 号通巻 99 号、pp.20-32,85、三元社
- 渡邊紫染（1934）「橋本の渡」、『郷土研究上方』43 号、pp.14-27、上方郷土研究会
- 明石染人（1920）「覚帖の中より（三）」、『郷土趣味』16 号、pp.21-22、郷土趣味社
- 宮本正章（1969）「「大江山伝説」成立考」、『近畿民俗』48 号、pp.1-11、近畿民俗学会
- 諏訪春雄（2002）「「變化物語」の形成と展開」、『國華』107 巻 11 号通巻 1280 号、pp.5-15、國華社
- 辻惟雄（2002）「研究資料 丹後變化物語（國會圖書館本）」、『國華』107 巻 11 号通巻 1280 号、pp.32-36、國華社

【大阪府】

- 『河内長野市文化財調査報告書　第 12 輯　川上地区の民話』1988 年、河内長野市教育委員会
- 『河内長野市文化財調査報告書　第 15 輯　河内滝畑の民話』1989 年、河内長野市教育委員会
- 『河内長野市文化財調査報告書　第 18 輯　天見地区の民話』1990 年、河内長野市教育委員会
- 『河内長野市文化財調査報告書　第 20 輯　加賀田地区の民話』1992 年、河内長野市教育委員会
- 『河内長野市文化財調査報告書　第 31 輯　天野・下里地区の民話』1994 年、河内長野市教育委員会
- 『大東市文化財ガイドブック 2　大東の伝承文化』1982 年、大東市教育委員会社会教育課
- 『能勢町史　第 5 巻　資料編』1985 年、能勢町
- 阿形賢一『泉州むかし話　関西国際新空港の地　第 3 集』1991 年、泉州文芸同好会
- 阿形賢一『泉州むかし話　関西国際新空港の地　第 4 集　堺編』1994 年、泉州文芸同好会
- 阿形賢一『泉州むかし話　関西国際新空港の地　第 5 集』1994 年、泉州文芸同好会
- 阿形賢一『泉州むかし話　関西国際新空港の地　第 6 集』1996 年、泉州文芸同好会
- 井上正雄『大阪府全志 4』1976 年、清文堂出版
- 井上正雄『大阪府全志 5』1976 年、清文堂出版
- 茨木市史編さん委員会編『新修茨木市史　第 10 巻　別編　民俗』2005 年、茨木市
- 奥村寛純編著『水無瀬野の伝説と昔話』2001 年、郷土島本研究会
- 宮本常一編『夢のしらせ—大阪の昔話』1981 年、現代創造社
- 広報公聴課編『池田・昔ばなしと年中行事』1982 年、池田市役所
- 佐藤憲能『泉さの界隈の昔話』1993 年、泉佐野ライオンズクラブ
- 三善貞司編著『大阪伝承地誌集成』2008 年、清文堂出版
- 鹿島友治『豊中の伝説と昔話』1975 年、鹿島友治
- 庄野英二・中村浩『日本の伝説 8　大阪の伝説』1976 年、角川書店
- 寝屋川市史編纂委員会編『寝屋川市史　第 8 巻』1991 年、寝屋川市
- 大橋忠雄『茨木童子の素顔に迫る』2011 年、明石書店
- 大阪狭山市史編さん委員会・大阪狭山市史編さん室編『大阪狭山市史　第 9 巻　民俗編』1997 年、大阪狭山市
- 大阪城天守閣編『瓦版にみる幕末大坂の事件史』2011 年、大阪城天守閣
- 大阪府小学校国語科教育研究会・「大阪のむかし話」編集委員会編著『読みがたり　大阪のむかし話』2005 年、日本標準

- 垣田五百次・坪井忠彦『口丹波口碑集』1925年、郷土研究社
- 久御山町史編さん委員会編『久御山町史　第2巻』1989年、久御山町
- 久美浜町教育委員会編『ふるさとのむかしばなし—久美浜町の昔話』1977年、久美浜町教育委員会
- 京丹後市史編さん委員会編『京丹後市史資料編　京丹後市の民俗』2014年、京丹後市
- 京都新聞社編『京都・伝説散歩』1984年、河出書房新社
- 京都新聞社編『洛中洛外怪異ばなし』1984年、京都新聞社
- 駒敏郎、中川正文『日本の伝説1　京都の伝説』1976年、角川書店
- 甲田勝衛『和知町　石の声風の音』1968年、和知町教育委員会
- 三和町史編さん委員会編『三和町史　上巻　通史編』1995年、三和町
- 足立正『舞鶴の民話』1988年、舞鶴文芸
- 足立正『舞鶴の民話　第3集』1990年、舞鶴文芸
- 足立正『舞鶴の民話　第4集』1991年、舞鶴文芸
- 足立正『舞鶴の民話　第5集』1993年、舞鶴文芸
- 村上健司『京都妖怪紀行　地図でめぐる不思議・伝説地案内』2007年、角川書店
- 大宮町誌編纂委員会『大宮町誌』1982年、大宮町
- 大江町教育委員会編『大江のむかしばなし』1978年、大江町教育委員会
- 大江町教育委員会編『大江町史』1984年、大江町教育委員会
- 丹波町誌編さん委員会編『丹波町誌』1985年、丹波町役場
- 竹村俊則『昭和京都名所図会3　洛北』1989年、駸々堂出版
- 堤邦彦『京都怪談巡礼』2019年、淡交社
- 田中勝雄『丹波の伝承』1941年、建設社出版部
- 田中緑紅『京の怪談』1969年、京を語る会
- 田中緑紅『京都の七不思議　下』1965年、京を語る会
- 田中緑紅『伝説の寺々』1944年、郷土文化研究会
- 田辺町近代誌編さん委員会編『田辺町近代誌』1987年、田辺町
- 舞鶴市史編さん委員会編『舞鶴市史　各説編』1975年、舞鶴市
- 舞鶴市立丸山小学校創立百周年記念事業実行委員会・記念誌編集委員会編『わが郷土—丸山小学校創立百周年記念誌』1976年、舞鶴市立丸山小学校
- 福田晃・小林幸夫『京都の伝説　丹波を歩く』1994年、淡交社
- 福田晃・松本孝三『京都の伝説　乙訓・南山城を歩く』1994年、淡交社
- 福田晃・真下厚『京都の伝説　丹後を歩く』1994年、淡交社
- 福田晃・真下美弥子『京都の伝説　洛中・洛外を歩く』1994年、淡交社
- 麻井玖美・角田直美『丹波物語—民俗と歴史のドキュメント』1977年、国書刊行会
- 網野町誌編さん委員会編『網野町誌　下巻』1996年、網野町
- 夜久野町史編集委員会編『夜久野町史　第1巻　自然科学・民俗編』2005年、夜久野町
- 立石憲利『チャンポンと鳴る鼓滝—京都府京丹後市弥栄町船木の民話』2021年、吉備人出版
- 立石憲利編著『語りによる日本の民話10　京都　丹後・伊根の民話』1988年、国土社

- （1919）「土俗集」、『郷土趣味』11号、pp.31-32、郷土趣味社
- 安間清（1960）「伝説三つ」、『民間伝承』24巻3号、p.26、六人社
- 井上正一（1974）「奥丹後物語　草稿」、『季刊民話』通巻一号、民話と文学の会
- 井上正一（1974）「特集　奥丹後半島の伝承」、『季刊民話』通巻一号、民話と文学の会
- 井上頼寿（1936）「洛南随筆（二）」、『郷土研究上方』68号、pp.30-32、上方郷土研究会
- 塩見辰雄（1974）「伝説 鬼娘の話」、『史談ふくち山』386号、pp.3-4、福知山史談会

- 中島千恵子編『新版日本の民話 74　近江の民話』2017 年、未来社
- 長浜市教育委員会・長浜北高等学校歴史部編『ふるさと長浜』1973 年、長浜市
- 長浜市教育委員会編『長浜の伝承』1980 年、長浜市
- 渡辺弘人編『滋賀県管内犬上郡誌』1881 年、圭章堂
- 土山町教育委員会編『つちやまのむかしばなし　第 1 集』1980 年、土山町教育委員会
- 東桜谷郷土志編集委員会編『東櫻谷志』1984 年、東桜谷公民館
- 日野町史編さん委員会編『近江日野の歴史　第 6 巻　民俗編』2008 年、滋賀県日野町
- 能登川町教育委員会編『能登川のむかし話』1980 年、能登川町教育委員会
- 硲慈弘『伝説の比叡山』1928 年、近江屋書店
- 八日市市老人クラブ連合会編『八日市市のむかし話─孫にきかせる』1980 年、八日市市老人クラブ連合会
- 樋上亮一『伝説と秘史　湖国夜話』1935 年、立命館出版部
- 米原町むかし話編集委員会編『米原町むかし話』1980 年、米原町老人クラブ連合会
- 米原町史編さん委員会編『米原町史　通史編』2002 年、米原町
- 豊郷町教育委員会編『豊郷の昔ばなし』2003 年、豊郷町観光協会
- 余呉町教育委員会編『余呉の民話』1980 年、余呉町教育委員会
- 余呉町史編纂室編『天女伝説のふる里』1997 年、余呉町
- 竜王町公民館編『竜王町のむかし話』1980 年、竜王町公民館
- 大島暁雄・松崎憲三・宮本袈裟雄編『日本民俗調査報告書集成　近畿の民俗　滋賀県編』1995 年、三一書房

- 河合啓蔵（1964）「佐目のはじまり」、『民俗文化』13 号、p.82、滋賀民俗学会
- 兼康保明（2006）「田上じじい」、『民俗文化』511 号、pp.5865-5866、滋賀民俗学会
- 小島初蔵（1972）「火まつりの伝説」、『民俗文化』103 号、p.783、滋賀民俗学会
- 小牧実繁（1931）「近江野洲郡の伝承」、『郷土研究』5 巻 5 号、pp.46-48、郷土研究社
- 水長双葉（1978）「姉川上流の伝説 2」、『民俗文化』178 号、pp.1687-1688、滋賀民俗
- 大渓元千代（1979）「近江のたばこ　天狗」、『民俗文化』178 号、pp.1852、滋賀民俗学会
- 渡辺守順（1965）「近江の民話　金剛輪寺の油坊」、『民俗文化』18 号、p.111、滋賀民俗学会
- 馬場杉右衛門（2003）「虎御前山の伝説」、『民俗文化』476 号、p5446-5447、滋賀民俗学会
- 馬場杉右衛門（2007）「北近江丹生谷の伝承 3」、『民俗文化』529 号、pp.6082-6083、滋賀民俗学会
- 粕渕宏昭（1993）「蓑火の怪」、『民俗文化』352 号、p.3955、滋賀民俗学会
- 粕渕宏昭（1993）「「狐の毛玉」について」、『民俗文化』363 号、pp.4088-4089、滋賀民俗学会

【京都府】

- 『おおみやの民話』1991 年、大宮町教育委員会
- 『くみはまの民話と伝説』1985 年、久美浜町教育委員会
- 『京都府北桑田郡誌』1923 年、北桑田郡
- 『上林風土記　資料集　旧京都府何鹿郡中上林村』2004 年、上林風土記編纂会
- 『城陽の民話と暮らし』1993 年、城陽市教育委員会
- 『丹後の民話　第 1 集　いかがのはなし』1971 年、丹後民話研究会
- 綾部町史編纂委員会編『綾部町史』1958 年、綾部町史編纂委員会
- 井上頼寿『京都民俗志　改訂版』1968 年、平凡社
- 宇治民話の会『宇治・山城の民話 2』1999 年、文理閣
- 岡節三編『みやづの昔話　北部編』1990 年、宮津市教育委員会
- 加茂町 50 周年実行委員会〈文化創造実施委員会〉編『加茂のむかしばなし』2001 年、茂町 50 周年実行委員会（加茂町企画調整課）

- 伊吹山麓口承文芸学術調査団編『伊吹町の民話』1983 年、伊吹山麓口承文芸学術調査団
- 伊吹町教育委員会編『いろりばた（伊吹町むかし話）』1980 年、伊吹町教育委員会
- 伊吹町史編さん室編『伊吹弥三郎』1991 年、伊吹町
- 稲田浩二編著、笹井典子編著『近江竜王町の昔話』1971 年、京都女子大学説話文学研究会
- 叡山学院学友会記念図書出版会編『歴史と伝説の坂本』1940 年、叡山学院学友会記念図書
- 横田英男編『湖東町史　下巻』1979 年、湖東町
- 玉木京編『朽木の昔話と伝説』1977 年、朽木村教育委員会
- 近江町むかし話編集委員会編『近江町むかし話』1980 年、近江町教育委員会
- 近江八幡市教育委員会編『近江八幡ふるさとの昔ばなし』1980 年、近江八幡市教育委員会
- 駒敏郎・中川正文『日本の伝説 19　近江の伝説』1977 年、角川書店
- 栗東町教育委員会編『栗東の民話』1980 年、栗東町教育委員会
- 湖東町教育委員会編『湖東町のむかし話』1979 年、湖東町教育委員会
- 湖北町教育委員会編『湖北町昔ばなし』1983 年、湖北町教育委員会
- 虎姫むかし話編集委員会編『虎姫のむかし話』1979 年、虎姫町公民館
- 虎姫町教育委員会編『虎姫のむかし話　第 2 集』1980 年、虎姫町教育委員会
- 五個荘町教育委員会編『五個荘昔ばなし』1980 年、五個荘町教育委員会
- 甲賀町教育委員会編『甲賀のむかし話と行事』1978 年、甲賀町教育委員会
- 甲西町教育委員会編『甲西の民話』1980 年、甲西町教育委員会
- 甲南町教育委員会編『民話こうなん』1980 年、甲南町教育委員会
- 甲良町教育委員会編『こうらの民話』1980 年、甲良町教育委員会
- 高月町教育委員会編『高月町のむかし話』1980 年、高月町教育委員会
- 高月町教育委員会編『高月町のむかし話　続』1981 年、高月町教育委員会
- 高島の昔ばなし刊行委員会編『高島の昔ばなし』1980 年、高島町教育委員会
- 山東昔ばなし編集委員会編、『山東昔ばなし』1977 年、山東町史談会
- 滋賀県小学校教育研究会国語部会編『読みがたり　滋賀のむかし話』2004 年、日本標準
- 滋賀県老人クラブ連合会編『近江むかし話』1968 年、洛樹出版社
- 滋賀県老人クラブ連合会編『続　近江むかし話』1977 年、洛樹出版社
- 守山市教育委員会編『守山往来』1980 年、守山市教育委員会
- 守山市教育委員会編『続守山往来』1982 年、守山市教育委員会
- 守山市史編纂委員会編『守山市史　下巻』1974 年、守山市
- 信楽町教育委員会編『信楽むかし話』1980 年、信楽町教育委員会
- 秦荘町史談会編『秦荘むかしばなし』1980 年、秦荘町教育委員会
- 水口町教育委員会編『水口の伝承』1980 年、水口町教育委員会
- 瀬川欣一『ふるさとの昔話　上巻―日野の伝説』1976 年、滋賀民俗学会
- 瀬川欣一『近江の昔ものがたり』1999 年、サンライズ出版
- 石部町教育委員会編『石部の伝承』1980 年、石部町教育委員会
- 浅井町教育委員会編『浅井むかし話』1980 年、浅井町教育委員会
- 草津市教育委員会編『草津のふるさと文化』1980 年、草津市教育委員会
- 多賀町教育委員会編『多賀町の民話集』1980 年、多賀町教育委員会
- 大津市役所編『伝説の大津』1937 年、大津市役所
- 中京大学郷土研究会編『中京民俗 14　多羅尾の民俗』1977 年、中京大学郷土研究会
- 中京大学郷土研究会編『中京民俗 19　虎姫町の民俗』1982 年、中京大学郷土研究会
- 中京大学民俗学研究会編『中京民俗 32　愛東町の民俗』1995 年、中京大学民俗学研究会
- 中村芳三『湖のくらし―塩津浜逸話集』1982 年、現代創造社

- 岩田準一『鳥羽志摩の民俗』1970 年、鳥羽志摩文化研究会
- 紀北民話の会編『紀北の民話 No.7』1970 年、紀北民話の会
- 駒敏郎、花岡大学『日本の伝説 32　伊勢・志摩の伝説』1979 年、角川書店
- 熊野市史編纂委員会編『熊野市史　中巻』1983 年、熊野市
- 熊野市史編纂委員会編『熊野市史　下巻』1983 年、熊野市
- 後藤宏行『死の海—「中河原海岸水難事故」の真相と漂泊の亡霊たち』2019 年、洋泉社
- 雑賀貞次郎『牟婁口碑集』1927 年、郷土研究社
- 三重県小学校国語教育研究会編『読みがたり　三重のむかし話』2004 年、日本標準
- 四日市市編『四日市市史　第 5 巻　史料編　民俗』1995 年、四日市市
- 志摩町史編纂委員会編『志摩町史』1978 年、志摩町教育委員会
- 松阪市史編さん委員会編著『松阪市史　第 10 巻　史料編　民俗』1981 年、蒼人社
- 上野市編集『上野市史　民俗編　下巻』2002 年、上野市
- 多気町史編纂委員会編『多気町史　通史』1992 年、多気町
- 多度町教育委員会編『多度町史　民俗』2000 年、多度町
- 大安町教育委員会編『大安町史　第 1 巻』1986 年、大安町
- 中京大学民俗学研究会編『中京民俗 22　藤原町の民俗』1985 年、中京大学民俗学研究会
- 中京大学民俗学研究会編『中京民俗 26　飯南町の民俗』1989 年、中京大学民俗学研究会
- 中京大学民俗学研究会編『中京民俗 29　多度町の民俗』1992 年、中京大学民俗学研究会
- 中世古祥道『伊勢愛洲氏の研究』1975 年、三重県郷土資料刊行会
- 渡鹿野郷土誌編纂委員会編『渡鹿野郷土誌』2010 年、渡鹿野区
- 東員町史編さん委員会編『東員町史　下巻』1989 年、東員町教育委員会
- 東京女子大学民俗調査団編『神島の民俗誌』2005 年、東京女子大学民俗調査団
- 南勢町誌編纂委員会編『改訂増補　南勢町誌　下巻』2004 年、三重県度会郡南勢町
- 北出楯夫『伊賀の伝説—茅栗草子の世界』1981 年
- 鈴木敏雄『三重の金鶏伝説地』1963 年、楽山文庫
- 鈴木敏雄『志摩の民俗　上巻』1969 年、三重県郷土資料刊行会
- 鈴木敏雄『志摩の民俗　下巻』1969 年、三重県郷土資料刊行会
- 和歌森太郎編『志摩の民俗』1965 年、吉川弘文館
- 脇貞憲『ふるさとの民話と資料　海山地方』1977 年、緑樹社
- 大島暁雄・松崎憲三・宮本袈裟雄編『日本民俗調査報告書集成　東海の民俗　三重県編』1996 年、三一書房

- 桑高生徒採集（1952）「桑名郡昔話集」、『伊勢民俗』1 巻 2 号、pp.22-23、伊勢民俗学会
- 小川重太郎（1952）「北勢の伝説　其一」、『伊勢民俗』1 巻 1 号、pp.17-19、伊勢民俗学会
- 能川満子（1966）「五ケ所湾周辺の伝説」、『中京文化』2 号、pp.66-87、中京大学郷土研究会

【滋賀県】

- 『新修大津市史　第 7 巻　北部地域』1984 年、大津市
- 『新修大津市史　第 8 巻　中部地域』1985 年、大津市
- 『新修大津市史　第 9 巻　南部地域』1986 年、大津市
- 『民俗採訪　昭和 37 年度号』1964 年、國學院大學民俗学研究会
- 『余呉村の民俗—滋賀県伊香郡余呉村』1970 年、東洋大学民俗研究会
- マキノ町教育委員会編『マキノのむかしばなし』1980 年、マキノ町教育委員会
- 愛知川町史談会編『愛知川町の伝承・史話』1979 年、愛知川町教育委員会
- 愛東町老人クラブ編『愛東町昔ばなし』1979 年、愛東町教育委員会

- 「挿絵とあらすじで楽しむお伽草子　第５話　付喪神」（京都大学）https://rmda.kulib.kyoto-u.ac.jp/item/rb00013599/explanation/otogi_05
- 塵塚りんす「『太平広記』の「精怪」譚から見た日本の器怪譚と『付喪神記』」https://lins.garyoutensei.com/thesis.pdf
- 「怪異・妖怪伝承データベース」https://www.nichibun.ac.jp/YoukaiDB/
- 「川の殿様」（豊中市）https://www.city.toyonaka.osaka.jp/joho/shoukai/history/kataribe/kataribe19.html
- 「妖しのガイドブック」（和歌山県）https://www.pref.wakayama.lg.jp/prefg/130600/kikakunishi/ayashi/ayashitop.html
- 「奈良のむかしばなし（第58話）」『県民だより奈良』2017年6月号（奈良県）https://www.pref.nara.jp/47061.htm
- 「丹波・丹後の妖怪あつめ」http://tanbatango-yokai.blog.jp/
- 「アマビエ札　瓦版模写か」（読売新聞オンライン）https://www.yomiuri.co.jp/local/kyoto/news/20210510-OYTNT50087/
- T_Toki『平等院の『尼比恵』は「アマビエ」か』https://note.com/t_toki/n/n86d2a9583d12
- 来迎寺ホームページ　https://www.raikouji.jp/
- 「若草山焼きの起源」（若草山焼き）https://www3.pref.nara.jp/yamayaki/1000.htm
- Wayback Machine - Wikipedia「鱗羾」https://web.archive.org/web/20060913000000/https://ja.wikipedia.org/wiki/%E9%B1%97%E8%88%90
- Wikipedia－ノート : 鱗羾　https://ja.wikipedia.org/wiki/%E3%83%8E%E3%83%BC%E3%83%88:%E9%B1%97%E8%88%90
- Wikipedia－ノート : ケルピー　https://ja.wikipedia.org/wiki/%E3%83%8E%E3%83%BC%E3%83%88:%E3%82%B1%E3%83%AB%E3%83%94%E3%83%BC
- Wikipedia－削除依頼 / 鱗羾　https://ja.wikipedia.org/wiki/Wikipedia:%E5%89%8A%E9%99%A4%E4%BE%9D%E9%A0%BC/%E9%B1%97%E8%88%90

【DVD】

- 『圓山町怪談倶楽部　シバスベリ』2020年、竹書房
- 水木しげる『水木しげるプライベートBOX　妖怪世界遺産』2002年、講談社

【三重県】

- 「みえ東紀州の民話」編集委員会編『みえ東紀州の民話』1999年、三重県
- 『伊勢松坂扇屋怪談』1890年、幸玉堂
- 『紀伊長島町史　下巻』1985年、紀伊長島町史編さん委員会
- 『佐藤春夫全集　第８巻　短編小説　第３』1968年、講談社
- 『南勢町・南島町山漁村習俗調査報告書』1973年、三重県教育委員会
- 『美里村史　下巻』1994年、美里村
- 『民俗採訪　昭和34年度号』1960年、國學院大學民俗学研究会
- 阿児町史編纂委員会編『新版　阿児町史』2000年、阿児町
- 阿児町編『阿児町史』1977年、阿児町企画環境課
- 阿部幹男『東北の田村語り―生成と伝承　奥浄瑠璃『田村二代記』考』2004年、三弥井書店
- 伊藤良編『郷土むかしばなし』1976年、尾鷲市郷土館友の会
- 一志町役場企画課編『一志町史　下巻』1981年、一志町
- 梶晴美編『奥熊野のはなし　須崎満子媼の語る三〇〇話』2005年、清文社
- 岩田準一『志摩の海女　附・志摩の漁夫の昔がたり』1971年、中村幸昭

- 島村豊（2015）「「島村蟹」の伝承についての考察」、『岡山県立記録資料館紀要』10号、pp.19-32、岡山県立記録資料館

【資料・総論】

- 朝倉治彦等共編『神話伝説辞典』1963年、
- 乾克己・志村有弘・鳥越文蔵・小池正胤・高橋貢編『日本伝奇伝説大事典』1986年、角川書店
- 大隅和雄・西郷信綱・阪下圭八・服部幸雄・廣末保・山本吉左右『日本架空伝承人名事典』1986年、平凡社
- 湯本豪一編『明治妖怪新聞』1999年、柏書房
- 湯本豪一編『昭和戦前期怪異妖怪記事資料集成　下』2017年、国書刊行会

【妖怪全般】

- 『江戸諸国百物語　西日本編』2005年、人文社
- 村上健司『妖怪事典』2000年、毎日新聞社
- 水木しげる画、村上健司編著『日本妖怪大事典』2005年、角川書店
- 朝里樹『日本現代怪異事典』2018年、笠間書院
- 山口敏太郎『本当にいる日本の「現代妖怪」図鑑』2007年、笠倉出版社
- 『世界の妖怪全百科』1981年、小学館
- 並木伸一郎『最強の都市伝説3』2009年、経済界
- 平野威馬雄『お化けの住所録』1975年、二見書房
- 早川純夫『日本の妖怪』1973年、大陸書房
- 南條武『妖怪ミステリー』1974年、有紀書房

【その他の書籍】

- 『小泉八雲全集　第3巻』1926年、第一書房
- 高田十郎『随筆民話』1943年、桑名文星堂
- 山口敏太郎『怪談・呪い神』2016年、TOブックス
- 松谷みよ子『異界からのサイン』2004年、筑摩書房
- 『ケイブンシャの大百科319　迫り来る!!霊界・魔界大百科』1987年、勁文社

【Webサイト】（最終閲覧2022.3）

- 氷厘亭氷泉『大佐用』第165号（妖怪仝友会）http://yokaidoyukai.ho-zuki.com/taisayo165.htm
- 氷厘亭氷泉『大佐用』第169号（妖怪仝友会）http://yokaidoyukai.ho-zuki.com/taisayo169.htm
- 氷厘亭氷泉『大佐用』第170号（妖怪仝友会）http://yokaidoyukai.ho-zuki.com/taisayo170.htm
- 氷厘亭氷泉『大佐用』第171号（妖怪仝友会）http://yokaidoyukai.ho-zuki.com/taisayo171.htm
- 氷厘亭氷泉『大佐用』第172号（妖怪仝友会）http://yokaidoyukai.ho-zuki.com/taisayo172.htm
- 氷厘亭氷泉『大佐用』第173号（妖怪仝友会）http://yokaidoyukai.ho-zuki.com/taisayo173.htm
- 氷厘亭氷泉『大佐用』第174号（妖怪仝友会）http://yokaidoyukai.ho-zuki.com/taisayo174.htm
- 氷厘亭氷泉『大佐用』第175号（妖怪仝友会）http://yokaidoyukai.ho-zuki.com/taisayo175.htm
- 氷厘亭氷泉『大佐用』第176号（妖怪仝友会）http://yokaidoyukai.ho-zuki.com/taisayo176.htm
- 氷厘亭氷泉『大佐用』第177号（妖怪仝友会）http://yokaidoyukai.ho-zuki.com/taisayo177.htm
- 氷厘亭氷泉『大佐用』第178号（妖怪仝友会）http://yokaidoyukai.ho-zuki.com/taisayo178.htm
- 氷厘亭氷泉『大佐用』第205号（妖怪仝友会）http://yokaidoyukai.ho-zuki.com/taisayo205.htm
- 氷厘亭氷泉『大佐用』第218号（妖怪仝友会）http://yokaidoyukai.ho-zuki.com/taisayo218.htm

- 山田雄司『崇徳院怨霊の研究』2001年、思文閣出版
- 山田雄司『跋扈する怨霊―祟りと鎮魂の日本史』2007年、吉川弘文館
- 山田雄司『怨霊とは何か―菅原道真・平将門・崇徳院』2014年、中央公論新社
- 佐伯有清『日本古代の政治と社会』1970年、吉川弘文館
- 荒木浩編『古典の未来学』2020年、文学通信
- 日下力『平治物語の成立と展開』1997年、汲古書院
- 伊藤慎吾編『お伽草子超入門』2020年、勉誠出版
- 伊藤慎吾『室町戦国期の文芸とその展開』2010年、三弥井書店
- 松本隆信『中世における本地物の研究』1996年、汲古書院
- 竹居明男編『北野天神縁起を読む』2008年、吉川弘文館
- 碓井益雄『ものと人間の文化史64　蛙』1989年、法政大学出版局

【論文】

- 今井秀和（2007）「片輪車という小歌―妖怪の母体としての言語」、『日本文学研究』46号、pp.67-76、大東文化大学
- 笹方政紀（2012）「近世疫病神と妖怪―甘酒婆の全国的展開から」、『御影史学論集』37号、pp.67-86、御影史学研究会
- 村上紀夫・笹方政紀（2014）「霊ガタリの系譜」、『幽』20号、pp.298-301、KADOKAWA
- 安井良三（1959）「長岡京の廃都と早良親王の怨霊」、『文化史研究』9,10号、pp.44-52、同志社大学日本文化史研究会
- 伊藤慎吾（2020）「妖狐玉藻像の展開―九尾化と現代的特色をめぐって」、『学習院女子大学紀要』22号、pp.1-14、学習院女子大学
- 桑原博史（1959）「宇治の橋姫伝説と橋姫物語―中世小説成立の一過程」、『国語と国文学』36巻6号、pp.35-43、至文堂
- 市川寛也（2012）「鵺の表象の変遷をめぐって―地域社会における妖怪観の形成の視点から」、『芸術学研究』17号、pp.1-10、筑波大学大学院人間総合科学研究科
- 須藤真紀（2002）「「土蜘蛛草紙」成立の背景をめぐって」、『説話文学研究』37号、pp.62-80、説話文学会
- 川島朋子（2004）「室町物語『玉藻前』の展開―能〈殺生石〉との関係を中心に」、『国語国文』73巻8号、pp.18-34、中央図書出版社
- 長谷川雅雄／辻本裕成／ペトロ・クネヒト／美濃部重克（2001）「「もう一つの声」を発するもの―「応声虫」をめぐって」、『アカデミア　人文・社会科学編』73号、南山大学
- 本多康子（2017）「武家の妖怪退治譚　中近世における土蜘蛛退治説話の変容」、『国文学研究資料館紀要』43号、pp.297-318、国文学研究資料館
- 妹尾恵里（2018）「横笛「青葉」伝承の生成と流布」、『日本語日本文学論叢』13号、pp.17-35、武庫川女子大学大学院文学研究科
- 野崎準（2019）「藤原実方の伝説―「みちのく」から帰還した歌人の魂」、『東北学院大学東北文化研究所紀要』51号、pp.37-50、東北学院大学東北文化研究所
- 金子恵里子（2006）「鈴鹿御前・立烏帽子を巡る伝承世界」、『伝承』2号、pp.47-56、伝承研究会
- 藤原はるか（1996）「『うはがひ』について」」、『叢』18号、pp.132-157、近世文学研究叢の会
- 今井秀和（2005）「お菊虫について」、『日本文学論集』29号、pp.25-40、大東文化大学大学院日本文学専攻院生会
- 埴岡真弓（1999）「姫路城刑部姫伝説の成立と展開」、『播磨学紀要』5号、pp.3-34、播磨学研究所
- 蛸島直（2012）「蟹に化した人間たち（1）」、『人間文化：愛知学院大学人間文化研究所紀要』27号、pp.98-81、愛知学院大学人間文化研究所

【芸能】

- 佐佐木信綱『新謡曲百番』1987 年、臨川書店
- 佐成謙太郎『謡曲大観　第 1 巻』1963 年、明治書院
- 佐成謙太郎『謡曲大観　第 2 巻』1964 年、明治書院
- 佐成謙太郎『謡曲大観　第 4 巻』1964 年、明治書院
- 佐成謙太郎『謡曲大観　第 5 巻』1964 年、明治書院
- 野村八良校訂『謡曲集　上』1926 年、有朋堂書店
- 野村八良校訂『謡曲集　下』1926 年、有朋堂書店
- 芳賀矢一・佐佐木信綱校註『校註謡曲叢書　第 2 巻』1914 年、博文館
- 芳賀矢一・佐佐木信綱校註『校註謡曲叢書　第 3 巻』1915 年、博文館
- 笹野堅校訂『能狂言　上』1956 年、岩波書店
- 笹野堅校訂『能狂言　中』1956 年、岩波書店

【論考】

- 三浦俊介『神話文学の展開―貴船神話研究序説』2019 年、思文閣出版
- 田中貴子『百鬼夜行の見える都市』2002 年、筑摩書房
- 井上章一『人形の誘惑―招き猫からカーネル・サンダースまで』1998 年、三省堂
- 佐竹昭広『酒呑童子異聞』1977 年、平凡社
- 吉岡郁夫『人魚の動物民俗誌』1998 年、新書館
- 渥美かをる『軍記物語と説話』1979 年、笠間書院
- 池上洵一『池上洵一著作集　第 3 巻　今昔・三国伝記の世界』2008 年、和泉書院
- 二本松康宏・中根千絵編『城郭の怪異』2021 年、三弥井書店
- 小松和彦編『妖怪文化研究の最前線』2009 年、せりか書房
- 小松和彦編『妖怪文化の伝統と創造―絵巻・草紙からマンガ・ラノベまで』2010 年、せりか書房
- 小松和彦編『怪異・妖怪文化の伝統と創造―ウチとソトの視点から』2015 年、国際日本文化研究センター
- 小松和彦『神になった日本人―私たちの心の奥に潜むもの』2020 年、中央公論新社
- 一柳廣孝・吉田司雄編著『妖怪は繁殖する』2006 年、青弓社
- 伊藤篤『日本の皿屋敷伝説』2002 年、海鳥社
- 谷川健一『青銅の神の足跡』1979 年、集英社
- 『柳田國男先生著作集　第 10 冊　神を助けた話』1950 年、実業之日本社
- 柳田國男『柳田國男全集 2』1997 年、筑摩書房
- 『定本柳田國男集　第 4 巻』1966 年、筑摩書房
- 『定本柳田國男集　第 12 巻』1963 年、筑摩書房
- 『定本柳田國男集　第 15 巻』1963 年、筑摩書房
- 井上円了、東洋大学井上円了記念学術センター編『井上円了・妖怪学全集　第 5 巻』2000 年、柏書房
- 林陸朗『長岡京の謎』1972 年、新人物往来社
- 揚暁捷『鬼のいる光景―『長谷雄草紙』に見る中世』2002 年、角川書店
- 髙橋昌明『定本酒呑童子の誕生―もうひとつの日本文化』2020 年、岩波書店
- 島津久基『羅生門の鬼』1975 年、平凡社
- 長谷川雅雄／辻本裕成／ペトロ・クネヒト／美濃部重克『「腹の虫」の研究―日本の心身観をさぐる』2012 年、名古屋大学出版会
- 知切光歳『天狗考　上巻』1973 年、涛書房
- 知切光歳『天狗の研究』1975 年、大陸書房
- 大江篤『日本古代の神と霊』2007 年、臨川書店

【古典資料（御伽草子・絵画）】

- 内海弘蔵校註『新釈日本文学叢書　第2輯　第7巻　御伽草子集』1930年、日本文学叢書刊行会
- 横山重・太田武夫『室町時代物語集　第5』1962年、井上書房
- 横山重、松本隆信編『室町時代物語大成　第7』1979年、角川書店
- 横山重、松本隆信編『室町時代物語大成　第8』1980年、角川書店
- 小松茂美編『日本絵巻大成4　信貴山縁起』1977年、中央公論社
- 小松和彦監修『別冊太陽　妖怪絵巻―日本の異界をのぞく』2010年、平凡社
- 田中貴子・花田清輝・澁澤龍彦・小松和彦『図説　百鬼夜行絵巻をよむ』1999年、河出書房新社
- 鳥山石燕、稲田篤信・田中直日編『画図百鬼夜行』1992年、国書刊行会
- 竹原春泉画、多田克己編、京極夏彦ほか文『桃山人夜話―絵本百物語』2006年、角川書店
- 京極夏彦、多田克己編・解説『妖怪図巻』2000年、国書刊行会
- 湯本豪一編著『妖怪百物語絵巻』2003年、国書刊行会
- 近藤瑞木編『百鬼繚乱―江戸怪談・妖怪絵本集成』2002年、国書刊行会
- 湯本豪一『日本幻獣図説』2005年、河出書房新社
- 湯本豪一『日本の幻獣図譜―大江戸不思議生物出現録』2016年、東京美術
- 国立民族学博物館監修、山中由里子編『驚異と怪異＝REGNUM IMAGINARIUM　想像界の生きものたち』2019年、河出書房新社
- Eberhard Werner Happel『Relationes curiosæ, oder Denckwürdigkeiten der Welt』1707年
- 十返舎一九、棚橋正博校訂『十返舎一九集』1997年、国書刊行会
- 勝川春英・勝川春章『異魔話武可誌』1790年

- 木場貴俊（2020）「〈研究ノート〉国際日本文化研究センター所蔵『諸国妖怪図巻』をめぐって―いわゆる「化物尽くし絵巻」に関する一考察」、『日本研究』60号、pp.159-192、国際日本文化研究センター

【その他の古典資料】

- 『日本古典文学大系　第1　古事記　祝詞』1958年、岩波書店
- 『日本古典文学大系　第67　日本書紀 上』1967年、岩波書店
- 『新日本古典文学大系12　続日本紀1』1989年、岩波書店
- 井上光貞監訳、川副武胤、佐伯有清訳『日本書紀 上』2020年、中央公論新社
- 喜多村信節『嬉遊笑覧』1958年、緑園書房
- 中村幸彦・日野竜夫編『新編稀書複製会叢書　第3巻（御伽草子・仮名草子・浮世草子・咄本）』1989年、臨川書店
- 佐佐木信綱編『万葉集叢書　第10輯』1928年、古今書院
- 谷川士清『和訓栞』1830年
- 浅見恵、安田健訳編『近世歴史資料集成　第2期　第6巻　採薬志1』1994年、科学書院
- 山東京伝全集編集委員会編『山東京伝全集　第6巻　合巻1』1995年、ぺりかん社
- 東麓破衲『下学集　2巻』室町末期
- 寺島良安編『和漢三才図会　上之巻』1884年、中近堂
- 寺島良安『東洋文庫471　和漢三才図会7』1987年、平凡社
- 行誉、正宗敦夫編纂・校訂『日本古典全集　壒嚢鈔』1936年、日本古典全集刊行会
- 片桐洋一・山本登朗責任編集『伊勢物語古注釈大成　第1巻』2004年、笠間書院
- 『新編日本古典文学全集65　浮世草子集』2000年、小学館

- 日本随筆大成編輯部編『日本随筆大成　第2期　第14巻』1994年、吉川弘文館
- 日本随筆大成編輯部編『日本随筆大成　第2期　第15巻』1995年、吉川弘文館
- 日本随筆大成編輯部編『日本随筆大成　第2期　第20巻』1995年、吉川弘文館
- 日本随筆大成編輯部編『日本随筆大成　第2期　第24巻』1995年、吉川弘文館
- 日本随筆大成編輯部編『日本随筆大成　第3期　第2巻』1995年、吉川弘文館
- 日本随筆大成編輯部編『日本随筆大成　第3期　第6巻』1995年、吉川弘文館
- 日本随筆大成編輯部編『日本随筆大成　第3期　第10巻』1995年、吉川弘文館
- 日本随筆大成編輯部編『日本随筆大成　第3期　第24巻』1996年、吉川弘文館
- 森銑三・北川博邦編『続日本随筆大成6』1980年、吉川弘文館
- 森銑三・北川博邦編『続日本随筆大成10』1980年、吉川弘文館
- 森銑三・北川博邦編『続日本随筆大成12』1981年、吉川弘文館
- 『続日本随筆大成　別巻3　近世風俗見聞集3』1982年、吉川弘文館
- 『続日本随筆大成　別巻4　近世風俗見聞集4』1982年、吉川弘文館
- 『続日本随筆大成　別巻5　近世風俗見聞集5』1982年、吉川弘文館
- 『続日本随筆大成　別巻6　近世風俗見聞集6』1982年、吉川弘文館

【古典資料（古地誌）】

- 秋本吉郎校注『日本古典文学大系新装版　風土記』1993年、岩波書店
- 『丹後史料叢書　第1輯』1927年、丹後史料叢書刊行会
- 木下微風編『丹後郷土史料集　第1輯』1938年、竜灯社出版部
- 立川美彦編『訓読　雍州府志』1997年、臨川書店
- 船越政一郎編『浪速叢書　第1　摂陽奇観其1』1926年、浪速叢書刊行会
- 船越政一郎編『浪速叢書　第5　摂陽奇観其5』1928年、浪速叢書刊行会
- 船越政一郎編『浪速叢書　第12　地誌其1』1927年、浪速叢書刊行会
- 船越政一郎編『浪速叢書　第13　地誌其2』1928年、浪速叢書刊行会
- 平野庸脩・岡田徯志編『播磨鑑・摂陽群談・河内名所鑑　上』1969年、歴史図書社
- 平野庸脩・岡田徯志編『播磨鑑・摂陽群談・河内名所鑑　下』1969年、歴史図書社
- 秋里籬島『摂津名所図会　上』1974年、臨川書店
- 秋里籬島『摂津名所図会　下』1974年、臨川書店
- 秋里籬嶋、堀口康生校訂『河内名所図会』1975年、柳原書店
- 秋里籬嶋、堀口康生校訂『和泉名所図会』1976年、柳原書店
- 高市志友・加納諸平・高市志直編述『紀伊名所図会　第1巻』1970年、歴史図書社
- 仁井田好古『紀伊続風土記　第3輯』1970年、歴史図書社
- 神栄赳郷『播磨の地誌　峰相記の研究』1984年、郷土志社
- 天川友親編、八木哲浩校訂『播陽万宝智恵袋　下』1988年、臨川書店
- 嶋村紀孝撰『近江史料シリーズ2　淡海温故録』1976年、滋賀県地方史研究家連絡会
- 寒川辰清編、小島捨市註、宇野健一新註『近江輿地志略』1976年、弘文堂書店
- 大久保秀興・本林伊祐編『版本地誌大系　別巻1　古版地誌　奈良名所八重桜』2010年、臨川書店
- 太田叙親・村井道弘編『版本地誌大系　別巻2　古版地誌　南都名所集』2010年、臨川書店
- 村井古道著、喜多野徳俊訳註『奈良坊目拙解』1977年、綜芸舎
- 蘆田伊人編『大日本地誌大系　第18巻』1929年、雄山閣
- 『近世文学資料類従　古板地誌編18』1976年、勉誠社

岩波書店
- 西村市郎右衛門、湯沢賢之助編・解説『新御伽婢子』1983 年、古典文庫
- 『近代日本文学大系　第 13 巻　怪異小説集』1927 年、国民図書
- 根岸鎮衛、長谷川強校注『耳袋　中』1991 年、岩波書店
- 根岸鎮衛、長谷川強校注『耳袋　下』1991 年、岩波書店
- 高田衛編・校注『江戸怪談集　上』1989 年、岩波書店
- 高田衛編・校注『江戸怪談集　下』1989 年、岩波書店
- 太刀川清校訂『百物語怪談集成』1987 年、国書刊行会
- 太刀川清校訂『続百物語怪談集成』1993 年、国書刊行会
- 高田衛他校訂『近世奇談集成 1』1992 年、国書刊行会
- 井原西鶴、暉峻康隆訳注『現代語訳　西鶴全集 7　西鶴諸国ばなし、懐硯』1976 年、小学館
- 西鶴学舎編『西鶴諸国ばなし』1953 年、古典文庫
- 堤邦彦・杉本好伸編『江戸怪異綺想文芸大系　第 5 巻　近世民間異聞怪談集成』2003 年、国書刊行会
- 国書刊行会編『徳川文芸類聚 4　怪談小説』1987 年、国書刊行会
- 柴田宵曲編『奇談異聞辞典』2008 年、筑摩書房

- 伊藤龍平（2008）「翻刻『諸国周遊奇談』（下）」、『國學院大學近世文学会会報』15 号、pp.65-92、国学院大学近世文学会

【古典資料（随筆・日記）】

- 公益財団法人冷泉家時雨亭文庫編『冷泉家時雨亭叢書　別巻 4　翻刻　明月記 3』2018 年、朝日新聞社
- 宮内庁書陵部編『図書寮叢刊　看聞日記 1』2002 年、明治書院
- 辻善之助編『大乗院寺社雑事記 12』1937 年、三教書院
- 松浦静山、中村幸彦・中野三敏校訂『甲子夜話続編 1』1979 年、平凡社
- 内田武志編『菅江真澄随筆集』1969 年、平凡社
- 国書刊行会編『新燕石十種　第 3』1913 年、国書刊行会
- 国書刊行会編『新燕石十種　第 5』1913 年、国書刊行会
- 板坂耀子校訂『近世紀行集成』1991 年、国書刊行会
- 京都大学文学部国語学国文学研究室編『京都大学蔵大惣本稀書集成　第 8 巻　雑話 2』1995 年、臨川書店
- 『日本庶民生活史料集成　第 8 巻』1969 年、三一書房
- 日本随筆大成編輯部編『日本随筆大成　第 1 期　第 1 巻』1993 年、吉川弘文館
- 日本随筆大成編輯部編『日本随筆大成　第 1 期　第 3 巻』1993 年、吉川弘文館
- 日本随筆大成編輯部編『日本随筆大成　第 1 期　第 4 巻』1993 年、吉川弘文館
- 日本随筆大成編輯部編『日本随筆大成　第 1 期　第 7 巻』1993 年、吉川弘文館
- 日本随筆大成編輯部編『日本随筆大成　第 1 期　第 10 巻』1993 年、吉川弘文館
- 日本随筆大成編輯部編『日本随筆大成　第 1 期　第 14 巻』1993 年、吉川弘文館
- 日本随筆大成編輯部編『日本随筆大成　第 1 期　第 17 巻』1994 年、吉川弘文館
- 日本随筆大成編輯部編『日本随筆大成　第 1 期　第 18 巻』1994 年、吉川弘文館
- 日本随筆大成編輯部編『日本随筆大成　第 1 期　第 19 巻』1994 年、吉川弘文館
- 日本随筆大成編輯部編『日本随筆大成　第 1 期　第 21 巻』1994 年、吉川弘文館
- 日本随筆大成編輯部編『日本随筆大成　第 2 期　第 4 巻』1994 年、吉川弘文館
- 日本随筆大成編輯部編『日本随筆大成　第 2 期　第 5 巻』1994 年、吉川弘文館
- 日本随筆大成編輯部編『日本随筆大成　第 2 期　第 6 巻』1994 年、吉川弘文館
- 日本随筆大成編輯部編『日本随筆大成　第 2 期　第 8 巻』1994 年、吉川弘文館

- 柳田國男（1925）「ひだる神のこと」、『民族』1 巻 1 号、pp.157-159、民族発行所
- 山田角人（1916）「河童の話二つ」、『郷土研究』3 巻 11 号、pp.53-54、郷土研究社
- 坂井久光（1965）「槌の子蛇」、『あしなか』94 号、pp.1-3、山村民俗の会

【古典資料（説話集）】

- 『新日本古典文学大系 30　日本霊異記』1996 年、岩波書店
- 『新日本古典文学大系 35　今昔物語集 3』1993 年、岩波書店
- 『新日本古典文学大系 36　今昔物語集 4』1994 年、岩波書店
- 『新日本古典文学大系 37　今昔物語集 5』1996 年、岩波書店
- 『日本古典文学大系　第 70　日本霊異記』1967 年、岩波書店
- 『尊経閣善本影印集成 17　拾芥抄　上・中・下』1998 年、八木書店
- 中島悦次校註『宇治拾遺物語』1964 年、角川書店
- 橘成季、塚本哲三編『古今著聞集』1922 年、有朋堂書店
- 玄棟、池上洵一校注『三国伝記 上（中世の文学）』1976 年、三弥井書店
- 岡田稔『十訓抄新釈』1939 年、大同館書店
- 虎関師錬原著、藤田琢司編著『訓読　元亨釈書　上巻』2011 年、禅文化研究所
- 巖谷小波編『説話大観　大語園　第 1 巻　覆刻版』1978 年、名著普及会
- 巖谷小波編『説話大観　大語園　第 2 巻　覆刻版』1978 年、名著普及会
- 巖谷小波編『説話大観　大語園　第 3 巻　覆刻版』1978 年、名著普及会
- 巖谷小波編『説話大観　大語園　第 4 巻　覆刻版』1978 年、名著普及会
- 巖谷小波編『説話大観　大語園　第 5 巻　覆刻版』1978 年、名著普及会
- 巖谷小波編『説話大観　大語園　第 6 巻　覆刻版』1978 年、名著普及会
- 巖谷小波編『説話大観　大語園　第 7 巻　覆刻版』1978 年、名著普及会
- 巖谷小波編『説話大観　大語園　第 8 巻　覆刻版』1978 年、名著普及会
- 巖谷小波編『説話大観　大語園　第 9 巻　覆刻版』1978 年、名著普及会
- 巖谷小波編『説話大観　大語園　第 10 巻　覆刻版』1978 年、名著普及会

【古典資料（軍記・伝記）】

- 市古貞次校注・訳『完訳日本の古典　第 43 巻　平家物語 2』1984 年、小学館
- 麻原美子・小井土守敏・佐藤智広編『長門本平家物語 1』2004 年、勉誠出版
- 橋本実校訂『校訂源平盛衰記　第 1 冊』1939 年、雄山閣
- 橋本実校訂『校訂源平盛衰記　第 2 冊』1939 年、雄山閣
- 石川核校訂『源平盛衰記　上巻』1927 年、有朋堂書店
- 福田豊彦・服部幸造注釈『源平闘諍録―坂東で生まれた平家物語　上』1999 年、講談社
- 橘墩、矢代和夫校訂『前々太平記』1988 年、国書刊行会
- 日下力訳注『平治物語―現代語訳付き』2016 年、KADOKAWA
- 島津久基校訂『義経記』1939 年、岩波書店
- 川平敏文編注『近世兼好伝集成』2003 年、平凡社
- 聖徳太子奉讃会編『聖徳太子全集　第 3 巻』1944 年、竜吟社

【古典資料（怪談・奇談集）】

- 干宝、竹田晃訳『捜神記』2000 年、平凡社
- 篠塚達徳『新釈　諸国百物語』2006 年、ルネッサンスブックス
- 浅井了意、佐竹昭広・松田修・渡辺守邦・花田富二夫校注『新日本古典文学大系 75　伽婢子』2001 年、

参考資料

※まず総合的な内容で参考にした資料をまとめ、各地域の資料はそれぞれ別にまとめた

【民俗資料】

- 倉石忠彦・高桑守史・福田アジオ・宮本袈裟雄編『日本民俗誌集成　第14巻　近畿編2　三重県・奈良県』1998年、三一書房
- 倉石忠彦・高桑守史・福田アジオ・宮本袈裟雄編『日本民俗誌集成　第15巻　近畿編3　和歌山県・大阪府』1997年、三一書房、三一書房
- 柳田國男監修、民俗学研究所編著『改訂　綜合日本民俗語彙　第1巻』1970年、平凡社
- 柳田國男監修、民俗学研究所編著『改訂　綜合日本民俗語彙　第2巻』1970年、平凡社
- 柳田國男監修、民俗学研究所編著『改訂　綜合日本民俗語彙　第3巻』1970年、平凡社
- 柳田國男監修、民俗学研究所編著『改訂　綜合日本民俗語彙　第4巻』1970年、平凡社
- 柳田國男監修、民俗学研究所編著『改訂　綜合日本民俗語彙　第5巻』1970年、平凡社
- 柳田國男編『山村生活の研究』1938年、民間伝承の会
- 柳田國男編『海村生活の研究』1949年、日本民俗学会
- 柳田國男、小松和彦校注『新訂　妖怪談義』2013年、角川学芸出版
- 喜田貞吉編、山田野理夫補編『憑物』1988年、宝文館出版
- 高橋文太郎『山と人と生活』1943年、金星堂
- 宇佐美景堂『伊勢国八風峠霊異誌―伝説と心霊』1968年、霊相道実行会
- 『フォクロア　33,34,35号』1977年、伊勢民俗学会
- 日本ナショナルトラスト編『自然と文化　'84年秋季号』1984年、日本ナショナルトラスト
- 『日本伝説大系　第8巻』1988年、みずうみ書房
- 『日本伝説大系　第9巻』1984年、みずうみ書房
- 二反長半・倉田正邦編『日本の民話13　京都篇　伊勢・志摩篇』1974年、未来社
- 二反長半・宮崎修二朗・徳山静子編『日本の民話14　大阪篇　兵庫篇』1974年、未来社
- 稲田浩二・小沢俊夫編『日本昔話通観　第15巻　三重・滋賀・大阪・奈良・和歌山』1977年、同朋舎
- 伝説民話文学研究会編『伝説と稗史　上方篇1（大阪・堺・和歌山・他）』1977年、新和出版社
- 伝説民話文学研究会編『伝説と稗史　上方篇2（北河内・中河内・南河内）』1977年、新和出版社
- 松谷みよ子『現代民話考7　学校』1987年、立風書房
- 松谷みよ子『現代民話考9　木霊・蛇』1994年、立風書房
- 村上健司『日本全国妖怪スポット1　妖の巻』2011年、汐文社
- 村上健司『日本全国妖怪スポット4　化の巻』2011年、汐文社
- 村上健司『日本妖怪散歩』2008年、角川書店
- 花部英雄・小堀光夫編『47都道府県・民話百科』2019年、丸善出版
- 小松和彦・常光徹監修、香川雅信・飯倉義之編『47都道府県・妖怪伝承百科』2017年、丸善出版

- （1922）「民族短信民俗談片」、『民族と歴史』8巻3号、pp.58-69、日本学術普及会
- （1935）「大阪民俗談話会記録」、『旅と伝説』8巻5号通巻89号、pp.34-45、三元社
- （1938）「春名忠成自序「諸国怪談実記」より」、『旅と伝説』11巻4号通巻124号、pp.17-21、三元社
- 辰井隆（1940）「妖怪名彙に寄す」、『民間伝承』5巻5号、pp.5-6、民間伝承の会
- 小島知夫也（1931）「ひだる神のこと」、『旅と伝説』4巻8号通巻44号、p.56、三元社
- 大藤時彦（1943）「ヒダル神」、『民間伝承』9巻1号通巻91号、pp.17-20、民間伝承の会

【監修】

朝里 樹（あさざと・いつき）

怪異妖怪愛好家・作家。1990年、北海道に生まれる。2014年、法政大学文学部卒業。日本文学専攻。現在公務員として働く傍ら、在野で怪異・妖怪の収集・研究を行う。著書に『日本現代怪異事典』（笠間書院）、『日本のおかしな現代妖怪図鑑』（幻冬舎）、『日本現代怪異事典 副読本』（笠間書院）、『歴史人物怪異談事典』（幻冬舎）、『世界現代怪異事典』（笠間書院）、『つい、見たくなる怪異な世界』（三笠書房）、『山の怪異大事典』（宝島社）、『日本怪異妖怪事典 北海道』（笠間書院）、『21世紀日本怪異ガイド100』（星海社）、『玉藻前アンソロジー　殺之巻』（文学通信）、「放課後ゆ〜れい部の事件ファイル」シリーズ（集英社）ほか。

【著者】

御田鍬（みたすき）

三重県、滋賀県、京都府、大阪府、兵庫県、和歌山県、近畿広域、その他担当。

1989年、広島県生まれ。京都大学・同大学院に計8年間在籍（専攻は生化学）。幼少期から妖怪に興味を持っていたが、中学時代に読んだ村上健司『妖怪事典』に衝撃を受け、現代の妖怪事典・図鑑での記述の変遷と混濁を主な興味関心領域としている。大学時代からはサークル「うしみつのかね」名義で同人誌を中心に活動中。妖怪に関する現代の書籍やタイトルに妖怪と含まれる書籍の収集、また水木しげるが参考とした資料・図像などを探索しまとめた同人誌『水木絵のモトエ』の発行などを行っている。共著に『列伝体　妖怪学前史』（勉誠出版）。

木下昌美（きのした・まさみ）

奈良県担当。

1987年、福岡県生まれ。奈良県在住。同志社女子大学、奈良女子大学院で説話文学を専攻。鬼を中心に勉強する。『奈良妖怪新聞』（大和政経通信社）連載中。漫画『妖怪めし』（マグカン）監修と料理実演。2019年『すごいぜ!! 日本妖怪びっくり図鑑』（辰巳出版）刊行。旅行会社と組んで妖怪の足跡をたどるツアーなども行う。

日本怪異妖怪事典
近畿

令和4年（2022）6月8日　初版第1刷発行

監修 ―――――朝里 樹
著者 ―――――御田鍬・木下昌美
カバー・扉イラスト―東雲騎人
発行者 ―――――池田圭子
発行所 ―――――笠間書院
〒101-0064　東京都千代田区神田猿楽町2-2-3
電話:03-3295-1331　FAX:03-3294-0996
https://kasamashoin.jp/
mail:info@kasamashoin.co.jp

ISBN 978-4-305-70961-5　C0539

アートディレクション ――細山田光宣
装幀・デザイン ―――――鎌内 文（細山田デザイン事務所）
本文組版 ―――――――キャップス
印刷／製本 ――――――大日本印刷

乱丁・落丁本はお取り替えいたします。

本書収録の事項には、現在の社会通念から見て不適切と思われる表現が含まれておりますが、史料的な価値を考慮し、当時のものをそのまま採用しております。ご了承ください。